远东国际军事法庭庭审记录·中国部分
——被告个人辩护举证（下）

Transcripts of the Proceedings
of the International Military Tribunal for the Far East:
The China related
——Individual Defence
of the Accused (Volumn 2)

主编 程兆奇
季我努 译　龚志伟 校

上海交通大学出版社
SHANGHAI JIAO TONG UNIVERSITY PRESS

国家图书馆出版社
National Library of China Publishing House

内容提要

本书内容系被告个人辩护阶段的公开法庭庭审记录中有关侵略中国的部分。

被告个人辩护阶段属于辩方反证的最后一个大环节，不同于先检方举证、辨方反证中以主题（九一八事变、全面侵华战争、太平洋战争、侵略苏联等）为线索的各个阶段，被告个人辩护转而以人——被告为单位展开，20余名被告和他们的代理律师逐一为自己被控诉的犯罪进行辩护。

图书在版编目（CIP）数据

远东国际军事法庭庭审记录.中国部分／东京审判研究中心编译. —上海：上海交通大学出版社，2016
ISBN 978－7－313－14847－6

Ⅰ.①远… Ⅱ.①东… Ⅲ.①远东国际军事法庭—史料 Ⅳ.①D995

中国版本图书馆 CIP 数据核字(2016)第 080135 号

远东国际军事法庭庭审记录·中国部分
——被告个人辩护举证（下）

主　　编：程兆奇		译　　者：季我努		
出版发行：上海交通大学出版社		地　　址：上海市番禺路 951 号		
邮政编码：200030		电　　话：021－64071208		
出 版 人：韩建民				
印　　制：上海景条印刷有限公司		经　　销：全国新华书店		
开　　本：787 mm×960 mm　1/16		印　　张：33.75		
字　　数：433 千字				
版　　次：2016 年 5 月第 1 版		印　　次：2016 年 5 月第 1 次印刷		
书　　号：ISBN 978－7－313－14847－6/D				
定　　价：（共十二册）1200.00 元				

版权所有　侵权必究
告读者：如发现本书有印装质量问题请与印刷厂质量科联系
联系电话：021－59815625＊8028

前　言

本书的内容系被告个人辩护阶段的公开法庭庭审记录中有关侵略中国的部分。

被告个人辩护阶段属于辩方反证的最后一个大环节，不同于先前检方举证、辩方反证中以主题（九一八事变、全面侵华战争、太平洋战争、侵略苏联等）为线索的各个阶段，被告个人辩护转而以人——被告为单位展开，20余名被告和他们的代理律师逐一为自己被控诉的犯罪事实进行辩护。本册所译有板垣征四郎、铃木贞一、松井石根、东条英机、梅津美治郎、南次郎、岛田繁太郎、武藤章、重光葵等被告的个人辩护，内容主要为从柳条沟事变到全面抗战中涉及被告的各种战争罪行，比如在中国进行毒品贸易、扶植中国的伪政权以图分裂中国、违反国际法的战争暴行等等。需要指出的是，既然个人辩护是以人为单位，那么其内容便包括侵华罪行和除此以外的其他罪行，本册仅译出前者并剔除后者，这样，译文便存在不少跳跃，对此我们一律以省略号表示，请读者注意。

上海交通大学东京审判研究中心的赵玉蕙讲师从公开法庭的英文庭审记录中整理出了本册的原文，在剔除无关侵华罪行的庭审内容方面做了大量工作。范国平学兄牵头本册的翻译，他与吴军、吴博、顾碧三位老师组成一个翻译小组，整个工作由他和我共同统筹。翻译小组的四位成员译术精湛，他们在专业背景与东京审判并不一致的条件下，坚持自己查阅人名、地名、历史名词和法律术语（在本书的大多数分册里，这些要素多留待校者填补）。其对英语的解读和把握之精准、汉语表述之熨帖与通顺，可以肯定地说，这是我校对工作中最省力的一册。

更难得的是他们的认真负责。为赶进度,我原本拟定甲午春节前交付译稿,几位译者均因授课任务繁重,特地在节前发来短信向我说明情况,最终他们都在春节后不久陆续完稿。所以本册虽名为合译,几位译者并不曾稍减其责任感。以下是具体的翻译分工和译者简介:

板垣征四郎部分,由范国平译;

铃木贞一、松井石根部分,由吴军译;

东条英机、梅津美治郎和南次郎的后半部分,由吴博译;

岛田繁太郎、武藤章、重光葵和南次郎的前半部分,由顾碧译。

范国平(笔名康狄)是复旦大学历史学系中国近现代史博士研究生。先后供职于新华社、《新京报》、中央人民广播电台、《人民日报》下属之国家人文历史杂志社。已出版《活着回家:巴丹死亡行军亲历记》、《辛亥革命》、《卧底:解密"余则成"的潜伏档案》、《最后的北洋三雄:张作霖、吴佩孚、孙传芳殒命秘闻》、《刺客:民国刺杀大案》、《民国政治谋杀》、《日本在华的间谍活动》等著作、译作,主编《中国的脉动:近代史名家讲演录》。在《新华文摘》、《东北亚论坛》、《军事历史研究》、《炎黄春秋》、台湾《传记文学》等报刊发表文章100多万字。

吴军,现年41岁,吉林省吉林市人,博士学历。长期从事军事英语翻译工作,在《国防报》、《世界军事》、《环球军事》、《坦克装甲车辆》等刊物上发表译文30多篇。

吴博,巴黎第七大学亚洲语言与文化专业硕士,巴黎第三大学高等翻译学校(ESIT)翻译硕士,现任吉林华侨外国语学院法语系教师。长期从事法语和英语的笔译、口译工作,曾经在吉林省外事办、国家发改委与法国经济部的会议中担任翻译,并且参与《被遗忘的战争》等多部学术著作的翻译工作。

顾碧,1983年生,江苏无锡人,南京师范大学2009届历史学硕士,目前在江苏省无锡城市学院担任讲师,从事历史教学工作。参与编著《卧底:解密"余则成"的潜伏档案》、《刺客:民国刺杀大案》等书,撰写多篇中国近现代史方面的学术论文。

最后,关于东京审判的正式研究在中国尚处于起步阶段,文献整理和译介筚路蓝缕,难免存在错误与稚嫩之处,敬请读者批评指正。

本册校者龚志伟写于 2014 年 9 月

本册出庭发言者

法官

威廉·弗拉德·韦伯

密朗·克拉默

检察官

倪征燠   A.N.瓦西里耶夫

桂裕   詹姆斯·J.罗宾逊

亨利·格兰顿·诺兰   约瑟夫·贝瑞·季南

吉尔伯特·S.伍尔沃斯   A.T.伊万诺夫

亚瑟·柯明斯-卡尔

辩护律师

弗洛伊德·J.马蒂斯   岛内龙起

山田半藏   乔治·A·弗内斯

阪埜淳吉   迈克尔·列文

弗洛伊德·W.坎宁安   罗杰·科尔

阿尔弗雷德·布鲁克斯   威廉·洛根

加藤隆久   约翰·布兰农

佐佐川知治   乔治·F.布鲁伊特

穗积重威   清濑一郎

富兰克林·E·沃伦   本·布鲁斯·布雷克尼

证人

古野伊之助　　武田寿
山胁正隆　　　片仓衷
冈田芳政　　　河边虎四郎
泽田茂　　　　武藤章
坂垣征四郎　　币原喜重郎
大杉浩　　　　松井石根
中泽三夫　　　岛田繁太郎
饭沼守　　　　铃木贞一
榊原主计　　　东条英机
冈田尚一

凡　例

1. 本书所译，为东京审判庭审记录内容中1947年10月至1948年1月间的中国部分，这些内容都是被告个人辩护阶段的证词、证言和证据。内容涵盖了日本从九一八事变到侵华战争结束的战争罪行。

2. 本书主要根据庭审记录的英文版翻译，参照日文版进行校对，内容按照庭审记录的顺序排列，不作变更。

3. 正文前"本册出庭发言者"名单，为译者汇总整理而成。

4. 为方便阅读，由译者将全书分段并加各段标题。分段主要根据庭审内容，标题仅起提示作用。

5. 译文中一些历史名词如"满洲国"、"新京"、"汪精卫政权"等，保留原状。

6. 脚注为译者或校者所加。

7. 原文中少量明显错误或者有疑问的地方，译文以脚注形式指出。

8. 译稿中的引文，有的地方参考了其他译本，恕不一一指出。

目 录

一、柳条沟事变的责任　001
二、筹划扶植傀儡政权　040
三、日本策动中国东北独立　098
四、武汉会战后在中国内地建立伪政府　151
五、全面抗战中的暴行罪　192
六、淞沪战役及之后　275
七、关东军与柳条沟事变　296
八、"大亚洲协会"与侵略思想　368
九、九一八事变后的中日外交接触　385
十、扶植汪伪政权　429
索引　501

一、柳条沟事变的责任

1947年10月6日，星期一

日本东京都旧陆军省内大楼远东国际军事法庭

……

（参照前例，今日审判在9:30开庭）

出席人员：

整个审判期间，法庭上的法官们都坐着。除了印度大法官拉·帕尔和法国大法官亨利·伯纳德，他们从9:30到16:00始终不在场。

检方人员如前。

辩方人员如前。

（审判期间，英日互译的工作由东京国际军事法庭的语言部负责）

法庭执行官：远东国际军事审判现在开庭。

本次开庭的陈述由马蒂斯先生担任。

马蒂斯辩护律师：本次法庭主要讨论辩护方提交的第2636号文件，被告板垣征四郎将做公开的个人陈述。

法庭指控板垣征四郎要为以下战争罪行负责：

（1）犯下了起诉书第1至5款中所指控的战争罪行：参与九一八事变、中国事变、诺门坎事件和张鼓峰事件的作战计划的制订，并执行了相关作战计划，他也要对整个太平洋战争的爆发负有责任。

（2）犯下了起诉书第6至17款中所指控的战争罪行：为日本侵略

战争制订计划，并进行相应准备。这些针对中华民国、美国、英国、澳大利亚联邦、新西兰、加拿大、印度、菲律宾、荷兰、法国、泰国和苏联的侵略行径违背了国际法。

（3）对以下指控负有部分责任，或者全责。

（a）犯下了起诉书第18和27款中指控的战争罪行：策划并执行了满洲事变。

（b）犯下了起诉书第19和28款中指控的战争罪行：策划并执行了中国事变。

（c）犯下了起诉书第23和33款中指控的战争罪行：策划并发动了对法国的侵略战争。

（d）犯下了起诉书第25和35款中指控的战争罪行：策划并执行了张鼓峰事件。

（e）犯下了起诉书第26和36款中指控的战争罪行：策划并执行了诺门坎事件。

（f）犯下了起诉书第29、30、31、32、34款中指控的战争罪行：发动日本侵略美国、菲律宾、英国、荷兰和泰国的战争。

（g）犯下了起诉书第44款中指控的战争罪行：残酷虐待战俘；

犯下了起诉书第45款中指控的战争罪行：对南京暴行负有责任；

犯下了起诉书第46款中指控的战争罪行：对广州惨案负有责任；

犯下了起诉书第47款中指控的战争罪行：为汉口惨案负有责任；

犯下了起诉书第51款中指控的战争罪行：为诺门坎事件负有责任；

犯下了起诉书第52款中指控的战争罪行：为张鼓峰事件负有责任。

（h）犯下了起诉书第53、54和55款中指控的违反国际法的战争罪行。

以下指控板垣征四郎的证据将作为呈堂证供，先前已经作为呈堂证供的证据将在本法庭上予以展示：

（1）他不是故意地参与侵略行动的计划制订，关于这方面的证据；他不是故意地为侵略行动做准备，关于这方面的证据；他不是故意地执行侵略行为，关于这方面的证据；他不是故意地违法国际法，关于这方面的证据。

（2）在检方提到的关于战争罪行的陈述中，以及检方提供的证据中涉及的战争罪行中，说明他是无罪的或者无过错的证据。

（3）证明他在日本发动对美国、菲律宾、英国、荷兰和泰国的战争中无罪或者无过错的证据。

（4）证明他在整个侵略战争中没有犯下有关虐待战俘的证据：他没有导致战俘受到虐待，他没有商议过虐待战俘的计划，他没有下过虐待战俘的命令，他没有同意虐待战俘，他没有联合他人犯下虐待战俘的罪行。

以及与指控相反的，他在整个战争期间，在所有他任职的地区，他一直在努力地进行善待俘虏的工作，希望让俘虏受到更加公平的对待，包括尽量多地给他们提供补给，让他们吃得更好一些、住得更好一些、穿得更好一些。以上的证据将提交法庭。

（5）他没有犯下策划、建议、指挥，或者联合他人犯下违反国际法的战争罪行的证据。

我们将提供证据证明奉天事变不是事先计划好的，而是一次突发事件。这一事件是由于中国军队一系列的暴力行为导致的最终结果。关东军和日本侨民做了他们该做的事情，他们这样做只是为了反抗中国军队的暴力和杀戮，他们的举动纯粹出于自卫。

我们提供的证据将显示，日本并无建立"满洲军政府"的打算，当时什么政府都没有建立。日本政府关心的是满洲一旦从中国脱离出来，就要建立一个独立的国家，满洲的独立将导致一系列的连锁反应，之后的"满洲国"的建立就成为了顺理成章的事情,"满洲国"是满洲人自己建立的。日本方面并无事先的计划。

我们提供的证据还将显示,溥仪前往满洲是响应满洲民众的热望,这也是溥仪自己选择的结果,在溥仪心中一直热切盼望重新建立满洲人的帝国,溥仪将之当作自己义不容辞的使命。

这组证据还将证明"满洲国"协和会所起的作用不是为了帮助日本发动侵略战争,它的目的是建立民族协和的和平乐土。板垣征四郎不是该协会的发起人之一,他也没有试图控制这个协会。

证据还将显示,在卢沟桥事变发生的时候,板垣征四郎是第五师团的师团长,他当时没有和日本参谋本部联络,所以第19条指控不实,因为他当时没有参与中国事变,他不应该承担责任。

证据还将揭示这样的事实,在南京沦陷期间,板垣征四郎作为第五师团的师团长,正驻扎在河北的保定,所以他没有参与南京大屠杀,他没有指挥部队参与南京大屠杀,他对南京大屠杀的情况也并不十分了解,所以他不应该为南京大屠杀承担责任。

板垣征四郎在近卫内阁时期成为陆军大臣,这是近卫首相迫切的要求,因为近卫首相知道板垣在下列两个问题上的认识与他相近:

(a) 日本军队在中国撤军。

(b) 采用和平手段解决中日存在的各种复杂问题。

作为第一个近卫内阁的陆军大臣,板垣征四郎做过努力,试图让日本从中国撤军,采用和平手段解决中日之间存在的问题。但是,环境让他的努力付之流水,中国军队不断采取的军事行动以及蒋介石政府坚持推行反日政策,使得板垣的设想无法实现,并导致日本与中国陷入了长期战争之中。

在近卫内阁倒台之后,平沼骐一郎组阁之后,要求板垣征四郎继续留任陆军大臣。因为当时以和平手段解决中日战争局面已无可能,对于日本而言,剩下的唯一手段就是打倒具有反日倾向的中国政府。

为了实现上述目的，日本的国民经济必须支持日本的战争，支持日本在中国的军事行动。与此同时日本的国内经济也要时刻做好准备，任何可能以和平手段解决中日战争局面的机会都不能放过，一旦和平实现，国民经济需要做好转型准备。

我们提供的证据还将表明，日本与德国、意大利谈判加入轴心国集团，是为了增强反共产国际协定的力量。日本加入这个协约的目的不是为了侵略，而是为了提高日本的国际地位。日本还有一个目的是为了促使中国放弃支持共产国际的态度以及反对日本的态度。如果中国政府放弃支持共产国际的政策，将增强日本在远东地区对抗苏联威胁的力量，将中国的大陆从纷乱之中解救出来。

德国与苏联签订了苏德互不侵犯条约，中断了日本与中国媾和的企图。

我们提供的证据还将显示，1940年9月从中国进入印度支那的日军部队的攻击行动与板垣征四郎毫无关系，也不应该对此负责。这些部队的调防是受东京大本营的直接指挥，大本营将这些部队从中国派遣军中分离出来，将他们派到印度支那。第15条款、23条款、33条款的指控与此相关。

法庭书记官： 标题为《满洲和蒙古的新生》的小册子将作为证据提交，这则证据被编号为3296号证据，对于被告的其他相关指控的证据被作为881号秘密档案，这些证据将被编号为第3296－A号。请法庭审查证据。

（第3296号证据是开庭以来首次提交，第881号秘密档案被标记为3286A号证据，并被法庭接受）

山田辩护律师： 我现在将朗读第3296A号证据，请各位仔细浏览审判材料的第6页的第1至6行，然后再请大家看第7页的第6行至第9页的第10行。

韦伯庭长： 念吧。

山田辩护律师：（宣读）

以下为《满洲和蒙古的新生》的概要：

1932年1月11日，在奉天的大和旅馆举行了由朝日新闻社主办的，由中日双方参加的会议，会议纪要如下：

会议出席人员：

中方代表：奉天省维持会会长于冲汉、东北交涉委员会主席丁鑑修、东三省官银号行长吴恩培、奉天市长赵欣伯、奉天省政府财政厅厅长赵鹏第、奉天省政府秘书何遂昌。

日方代表：（关东军）关东军司令部参谋总长石原莞尔中佐、关东军报道课课长松井中佐、关东军参谋部片仓衷大尉、关东军统治课课长驹井德三。

（海军）久保田大尉。

（关东州政府）奉天总领事、外交事务负责人河相达夫、领事森岛守人、副领事吴斗奂。

（南满洲铁道株式会社）社长村上义一和首藤正寿、奉天办公室主任宇佐美宽尔。

（日本顾问团）奉天省政府顾问、医学博士金井章次、奉天省财政顾问、朝鲜银行行长加藤敬三郎。

（日本侨民）奉天图书馆馆长、奉天商会会长卫藤利夫、奉天日报社社长、奉天日本居留民协会会长野口谷、大连商会秘书长篠崎美路、奉天商会秘书长高尾野夫。

吉泽大使对于满洲和蒙古的新生有如下陈述：

我获悉由朝日新闻社发起的关于满蒙重建问题的讨论会将于今天晚上（1932年1月11日）在这里举行，很遗憾我今天不能列席，因为在讨论会举办的前夕，我要出差。对于我个人而言，我非常愿意看到或听到一切关于满洲新生的计划和行动，对于这些我都会给予支持。现在满州境内的军事行动大体上告一段落，摆在我们面前的当务之急是推动满蒙的重建，让满蒙的人民可以各尽其职，发挥更大的作用。日本现在在国际经济格局中充当了重要的角色。在国际外交格局中，日本的举动也同样举足轻重。所以日本必须在世界面前展示满蒙的新形象，解决满蒙的各种各样的问题。

满蒙是一块王道乐土，它应该如何向世人展现新的风貌？

宇佐美宽尔（奉天办公室主任）：

我将给出几点建议。满蒙将从原先的混乱状态步入重生的旅程，原先满蒙的混乱是出了名的。将满蒙宣传成混乱之地，报纸难逃干系，很多满蒙的头面人物通过这些报纸向外界传递出了这种不好的信息。满蒙的重建意义重大，所以我们才将大家聚在一起，召开一个满蒙的政治经济问题讨论会，这些政治经济问题都是与满蒙的重建息息相关的。大家从百忙之中抽出宝贵时间，拨冗与会，对于大家的热忱参与，我们表示敬意和感谢。所以我们也希望大家能够畅所欲言。为了便于讨论，让我们按照类别来分类，我们今天将讨论满蒙的政治、外交、经济和军事国防、思想和文化等问题。请大家不要拘束，自由发言。需要和大家打招呼的是，吉泽大使今天不能到场了，因为他出差去了，但是他还特别给我们带来了一则打印出来的口信，我读给大家听一听。

首先，让我们来讨论满蒙的重建问题。我们认为这个问题不能仅仅地理解为一个新的政权或者是一个新的独立国家诞生这么简单的问题，中心议题是怎样让日本在满蒙的机关更好地与满蒙重建结合起来。这个问题是最重要的，我们要把它先拎出来重点讨论。

于冲汉先生，请你起个头吧。

我觉得要建立一个新的国家，最重要的事情是尊重大众的意愿。

于冲汉先生(奉天省维持会会长)：

不好意思，我最近一直在生病，今天的感觉还是不太好。简而言之，我觉得您刚才所说的切中肯綮，最重要的还是要尊重大众的意见。这是必然的，我觉得重建满蒙最重要的还是尊重满蒙老百姓们的意愿。

丁鑑修(东北交涉委员会主席)：

我也是持同样看法。

石原莞尔中佐(关东军司令部参谋长)：

我觉得最重要的是中国人当中的上层人士是否怀有这样的善意。

宇佐美宽尔：

如果满蒙独立的话，重建满蒙就需要建立一个新的国家政权，建立一个新的国家领导机构，政体问题需要讨论。

于冲汉：

对于这一点，我觉得还不能立即展开讨论。不过我个人认为，在满蒙地区，君主立宪制是最适合的政体。

我现在跳到第7页，从野口谷(《奉天日报》的社长)的话开始宣读。

对于政体问题，我没有专门思考过。不过，现在在东北各省都有省政府，我觉得采用何种政体应该尊重各个省份的意见，政体的选择也要尊重东北全体人民的意愿，就像于先生说的那样。现在讨论在满蒙采用君主政体还是共和政体，我觉得为时尚早。你们不觉得这个问题需要暂时搁置一下吗？满蒙刚刚独立，对于这个新独立的国家能不能按照我们的意愿往前走，我还是心存疑虑，会不会事与愿违？我觉得这个问题比政体问题重要多了。

宇佐美宽尔：

如果我们要开始重建满蒙,需要直面的问题是新的独立的满蒙,要不要采取目前的行政区划,换句话说,我们要不要继承原先的辽宁、吉林、黑龙江和热河的省份划分,还是要增加到六个省份,将哈尔滨以东的特别行政区域作为一个省份,再加上内蒙的部分自治地区,将其作为一个独立的省份。这两个省加上原先的四个省,就是六个省。

于冲汉：

行政区划要考虑历史人文因素,还要考虑当地居民的习俗以及交通状况。关于省一级行政单位的划分,现在有很多种说法,有人主张将所及的几个省份划分为几个小省,还有人主张维持现状。去年,南京政府内部就有过激烈的争论,有人将东北划分为24个省份,甚至还有人说划分为58个省份比较合适,还有人说,应该划分为50个省份。南京政府内部的口头和笔头争论到最后也没有一个结果。我觉得这个问题也不一定要立即解决,而且我还觉得这个问题也不是那么容易解决的。但是,毫无疑问,自治对于任何国家来说都是必不可少的,一个国家一旦建立,如果它运行得不能令人满意,国家的统治就会难以为继。我希望奉天能够在这个方面做一个表率。

宇佐美宽尔：

奉天省在目前的情势之下应该奉行怎样的政策呢？

好的政府应该给国民定下规矩,明确他们的权利。奉天省的自治应该推行新的政策。

于冲汉：

目前的自治制度还是多年以前制订的,已经运行了很多年了。

韦伯庭长：请您开始宣读英文材料的第 7 页的"野口"那里开始宣读。日方的辩护人，请你从最后一段的"宇佐美宽尔"那里开始宣读。书记员先生请你从"野口"那里开始记录，直到文件的最后。

山田辩护律师：（继续宣读）

于冲汉：

尽管各省自治制度已经运行了很多年了，但是它还不能有效应对国内的各种困扰。当务之急是要更新先前的自治制度，摒弃那些空泛的条文，增进民众的福祉。奉天省的新的自治制度建立在优良政府和正确的规则之上。考察中国的近代史，我不建议在东北实行民选政体，选举制度在过去的中国为祸甚烈。简单地说来，自治的目的就是要创造一片乐土，让人民享有安全、丰衣足食、安居乐业，缩小贫富差距。

完了。

韦伯庭长：记录组请注意，希望你们用日文和英文完美地记录庭审。希望法庭上的嘈杂不要对你们造成影响。

……

（国分新七郎，辩护方证人，第一次出庭作证，以下是日本译员整理的证词）

直接询问（由阪埜辩护律师询问国分新七郎证人）

问：请陈述你的名字和住址。

答：我的名字是国分新七郎，我的地址是三重县河芸郡伊佐市荣町。

阪埜辩护律师：请证人出示第 2042 号辩方文件。

问：这是你的宣誓书吗？

答：是的，但是上面有一个印刷错误。

问：请告诉我们。

答：印刷错误在第 4 段第 8 行。"直到 4 月底"应该改为"直到同年的 3 月底"。

问：宣誓书的其他地方是真实和正确的吗？

答：是的。

阪埜辩护律师：我请求将第 2042 号辩方文件提交作为证据。

韦伯庭长：倪检察官。

倪检察官：这份证据是在混淆视听，检方反对这份证据。原因是这份宣誓书里面的内容大多是观念和结论性的东西，而不是事实。这里面提供的大都是被告的品格证据，或者被告发布的命令以及指令等，没有出处。

证人对于板垣征四郎的评价和所谓"原则性"的那部分证词，我们特别反对，这些证词在第 2 页的第 3 段。第 3 页第 4 段、第 5 段是叙述板垣征四郎及其部队的行动，这些与本案无关；第 6 段整段是关于板垣征四郎作为部队指挥官发布的命令和指令，没有出处；第 9 页的第 7 段是除了品格证据外，空洞无物；第 8 段都是板垣征四郎关于中日战争的观点，直到最后说的都是品格证据。

去除以上提到的各个段落，这份证词剩下的有价值的地方就只有第 1 段、第 2 段，这两段都是孤证，而且没有太多意义。所以，我们检方在整体上反对这份宣誓书作为证据。

阪埜辩护律师：庭长阁下，检方对于证词的第 4 段、第 5 段提出反对意见，他们宣称，第五师团的行动与本案无关。这段证词的目的是想证明利用第五师团的行动，证明第五师团与所谓南京大屠杀没有关系。所以，这部分内容是直接与所谓南京大屠杀的责任相关的。

韦伯庭长：在证词中，第五师团第一次出现的时候，就说明了第五师团是在"板垣征四郎的指挥之下的"。

阪埜辩护律师（继续）：检方说，第 6 段中提到的那些命令和指令是不存在的，证人本人已经就这些命令和指令宣誓过。如果还有什么疑问，证人可以接受诘问，以证明这些命令是存在的。

韦伯庭长：根据大多数人的意见，反对被驳回，文件可以作为证据。

我们不能接受以"观点"作为证据，任何主观意见都不能作为证据，作为证据的证词要有实质内容，除非这个原件是说明原因而生成的。

法庭书记官：辩方文件 2042 号将作为第 3298 号证据。（与此同时，第 2042 号文件被编号为 3298，接受为证据。）

阪埜辩护律师：抛开被否决的那部分内容，我将开始宣读第 3298 号文件。

（1）我，国分新七郎，前日军中将，现年 54 岁。我住在三重县河芸郡一身田村荣町。

（2）大约是在 1937 年 11 月 5 日，我接到命令，离开关东军参谋的职位，就任第五师团的参谋（我当时的军衔是中佐，我主要掌管作战计划）。我当时处在板垣征四郎中将领导之下。1938 年的 6 月 15 日，我从第五师团参谋的位置上离任，到陆军省任高级副官（我当时军衔是大佐）。

在我调任之前，板垣征四郎将军从第五师团师团长的位置上离任，调任陆军大臣。我在陆军省高级副官的位置上待到 1939 年 8 月 1 日，之后调任长崎的小村地区守备官。从我上面的经历可以看出，我曾经在板垣征四郎领导下工作了很长时间，从他担任第五师团师团长到他就任陆军大臣后，我一直在他领导之下。我要说说在此期间我对他的印象。

省略第 3 段，我从第 4 段开始念。

（4）第五师团参加了攻克太原的战役之后，得到命令，前往河北的保定。从1937年11月底到1938年1月初都驻扎在保定，在此期间主要时间用于训练，为下一步的作战行动做准备。在它被纳入第二军战斗序列后，它驻扎在同蒲铁路线周边地区。1938年1月中旬，到同年的3月底，第五师团沿着胶济铁路（从青岛到济南）驻扎，从4月30日起，参加徐州战役。

在相关地图上我已经标记出来了，这就是我记忆中的第五师团在那个时期的行动轨迹。

（5）从上面的描述中可以清楚地看出来，在1937年12月13日南京大屠杀期间，第五师团正在从山西省向保定移动，当时板垣征四郎和他的参谋班子都在保定，包括我。我们当时也是第一次被通知，日军攻克了南京。所以，讨论在板垣征四郎领导下的第五师团官兵对所谓南京大屠杀负有责任是无稽之谈。

（6）在板垣征四郎担任第五师团师团长期间，一直特别重视军纪，教育他的官兵要遵守军纪。他根据军法出台了一项政策，处罚非常严厉，只要犯法，就要接受军法的制裁，他的这项政策主要是针对他的部下做出伤害中国民众行为的，他对这种行为给予了严重的警告。由于他非常看重军纪，他也要求他麾下的部队长以及其他负有责任的军官们重视军队的纪律，如果他部下的军官们对于部队的纪律有所放松，就会受到他严厉的训诫。他不仅约束自己的部队严守军纪，对于别的部队的军纪也非常关心。他采取一切尽可能的措施保证日军的素质，维护日军的荣誉。

我跳过部分内容，直接宣读第9页的第7段。

（7）由于板垣征四郎将军在中国有很长时间，对中国很有研究，他被称作"中国通"。他精通中国事务，对中国人民有很深的感情。举个例子,他没有把被日军俘虏的中国士兵和土匪交给部下去处理,只要他有时间,他都是尽可能地亲自来讯问他们,用流利的中文与他们亲切的交谈。在攻占了太原之后,他禁止士兵们从城内的驻地外出,防止士兵们做出任何可能破坏当地居民生命和财产的行为。

接下来我将跳到第10页,另起一段开始宣读。

此外,为了更具体地在实践中给日本的陆军、海军士兵灌输日本皇军的精神,他一直坚持这样的观点:所有的军官们都应该向部下灌输"战争法则"。他认为这非常重要,特别是在部队处于可能发生破坏"战争法则"的行为的时候。由于板垣征四郎的建议,日本军队出版了《战争法则》,这是板垣征四郎尊重"战争法则"最好的证明。

我要加一句,所谓的《战争法则》已经被法庭接受为证据,编号为3069。
韦伯庭长: 你可以展开询问了,倪检察官。
倪检察官: 若法庭允许,检察方不打算质询这位证人。
阪埜辩护律师: 这位证人可以退庭了吗?
韦伯庭长: 他可以退庭了。
(与此同时,该证人退庭)
阪埜辩护律师: 接下来我们将传唤另外一位证人古野伊之助。
古野伊之助,辩方传唤的证人,第一次出庭作证,通过日语翻译员作证如下:

直接询问(由阪埜辩护律师询问古野证人)

问:请告诉我你的姓名和住址。

答：我叫古野伊之助，我的住址是北多摩郡调布町多摩川。

阪埜辩护律师：请出示第2580号文件法庭证据。

（随之，这份证词被送到证人手上）

问：这是你的宣誓书吗？

答：是的。

问：上面的内容与你说的完全相符吗？

答：是的。

阪埜辩护律师：我请求提交2580号文件作为证词。

韦伯庭长：同意。

法庭书记官：辩方证词2580号将被接受为3299号出庭证据。

（随之，该文件被标记上3299，接受为证据）

阪埜辩护律师：我将宣读第3299号文件，开头常规的话，我在此省略。

（1）我，古野伊之助，前日本同盟社社长，因为同盟社在战后很快解散，我离职了，现在居住在东京的北多摩郡调布町多摩川。

（2）在一战结束后不久，可能是1921年或是1922年，我第一次见到了板垣征四郎先生。当时我住在北平，作为国际新闻社北平分社的社长，板垣征四郎先生当时为日本公使馆的军官，他是武官助理。

（3）在1938年4月，我当时在东京，已经成为同盟社的负责人之一。当时我准备去北平进行一次商务旅行，因为近卫首相叫我去他的官邸谈了一次话。首相对我说，中日战争的形势出人意料地变得非常严峻，你知道的，日本政府一直希望将战争规模控制在局部地区。现在看来中日战争不知道什么时候才是个头。我觉得当务之急是改变我们现行的政策，尽快地从目前的局势中摆脱出来。要实现这样的目标，现在的内阁必须改组。我希望现任陆军大臣杉山的继任者能够有热情执行我们的局部战争的政策,用和平的方式解决中日战争的困局。我想板垣征四郎中将特别适合顶替杉山现在的职位。我私底下知道,陆军方面也很希望板垣征四郎能够担任陆军大臣。因为我知道你和板垣征四郎私交甚厚,所以我想请你去华北前线板垣的驻地与他会面,与他坦率而全面地交流一下他对于解决中日战争的想法。你去听一听,如果让他接任陆军大臣,他会有什么样的想法。我意识到首相急于让日本从中日战争的泥潭中走出来,他有意让板垣接替杉山担任陆军大臣。我答应了他的要求。

(4) 和首相谈话之后,我就离开东京,经由青岛到达山东的应县,这是日军在华北的最前线,我在那里见到了板垣。

我与板垣进行了数次推心置腹的长谈。我首先问他,关于如何解决中日战争的时候,他很诚挚地表示,日方必须以和平方式解决这场争端,日本应该撤退所有在中国的部队,而且是越快越好。接下来,我问他,他有没有意愿接任陆军大臣的职位。他说自己不合适,因为自己在军中资历尚浅,也不是陆军大臣最合适的人选,还有很多人比他更适合这个职位。他表示自己不合适的一个理由是,自己长期担任部队的高级将领,军装穿久了,对于行政事务就生疏了,他可能考虑很多问题都会顺着部队指挥官的思维定势。

我想,不管他是接受还是拒绝陆军大臣的职位,都不是最重要的,他个人的态度不重要。重要的是陆军方面以及首相对于他出任陆军大臣的态度。

(5) 我从应县离开后,取道济南去了北平。我在北平给近卫首相拍了一封电报,报告了我与板垣会面的情况。

我将自己在北平的事务料理完毕之后,在5月底回到东京,这次旅行花掉了我两三周的时间。我刚回到东京就去荻外庄拜会了近卫首相,这是他的私人官邸,将我与板垣会面的情况详细地向他做了汇报。我告诉首相,板垣非常强烈的希望和平解决中日战争,他希望日本从中国全面撤军。

韦伯庭长:证人,你将接受质询。
倪检察官。

交叉询问(由倪检察官询问古野伊之助证人)

问:证人,据你所知,板垣征四郎在他担任陆军大臣之后有没有采取任何实质性地从中国撤军的行动?

答:撤军应该是和平协议达成之后的举动。和平协议达成之后,撤军是对协议最好的确认,这是一系列的连锁反应。军事问题不是我的领域。

问:作为一个新闻人,你知不知道,在板垣征四郎担任日本陆军大臣之后,中国的战火越烧越旺,日本将侵略的铁蹄伸向了华中和华南,攻占了汉口和广州。

答:是这样的。

问:你是不是一直在持续关注板垣征四郎担任陆军大臣之后的讲话和行动?

答:不,没有,在板垣担任陆军大臣之后,我对他没有特别关注。不过,因为我的职业的关系,我对整个战争及世界的大势还是保持关注的。

问:1938年6月底,你人在日本吗?

答:6月底?是的。我在日本。

问:你还记得1938年6月26日板垣在担任了陆军大臣之后去视察同盟社的事情吗?他当时发表了讲话,他在讲话中声称,日本要做好中日战争可能还要打十多年的准备,他还呼吁日本民众支持对中国进行战争的行为。

答：我印象不太深了，他当时可能说过这样的话。如果要证明的话，需要调阅一下当时的记录。

问：请你再想一想，板垣征四郎当时拿着这张报纸说的这番话，这张报纸已经作为了呈堂证供，编号第2197号法庭证据。

你在阅读了这份证据之后，能不能记起来当时会见的一些情况，他当时是这样说的吗？

答：这是一条登在《日本广告报》上的一则英语新闻。我不知道是否其他的日本原创性新闻报纸发表了这样的新闻，而且是以日本同盟社的名义发表的，因为现在还没有发现这样的证据，至少我们在庭审证物中看不到。您那边有没有更加充分的证据更加清楚地说明日本同盟社发表了这样的一则消息呢？

问：日本的英文报纸总不至于歪曲同盟社的消息吧？

答：因为我们面前的这张英文报纸并不是只刊载我们同盟社的消息，它还会编译其他报纸的消息，比如说在东京发行的日语报纸的消息。所以我不能断定，它刊登的这条消息一定来源于同盟社。

问：在其他的日本报纸上，你看到过类似现象吗？

答：在军事行动仍然继续的情况下，任何一个负责任的军方人士在发表面向公众的或者代表官方的讲话的时候，都可能宣称战争可能还会激化。我说的只是常理之中的事情。但是在与此同时，军方可能一直没有中断用和平方式解决中日战争局面的各种努力。

倪检察官：我的询问完毕了。

韦伯庭长：阪埜先生。

阪埜辩护律师：我这没有问题了。证人可以退庭了吗？

韦伯庭长：他可以退庭了。（与此同时，证人退庭）

阪埜辩护律师：接下来，我们要提交一件证据，是一本书，书名叫《失败的政治：近卫文麿公爵回忆录》，朝日新闻社出版，这是我们辩方的第2593号证据。

法庭书记官：该书近卫公爵回忆录将被法庭接受为第 3300 号证据。

（与此同时，文件封面上被标上 3300 号证据，作为辩方证据）

阪埜辩护律师：为了证明 3300 号证据的可靠性，我现在提交 2102 号辩文件，我将向大家展示 2102 号文件的概要。2012 号文件的概要显示近卫首相选择板垣担任陆军大臣的主要原因在于，他认为板垣会结束中日战争。中日战争不断扩大的局面，以及日本政府迫切地缩小冲突的政策，导致板垣接受了陆军大臣的职位。近卫首相任命板垣担任陆军大臣的举动据说侵犯了日军大本营的独立性。

韦伯庭长：你的陈述时间太长了。法庭接受这份文件。

法庭书记官：辩文件 2012 号将被作为 3300A 号文件。

（与此同时，该文件的第一页被标上 3300A，被法庭接受为证据。）

阪埜辩护律师：接下来我将在法庭上宣读第 3300A 号法庭证据。

当我入阁之后，卢沟桥事变发生了。尽管日本政府希望将此事件作为地方性事件处理，但是国民政府的敌对行为，导致战事扩大到整个华北，随后又扩散到中国的心脏地带。在那个时期，整个日本军队的态度都是难以捉摸的。就是陆军大臣自己每次对外发表讲演的表述也前后矛盾。局势如此糟糕，让陆军大臣的处境非常艰难，对我来说，有必要改变对华的态度，我要找一个能够执行有限战争的人充当陆军大臣。大本营的石原莞尔中将也提倡有限战争。我意识到，在日本军队中板垣征四郎将军的观点和石原莞尔是非常相似的。我可以把他引入内阁，充当陆军大臣。但是，梅津美治郎提出条件，必须让东条英机担任陆军大臣的副手。用这个条件作为交换，我成功地让板垣征四郎担任了新任陆军大臣。在那个时候，在内阁中有一位能贯彻意见的陆军大臣，我还是很满意的。随后我就发表了"近卫声明"。

接下来我们将提供第 2104 号辩文件，这是从《近卫回忆录》当中截取的一个片段。

这段回忆录将证明，1937 年底陶德曼发出调停的倡议失败后，在近卫首相第一次组阁时期，近卫首相在 1938 年 1 月 16 日发表了一个声明，他公开宣称，日本政府就中日战争的对话"将不以蒋介石政府为对手"。近卫首相意识到声明没有取得效果后，他又尝试其他的和平解决中日争端的方法。

韦伯庭长： 同意接受为法庭证据。

法庭书记官： 辩文件 2104 号将作为第 3300-B 号法庭证据。

（与此同时，2104 号辩护文件的封面被标上 3300B 字样，被接受为法庭证据）

阪埜辩护律师： 我现在开始宣读 3300B 号文件。

当 1937 年底南京沦陷后，在充满善意的德国驻华大使陶德曼先生的调停下，中日政府开始和平谈判。这次谈判时 1937 年底开始的，谈判的基本条件是日本政府提出的。但是南京政府一直在拖延答复的时间，他们直到 1938 年 1 月 10 日才做出答复。（由于南京政府不配合的态度）最终导致了"不以蒋介石为对手"的近卫声明的发表。我是在 1 月 16 日作出此番声明的。我声明的用意在于，日本帝国政府不再和国民党政府进行任何谈判，直到中国出现一个愿意与日本合作的政府，我们才愿意与这个新政府进行谈判。我们与新政府的谈判将调整中日关系。这个声明发表后，没有取得良好的效果，这一点出乎我的意料。我自己也承认这是一个彻彻底底的大失误。而且这个错误是难以更改的，之后我采取了一连串的措施试图直接与重庆政府沟通，调整中日关系，但是没有取得任何进展。我在 1938 年 11 月 3 日，又发表了第二个声明，如果重庆政府愿意抛弃它的反日政策，愿意建立一个东亚的新秩序，日本政府将会作出回应。从 1 月份到 11 月份，日本政府和中国政府之间没有任何的联系。顺着 11 月 3 日声明的基调，我在 12 月 22 日又发布了第三次声明，指出日本对中国没有领土野心，也不要中国赔偿，只是希望与中国建立一个和谐友好的关系。

接下来我们将提交 2103 号辩文件，这也是从近卫回忆录中节选的一个片段。

近卫的这段回忆将解释，为什么在日本内阁发表了愿意与中国政府和解的声明，日本陆军奉行非侵略的政策来处理中日冲突的情形之下，中日战争却向着违背日本政府和军方政策的想法的方向发展，逐渐扩大到全中国。

韦伯庭长：接受此文件作为证据。

法庭书记官：辩文件 2103 号将作为 3300C 号文件作为证据。

（与此同时，该文件封面上被标上 3300C，被法庭接受为证据）

阪埜辩护律师：我现在开始宣读 3300C 号文件。

> 当中国事变发生，内阁和军队的政策是将战争控制在局部范围，但是因为诸多因素的影响，事与愿违。当时大本营由闲院宫载仁亲王领导，参谋总长是多田骏，参谋次长是兼作战课课长是石原莞尔，不过杉山和梅津在陆军中有着巨大的影响力。上一年当我问起石原莞尔，为什么中国事变会发生到如此严重的地步。作为作战课课长的他向我鼓吹限制冲突的政策，陆军的行动应该与政府保持一致。他说道："陆军中有很多权势熏天的大人物，他们只是在表面上支持我的政策，他们在背地里一直在秘密地策划其他的作战计划。

接下来我将传召证人山胁正隆，他的证词将作为 2471 号辩文件。

山胁正隆，被作为辩护方的证人第一次出庭，他进行了证词真实性的宣誓。通过日语译员作证如下。

直接询问（由阪埜辩护律师询问山胁正隆证人）

由阪埜辩护律师提问。

问：请告诉我们，你的姓名和住址。

答：我的名字是山胁正隆，我住在高知县高冈郡北原蒲原町第348番地。

阪埜辩护律师：请展示第2471号文件。

问：这是你的证词吗？

答：在证词中有两处错误。

问：请指出错误。

答：第5段，第4页倒数第9行，"1938年8月8日"，应该是"1939年8月8日"。

第6段，第6页第2行，日期错误。"1938年6月14日"，应为"1939年6月14日"。其他的没有错误了。

问：全文没有其他错误了吧？你的证词也是真实可信的了？

答：是的。

阪埜辩护律师：我请求将辩文件2471号提交为证据。

韦伯庭长：倪检察官。

倪检察官：检方反对将第5段和第7段作为提交法庭的证据。

在第5段中，证人声称，板垣征四郎赞成1936年美英法三国签订的三方协约。此段观点性和结论性的内容太多，而事实性的内容太少。

第7段包含道德证据，道德证据在先前的审判中已经不被接受为呈堂证供了。

阪埜辩护律师：对于拿掉第7段，我方没有意见。但是我们反对拿掉第5段。第5段解释了为什么板垣征四郎支持美英法三国协约——

换句话说,在那个时候,板垣对美英法三国协约的态度和观点是事实性的。证人只不过描述的是他的这种态度和观点。我不赞成你讲这种有关观点性的内容当做证人观点性的陈述。而且根据8月8日的五相会议,证人作为与会代表,听到了他们的讲话,我相信他的这部分内容是可以被接受为证据的。

倪检察官: 你认为板垣征四郎认同英美法三国协约,我们认为,板垣自己决定自己站在哪一队。对于他当时的态度,没有人是他肚子里的蛔虫,知道他自己真实的想法。没有人能够比板垣自己更加洞悉他自己内心深处的复杂想法。

韦伯庭长: 这一点我们知道了。让我们来看一下目录清单。

该份证词只有第7段被禁止作为证据。证词的其余部分将被法庭接受。

你可以在午饭后在宣读证词,

我们在13:30再次开庭。

(12:00 休庭)

……

(13:30 重新开庭)

韦伯庭长: 远东国际军事法庭现在再次开庭。

(山胁正隆,辩方证人站着作证,并通过日本译员接受询问)

法庭书记官: 辩方2471号文件将作为第3301号法庭证据。

(与此同时,该文件封面被写上第3301号,被法庭接受为证据)

韦伯庭长: 阪埜先生。

阪埜辩护律师: 我现在开始宣读3301号文件。

(1)我山胁正隆,是日本陆军的前将军,现在居住在高知县高冈郡北原蒲原町第三四八番地。

（2）1938年12月19日，我从大本营参谋长兼训练总监的位置上调任陆军次官。我担任陆军次官直到1939年10月。随后我来到华中地区接任第三师团师团长。板垣中将担任陆军大臣时，我是他的副手。1939年8月内阁被解散后，他也离任了。我在前面提到，因为我一直担任他的副手，所以我与他非常熟悉，对于他的理想主义态度，他的执行能力，他的言谈举止，他的个性和理解事情的能力，我都非常了解。

（3）在我担任陆军次官的时候，陆军大臣板垣将军曾口头表述过他对陆军管理的基本理念，以及他对日本国家事务的基本理念。他曾经对我讲过的一些话，我至今记忆犹新。以下是他对我说过的一些话：

日本和中国不应该彼此对抗，而应该合作。我们必须尽自己最大所能尽快促成中日之间的和平，我们应该尽快消除中日两国之间的敌对状态。对于外国，我们应该调整外交关系，发展与他们的友谊。对于苏联，我们应该在增强国家防卫力量的同时与他们达成安保方面的共识，保持边境的安宁。在日本国内，我们应该强化军国主义的原则，并且加强军队内部的团结。与此同时，我们应该隐忍以行、增加国力，考虑修复中日关系的可能性，希望在不久的将来能够达成中日之间的立即和平。

在陆军省，陆军大臣板垣将军致力于贯彻这些原则，为了表示对他的支持，我把他的观点也当作了自己行事的准则。

（4）对于在中日之间实现和平的问题，板垣的解决方案是充分尊重中国的主权和领土完整，在文化和经济领域与中国展开全面合作。这就是所谓的"近卫三原则"，近卫首相在1938年12月22日公开发表了"近卫三原则"，板垣的想法与近卫首相的非常接近。他作为陆军大臣尽一切力量贯彻"近卫三原则"。

他和近卫首相采取合作的太多，近卫首相急切地想和唐绍仪、吴佩孚先生合作,他对于从国民政府中分化出来的汪兆铭,其他从国民政府官员中脱离出来的、希望建立一个新的中央政府的官员们也采取合作态度。这些官员希望建立一个新的国民政府,一个包括汪兆铭和蒋介石的新国民政府。

第5段被删除。

(6) 1939年6月14日发生了封锁天津英租界的事件,因为事情与日本驻华北驻军相关,英日双方开始谈判。在6月20日,英国大使克雷吉提交了一份英日外交会议的建议书给东京方面。但是日本当地驻军并不买英国人的建议书的账,而且日本国内也掀起了反英运动,随后在右翼分子的领导下又变成了反英骚乱。面对着这些复杂的情况,陆军大臣板垣征四郎希望尽快解决中国事变。他同意英国的建议书,并希望将之作为一个促进英日关系的好机会,让英国对日本有正确的认识。英日谈判最终成功地达成了共识。这也是板垣征四郎解决与中国冲突的重要一步。

韦伯庭长:你将接受询问。倪检察官请提问。

交叉询问(由倪检察官询问山胁证人)

问:证人先生,你刚才在陈述中表示,板垣热切地盼望与中国实现和平。你对于他那些实现和平的方法熟悉吗?

答:他的表现我在证词中已经说了。

问:你是什么意思?你的意思是你知道他使用的那些和平手法?

答:对于这个问题,我在证词中已经进行陈述了。

问:你知不知道在五相会议中有一个关于中国事变的特别委员会,

这个委员会专门策划与中国政府的联络。

答：我不知道。

问：你知不知道土肥原贤二一直在与唐绍仪和吴佩孚联络，进行所谓"和平运动"。

答：这个我知道。

问：这项工作和所谓中国事务委员会有关系吗？

答：我知道当时土肥原贤二中将在那个时期一直在负责这项工作，但是我并不知道有这样一个委员会的存在。

问：日本方面派出头面人物去与唐绍仪和吴佩孚接洽，这些重要的头面人物是军方派去的吗？

答：不是，这个我不知道——我真的不知道。

问：在那个时候，你是陆军次官，对吧？

答：是的，我是。

问：在日本方面进行此项交涉的时候，你知道发生了什么事情吧？

答：不，我不知道。

问：为了澄清五相会议下面的中国事务委员会与当时所谓中国的"和平运动"的关系，我要告诉你一些确切的名字，按照日本语法翻译的名字。我上面提到的这个特别委员会称作"对华特别委员会"。你知道称作这个名字的委员会吗？

答：我不知道。

问：你还是不知道。你知道谁被派去协助土肥原贤二去做吴佩孚和唐绍仪的工作了吗？

答：我不知道。

问：你回想一下，他们是坂西和津田？

答：我只知道土肥原贤二中将和他的工作，其他的我一概不知。

问：在土肥原贤二去中国的那段时间里面，唐绍仪和吴佩孚在做什么？

答：我记得当时吴佩孚在北平。我的记性不是很好，别的我记不得了。

问：唐绍仪在做什么呢？

答：我记不得了。

问：他们是不是处于退休状态，或者他们有没有进行某种活动？

答：在我印象中，他们都退休了。

问：是谁派土肥原贤二去做唐绍仪和吴佩孚的工作的？

答：我不知道。

问：是不是陆军大臣板垣征四郎派他去的？

答：在我担任陆军次官之后的印象中没有这回事。

问：与退休的政客和将军们接触，就像唐绍仪和吴佩孚那样的人物接触，是不是一个战略性的举动。目的是为了把他们拉下水，然后组织傀儡政府？

答：这有可能是陆军大臣板垣征四郎为了建立与中国的联系采取的一个手段。对于这件事我并清楚，至于日本方面是不是想把中国政府的一些自甘堕落的高官拉下水，建立一个政府，然后再与中国的新政府建立和平，我就不清楚了。

问：这些秘密行动是与日本的军事行动平行运行的？可以这么说吧？

答：因为那个时候，我有点……记不清了。

问：土肥原机关是不是在1939年春天在中国设立的，目的是为了推进所谓"和平运动"。

答：我听说过土肥原机关的名字。

问：它就叫做土肥原机关，对不对？

答：我记不清了。

问：在你担任陆军省次官时期，你的印象中有没有与土肥原机关有过接触的事情发生？

答：是的，我的确和土肥原中将有过接触。

问：他们在中国的"和平工作"的进展有没有全部告知你呢？

答：就土肥原机关，我所知道的全部事情仅限于吴佩孚工作，其他的事情我就不知道了。

问：你刚才不是说，你不是特别清楚这个特务机关的确切名字吗？你也不知道是谁派土肥原贤二去中国的？

答：我不知道的是，这个特别机构的确切名称是不是叫做土肥原机关。

问：你刚才说，你知道他……你知道土肥原机关的吴佩孚工作。除了吴佩孚工作之外，其他的事情就真的不知道了吗？

答：你是不是指与土肥原贤二中将的联络？

问：我在问你，你是否被告知了土肥原机关的吴佩孚工作及其他工作的内容？

答：我不知道。

问：你还记得你当时被告知的内容吗——他们有没有一直像你报告汪兆铭工作的事情？汪兆铭还有一个常用名字是汪精卫。

答：我印象中没有土肥原贤二中将与汪精卫接触的事情。

问：你印象中，土肥原贤二有没有和其他的代表接触过——包括声称是汪精卫代表的任务？

答：我不知道。

倪检察官：我要询问证人的问题在国际检察官文件第 1005 号，第 21 条。

（与此同时，该文件被递给证人）

问：你是不是已经把这个简短的文件读完了？

答：是的，我读完了。

问：这是你担任陆军次官期间的收到的一封电报，你还有印象吗？

答：我没有印象——我记得不太清了。

问：电报你读完了，我刚才也提醒你土肥原贤二除了与吴佩孚以外，还在和别的政治人物进行接触。你现在脑子里有没有一些印象——土肥原贤二除了吴佩孚工作之外，还向你汇报过其他的情况？

答：我记不得了。

问：这是一封你接受过的电报，这不会有假吧？

答：是的。这封电报不会有假。但是我要说的是，关于这些秘密工作的电文经常会将收件人写为陆军次官，但事实上这些电文的回复是由特别机构和部门执行的。这些特别机构和部门掌控这些秘密工作。

问：证人先生，你是不是想告诉我们，你的确是在和中国的某些日本要人有联系，但是你不知道这些日本要人对谁负责？

答：对于一些重要的关于陆军省的问题，我会给出自己的建议。陆军大臣也会就重要事务向我咨询。但是因为我还有很多具体的事情要管，我没有时间事无巨细地处理我职权范围内的每一件事情。

问：我要提醒你，你没有回答我的问题。

译员：在检方证人刚才发言之前。证人说了一句。"因为……"

问：请你回答我的问题。

韦伯庭长：请证人回答问题。

答：因为我当时的工作很忙，所以我要告诉你的是，有些事情我能够记得、有些事情我根本是一无所知。

倪检察官：尊敬的韦伯庭长，我现在要提交的检方证据是1005号，第21条。

韦伯庭长：按照正常程序接受证据。

法庭书记官：第1005号文件（21）将作为3302号法庭证据。

（与此同时，这份文件的封面上被标上第3302号，作为检方证据被法庭接受）

问：刚才文件上的内容是吴佩孚工作外的事情。你读了这个文件之后，你承认不承认你知道吴佩孚工作以外的土肥原机关的其他事务？

答：你刚才说的那封文件是你刚才给我看过的那个文件吗？

问：是的，当然是。

答：是的，我承认。

倪检察官：尊敬的韦伯庭长，我现在将宣读第 3302 号证据，这是 1939 年 4 月 22 日的一则密电。

华中方面电报，第 200 号。

收件人：陆军次官

参谋次长

收件人：土肥原贤二中将

发件人：土肥原机关

发件人：村上少佐

（1）今天与周和丁会谈，在上海的特别工作由丁全权负责。我们已经就傅的宗派活动达成共识，在过去他们一直接受周的指导。他们将专做情报工作，其他方面的活动将被停止。

（2）汪兆铭（另外一个常用名是汪精卫）即将来沪，关于他的住处及其他方面的准备工作正在安排。我们将尽早探听到汪精卫来沪的大致日期。目前周和梅对于汪精卫来沪的日期还未松口。

坎宁安辩护律师：尊敬的韦伯庭长……

韦伯庭长：坎宁安先生。

坎宁安辩护律师：我能对上一个文件提一个意见吗？我想问的是，在正常情况下法庭接受一个证据，该证据是严格地用于某个被告的案件吗，被告也一直在提交证据。这些证据的提交有没有别的目的呢？

韦伯庭长：坎宁安先生，法庭驳回你的提问。

坎宁安辩护律师：我没有听清楚。

韦伯庭长：法庭驳回你的提问。

坎宁安辩护律师：我提醒法庭考虑，这个问题的原因我只说了一半，另外的原因是我认为就像这个案子里提到的这个文件一样，这个文件是与土肥原贤二相关的，而土肥原贤二的案子已经了结了。为了公平公正起见，法庭只能接受一个被告在一个案子里用与自己相关的材料作为证据，这则证据不应该是诸多被告可用于为自己辩护的通用文件。我的第三点意见，与被告没有直接关系的这些材料不应该成为被告的辩护材料。

韦伯庭长：就你说的这些，我们在星期五就进行了商议。坎宁安先生，为了节约时间，您的这些观点就不要再在法庭上进行表述了吧。如果你愿意的话，在庭审结束后，您可以做一些额外的工作，如果你愿意的话。

坎宁安辩护律师：好的，尊敬的韦伯庭长。我只是想提个建议，上一次我们也遇到这种事情，相关案情我们只听了一半，这一次如果我们还是听一半的话，什么事情我们都没有办法确定。

韦伯庭长：这些事情我们已经有了决定了。问题在于我们要不要因为坎宁安先生的这些看法，重新打开卷宗，审理过去的案子。

倪检察官你看呢？

倪检察官：尊敬的韦伯庭长，对于我博学的朋友坎宁安先生的回答我只有一个字。

韦伯庭长：我们不需要你做出回应。倪检察官，这些事情由法庭来决定就可以了。

问：证人先生，你刚才提到近卫三原则是在 1938 年 12 月 22 日公开发表的。板垣征四郎在平沼骐一郎 1939 年 1 月取代近卫成为首相之后，他有没有坚定地向平沼表达过这样的观点？

答：对于当时的情况，我没有什么印象了。

问：板垣征四郎有没有向平沼提出 7 个条件，包括延续近卫在 12 月 22 日的三点原则表态，他才肯留在新的一届内阁之内？有这样的情况发生吗？

答：我记不得了。

问：让我帮你记起一些东西来吧。他提出的7个条件的第一个是，他反对近卫在12月22日的声明，第二个是国家应该制定整体的防卫计划，要准备足量的军火用于日本的扩张，第三个是日本德国和意大利三国的关系应该更加亲密和稳固。以上这些是事实吗？你现在想起了什么来了吗？

答：我记不得了。

阪埜辩护律师：尊敬的韦伯庭长，我想被告应该解释一下形成这些文件的最为基础的三个问题是什么？

韦伯庭长：法庭决定不重复讯问，你也不要再问这件事的旁支问题。请你继续刷新被告证人的记忆，他应该知道时间、地点，以及有哪些人参加了会晤。

问：在那个时候，你是陆军次官，对不对？

答：是的。

问：你记不得是在怎样的条件下板垣才答应留任陆军大臣的，是吗？

答：我没有什么准确的印象。

问：我现在再告诉你一些事实，启发启发你。当时板垣派你作为代表去内阁会议上正式回应，他是接受留任陆军大臣的，对不对？

答：是的。

问：你现在记得了？你还记得他留任陆军大臣的其他条件吗？

答：我不记得。

问：你仍然记不起来？

倪检察官：我要让证人看国际检察局第3171B号文件。

问：你现在看到了这张纸上很简要的7个条件了吧？在文末还有你的签名。

答：是的。

问：平沼接受了所有的条件，就是因为向板垣征四郎许诺，只要他接受了这7个条件，他就留任陆军大臣。你记得起来吗？我再提醒你，你当时的任务就是接受板垣的委托，去告诉平沼，他答应留任陆军大臣。

答：当时我没有能够见到平沼男爵，我签了个字，就走了。

问：那你写了什么呢？

答：因为我没有读纸条上的内容，所以我不知道纸条上写的什么。当时我是和矢野先生一同离开的。我转达了板垣答应留在内阁中的意思。

问：你是不是想告诉我们，在此之后的很长时间里面，你都没有看到过这7个条件？

答：不是的。我的确读过这些内容，但是我现在记不得，纸条上的内容是不是你刚才所说的这些内容。

倪检察官：尊敬的韦伯庭长，刚才我们提供的是检方文件第3171B号文件。

韦伯庭长：阪埜先生。

阪埜辩护律师：从这个文件的具体内容的本身，我们可以看出，它不可能是从某些报纸的特定的文章中摘录出来的。

韦伯庭长：辩方代理人刚才说了一句"我现在明白了"。

韦伯庭长：答应检方要求，按照正常程序接受文件。

法庭书记官：检方文件第3171B号将被接受为第3303号法庭证据。

（与此同时，文件的封面上被标上第3303号，并且作为检方证据被法庭接受）

问：现在，证人先生，板垣在担任陆军大臣期间有没有采取一些切实的行动加强日本的军国主义？

韦伯庭长：除非现在有特别的原因，你可以询问证人。不过，你提交了一个文件之后,你还是按照规则,宣读这份文件吧。

倪检察官:好的。我下面将宣读第3303号检方文件的部分内容。它是1939年1月6日东京发行的一份日报上的新闻摘要。

> 行动的7点纲领
>
> 陆军对于平沼首相的要求
>
> 陆军大臣板垣征四郎向平沼男爵提出了7个条件,在本月5日上午9点在内阁会议上公布。在他被请求留任陆军大臣期间,板垣还与平沼进行了大约45分钟的会面。
>
> 陆军方面的这7个条件是由陆军参谋本部决定的。板垣征四郎出席内阁会议以后,于上午10点离开。陆军的7个条件经由板垣大臣向平沼男爵当面提出,以下是具体条件:
>
> (1) 对于中国事变,应以帝国议会的决议为基础,多种手段并用,目标是赢得圣战的胜利。近卫在12月22日所做的声明,目的在于与中国调整关系,应该全部弃之不用。
>
> (2) 为了适应东亚的新的国际环境,应该确立国家整体防卫计划,准备用于国家防卫计划的军火,以备日本扩张之用。
>
> (3) 日本、德国和意大利三国的关系,应该变得更加紧密和稳固。
>
> (4) 应强化国家动员体系,而且作战计划部门应该扩充人力,继续加强。
>
> (5) 采取一切手段增加生产能力。
>
> (6) 应鼓舞国民士气。
>
> (7) 应增进贸易。
>
> 陆军大臣将留在内阁。
>
> 在今天的三相会议之后作出答复。

我将省略部分内容，从倒数第 3 行开始读。我现在开始从倒数第 3 行读到最后 1 行。

此外，在 11:50，陆军大臣板垣还派了他的次官山胁正隆作为自己的代表，前往内阁传递消息，板垣正式答应留在内阁。

倪检察官继续开始诘问。

问：现在，证人先生，我要问你，板垣有没有采取切实措施加强日本的军国主义？

答：是的。他做了。

问：他加强日本军国主义的措施得到了你的支持和协助吗？

答：是的，我协助了。

问：板垣作为陆军大臣，他本人是否存有加强日本的军国主义的意愿呢？

答：是的。他有。

韦伯庭长：我的两个同事提出了下列两个问题：根据近卫在第 3300A 号法庭证据中的说法，在板垣担任陆相的时候，应该是由东条担任陆军次官的，而证人却说他自己是次官。请证人解释一下。

证人：在近卫在 1938 年 12 月 22 日发布"近卫三原则"的时候，我是陆军次官。

韦伯庭长：东条是什么时候担任陆军次官的？

证人：在板垣答应留任陆相的时候，东条担任了陆军次官。我被东条取代了。

倪检察官：我现在可以继续问吗？

韦伯庭长：你可以继续了。

问：证人先生，你在证词第 2 页的倒数第 7 行中说，"陆军大臣板垣竭尽全力来贯彻这些原则，为了支持他，他贯彻的这些原则也成了我的原则。"

我如果把这句话和你在随后的段落里提到的事实进行对比，你的这些观点就前后矛盾了。

答：是的，前后矛盾。

问：板垣加强日本军国主义的措施，包不包括控制从中国返回日本国内的军人的言论和行动？

答：我不懂这个问题是什么意思，我理解不了。

问：那么我换种问法，你认为加强军纪要不要控制从中国前线返回的士兵的言论和行动？

韦伯庭长：好了。每个国家的军队或多或少地都存在这方面的行为。我建议你弄清楚，板垣有没有加强对某个特定事务的控制？

倪检察官：好的。

答：对于这一点，我没有任何不同于一般人的意见。

韦伯庭长：你给他提提建议。看看他有没有强调过这方面的事情。

问：你在陆军次官的任上，有没有向日本陆军下达过命令直接控制日军团队的言论和行动。

答：我想我下达过这样的命令。

问：你和这条命令有没有关系，这是从一本题为《陆军现状与从占领区返回的陆军士兵》的书里面摘出来的？

阪埜辩护律师：韦伯庭长，我想为了节省时间，最快的办法就是让目击者看看这本书。

韦伯庭长：我同意。

倪检察官：我问证人的这个文件已经被编号为国际检察局第625号文件。

（与此同时，这则文件被递给了证人）

答：是我，这条命令跟我有关系。

问：不仅是书里有这方面的命令，你在对陆军省队的演讲中也包含这方面的内容。你几次发表讲话，做出类似的表述：陆军应该控制归国的陆军士兵和军官的言论和行动。是不是？

答：是的。

问：这本书是不是作为高级机密的印刷品流通的？

答：是的。它是秘密发行的。

问：书上面是不是打着这样的标记：严禁复制，小心保管，以防丢失？

答：是的。

倪检察官：尊敬的韦伯庭长，我提交这份证据，国际检察局第625号文件。

韦伯庭长：接受，按照正常程序予以接受。

法庭书记官：检方证据625将被法庭接受为3304号证据，作为呈堂证供。

（该文件封面被标上3304，被作为检察方证据）

倪检察官：尊敬的韦伯庭长，接下来的这份证据有点长。我不打算全部读下来，我将选择部分内容宣读。

在这份文件的第1页上，文件以"中国事变陆军纪要"来命名，这本是1939年第7卷。我将跳过常规内容，开始从第4页正数第9行开始宣读：

以下是一些可以在讲话中使用的用于加强军纪和士气的主要例子：

接下来，我要跳过两段，直接从"这件事情"开始宣读。

我在战争中最喜欢看到的事情就是抢劫。

布鲁克斯辩护律师：如果法庭允许，我想提醒一下，这份文件在先前关于这个案子的庭审中已经被接受为检方证据了。不过我想我有必要再提醒各位法官一下。各位法官阁下应该熟读过去已经提交的检方材料，在庭审时要能够回想起关键性的内容，不管你是精读还是浏览，你对先前案子里提到的材料，脑子里应该有基本的印象。

韦伯庭长： 如果这个证据已经提交过了，那么我确实是忘记了。在这个法庭上我要把你们说过的每一句话都听进去。如果你只是想陈述这样一个事实，给大家提个醒，我们对你表示谢意，布鲁克斯上尉。我真的是记不起来了。

倪检察官： 韦伯庭长阁下，我能继续了吗？

韦伯庭长： 请继续。

倪检察官： 在前线的时候，指挥官们要对士兵的抢劫行为睁一只眼闭一只眼，把谁进行了抢劫记在心里就行了。

我将跳过下一段，从"纪律"开始宣读。

在和平时期军纪是要严格执行的，不过到了战场上就不能这么做了，否则懦夫会得到鼓励。道德感强的士兵刚上战场往往吃亏。

在10日，我们俘虏了一家四口。我们像对待妓女那样轮奸了这家的女儿。那对夫妇坚持让我们把他们的女儿还给他们，我们就杀了他们。在部队开拔之前，我们一直在强奸那个女孩，部队开拔的时候，我们把她杀了。

一个中队长在私下里指点他的部下："为了不惹麻烦，强奸女人的时候，你们可以付钱给她们，或者到一个黑暗的地方把她们杀了就行，然后你就什么事都没有了。"

如果参与战争的日军士兵被单独接受调查，他们对于自己的杀戮、抢劫和强奸的暴行是满怀愧疚的。

下面我将跳过第5页的头两段，从第3段开始宣读。

在一年半的战斗中，我学到的唯一的东西就是强奸和抢劫。

韦伯庭长：你刚才说的那些暴行是发生在"在战斗环境中"吗？

倪检察官：是的，阁下。我接下来将读到这方面的内容。第2段在一开头就说："在战斗环境中，我们没有把强奸当回事。在战斗环境中我们可能还会遭遇装备军火的武装男子，这名男子是日本的军事警察在行动中发现的。"

我随后将宣读第6段：

"在战地环境中，很多日军士兵会抢夺珠宝和贵重金属等值钱的东西，他们的名义是征用。

日军使用了很多中国密探，但是当这些中国密探没有利用价值的时候，他们就会被日军杀掉。

接下来，我将从倒数第4行开始宣读，这一段也可以被看成倒数第3行。以"抢劫"作为开头的那一行。

我们的部队在战地的抢劫行为是超出想象的。在日军的占领区中只有很小的一部分可以称得上安宁。

很多时候中国战俘会被用绳子捆成一排，然后被机枪射杀，目的是为了验证机枪的杀人效率。

我想以上的这些文字是有力的证据，证明日军的军纪荡然无存的证据。

韦伯庭长：我们将暂时休庭15分钟。

（14：45休庭）

二、筹划扶植傀儡政权

（15：00 重新开庭）

法庭执行官：远东国际军事法庭现在继续开庭。

韦伯庭长：倪检察官。

倪检察官：我请求法庭，不要再继续诘问这个证人了。

韦伯庭长：阪埜先生。

阪埜辩护律师：我这里还有一两点需要和证人核实。我的这些问题与第3304号证据有关，这份证据是由检方提出的。这份证据有一篇前言，如果没有朗读这份前言的话，我相信是很难让这份证据赢得法庭支持。所以，我请求在证人面前朗读这篇前言，并在随后问他几个问题。

语言监督官：修正一下：这份文件已经被宣读过了。

韦伯庭长：倪检察官。

倪检察官：韦伯庭长阁下，我觉得没有必要再宣读这份文件的其他内容了。因为证人对这份文件的内容非常清楚。

韦伯庭长：阪埜律师，请你提问吧。我们将作出判断。不要长篇大论地宣读，请记住，你是在询问。

交叉询问（由阪埜辩护律师询问山胁证人）

问：证人先生，在陆军省是哪个部门负责整理这份文件的？

答：这份文件是由陆军省的兵役署下面的兵役部负责整理的。

问：对于这份备忘录被制定出来的目的，你有没有修正？

答：有的。

问：请你简要地告诉我们。

答：从前线回国的日军官兵再被其他的官兵替换之后，他们一旦回到日本本土，他们就很可能公开地夸耀这些与军纪相违背的事情，他们经常会添油加醋——他们话会像鼹鼠一样把整座山变得千疮百孔，他们经常会夸大他们在战争中遇到的一些事情，他们的夸大甚至会经常变成谣言，他们会夸张地诉说他们是怎样得到他们的战利品的；他们的夸耀甚至会危及一些军事机密。总而言之，他们的夸夸其谈会成为各种流言蜚语泛滥的源头。

问：我是不是可以这样理解，这份文件被制订出来的初衷是为了阻止没有根据的流言泛滥？因为这些官兵的夸夸其谈会变成流言。而这份文件里提到的这些例子，正是这些夸大的流言的范例？

答：是的，你这样理解是完全正确的。我能不能再加上另外一点。

韦伯庭长：但是日本军队、日本士兵并没有被警告反对夸大。这样的文字在文件里见不到啊。

阪埜辩护律师：这份文件本身就是这个意思，在文件的第一部分中，这个意思也被清楚地表述出来了。

问：我是不是可以这样理解，这个文件被广为散发是为了便利指挥官，从而阻止军纪涣散，用这个文件警告部队的高级军官，必须要小心谨慎，要向部队说明情况，将部队控制在他们的领导之下？

韦伯庭长：即使我精读这个文件，我也找不到你说的这些文字，该文件并没有反对这些暴行的警告性文字出现。

问：这些文字没有出现在这个文件之中，这个文件只不过是举了很多例子，来说明加强军纪的必要性，这个文件通过立此存照的方式在向日军部队提供持续性的警告。

韦伯庭长：我们觉得这个文件——

阪埜辩护律师：我希望我能够获得允许宣读文件的那个部分。

韦伯庭长：我们觉得这个文件也没有声称反对这些暴行。

阪埜辩护律师：我就只读一部分。我想要宣读这份文件的最后一部分内容。这部分内容位于英文文本的第2页的正数第9行，从"我重申这个命令"开始。

我重申这个命令的目的是为了更直接更严格更持久地赞扬这种立功的行为，提升日军的军事声誉，确保不出现任何不光彩的行为，不使圣战蒙羞。

问：很明显，这个备忘录是为了加强日军的军纪，便于指挥官控制部队而颁布的。

倪检察官：韦伯庭长阁下，我反对这样的询问形式。阪埜先生是在进行引导性提问，他的提问将导致形成这样的观点。

韦伯庭长：就你刚才朗读的那一部分内容，你不需要再向证人进行询问了。

阪埜辩护律师：我还有另外一个问题，需要诘问证人。

问：为什么这个文件要被当作最高机密，并且要求持有人以最高机密形式保管它？

答：有关军纪和军队士气的文件一般都要作为最高机密加密保管。

阪埜辩护律师：这证实了我的推论，韦伯庭长阁下。

加藤辩护律师：我是加藤律师，被告土肥原贤二的律师。我还有一个问题需要向证人进行询问。

韦伯庭长：你现在提这个要求太迟了。你这样做违规了。你的问题是在阪埜先生盘问的问题当中衍生出来的吗？

加藤辩护律师：我只有一个问题。我想要问一下证人，关于检方文件第1005-21号的一个相关问题，这个文件现在被法庭接受为第3302号证据。

交叉询问（由加藤辩护律师询问山胁证人）

问：我要读的证据如下：土肥原机关的村上少佐致陆军次官和土肥原贤二中将的密电。请问，致：土肥原贤二中将是什么意思？

答：因为村上少佐和土肥原贤二中将当时处于不同的地方，所以这份密电发送给了陆军省，由陆军省转给土肥原贤二。

问：这份电报上的日期是 1939 年 4 月 21 日。当时土肥原贤二已经被任命为第五师团师团长，他当时不在东京，因为他要接任他的新职务。是不是这样？

答：我现在记得不太清楚了。但是我觉得这份密电在发送给了陆军省之后，就会立即转发给土肥原贤二，因为他当时在东京。

问：我再问你。你知道土肥原贤二是什么时候就任他的新职务——第五军司令的吗？

答：我没有印象了。

问：我的下一个问题。这份电报来自土肥原机关的村上少佐。在这个时间之前，影佐祯昭大佐是不是也是土肥原机关的成员？他在这个时间之前使用的密电码是不是也是土肥原机关的密电码？

倪检察官：韦伯庭长阁下，我反对这个提问。因为它与本次质证毫无关系。

韦伯庭长：反对被驳回。这个问题虽然是引导性的，但是它并不是十分重要，请证人回答这个问题。

答：影佐祯昭大佐当时在中国。不过我没有印象，他当时是不是已经接管了土肥原机关。

问：还有一点。据你所知，影佐祯昭大佐到达上海后，他是不是仍然使用土肥原机关的密电码？

倪检察官：韦伯庭长阁下，我反对这个提问，因为它是引导性的提问。

韦伯庭长：我不觉得这是一个引导性的提问。证人，请回答这个问题。

答：我不明白你这个问题的意思……

语言监督官：请删掉律师的最后一个问题。我们将给出新的翻译，将会有一个更加正确的翻译。

问：据你所知，在影佐祯昭到达上海之后，他是不是仍然在使用土肥原机关的密电码？简单地说，我想要你回答的是这个问题：这封密电是不是在土肥原贤二离开上海后，由影佐机关发出的？

答：我记不得了。

加藤辩护律师：谢谢你。

阪埜辩护律师：证人可以退庭了吗？

韦伯庭长：他可以退庭了。

阪埜辩护律师：我们将传召下一位证人，冈田芳政。

冈田芳政，首次被作为辩方证人被传召，经由日本译员提供翻译，宣誓作证。

直接询问（由阪埜辩护律师询问冈田证人）

问：请告诉你的姓名和住址。

答：我叫冈田芳政，我住在东京都杉并区马桥村二丁目一九零番。

阪埜辩护律师：请出示证人的辩方文件1979号。

问：这是你的宣誓口供吗？

答：是的。

问：这上面的内容都是真实正确的吗？

答：是的。

阪埜辩护律师：我请求将辩方文件第1979号作为证据提交。

韦伯庭长：桂检察官。

桂检察官：为了对法庭表示尊重，我们反对将这份口供作为证据提交，因为证人声称他曾见过斯提沃德博士，但这一事实是苍白无力的。不管怎么说，他都会证明板垣是一个具有和平倾向的人。

他在证词中没有给出任何具体的计划,也没有任何具体的事例。这份证据根本没有作为证据的价值。而且,这份证词中提到的与阎锡山的和平谈判以及第3页和第4页提到的其他的事情,也不是建立在证人亲身经历的事情基础之上的。他知道的这些情况也没有被清楚地加以核实。特别是这份证词的最后两段,明显的有违证据原则。

阪埜辩护律师:韦伯庭长先生,被告已经就这份证词的证据价值给出过暗示,这一点由法庭来决定。关于这份证词的证据价值,斯提沃德博士的相关事宜法庭已经接受了、相关证据已经提交了。关于检察方反对证人不是证明与重庆政府谈判的最佳证人的这一点质疑,我可以告诉您,这场谈判是在香港进行的,事实上操控此次谈判的人已经不在了,除了本案的被告板垣征四郎,他自己也健在。证人冈田当时是中国派遣军的情报军官,直接参与了这些谈判。在这种情况下,我想证词中提到的第二个方面的证据也可以被法庭接受。至于与阎锡山谈判的有关证词,证人也不是道听途说得来的,所以,这份证词可以作为证据提交法庭。我们请求法庭接受这份证词。

韦伯庭长:由于反对意见的大部分内容已经被否定了,除了第4、5段外,这两段将按照正常程序提交法庭作为呈堂证供。

法庭书记官:辩方证据1979号将被法庭接受为3305号证据。
(该文件封面被标上辩方文件3305号,被法庭接受为证据)

阪埜辩护律师:我将宣读第3305号证据的第4段和第5段。
第4段,通过阎锡山进行的和平谈判。

　　在板垣征四郎担任陆军大臣期间,他曾做出努力与吴佩孚谈判,想要尽快实现中日和平。他试图说服华北和华中的很多地区的中国民众建立一个和平的社会。他的这一努力在阎锡山统治的山西得到了回应。阎锡山对板垣征四郎的这一设想进行了热忱地公开回应,他希望中日之间实现和平。他当时派人与日本驻扎在山西的第一军的参谋长田中隆吉少将联络。

1940年,田中隆吉少将向日本大本营汇报了这一情况。田中隆吉参谋长热忱地支持谈判,他经常给日本驻在华北的第一军提出指导意见,他派出了自己的参谋部里的几名军官去和阎锡山接触,以实现山西省的局部和平,用局部和平推动中日完全的和平。

与阎锡山的谈判在第一军下任参谋长后宫将军在任期间结出了果实,阎锡山与日本第一军司令官进行了会面,虽然最终没有达成任何协议,但是他们的会面显示了板垣征四郎担任陆军大臣期间曾经为中日和平进行过积极的努力。

第5段,在香港与重庆政府进行的和平谈判。

与重庆政府进行的和平谈判从1940年春天持续到夏天。日本驻香港的军事联络官铃木卓尔中佐与宋子安(这个人是日本人信任的人)为中日和平进行了谈判。宋子安是宋子文的幼弟,他是宋子文在重庆小宗派的首席代表。不仅是中国的最高统帅承认这一谈判,就是日本大本营也承认了谈判的有效性。日本大本营随后又派遣了大本营的一个部门负责人白井大佐赴香港谈判,他给予上述谈判积极有力的支持。香港谈判的第一步是谈论中日和平的一些根本性的问题(停火、撤军、"满洲国"问题等。)最终决定由中日两国官方认可的代表进行相互尊重的友好协商。处于中日两国战争前线的长沙被选为中日两国高层会谈的见面地点。中国派遣军参谋长板垣征四郎有望成为日本方面的代表,他已经制订了中日双方的涉及的战线安排,准备好了双方飞机降落的机场,其中的一些机场是日本方面准备用作和平谈判之用的。但是谈判一直纷争不断,后来因为中国方面的某些需要被搁置了。

韦伯庭长: 你的论述只有事实层面的内容可以接受为证据。
下面我们暂时休庭,明天9:30继续开庭。
(16:00休庭)

1947年10月7日,星期二
日本东京都旧陆军省大楼内远东国际军事法庭

(9:30重新开庭)

阪埜辩护律师: 接下来,我将改变顺序,跳到第33号证据,第33号证据目前被编号为辩方文件第1970号。这是一份证明书,根据日军大本营1940年7月5日陆军省的手写缺勤记录给出的。接下来出庭的证人也将证明这份文件的有效性。

韦伯庭长: 法庭同意接受这份文件作为证据。

法庭书记官: 辩方文件1970号将被接受为3306号证据。

(文件封面被标上3306号,被接受为证据)

阪埜辩护律师: 我将开始宣读第3306号证据。

真实性的证明

我在此证明,"将华南方面军从中国派遣军的序列中分离出来"的原始命令原先是保存在大本营(日军参谋本部)的陆军省的机密档案中的,但是后来由于敌对行动被焚毁了,现在已经不存在了。

东京,昭和二十二年(1947年)1月5日
签字:美山要藏,第一复员局档案馆馆长

韦伯庭长：这是一份关于已销毁的文件的证明书。

阪埜辩护律师：接下来，我将传召另外一位证人泽田茂。

（泽田茂，作为辩护方证人，之前已经宣誓过了，通过日语翻译作证如下）

韦伯庭长：请按照你原先的誓词宣誓。

直接询问（阪埜辩护律师询问泽田证人）

问：你的全名是什么？

答：泽田茂。

阪埜辩护律师：你是不是辩方文件第1977号的证人？

（这份文件被递给证人）

问：这个是不是你的证词，上面的签名是你的吗？

答：是的。

阪埜辩护律师：我请求将辩方文件1977号提交为法庭证据。

韦伯庭长：按照正常程序接受其为法庭证据。

法庭书记官：辩方文件1977号被法庭接受为3306A号证据。

（与此同时，该文件的第一页被标上第3306A号，接受为证据）

阪埜辩护律师：我将宣读第3306A号证据。

（1）我，泽田茂，在战争结束的时候是陆军中将，现在被关押在巢鸭监狱。在昭和十四年（1939年）10月至昭和十五年（1940年）11月，我担任大本营参谋次长。

（2）在我担任大本营参谋次长期间，大本营将华南方面军从中国派遣军的序列中分离出来（华南方面军的军队直接置于大本营掌管之下）。

（3）因为我担任大本营参谋次长，我对于以上事实非常了解。

韦伯庭长：桂法官，你现在可以诘问了。

桂辩护律师：尊敬的韦伯庭长，如果您允许，我们不打算询问该名证人。

阪埜辩护律师：该名证人是否可以按照正常程序退庭？

韦伯庭长：他现在可以退庭。

（证人退庭）

阪埜辩护律师：我的同事佐佐川律师将继续为被告辩护。

佐佐川辩护律师：如果法庭允许，我现在想传召证人井原润次郎，他的证词被编号为辩方文件第 2039 号。

韦伯庭长：马蒂斯律师。

马蒂斯辩护律师：我现在要传召被告板垣征四郎到庭。

（被告板垣征四郎，在日本译员的帮助下进行宣誓，接受询问）

直接询问（由马蒂斯辩护律师询问板垣被告）

问：被告姓名？

答：板垣征四郎。

问：将军，你是东京国际审判的一名被告，在审判开始之前，你是不是一直被羁押？

答：是的。

马蒂斯辩护律师：庭上的这名证人与辩方文件第 2555 号有关吗？

问：你可以告诉法庭，将军，这份被标记为第 2555 号的辩方文件是你的证词吗？

答：它是我的证词。

问：它上面的内容都是真实的吗？

答：都是真实的。

马蒂斯辩护律师：它将被提交法庭作为证据。

韦伯庭长：倪检察官。

倪检察官：检方反对将这份证词的第 10 页第 3 段以这句话"从事实上看"开始，到第 13 页第 1 段以这句话"我们必须将我们的意图强加在他们身上"结束的部分作为证据。这部分的证词都是本庄将军的陈述，这部分内容在 1931 年 10 月的关东军司令部已经公开发表过了。由于被告无法提供原始文件的出处，我们反对将这部分内容作为证据。

韦伯庭长：你提到的这部分内容可能是本庄将军的一个讲话，也可能是他读到的一段内容。我们不得而知。在接下来证人作证的过程中，我们可能把这个问题搞清楚。

倪检察官：尊敬的阁下，我们反对这段证词，因为它难以被认定为通行的文本。这段证词与现在的被告也没有特别的关联。

韦伯庭长：被告本人将在这里给出证据，他也可以说，本庄的这段讲话对他产生了影响。对于这个问题，我们在接下来的审判中可能得到详细的说明——辩护方可能给出诚实的充足的理由，请你不要误会，我们只相信事实。

马蒂斯辩护律师：这份文件能被法庭接受为证据吗？

韦伯庭长：这份证词将按照正常程序被接受为证据。我不能一开始就反对这份证据，因为我们还没有充分地听辩护律师宣读这份文件。不过我们将继续恪守我们接受证据的原则。

法庭书记官：辩方文件第 2555 号，将被接受为第 3316 号法庭证据。

（该文件封面被标上 3316，被接受为证据）

韦伯庭长：马蒂斯先生，我们将休庭 15 分钟。

（14：45 休庭）

（15：00 重新开庭）

法庭执行官：东京国际军事审判现在继续开庭。

韦伯庭长：马蒂斯先生。

马蒂斯辩护律师：（开始宣读）

Ⅰ．担任关东军司令部参谋时期（1929年5月1日至1932年7月30日）

1．在1929年（昭和四年）5月1日，我被任命为关东军司令部的参谋军官（大佐军衔），我担任这个职务直到1932年（昭和七年）7月30日。当时的关东军司令官是陆军中将畑英太郎。满洲事变时期关东军司令是陆军中将本庄繁，参谋长是陆军少将三宅光治。

我的职责是从参谋长那边接收命令，保持陆军参谋军官之间的联络，掌管参谋部办公室，也参与与部队的联络工作。

因为关东军司令官的权力和特权，司令部的参谋部和参谋军官们事实上是关东军司令部的实权派，威望很高。（相关证明可以参见1415号证据。）

2．满洲事变之前满洲的基本情况：

（a）从1925年起，中国方面兴起了收复失地的运动，反日举动日益增多。在满洲也出现了损害日本利益和权利的举动。在1928年6月，昭和三年，张作霖被一颗炸弹炸死，张学良继承了他的位置。同年，张学良进行了东北易帜，将东北归于南京国民政府统治之下，东北升起了青天白日满地红旗，中国国民党的势力开始渗入满洲。在国民党和南京政府官员的直接组织之下，东北的反日运动越来越频繁剧烈。日本在中国东北的权利受到侵害，南满铁路沿线的日本侨民受到压迫。日本殖民地朝鲜的移民在满洲也受到巨大的压力，日本侨民受到的暴力侵害和压迫也是愈演愈烈，日本侨民的社团也受到压力，这些压迫和侵害行为日益剧烈、日益增多。尽管币原外相奉行真诚和热忱的合作政策，但是在感观上看来，中国方面的反日行动没有缓和的迹象，中国方面的反日运动还有扩大化的倾向。在满洲事变发生之前，中国方面制造了数百起反日的事件。

（b）在另一方面，在军事领域，张学良在1928年秋担任了国民党军队的副总司令，他计划加强和重新编组他控制下的军队，他把自己的军队规模扩充到20多万人，并且扩建了东北兵工厂，用现代化的武器（比如坦克和飞机）装备他的军队，并且通过严明军纪的方法来加强军队的力量。他想从数量和质量两个方面提升他的军力，这样造成的结果是：与同时期的关东军相比，他的部队无论是在装备还是战力方面都优越于关东军。

由于反日情绪逐渐对中国军队产生了影响，中国军队对日本军队也采取了轻视的态度。中国军队吹嘘他们的优越性，炫耀他们近几年内在中国的内战中取得的战斗经验。中国军队从上到下、从军官到普通士兵的反日情绪变得非常激烈。此外，中国部队的部署也发生了变化，他们驻扎在南满铁路沿线，关东军的部队驻扎得非常分散，从军事学的角度来看，关东军的部队处于极端危险的境地。当时关东军的人数不超过1万人，他们的装备很低劣，部队编制也处于劣势，驻扎得又很分散。他们守卫的南满铁路沿线有1000千米长，他们还需要在和平时期执行巡逻任务。事实上他们处于20万装备先进的中国军队的包围之中，这些中国军队还有着强烈的反日情绪，怀着挑衅的态度。

3. 由于反日形势日益伸张，中国部队的反日态度也日益鲜明，中国和日本军队擦枪走火的危险逐渐增加。这种情势的缓解极端困难，除非中国方面或者日本方面愿意妥协退让。因为当时中日之间的形势是冲突性的，双方在诸多问题上的要求是相左的，走向复兴的中国要求恢复失去的利权，而日本方面则想保留这些利权。但是中国不打算在所有的问题上妥协，所以武装反日是不可避免的。如果日本方面要避免这种情况发生，解决办法无他，只有放弃全部的利权,包括政治、经济和军事领域的特权,需要全部放弃。所以,全面放弃特权的做法,不仅日本政府接受不了,就是社会舆论也是无法接受的。所以,对于关东军来说,他们竭尽全力地试图避免与中国军队的冲突,执行方方面面的绥靖政策,责令军官和士兵保持克制、小心谨慎,希望能够避免擦枪走火的事件。

但是,从另外一个方面来看,他们也认为中日之间必有一战,所以他们也在为中日之间爆发突发性冲突进行充足的准备,一旦中国军队采取主动的军事行动,他们也好应对。关东军为了应付中国军队日益严重的压力,要求增强自己的力量,要求改变军队的部署,要求获得充足的武器装备,但是他们的这些要求都被日本军队的中枢给拒绝了。所以关东军拟定了一个加强军力和装备的计划,在过去的几年内他们一直没有得到日本军队中枢的支持。他们拟定的这个计划是这样的:一旦中日军队爆发冲突,关东军将在奉天附近集中自己的主力部队,沉重打击东北军的核心地区奉天,速战速决,全歼奉天守军。为执行上述计划,关东军进行了一系列的准备工作,从军事教育、训练、联络和运输等方面进行了准备,希望在战争爆发的时候,能够集中关东军所有的军事力量对敌军发动致命一击。一旦他们的作战计划成功实施,关东军将在中国东北赢得最大的优势。

在奉天事变发生的时候,他们调来了两门重炮轰击东北军的北大营,这是他们作战计划的一部分。这两门重炮是从旅顺要塞拆卸下来的,原本设想是要派上大用场的,可是后来发现,这两门重炮变得不需要了。在关东军缺乏战力的情况下,把重炮运来加强战力是很自然的事情。为了避免在和平时期刺激中国军队,这两门巨炮被关东军隐藏了起来。关东军的新任司令官本庄繁在1931年8月履新。他多次观看了发动事变的模型推演。此时中国军队的反日情绪日益高涨,日本的中村大尉在万宝山事件中被杀害。中国军队在南满铁路的多处地点骚扰关东军的巡逻部队，或者骚扰关东军的演习。本庄繁严厉地警告属下军官和高级军士，防止任何突发事件发生，但是与此同时，他鼓励这些军官和军士积极主动地履行自己的职责，一旦擦枪走火，就要立即采取具有决定意义的行动。

4. 我陪同本庄繁司令官非正式地巡视了他管辖下部队。他的巡查之旅在1931年9月18日在辽阳结束（昭和六年）。在同一天，本庄繁司令官接到参谋长三宅的通知，大本营第一部的负责人建川少将到奉天来了。三宅建议本庄繁司令官派石原或者我到奉天去见建川少将。

想到建川少将前来奉天可能与中村事件的谈判有关，本庄繁司令官命令我去奉天见他。于是我从辽阳赶到奉天。建川少将直到晚间才到达奉天，我去迎接他，并且和他一起用了晚餐。少将告诉我，他是匆忙之间离开东京的，没有赶上特别专列，所以一路上没能够在拥挤的车厢里得到充分的休息，他简直累极了。他打算在奉天待上几天，他没有过多的提及他到奉天的任务，只是透露了陆军高层担心关东军少壮军官异动的只言片语。我告诉他，不用担心少壮派军官的异动。见到他实在累得不行，我说等到明天他有闲暇的时候，我再来聆听他的指示。随后我们结束了谈话，我返回了自己的住处。

5. 在我辞别建川少将回兵站的路上，因为我关心中村事件，我去了关东军在奉天的情报处，我想从他们那里得知关于中村事件更多的消息。但是他们那边没有什么新的消息，我就和参谋军官们聊了一会天。就在我准备离开情报处去往兵站的时候，来了一个电话，电话是关东军守备部队打给情报处的，守备队军官向情报处报告：柳条沟路段发生了爆炸。通过之后的几次电话联络，我明白了事情的大概，在22:00以后中国部队在南满铁路柳条沟段实施了爆破,这个地方位于东北军北大营的西侧,在奉天的北面。巡逻的川岛中队遭到了敌军埋伏的枪击。守备队接到了川岛中队遭到伏击的消息后,立即前往营救,与他们成功汇合,并与中国军队交战。尽管遭到了敌军的抵抗,但是他们还是占领了北大营的一个角落。在敌军猛烈的机枪和步枪火力的攻击下,川岛中队被压制了。从铁路守备队那边获得的信息清楚地表明,这起事件已经不仅仅是因为利权而引发的小冲突了,虽然这起争端的外表还是铁路上的一起爆炸事件,但是这是中国正规军精心计划的挑衅日本军队的军事行动。由此判断,驻扎在北大营的东北军第七旅已经对日军采取了实质性的对抗行动。所以,敏感地察觉到危险近在咫尺,如果我们犹豫不决,我们将丧失南满铁路沿线的领地,而且关东军要被奉天省的中国军队围攻。

当时岛本中佐和平田大佐通过情报处将消息报告给本庄繁司令官和其他高级军官。岛本中佐是独立步兵守备队第二大队的指挥官,他表示他将立即集结部队解救川岛中队,该中队正在东北军北大营的一个角落里与敌军交战。平田大佐是关东军第二九联队的指挥官,他得到上述情况的报告后,他宣布,他将配合岛本中佐的守备队发动攻击,他的部队将尽全力攻打沈阳的城墙。

作为碰巧在场的参谋军官,我接受他们的请求,向司令官报告,独立步兵守备队将向北大营的守敌进攻,第二九联队将向沈阳的守敌进攻。我之所以接受他们的要求,原因如下:

(1)两位指挥官的上述决定是完全必要的,与部队遭遇紧急情况的预案是一致的,沈阳的部队不仅仅要自卫,也要让主力部队取得军事上的主动权。

(2)我觉得让两位指挥官相信他们的军事行动可以得到我的专业知识的帮助,因为我是一个参谋军官,我对于司令官此前的意图也是非常了解的。

当我把事件的细节向本庄繁司令官进行汇报时,他作为关东军司令官在9月19日就赶回了沈阳,他表示我们的应对完全切合他的想法。

6. 在9月19日夜间,我们给日本驻沈阳的使馆打去了电话,报告了事件的发生过程及关东军采取的应对措施,我们请森岛到情报处来一趟,我们向他详细介绍了事件的细节,要求他采取合作态度。我还通过电话与林领事进行了几次交流。林领事在电话中说,因为日本与中国还没有正式宣战,而且中国方面通过赵欣伯领事发布了他们的不抵抗政策,所以他希望关东军方面妥善处理此事,让这个事件通过外交途径得到解决,他希望关东军方面暂时中止军事行动。为了给予他一个满意的回答,我详细地向他解释了事件后续发展的细节,让他重新考虑他的想法。我要告诉他的是,此次事件不同以往,这次是中国正规军向日本军队的正式挑战,中国和日本的军队现在已经打成一团,现在想要把他们分开是不可能的。

不管怎么说,除非现在的军事行动能够解决问题,否则在操作层面,此次争端是没有办法通过外交谈判解决的。尽管中国方面宣称中国军队将彻底执行不抵抗政策,但是根据前线传来的报告,川岛中队正在遭受攻击,造成了伤亡。我无法想象,赵欣伯领事能够通过自己的努力达成停火协议,因为他只是一个平民外交官,对军事事务毫无影响力。此外,我们也很难判断,中国方面的不抵抗政策以及呼吁通过外交谈判解决争端的说辞,会不会是缓兵之计,他们希望争取重新部署的时间,让日本军队的行动推迟、让日本军队放松警惕。我告诉林领事,我们必须小心谨慎,在如此严峻的形势下我们决定的行动不能有一丝一毫的犹豫不决。我还向他指出这样的事实,你的想法在现实条件下是不能实现的。

7. 在沈阳周围的战斗持续到9月19日。所有控制重要市政机关的中国军队都逃走了。警察、交通和银行机构也停止运转了。所有的平民都紧闭门户,整个城市陷入一团混乱。罪犯们从监狱里跑了出来,在街道上横冲直撞。形势变得如此糟糕,出于公共安全的考虑,我们不能置之不理,我们必须立刻采取行动。见到形势如此发展,也为了满足市民们热切的要求,本庄繁司令官,为了保持市面的安定,立即宣布组建一个临时的市政管理机构,他任命土肥原贤二大佐为临时的沈阳市长。关东军不打算建立一个军管的政权。除了土肥原贤二大佐之外,关东军不允许任何日本军方人士参与沈阳的临时政权,不过他们安排了一些日本顾问参与临时市政管理当局,在临时市政管理当局中起主要作用的还是中国人。这样做的目的是为了保持公共安全,只是权宜之计,只要能够出现一个可以把控局面的中国人,市政管理的责任将会完全转移到他的身上。

土肥原贤二大佐只担任了一个月的沈阳临时市长,在10月20日赵欣伯先生就接任了沈阳市长,所有的日本顾问也从沈阳市政权中离职了。

8. 本庄繁司令官在满洲事变的整个过程中非常小心谨慎,绝不吐露任何他的政治观点,以免引起中国方面的敌意。

随着中国东北各省发表独立宣言,一些有影响力的人物倾向于建立一个满洲人的新的国家。本庄繁司令官认识到这种趋势不可避免,于是他公开表明自己的态度,他在1931年10月底在关东军司令部发表了下列重要的公开讲话:

中国和日本之间的冲突在满洲事变之前就一直存在,很遗憾地导致了中日之间的全面冲突。我们必须保证这样的不幸冲突不再发生。为了实现这样的目的,我们必须设计出让两个国家一劳永逸地解决冲突的最佳方案。实施这个最佳方案的第一步是要高度重视全体满洲人民表达出来的强烈愿望。

在满洲事变之前的反日运动导致了中国民众之间弥漫着一种反日的情绪,这种反日情绪最终发展成对于日本的强烈敌意。

满洲民众对日本的敌意到今天似乎消除了,但是我们必须采取进一步的措施,彻底地清除他们思想中的反日思想,提升民族和谐思想在他们心目中的地位,让日满两国的民众之间不要存在民族歧视思想。

日本保留其在满洲的利权,将引起满洲民众的不平等以及被压迫的感觉,这些特权将影响到日本在满洲的合法的利权,甚至国际法规定的日本可以享受的合理利权也会受到影响。所以日本应该主动地放弃东北的特殊权益,放弃治外法权,将旅顺和大连归还满洲。通过这样的做法,日满两国的关系,将变得互惠互利,民族隔阂也将不复存在。

因为日本人和满洲人都是"满洲国"的重要组成部分,"满洲国"建立在没有种族歧视的平等基石之上,日本方面应该抛弃他们所有的特权,日本方面也不应该保持在满洲拥有特权的思想。日本人必须认识到,他们站在平等的基石之上与满洲人民共同组成了这个新的国家,日本人不管是在"满洲国"充当官员,还只是普通民众,都不应该有特权思想。我建议那些为新的"满洲国"政府服务的日本官员们,应该有这样的觉悟——应该将自己的国籍改为"满洲国"国籍。

张学良的暴政是东北人民对日本产生敌意的根源,不仅仅是新政府的日本和满洲官员,3 000万"满洲国"的民众也要深刻认识这一点。张学良失去了东北民众支持的原因是因为他选择了一党独裁政策。在未来最值得"满洲国"重视的事情是,尊重人民的意愿,"满洲国"必须阻止张学良和国民党的卷土重来。

在满洲复辟帝制是不合时宜的举动,从更长远的角度来看,复辟帝制会让"满洲国"丧失在将来与中国和平共处的机会。即使溥仅应东北3 000万民众的要求担任了"满洲国"的首脑,有一点也必须明确,就是要让他认识到担任新国家的首脑与他复辟当皇帝之间的区别。

这个新独立的国家完全是民族运动的结果,满洲的人民选择自己的归属,建立了自己的国家,没有任何违反国际法的地方。在满洲的那些有影响力的任务应该全心全意为满洲人民负责。

有人害怕一个独立的"满洲国"会为中日之间的和平带来阴影,但是与此同时,如果这个新的国家能够得到更好的治理,它将成为维系中日和平的纽带,我们必须认识到这个新的国家带来的有益影响。

所有的一切都取决于好的国家治理和对人民福祉的保护。过去的失德政府由军阀统治,应该被替换更新。首要的一点,应该废除沉重的苛捐杂税,所有带有反日倾向的法律也应该被立即废除。

关东军应该对"满洲国"的所有事务保持中立。它应该将这个新的国家的所有行政管理事务交给独立自主的和自治的"满洲国"人民。关东军应该约束自己官兵的行动,严明军纪,保持良好的军纪和秩序。但是"满洲国"防卫问题应该由日本和"满洲国"来共同执行,在目前这段时期,关东军应该主动地承担起这个任务。

关东军必须认识到,赢得"满洲国"人民彻底的信任是非常重要的,关东军要做"满洲国"民众的朋友。此外,日本政府也应该发布严令,不仅要严令日本军方介入"满洲国"的政治和行政管理事务,也应该训令严禁在"满洲国"复辟帝制,但是现在,关东军还没有接到日本政府的明确指示。我们认为,日本政府是想让局势顺其自然地发展。关东军认为在这个关键的节点上,关定军应该毫不迟疑地执行作为守卫部队的责任,关东军必须密切关注未来"满洲国"和日本的关系,以便能够向日本中央政府反映"满洲国"的真实情况。与此同时,关东军必须下决心不能干预"满洲国"的政治动向,"满洲国"的政治发展应该随着"满洲国"3 000万民众的心愿发展,关东军应该帮助"满洲国"人民,将他们立即从动乱的局势中解救出来。我们也不能将我们的力量强加于人,除非"满洲国"的人民要求我们发挥作用,无论在什么时候,我们都不能将意志强加给他们。

9. 我利用一切机会向满洲的市政官员和平民领袖们征集观点,我将这些观点汇报给本庄繁将军。

在这些领袖当中有一种普遍的情绪,他们对于张学良满怀愤恨,他们也不喜欢国民党政权,他们非常强调保境安民的政策,他们对于满洲的独立怀有强烈愿望。在满洲事变之后的9月23日,一位复辟派的官员罗振玉从旅顺来到沈阳的关东军司令部来与我见面。他告诉我,维持政权希望让宣统皇帝来到满洲。他随后到吉林去会见熙洽,在洮南他见到了张海鹏,他在9月26日重新回到沈阳。他又告诉我,吉林的张海鹏准备参加独立运动,希望迎接宣统皇帝到吉林,张海鹏将军下决心要宣布独立,他将支持宣统皇帝。在11月3日,于冲汉会见了本庄繁司令官,他提出建议,有必要在保境安民的方针指导之下建立一个新的国家。在满洲事变之后的很短的一段时间内,东北的很多省份和地区都表达了独立的愿望。当时我们已经得到消息,在东北各个地区的政治领袖们已经开始了建立独立国家的运动,东北的三个主要省份奉天、吉林和黑龙江已经宣布独立,日本军队在1931年(昭和六年)的11月中旬进入了齐齐哈尔。从11月底开始到12月中旬,我持续不断地与满洲的军事领袖和政治领袖们会面,他们都是满洲独立的支持者。名单如下:

哈尔滨的张景惠先生;

海伦的马占山先生;

吉林的熙洽和谢介石先生;

奉天的臧式毅和袁金铠先生。

我与这些主张独立的地区领袖会谈，倾听他们的关于建立一个新的国家面临的种种问题的各种观点。他们无一例外地都反对张学良回归东北，他们也不愿意南京政府重新统治东北，他们痛恨国民党政权。他们普遍和真诚地愿望，让他们在保境安民的原则的基础上，逐步采取行动建立一个独立的国家。他们真诚而坦率地告诉我，为了建立一个新的国家，必须得到日本的支持，建国之初的国土防卫工作还是需要仰赖日本的，新国家也需要日本的现代化知识，这也需要日本的援助，此外为了让日满合作结出硕果，需要日本人和满洲人平等互助。在他们当中关于政体和国体问题有不同的看法。复辟派的官员们，包括吉林省省长熙洽和吉林的政治领袖谢介石强烈地要求溥仪出任国家元首，恢复帝制，他们认为在满洲成为一个独立的国家之后，应该紧锣密鼓地推进复辟运动。

奉天省长臧式毅和奉天的政治领袖袁金铠强烈地反对张学良的暴政，他们是保境安民政策的鼓吹者，他们不同意复辟。他们希望这个新的国家实施共和政体。对于国体问题，他们接受溥仪先生以总统的身份出任国家元首，但是必须通过选举赋予溥仪这一职位。黑龙江省的马占山将军当时还不是黑龙江省的省长，他个人最大的财富是他手里的军队。对于新国家的政体问题，他完全地追随张景惠，张景惠与奉天的臧式毅观点大致相同，他们两人也都是反对复辟的。他们两人都倾向于在这个新的国家实行共和政体。满洲的蒙古族聚居区与复辟派观点相同。在整体问题上，奉天派和吉林派观点相左，在政体和国体上的分歧是当时满洲最大的问题。

但是，所有的地区领袖们都同意建立一个新的独立国家。我发现，东北四省所在地区因为地理和历史上的原因，曾经多次宣布独立,在日本发表了不占领满洲的政策之后,那些政治领袖并不满足,他们对张学良的暴政充满愤怒,他们决定走到政治舞台的前台,他们强烈地希望巩固自己的政治地位,他们拒绝张学良重返东北。对于上述情况,我给本庄繁司令官提交了一份详尽的报告。

10. 日本中央政府给我来了一个电报,让我前去汇报满洲的情况,在领会了本庄繁司令的意图后,我离开沈阳,在1932年(昭和7年)1月4日到达东京。我一到大本营和陆军省,就进行了如下的报告:

(1) 满洲倾向于成为一个独立的国家。我能确认,在满洲掌权的官员们和在政权以外的富人们都热忱地希望建立一个独立的国家。满洲的普通民众也有这样的愿望。他们不仅反对张学良重返东北,而且也反对国民党政权在东北重新建立起统治。

(2) 关东军正在尽全力保持满洲的公共安全,关东军并不限制满洲人民政治愿望的表达。

(3) 不管局势如何发展,满洲都会建立一个独立的国家,日本政府应该为出现这样的情况做好准备。

(4) 本庄繁司令官的一个观点是,考虑到东北目前的情势,日本除了支持新生的满洲独立国家外,别无他法。因为满洲倾向于独立。

陆军大臣荒木告诉我,因为日本政府的新内阁刚刚组阁,所以日本政府对于满洲问题的大政方针还没有确定下来,他的原则是密切关注局势发展,对于满洲的独立要求,他不打算介入。在我在东京逗留期间,我详细地解释了满洲的新局势,日本中央政府的高官们对于满洲的情况有了切实的了解。

回到沈阳后,我想本庄繁司令官汇报了上述与中央政府联络的情况。

11. 奉本庄繁司令之命,我在1932年1月29日(昭和7年)在旅顺拜会了溥仪先生。当时满洲的权贵和普通民众都热切地盼望建立一个新的独立国家。因为建立新的国家已经成为必然趋势，复辟运动也达到了顶峰，复辟派手中有一张王牌，就是前清废帝宣统——溥仪，他一直与满洲有着千丝万缕的联系，复辟派希望由溥仪出面担任新的国家的君主。

本庄繁司令官令我以官方身份去会见溥仪，确认他对于此事的态度。第一次见面我给了溥仪关于满洲要建立一个新的国家的粗略的信息，询问他的看法，其实溥仪已经通过多种途径知道了这一情况。他表示，建立一个新的独立的"满洲国"是必需的。"满洲国"从中国分离出来，可以更好地管理3 000万居民，与日本建立更加密切的关系。他表示他倾向于接受这个新的国家的元首的职位。由于他坚持要在满洲复辟帝制，所以我们的谈话持续了几个小时。他的主要理由如下：

（1）民国初建之时给予清廷的优待条件并没有取消皇帝的尊号。所以他现在依然是皇帝。所以，他不接受任何非皇帝称号的职务。

（2）满洲民众的文化水平比较低，帝制是最适合的统治方式。

（3）因为要实施帝制，所以必须要建立一个内阁，这个附属于皇帝的政治机构要在皇帝的直接掌控之下，皇帝要自主地决定国家的一切事务。

我问溥仪先生关于新国家政体的真实想法，如果这个国家不是按照君主制的政体构建的，那么他是不是愿意接受这个新的国家的元首的位置？由于我们的会谈已经持续了太长的时间，所以我起身告辞，在另外一个房间我又与郑垂见了面，他是郑孝胥的儿子。我问他，溥仪先生是否已经打定主意拒绝出任"满洲国"的国家元首。他对此非常吃惊，他说不可能是这样的情况。相反，他认为溥仪完全了解现实的政治环境，溥仪已经准备好接受作为这个新国家的元首的职位了。他向我进一步解释道，尽管他并不是非常清楚溥仪跟我交谈的真实想法，但是他认为这肯定是溥仪准备接受新国家元首之前的一次简单愿望的表达。我接着问他，我能不能这样理解溥仪的态度——他将同意接受新国家的元首的职位，并将他的这一态度向本庄繁司令官汇报。他说，可以的。随后我离开了旅顺前往沈阳，向本庄繁司令官提交了报告。

我会见溥仪的目的不是说服他出任"满洲国"的元首，而只是想探听他的想法。在整个过程中我没有任何个人的观点，我也没有采取任何逼迫他的行动，我也没有让他的顾问郑垂去说服溥仪接受满洲国元首的职位。

之后，在1月21日，罗振玉和他的儿子到关东军司令部来见我，他们说自己是溥仪皇帝派来的。他们说，溥仪仍然坚持要在"满洲国"实行帝制。但是，当时东北行政管理委员会已经在1月18日发布了东北独立的宣言，他们决定在1月19日宣布建立共和国，他们要求宣统皇帝溥仪出任国家元首。

所以，我们认为罗振玉此举是溥仪对东北行政管理委员会在溥仪缺席的情况下就宣布成立共和国的抗议。我们认为有必要就东北行政管理委员会造成的既成事实直接和溥仪先生进行沟通。在本庄繁司令官的命令下，我乘坐当晚的火车抵达旅顺。第二天晚上，即22日晚间，我会见了溥仪先生，向他当面转达了这一消息。溥仪表示，他完全理解当前的形势，他已经知道了东北行政管理委员会的决定。不过，像我们在2月29日第一次见面那样，他依旧坚持要在"满洲国"实行帝制，他随后又暗示我，他已经通过了他的首席代表罗振玉表示了他的态度。他表示，他的这一想法是不可更改的，无论我如何向他解释东北行政管理委员会的实行共和政体的决定，我将各种细节向他透露，他也表示他坚持帝制的选择。不过他很高兴地接受了东北行政管理委员会建立一个新的国家的决定，对于这个新国家的国号、国旗、首都和各地区的划分，他表示认同。在我和他谈话的中间，我接到了本庄繁司令官的一个电话，在电话中我将与溥仪先生会面的进展向他进行了报告。

九一八事变是一个纯粹的突发事件，我一直表示，关东军并没有事先进行预谋。"满洲国"的建立和溥仪的上台，我认为他们是出于民众的热情而导致的自然而然的事情，没有所谓的傀儡国家和傀儡政权的说法，"满洲国"的建立和"满洲国"政权的产生也不是日本事先计划好的，也不是这些政要在日本或者关东军威胁之下的被迫之举。

检方的陈述认为是我和一些参谋军官擅自策划和实施的、没有得到司令官本庄繁将军的许可，九一八事变是蓄意制造的事端。就如上面我所表述的，我可以宣誓，以上全都是事实，没有一丁点的造假成分。

Ⅱ. 我在关东军司令部任职的第二阶段的情况（1932年8月1日至1937年3月1日）

（1）1932年8月1日至1933年6月，我被任命为关东军司令部军事情报部门的负责人。在1933年6月之后，我参加了大本营组织的一次到欧洲的考察。1934年8月1日至1934年12月10日，我担任了"满洲国"军事管理部门的高级顾问。1934年12月10日至1936年3月21日我被任命为关东军的副参谋长（同时兼任日本驻"满洲国"大使馆的武官）。1936年3月21日至1937年3月1日，我担任了关东军的参谋长，同时兼任日满经济提携促进会委员。

（2）以下是1934年至1935年我个人的情况报告

（a）在塘沽停战协定签字之后，中日两国都做出很多努力来缓和两国关系，以避免未来爆发战争。1934年9月，两国的交通恢复了，两国通邮也实现了。1935年1月广田外相就两国的睦邻友好发表了一次餐前谈话,在6月份蒋介石和汪精卫进行了最终回应。在1935年6月,日本颁布了一项中日友好的法律。

(b)中国共产党军队在中国北部扩大势力范围的举动加剧了中日之间的紧张关系,中华民国政府在1935年2月宣布重新组编军队,在1935年6月,任命于学忠为派遣军司令。中国共产党军队突破了国民党军队的封锁,撤退到邻近蒙古的地区。

(c)苏联方面一直在批评日本实行帝国主义和扩张主义。它加强了对于西伯利亚铁路的监控,加强了远东地区的军事基地的防卫。苏联在远东地区部署的军队的战力已经达到了关东军的四倍,而且苏联远东的军力还在进一步增加之中。

(d)在满洲的中共武装分子和土匪已经被日本和"满洲国"的远征部队大体清剿了,但是没有能够彻底清剿。

(e)一些日本和满洲的政要开始呼吁日本废除在"满洲国"的法外治权。

从以上情况判断,如果日满经济提携的政策可以在"满洲国"继续得到贯彻,东北的共产主义分子将被清除殆尽。日本、"满洲国"和中国将能够实现永久的和平共荣。

这三个国家将不可能陷入战争和暴乱的泥潭,如果日本的倡议能够成功实现,将出现三国共同防共的局面。在1935年7月共产国际在莫斯科召开大会之后,以上三国共同防共的局面是很可能实现的。共产国际大会通过了一个颠覆日本政府、发动全世界革命的决议,中国共产党基于共产国际的决议发布了一个宣言,宣称将贯彻抵抗日本侵略、推动全国国民革命运动的原则。他们威胁要建立抗日统一战线,他们将在共产国际的决议的指导下,将抗日统一战线的计划付诸实施。

(3)在日军大本营参谋总长和关东军司令官领导之下关东军司令部达成的一致认识,日本在满洲实现下列基本政策:

(a) 通过以下手段强化自我：

① 建立共荣社会；② 增加国家财富积累，开发国家资源，以经济建设为中心；③ 建立国家防卫力量以确保和平和秩序，在发生突发的敌国入侵的情况下，可以强有力地挫败任何敌军的侵略。

通过外交手段寻求国际友谊。

(b) 通过上述手段挫败潜在的威胁。

(c) 通过上述手段实现"满洲国"境内的民族和谐。

(4) 在我担任关东军参谋长的时候，"满洲国"拥有很多具备国际视野、才能突出的人才。我相信对他们采取合作态度，也是我的高级长官们的意图。

1936年6月，日本在"满洲国"废除了第一项治外法权。满洲事变爆发以来，我就主张废除日本在满洲的特权。考虑到废除日本在"满洲国"的特权是很多日本人和"满洲国"人共同的愿望，我试图推进这项工作，让日本人和"满洲国"的人民实现人格上的平等，我一直在采取措施，让它变成现实。

很多日本官员在"满洲国"政府当中服务，我推动了这项人事方面的工作。这样做也是与关东军司令官的态度是一致的。我没有干涉"满洲国"政府内部的人事任命，也没有介入"满洲国"官员的人事工作。

关东军没有强迫"满洲国"政府，"满洲国"政府选拔和罢免官员都是独立自主的。

(5) 强化反对苏联的国家防卫力量是关东军的基本职责，在西尾担任关东军参谋长的时候这个原则就已经确立了，我继任关东军参谋长之后也承袭了这项原则。关东军制定了相应的计划，这些计划当然都是在日军大本营的指导之下制订的，都是一些纯粹的防御性的作战计划，为关东军遭遇苏联军队突袭提供应对的措施。我们从来没有制定过任何进攻性的战争计划，无论是对于苏联还是蒙古都没有这样的入侵性的作战计划。

（6）在"满洲国"境内有很多蒙古族人，他们居住在"满洲国"境内的很多地方，甚至在长春和大连质检的铁路沿线地带也有居住。由于内外蒙古的居民经常进入"满洲国"境内居住，他们的越境行为变成了"满洲国"国土防卫的问题之一，威胁到"满洲国"的国内和平。

关东军和"满洲国"对于内外蒙古都有着特别的兴趣。

内蒙古是关东军搜集苏联和外蒙古情报的地区。关东军派出了很多密探广泛分布在内蒙古各地，搜集情报，特别是"满洲国"与内蒙古接壤地带及"满洲国"与外蒙古接壤地带的情报。

受到中国共产党军队向北方扩展势力、"满洲国"建立以及其他因素的影响，内蒙古的独立运动也开始兴起了，他们希望所有的蒙古人能够统一在民族自治的政府之下。因为与日本和"满洲国"都有密切联系，日本和"满洲国"希望，内蒙古的独立运动能够健康地发展，内蒙古能够成为"满洲国"抵御苏联侵略的犄角，共同阻止布尔什维克主义的扩张，但是据我所知，关东军并没有试图介入或者支持内蒙古的独立运动。

关东军出于抵御苏联侵略的基本观点，对于华北问题也非常关注，它希望华北能够在突然爆发满洲事变的情势下确保和平。对于华北的关注后来让位于关东军保卫"满洲国"北部边疆的安宁，关东军在"满洲国"北部地区修筑了大量的要塞，试图抵御苏联的进攻。关东军试图将"满洲国"要塞化，这一计划计划于1945年12月份完成。基于这样的事实，关东军是没有理由向华北派出部队的。

韦伯庭长：在被告开始陈述他接下来的证词之前，暂时休庭。

我们将在明天早晨的 9:30 继续开庭。

(16:00 休庭)

1947 年 10 月 8 日,星期二
日本东京都旧陆军省大楼内远东国际军事法庭

(9:30 重新开庭)

法庭执行官：远东国际军事审判,现在继续开庭。

韦伯庭长：经法庭允许,被告东条英机将缺席本次开庭,他需要利用整个上午的时间与他的律师商谈。

马蒂斯律师,请你继续。

直接询问(由马蒂斯辩护律师询问板垣被告)

马蒂斯辩护律师：(继续询问)我接下来继续宣读第 3316 号证据,从第 26 页的第 3 条开始。

Ⅲ. 我担任第五师团师团长的经历(从 1937 年 3 月 1 日至 1938 年 6 月 3 日)

(1) 1937 年 3 月 1 日,我从关东军参谋长的位置上调任广岛第五师团任师团长。当时是和平时期,我就任后,尽一切力量管好下属的部队,在我职权范围之内加强第五师团的军事管理。至于在此期间的其他事情,我不便多说,不在其位不谋其政,我不能妄言。

(2) 卢沟桥事变在 1937 年 7 月 7 日发生时,我像往常一样正在广岛第五师团师团部负责师团的日常工作。我是第二天读报纸的时候才知道卢沟桥事变发生的消息。起初我不认为这是个很严重的事件,我相信这只不过是部队之间的擦枪走火,就像往常一样

的小摩擦而已。没想到这起事件竟然成为中日之间爆发大规模战争的原点。我从来没有想到卢沟桥事变的这样的小事件会导致中国事变这样的大事件。我知道当时日本的政策是有限战争,我相信一次擦枪走火的事件很快就会得到解决,我没有想到解决这次小事件的方法竟然是双方的全面战争。

（3）中日军队之间关于卢沟桥事变的谈判都是建立在日本有限战争的政策基础之上的。但是日本政府的方针没有发挥效用。尽管希望能够将战事控制在局部地区,但是由于中国方面的最终态度,事情变得前所未有的糟糕。

在这种不断恶化的情势之下,7月27日,第五师团进行了紧急动员。同年的8月2日,第五师团的紧急动员结束了。第五师团的第一批部队与8月3日离开了广岛的宇品港,第二批部队与7日也登船离开,大家斗志昂扬。部队通过朝鲜和南满的铁路被送到北平,随即参加了华北的多次战斗。1938年5月底,我接到东京方面的命令,离开了第五师团师团长的职位,启程前往东京。

（4）在1937年12月,第五师团主力从山西移驻保定。12月17日,我当时在保定,我听说了日本军队攻克南京的消息,日本军队进入了华中地区。我对于南京暴行并不了解,也没有任何相关责任。

（5）作为第五师团师团长,我只对我的上级军的司令官负责,我执行他下达给我的命令。在我控制和管理部队的过程中,我一直特别注意严格军纪。我警告我的部下,不能够有任何对待当地居民的不检点的举动。如果一个士兵做了坏事,他会被军法处置。面对着严厉的处罚,我的连队长们责令士兵及控制士兵的军官们,他们要履行好自己的责任,严格军纪,否则就会受到惩罚。我试图提高部队的精神风貌。

Ⅳ. 我担任陆军大臣时期的情况

（1）在1938年4月底或者5月初，我当时在位于华北的山东省的应县担任第五师团师团长。同盟通讯社的主任古野伊之助先生，突然以近卫首相的代表的身份访问了我，他向我转达了近卫首相的愿望。近卫首相对我有如下期望：

尽管近卫内阁的不扩大战争的政策已经被卢沟桥事变打破了，战争从华北扩大到华中地区。面对如此情势，必须有一个人出来担任陆军大臣，谁能够将日本的对华政策转移到和平轨道上来，谁就可以接任陆军大臣的职务。为了这个目的，考虑到我的履历和我的观点，近卫首相觉得我是担任陆军大臣的最好人选。所以，在我看来，近卫首相希望知道我是否能够接受陆军大臣这一职位。

我认为近卫首相当时对华的态度与我趋同，我们都认为日本应该从中国全面撤军，恢复中日冲突前的和平局面。当年的5月底，陆军省人事局的局长阿南与我见了面，他带来了任命我为陆军大臣的正式命令，陆军的三大巨头也出面要求我接受这个职务，陆军的三大高级将领分别是大本营参谋次长多田、教育总监西野和现任陆军大臣杉山。

（2）我担任陆军大臣期间的基本观点：

（a）日本和中国不能相互对抗，只能携手合作。这是日本对华外交的一贯态度。尽管日本希望不扩大战争以及解决卢沟桥事变这一小的摩擦事件的努力都已经成为泡影，在华北发生的冲突逐渐扩大为中日之间的大规模战争，扩散到广大地域。但是日本是不情愿走到这一步的，苏联一直在日本的北方通过几个五年计划持续增加着它的国家实力。它在远东的野心昭然如揭，威胁着日本的北大门。另一方面英美势力也在对蒋介石政权表示支持的态度，它们干涉日本的军事行动的可能性日益增加。

我们特别担心美国向日本施加压力（主要是经济方面的压力）。如果出现这样的状况，日本在国际上就陷于孤立了。日本将处于英国、美国、苏联和中国的四面包围之中。所以,日本必须与中国实现和平,一分一秒也不能耽误。对于与中国的关系,我坚信这两个国家可以为过去的冲突画上一个句号,坦诚地重建互利、平等、和睦的外交关系。

(b) 基于以上几点基本态度,我作为陆军大臣,决定贯彻如下政策方针:

对于作战部队的政策。

严肃军纪,保持军队反击苏联威胁的战斗力。在国家政策层面调整对华关系,尽快实现与中国的和平。改革日本政府的管理方法,重建对华和平关系是重中之重,目的在于增强应对苏联威胁的国家防卫力量,迅速地补充作战物资。迅速结束对华战争状态,让日本军队从对华战争中的泥潭中脱身。推进军队战斗力的转型,调整战线方向,稳定占领区现状,试图与蒋介石政权进行和平谈判。日本对苏联的政策我是这样理解的:对它在边境的部队保持密切监视,与它维持和平状态。对英法两国,我认为要让他们停止支持蒋介石的政策,缓和他们对于日本的敌意。对德国和意大利的政策,我认为要与他们采取合作态度,帮助中国和日本结束敌对状态。对美国的态度,要保持与美国的友谊,相信日美的友好关系将对结束日本和中国的敌对状态产生帮助。

(3) 我在陆军大臣任内的行动(1938年6月3日至1939年8月29日)

① 徐州会战不久,我就担任了陆军大臣。当时我认为汉口作战在当时的情境之下不可避免,帝国大本营的陆军省着手准备汉口作战。1938年6月当时的状况如下所示:

(a) 日本方面为了实现对华和平,采取了一系列举动,其中之一是德国驻华大使陶德曼的调停。日本政府提出的条件不切实际,如果他们不对谈判的条款进行修正,中国政府是不可能接受这些条款的。但是日本的政府和公众舆论对于修改这些条款都抱着不屑一顾的态度。

（b）为了实现与中国的和平,我们必须提出让蒋介石可以接受的条件。近卫首相在1938年1月16日发表了近卫声明,声明中提出日本不以国民党政府为对手。（近卫首相自己也知道这个声明简直错误到极点。）可是事情并没有像日本政府期望的那样发展,日本政府不得不重新审视近卫声明,反思近卫声明能不能作为国家政策。

（c）近卫重新组阁的关键之一是日本人民对于他的信任。在我正式接任陆军大臣的稍早一些时间,5月26日宇垣先生接替了平田先生担任外相。在他就职之后的一段时间内,他的对华外交也没有取得任何一点进展。

（d）中国向国联寻求帮助,成功地使国际联盟继续支持中国。

（e）日本最高统帅部花大力气筹划汉口会战,将之看作为与国民党中央军主力的决战,希望能够以战胜的方式赢得战争的胜利,结束中国事变。但是由于军力的巨大差距和受到作战地域的影响,日军最终没有达成消灭中央军主力的战略目标,因此丧失了和平解决中日战争的机会。为与日军对抗,中国军队在汉口前线调集了重兵,准备与日军进行阵地作战。事实上日军统帅部在冒巨大风险,在广大的分散的作战区域中使用少数日军部队,希望赢得战役的胜利是一种空想,反而将投入战场的部队置于极端危险的境地。

所以,日军陆军司令部想到的唯一的对日军有力的作战方案是:在中国境内开辟另外一个战场,让国民党军队分散兵力,日军司令部希望用战争的方法求得和平。由于日本陆军司令部决心进行汉口会战,所以一些日本军队开始调往战地。

（f）另一方面,我们不难看出,在日本的国防中最重要的一点是防止苏联从北方主动的进攻。在北方,我们的防卫力量是非常虚弱的,我们应该在将来增加北方的防御力量。在这样的形势之下,刚刚就职的我,却不能对中日和平对话面临的极端困难起到任何帮助。我的意思是说,我必须等到汉口会战结束之后才能采取行动,汉口会战结束之后,才能与中国进行和平对话。我们也必须设计好解决中日战争问题的方案,提出合适的条件。

这种形势要求我们必须迅速地抛弃战争政策,积极地增强国家防卫的力量,目的是应对苏联的威胁。

在国家防卫政策中最需要改变的是国家的动员能力(第856号法庭证据)。日本需要修改国家整体作战方案,补充重要的作战物资(第857号法庭证据),我们的目的是想通过休养生息的办法加强国防,而不是为了准备对别国发动侵略战争。

②尽管汉口会战已经被计划并且准备实施(与它配合的是广东作战),可是出于以上的顾虑,日军最高统帅部希望这场战役能够成为中国终止对日本的敌意、回到与日本进行和平谈判的轨道上来。日本最高统帅部的想法是以战促和,它的目标是在汉口会战之后立刻实现和平。汉口会战在1937年10月27日开始,但是直到1938年新年到来,日本对华的和平工作还是毫无成果。

在那个时期,我所面对的最重要的事务,作为近卫内阁的陆军大臣面临的最重要的事务,有以下内容:形势变化迫使日本不得不面临它最害怕出现的局面——它陷入了对华的长期战争,为了应付战争,日本军队不得不使用它数量有限的军队。

(a)保持与苏联的和平状态是必需的举措。这一点对日本的对内对外关系都非常重要。与苏联保持和平关系,关系到日本国防的安全。所以当张鼓峰事件发生的时候,日本非常震惊。1938年7月至8月间,张鼓峰事件的战斗打响的时候,日本军队正在全力准备汉口会战。

为了解决这一事件,我希望与苏联进行和平谈判。我希望政府表态——日本政府秉持的是不扩张政策。在陆军省和大本营磋商之后,日本决定采取忍耐态度,以立即实现局部战事的停火。尽管有这么多极端不利的劣势,日本军队还是严格恪守有限战争和不扩大战争的政策,在战事变得更加不可收拾之前就让战事终结了。这个事件给日本政府和军队提了个醒,日本需要认清苏联在北方的威胁,以及苏联在北方边境已经形成的军事优势——苏联军队的机械化部队完全压倒了日本军队,就像日本军队可以压制装备低劣的中国军队一样。日本军队对于应对苏联军队的威胁的准备实在是太不充分了。毫无疑问,无论在对内还是在对外关系上,日本都必须注重国防力量的积累。

(b) 自从中日事变爆发后,日本都避免建立军政府,日本政府依旧是平民主政的政府,日本政府也在试图重新建立与中国的和平关系,可是一点进展也没有,因为日本方面一直试图通过军事行动迫使中国政府考虑和平谈判,这样的方针是在日本对华政策委员会主导之下的。对华政策委员会是以军人为骨干的,对华政策委员会由军方负责运转,它的方针被内阁接受为国家政策。这就让日本的军队僭越了自己的本分,日本的军队对于政府行政事务进行了巨大的干涉。

对华政策委员会在1938年12月18日建立,它的主导思想是以战促和,它是一个军方的联合组织,首相担任主席,海军大臣、陆军大臣和外务大臣担任副主席。在3月中旬,该组织的联络官员开始试图与中国行政当局建立关系,希望用政治、经济和文化手段拉拢中国政府。但是由于军队的介入,以上努力收效甚微。

(c) 出于和平的目的修复对华关系是实现和平的必要条件,日本应该转变政策,与蒋介石先生实现合作。所以,我认为首要工作是要重新评估日本基本的国家政策,调整日中关系;日本应该让中国了解它的立场。日本应该向世界表明，具象化地表明它的国家政策，表明它是一个恪守信义的国家。日本应该调整国家政策，以便让中日和平的前景变得富有希望。

在1938年武汉三镇被日军攻陷（第268号法庭证据）后，近卫首相再度发表声明，表示日本希望与中国建立互助关系，日本希望在政治、经济、文化等所有领域发展对华关系；出于共同防共的目的，日本愿意建立一个国际防共体系；日本希望创造一种新的文化，让中日之间实现经济上的全面提携。

出于上述政策的考虑，日本在同月30日决定调整日中关系（第269号法庭证据），建立新的日中关系。1938年12月22日，近卫首相又发表了一次声明，详细地阐述了日本的新政策（第268、2535号法庭证据）。这次声明是面向全世界的，清楚地向世界表明，日本对中国的领土没有野心，也不要中国进行战争赔款，日本愿意尊重中国的主权，愿意放弃它的治外法权，日本希望中国政府考虑调整对日关系。作为陆相，我不遗余力地推动这个政策。但是中国方面的反应，特别是蒋介石先生的反应，非常冷淡。所以说，当时并不是一个开展和平对话的好时机。

（d）在此之前，出于实现对华和平的目的，日本政府认为，非常有必要和中国方面的有影响的、希望实现对日和平的人物建立关系，通过与这些人物的携手，通过支持这些人物，实现中日和平。在1938年7月，近卫首相指示坂西利八郎先生（由陆相板垣征四郎举荐）去和唐绍仪、吴佩孚先生建立关系，这些人都是有着强烈愿望、希望实现对日和平的，他们两位在中国也有崇高的声望。近卫首相只是通过坂西利八郎先生，希望争取他们的合作。陆军派出了土肥原贤二中将，海军派出了津田中将，两人合作进行此事，但是计划失败了，因为唐绍仪先生在1938年12月被刺杀了。

（e）在我接任陆相之前，大概在1938年5月份，陆相、海相、外相组建的特别事务委员会已经在开始研究日本、德国、意大利的三国协约问题。由于德国外长里宾特洛甫的建议,建议书在1938年8月上旬到达日本,我们给他发过去了一个正式的答复书,我们这个答复书是在五相会议充分讨论过的,我们的答复书发过去了,就等着德国方面的正式答复了。11月初,德国方面给我们发来了以我们之前的答复书为基础的议定书。我主张立即签署这份议定书,因为在汉口会战之后,日德之间建立协约,有助于立即实现中日和平。我建议在11月11日召开五相会议讨论德国的议定书。但是我的态度在内阁那里遭遇了困难,我们不能出于尽快地结束对华战争的需要,仓促地议定日德协约。

(f)日本决定退出国联是在1938年11月2日的议员大会上讨论决定的(第271号法庭证据)。政务委员会召开这个讨论会的原因很简单,因为日本不能继续保持对国联的合作态度,出于国家利益的需要,必须切断与国联的联系。

关于这次讨论会我没有别的要说的了。

(g)同意建立日德在文化方面合作的决定是在1938年11月22日的议员大会上讨论议定的。(证据589)并不是只有日本决定与德国签署文化方面的合作协定,还有一些其他的国家也与德国签订类似的协议。当时的国际环境并不排斥与德国在文化方面的合作。出于对德国外交的整体考虑,与德国签订文化合作协定,并没有政治目的。

(h)此前提到的调整对华关系的政策是在1938年11月25日的五相会议上讨论的。帝国议会于同月30日讨论通过。与此同时,五相会议还通过了海军方面制订的攻击海南岛的作战计划,这只是作为一个纯粹的军事问题在会议上讨论的。海军方面的作战行动只是临时性的,其目的在于更加有效地封锁中国的对外交通,为达到全面封锁中国的对外交通的目的,攻打海南岛是不可避免的军事行动。它的思路仍是以战促和，希望通过封锁，让中国政府回到以谈判方式实现中日和平的轨道上来。

（ⅰ）日本在作战行动中都非常小心翼翼地遵照国际战争法，尊重和保护在中国的第三国的利益。虽然尊重国际法，会给日本的军事行动带来一些不便，但是日本军队仍然将它作为基本的准则。日本军队在战斗结束之后都会尽快恢复战前的社会秩序。日本尊重机会均等的原则，日本政府在回答第三国政府的"抱怨"的时候也是秉持上述态度，第三国当中包括美国还其他的一些国家。直到1938年10月、11月份，日本还是诚信地坚持机会均等的原则。

但是，当时存在第三方势力压迫日本严格遵守这些条约，他们想利用当时的形势，将这些国际条约作为支持蒋介石政权的工具，这些国家具有明确的反日扶蒋的倾向。

所以，近卫内阁不能够达成中日和平的局面，被迫辞职了。

③当平沼骐一郎内阁在1939年1月4日成立，接替近卫内阁之时，应平沼骐一郎首相的热忱要求，我留任陆相。我的基本观点与之前担任近卫内阁的陆军大臣的时候保持一致。如前所述，因为在中日之间实现快速的和平，已经成为不可能的事情，日本方面已经别无他法，只能依据当时的情况，徐图缓进，希望逐步地消除中国方面的反日态度。这并不意味着，我们想进行一场长期的战争，而是出于策略，将军事行动作为达成我们目标的重要手段。尽管这一做法，在近卫内阁的后期就已经实施了，它却是在平沼骐一郎内阁期间才确立为国家政策的。

出于以上的政策设想，我在平沼骐一郎内阁期间担任陆军大臣，主要做了以下几件事情：

（a）计划委员会草拟了"重振制造业大纲"（第842号法庭证据），并在1939年1月的内阁会议上获得通过。他们的这个大纲是在陆军省先前起草的"重工业重振计划"（5年工业计划）的基础上研究指定的。这个"重工业重振计划"是在1937年4月（昭和12年）制定出来，由大本营提交给内阁的。陆军省制定这个计划的根本目的是为了促进日本的经济，以应对苏联的威胁，增加日本的国防力量，并保卫"满洲国"的安全。因为要保卫"满洲国"，所以我们这个计划与"满洲国"的5年发展计划保持同步，对于"满洲国"政府的工业发展计划也做了规划。

因为制订这个计划需要花费很长的时间，做方方面面的研究，所以这个计划制订出来的时候，变成了4年计划，规模被缩小了，证人冈田菊三郎在1947年3月30日（昭和22年）的作证环节已经证实了这一点。所以，因为我们已经面临一场长期的战争，这一点是毋庸置疑，无法更改的了，所以我们的计划实际上不能与日本面临的战争局面相适应。

（b）出于日满协防以及迫切希望加入反共产国际协定的需要，1939年2月22日日本枢密院对于这两点进行了秘密讨论。（第491号法庭证据）会议做出决定：出于共同反对共产国际的需要，增加联合反共的同盟国对于已经签署密约的国家来说，当然是求之不得的；日本方面一旦加入反共产国际密约，将大大增加国际反共的力量，日本也能够提升自己的国家地位，改善国际环境。当时日本和德国正在进行秘密谈判，一起研讨共同防共的方法，日德两国非常明白，一旦签署密约，将不得不面对共产国际背后真正的支持力量——苏联。我参加了枢密院的秘密会议，但是在会上我并没有做任何发言。

（c）同年《日本广告人》3月17日刊登了我发表的国会讲话（第2200号法庭证据），事实上我根本没有发表过这样一个讲话。在当年我出席第75届帝国议会发表的所有讲话当中，并没有他们发表的那次讲话。

（d）关于封锁天津英租界事件。平沼骐一郎首相大约在6月

26日或27日告知我有关情况。他告诉我,英国方面建议在东京通过外交谈判解决这个问题,但是因为陆军方面对于这个问题有巨大的影响力,所以他希望通过我知道陆军方面的态度,此后他将把这个问题交给外交部门来解决。我立刻同意了英国人的建议。我们建议会谈代表从出事地点前往东京,并使他们发表了表示合作态度的讲话,以标志日本和英国的行政当局愿意采取措施消除事件的不良影响;这样的努力促成了事件的成功解决,避免这个问题激化为一个威胁国际和平的问题,我们达到了我们的目的。日本和英国在国际问题的基本原则方面也达成了一致,这导致了7月24日英国和日本发表了联合宣言。

(e) 关于美国贷款问题。因为日本和英国发表了共同宣言,我相信日本可以以此为基础与英国协商解决一切问题。我认为日本也能够促进与美国之间的关系,当时日本和美国正在进行贷款方面的谈判,这个谈判在上一年的1月份开始一直摇摆不定,这个谈判是由平民官员进行的,得到了平沼首相的支持,我想它也应该能够成功。

(f) 汪兆铭问题。我觉得通过汪精卫这条路子可能实现中日之间的和平,我觉得这是一个好机会。所以我请求汪兆铭先生推进和平运动。

(g) 关于诺门坎事件。我为此事件的顺利解决做出过很多努力。大本营方面也是这个态度,内阁方面也希望此事件尽快解决,所以我们给关东军进行了政策指导,让他们尽快地解决这一事件,指导原则是不扩大化,关东军必须恪守自卫的原则,不得挑衅。

(h) 关于日、德、意三国谈判。我想这是让日本起死回生的办法,也可以拯救中国大陆,它也能提高日本的国际地位,让中国政府放弃容共和反日态度。三国协定将提供一个机会,让中国变成共同反共、共存共荣的盟国,如果中国也能加入三国协定,将大大增加它的军事防卫能力,也增加他们应对北方的俄国的共产主义威胁的能力。

在平沼内阁召开的第一次五相会议上,外相提出了关于对德关系的反建议。他的这个建议从1月初开始就被广泛讨论。在对他的建议进行了一定程度的修正后,他的建议被作为对德关系的指导意见,随后五相会议决定,向欧洲派遣一个特别的外交使团,其中包括日本陆军、海军、外交部的代表,他们将在2月2日乘船前往欧洲。他们将遵循以下训令:

反共产协定的主要目标是俄国,英国和法国也有可能成为目标,这要视具体情况而定。如果三国之间任何一国与俄国发生军事冲突,另外两国需要给予军事支持。英国和法国是否成为三国协约的作战对象,视具体情况而定。举个例子,如果英国和法国被布尔什维克化,他们就要成为三国协约军事打击的对象,三国之间应该对具体情况给予相应的军事支持。使团的另外一个重要任务是向世界解释反共产协定的性质。但是,德国方面希望这个协定能够产生广泛的政治影响,要求"解除"对三国协约相互军事援助的条件的限制,除了俄国以外的国家,不管是哪个国家与三国中的任意一国发生武装冲突,其他两国都必须提供军事援助。但是对于日本政府来说,还是希望这个协定主要的作战对象是俄国。使团在5月5日给希特勒捎去了平沼首相的消息,平沼希望希特勒能够理解日本的处境,他希望不要解除反共产国际这一限制,他要求德国政府能够确认这一点。但就在当时,局势变得日益复杂。汪兆铭在6月1日访问了东京,6月14日发生了日军封锁天津英租界的事件,之后又发生了诺门坎事件(6月15日),关东军被苏军和蒙古军队袭击。与此同时,欧洲发生了危机,欧洲的和平也受到威胁。

与此同时,因为德国方面对于给三国协约的军事援助条件"松绑"的态度没有变化,而日本方面需要德国方面确认这一限定条件,我派出兵役署署长町尻少将在8月11日去拜访德国驻东京的武官奥托,要求奥托把日本的这一要求传达给德国政府。但是由于德国和苏联在8月22日签订了互不侵犯条约,日本方面认为,签订三国协约已无必要。所以平沼首相在23日对我暗示了他的态度,我对此表示认同。在我们向天皇提出辞职之后,我和三位高级将领进行了会谈,并建议由多田中将继任陆相,他是一个热情的和平倡导者。1939年8月29日,因为平沼内阁总辞职,我也从陆相的位置上辞职了,我到大本营任职(当了一个闲差)。

Ⅴ.我担任中国派遣军参谋长时期(1939年9月12日—1941年7月7日)

在我担任陆相的全部时间里,我依然满怀愿望,希望中日之间早日实现和平,希望日本从中国的全部领土撤军。出于这个目的,我采取了一切可能的手段,执行了一切可能的措施,希望早日达成中日和平目标。但是令人遗憾的时候,因为时局的变化,我不得不从内阁离职,中国事变也没有能够在我的任内得到圆满解决。

1939年9月12日,大本营组建了中国派遣军司令部,出乎我意料的是,我被任命为参谋长,西尾将军担任了司令官。我得到命令去南京赴任,但是我一直留在东京,等到1941年7月7日才动身。考虑到战局的实际情况,我竭尽全力地希望尽早实现中日之间的和平,这一目标我在陆相任上是没有能够实现的。

(a)当时日军并没有采取大规模的军事行动,只是发动了一些小型的袭击敌军补给线的行动,目的在于强化对重庆政权统辖地域的物资封锁,以削弱重庆政权的军事能力。我们试图强化占领区的治安,保持占领区的公共秩序,让占领区的人民生活稳定。

(b)原来对汪精卫的工作是由日本大使安倍负责的,中国派遣军司令部给大使提供了便利和支持,大使进行的对汪工作并没有与日军的军事行动产生联系。中国派遣军非常支持汪精卫的"和平救国运动",希望汪精卫的南京国民政府能够和重庆国民政府能够最终统一。

(c) 与蒋介石政权进行的和平谈判,通过宋子文的弟弟宋子安在香港进行。这条秘密谈判的途径是在1940年初建立起来的。我满怀热情地支持这一谈判,我已经做好准备,准备前去会见身在长沙的蒋介石先生。为了让这个谈判能够成功,我要求推迟汪精卫的"南京国民政府"的建立,但是与我们的愿望相反的是,这个谈判后来失败了。

(d) 1941年1月,当时在北平的张燕翔向我转达了燕京大学校长司徒雷登博士的愿望,他希望与我进行一次谈话。我觉得这是一个很好的机会,我通过和司徒雷登博士的谈话,可以向重庆政府传达日本方面希望尽快解决中国事变的愿望。我也可以倾听司徒雷登博士的意见,争取他的支持。因为我在这方面经验丰富,我派出了中国派遣军参谋部的一个军官先期前往北平与司徒雷登博士会面,司徒雷登博士答应会将我们的意见转达给美国总统,他也愿意为解决中日冲突扮演中立的居间调停者的角色。所以我建议日本军事当局,要重视司徒雷登博士的作用,希望他们也能够真诚地支持、促进中日之间的和平,但是后来日本和美国之间的谈判形势变得非常严峻,我们在司徒雷登博士这条线上没有获得任何结果。

(e) 日本大本营在1940年7月5日下令,广州的华南派遣军从中国派遣军中独立出来,归大本营直接指挥。从当年9月份至年底,日本大本营命令华南派遣军的一支部队向北印度支那进军。这个决定不是我,也不是中国派遣军做出的,当时我们对于华南派遣军没有任何控制权,对它采取的军事行动也不应该负任何责任。

Ⅵ. 我担任朝鲜驻屯军司令官期间(1941年7月7日—1945

年4月8日)和担任第七方面军司令官期间(1945年4月8日至战争结束)发生的事情

(a)我担任朝鲜军司令官是从1941年7月到1945年4月。

因为日本陆军的编制都是以和平时期的编制为基础的,这个现象持续到1945年2月〔1〕。所以日军发动太平洋战争与我没有任何关系。换句话说,在太平洋战争期间,我没有参与日军在太平洋战争中的任何作战行动,所以我没有责任。这种情况直到日军以朝鲜军为基础,将其按照战时编制扩充为第十七方面军为止。日军在1945年1月1日,将朝鲜军扩充为第十七方面军的目的是为了保卫朝鲜。

关于日本驻屯军参谋长在1942年2月28日发给陆军次官的电报。这个电报要求将战俘转运到朝鲜。还有一则电报是1942年3月23日拍发的,由陆军司令官拍发给陆相,报告给战俘提供住处的计划。根据高桥少将的说法,这两则电报都是应日本战俘统计署的署长的要求拍发的,他后来担任了朝鲜驻屯军参谋长。我得到的信息是,这样做的目的是让战俘从南部的战区转运到相对安宁的日本本土。我指示,要公平地对待战俘,要尽量给他们提供一切便利条件,尽可能给他们提供较为充足的补给物资。对于以上电文,我从来没有见过,我不知道这些战俘被送到了什么地方,我也没有下令进行过转运战俘的行动。

(b)1945年4月8日,我被任命为驻新加坡地区的第七方面军司令官,我4月22日到达新加坡,掌管此方面军。第七方面军的主要任务是守住自己的防卫区,在我们还没有对敌军展开公开的敌对行动之前,战争就结束了。我们的很多交通线和兵营都被盟军部队摧毁了。

---

〔1〕板垣的意思是日军的编组都是以地域为基础的——译者注。

最后，我再次强调，在我的全部军事生涯中，我从来不是所谓日本圣战的鼓吹者。

韦伯庭长：汉口是不是像第33页开头那样所说的，在1937年陷落的？

马蒂斯辩护律师：我会去查一下的。

韦伯庭长：关于这一点，不着急。

马蒂斯辩护律师：关于这一点，这里表述很明确，但是我现在无法回答这个问题。

我得到信息的正确时间是1938年。

韦伯庭长：1938年。

马蒂斯辩护律师：如果可以的话，我想问板垣将军几个问题。

问：板垣将军，在法庭审理之中，你听到了所谓三月事变和十月事变的提法，你与这两者之间有联系吗？

答：完全没有任何联系。

问：你和樱会有联系吗？

答：我甚至不知道有这样的组织存在。所以，我当然与他们没有任何联系。

问：你认识大川博士吗？

答：我认识他。

问：在1931年9月18日之前你是否和他见过面、谈过话？有一个证人在他的证词的庭审记录中证明了这一点，这个证明在庭审记录的1980页。

答：在九一八事变之前的五到六年里，我从来没有在任何场合和他见过面，在此之前我甚至与他还不能算是熟人。

问：你认识田中将军吗？

答：是的，我认识。

问：在审判中,你听到过田中将军的发言,他的证词也被记录在庭审记录中,在 1985 页上,他证明,他当时与你开会,并且与你进行过交谈,大概时间是在 1930 年 6 月。

答：我没有与他见过面,也没有与他就满洲事变有任何谈话。

问：你知不知道有个叫作"旅顺"的地方,用罗马拼音,它被拼为 R-Y-O-J-U-N。据我所知,它就是旅顺。

答：是的,我对旅顺很熟悉。

问：你有没有在 1930 年 6 月 30 日在旅顺与田中将军举行过会议,并进行过交谈。

答：没有,当时我没有见过他,也没有和他有任何谈话。

问：现在,板垣将军,请你听好了,这是田中将军所做的证词,它所在的位置从庭审记录的 1985 页开始。1946 年 7 月 5 日,田中将军在作证时说,他曾经和你有一次谈话,你当时是这样说的：中国和日本在满洲当时的分歧已经是极端严重的了,从中日两国国内纷传的各种观点可见一斑,中日两国的条约问题以及其他问题都没有得到解决。在张作霖死后,中日两国的关系甚至变得更加糟糕。中日两国在满洲问题上的诸多分歧如此严重,看来是无法通过外交手段解决的了;要解决这些问题,除了武力手段之外,别无他途,日军在满洲的武装部队要想办法赶走张学良,然后再赶走其他军阀,建立一个合作的满洲——中日两国人民可以携起手来,在君主制原则的指导之下,创造一个模范的、社会秩序井然有序的法治国家。你对田中将军做过这样的表述,或者说过类似的话吗？

答：首先,当时我并不在旅顺港。6 月间我正连续出差,我先后到了青岛、北平和天津。第二,关东军司令部的观点,包括我自己的观点是这样的：即使东北存在反日运动和反日状况,我们在任何情况下都要避免采取武装冲突的手段,我们要采取一切手段避免武装冲突的爆发。举个例子,比如中村震太郎事件,这个事件让军方非常震惊,但即便在军方非常震惊的情况下,这个事件最终的解决办法还是通过外交手段解决的。这个事件的处理方式足以证明,我在一年零三个月之前绝对不可能做出如此的表述。

问:将军,我要问你的是,你是否在1946年7月5日在田中将军作证期间进行过类似的表示,这段表述出现在庭审记录的第1987页上……

韦伯庭长:马蒂斯先生,根据庭审记录第1984页的记录,田中将军说他在1931年6月在旅顺见过板垣将军,当时据满洲事变还有3个月的时间。

问:板垣将军,请告诉法庭,在1930年6月,或者1931年6月,或者其他的时间,你有没有与田中将军在旅顺见过面,谈过话?

答:没有。

马蒂斯辩护律师:如果法庭允许,我将朗读第42页第5段以下的文字,从"日军从全中国领土撤军开始",当时我粗心大意,将这个地方读错了,读成了"中国军队从全中国领土撤军开始。"

韦伯庭长:我相信庭审记录(打印件)会将这个错误改过来的。

马蒂斯辩护律师:我不确定庭审记录已经改过来了。

很感谢韦伯庭长阁下提醒了我关于日期方面的错误。现在,如果法庭允许,我将向大家更正一下日期方面的错误。日文庭审记录的日期是1930年6月,英文庭审记录的日期是1931年6月,这两处应该统一为1931年6月。这一点我是敢肯定的,因为证人的作证环节,我全程参加了。

韦伯庭长:马蒂斯先生,从他的回答来看,这两个日期也应该是统一的,你不必纠结于这个问题,请把这个问题留给翻译部门吧。

马蒂斯辩护律师:我的直接讯问结束了。我知道其他的律师还希望向证人询问一些问题。

加藤辩护律师:我是加藤律师,在直接讯问环节,我还有两个额外的问题想要询问证人。

直接询问（由加藤辩护律师询问板垣被告）

问：在1931年10月底，当时本庄繁还在担任关东军司令官，土肥原贤二有没有去会见过溥仪。他是奉本庄繁的命令去的，但是在天津。

答：是的。

问：当时证人是关东军司令部里的高级参谋，是吗？

答：是的。

问：根据被告提供的第300号证据，证据显示土肥原贤二当时去天津花费了5万元，目的在于贿赂中国的保安团和便衣警察。该证据还显示，土肥原贤二当时控制着当地的便衣警察部队，这些便衣警察很多都是关东军派过去的。关东军方面有没有为土肥原贤二达成此类目的，输送给他更多的金钱和武器？

答：据我所知的情况，此类事情是没有的。

问：这是一点。还有一点，1938年7月证人是近卫内阁的陆军大臣，你当时是不是希望通过唐绍仪和吴佩孚希望实现与中国的全面和平？

答：是的。在我的任内我一直希望达到这个目的。

韦伯庭长：我们将休庭15分钟。

（从10:45开始休庭）

（11:00重新开庭）

法庭执行官：远东国际军事法庭现在继续开庭。

韦伯庭长：询问律师，请继续。

直接询问（继续）

由加藤律师询问。

问：1938年11月，因为唐绍仪遇刺，日本方面的和平工作宣告终结,这是不是事实?

答:是的……

韦伯庭长:你不能重复地提问证言中已经记录在案的问题。

答:我想日本终止和平方面的努力是12月份的事情。

问:你知道在唐绍仪遇刺之后,土肥原贤二仍然艰难地努力,试图继续推进和平运动,直到1939年3月。也就是说,直到1939年3月,土肥原贤二仍然在努力地推进和平运动。

答:是的,对此我非常清楚。

问:据你所知,是不是因为土肥原贤二意识到所有的努力都无法成功,他才在1939年3月底返回东京的。

答:我也是这么想的。

韦伯庭长:这个证人没有给出任何反对土肥原贤二的证词。你是否需要再度对他进行盘问?

问:1939年3月,土肥原贤二担任了在满洲军队的司令官,这支军队是不是驻扎在满洲的第五师团?

答:是的。

加藤辩护律师:我的询问环节到此为止。

穗积辩护律师:我将代表被告木户,对证人进行询问。

直接询问(由穗积辩护律师询问板垣被告)

问:将军,在你担任近卫内阁的陆军大臣不久之后,你有没有拜访过木户幸一侯爵?他当时正担任厚生大臣,时间是1938年6月18日,在他的住所中。

答:是的。在那段时间,我去他家做过拜访。

问:你有没有和他一起吃饭,并在席间自由交换意见?

答:是的。

问:你们谈话的主题是什么?

答： 谈话的主题主要围绕怎样能够尽快地解决中国事变。

问： 你还记得当时木户幸一对于中国事变的看法吗？

答： 我听他说，最近近卫内阁因为要尽快结束中国事变进行了重组——重组的目的是为了促进中国事变的解决。木户幸一侯爵的个人观点是中国事变必须要尽快得到解决。

问： 你同意、还是不同意木户幸一的观点？

答： 我自然同意他的观点。

问： 1938年8月2日举行的内阁会议，你在场吗？这次会议的主题是讨论关于张鼓峰事件，日本政府该采取的政策问题。

答： 我在场。

问： 厚生大臣木户幸一是不是也出席了那次会议？

答： 是的，他当时在场。

问： 那次会议的最终决定是什么？

答： 在我们召开会议的前一天，我记得是8月1日，苏联的战斗机打击了朝鲜的腹地，而且它的地面部队也发起了协同进攻。这让我们非常担心，俄国方面是不是想利用这起争端发动积极的攻势。内阁会议做出了两点决定：第一点，对张鼓峰事件必须奉行不扩大化的方针，而且要迅速地将这个事件作为地方性事件处理；第二点，内阁决定用外交谈判作为迅速解决该事件的手段，日本军队的态度也是执行不扩大化的方针，即使日军方面不得不从张鼓峰前线撤离。

问： 木户幸一侯爵同意内阁的决定吗？

答： 他同意。

穗积辩护律师： 我的询问结束了，尊敬的庭长阁下。

韦伯庭长： 沃伦上校。你将为哪位被告提出询问呢，是平沼骐一郎吗？

沃伦辩护律师： 是我，我将为平沼骐一郎向被告进行询问。

直接询问（由沃伦辩护律师询问板垣被告）

问：板垣征四郎将军，你在平沼内阁时期，1939年1月，平沼男爵请求你留任陆军大臣这件事是真的吗？

答：是的。

问：在你决定这个职位之前，你有没有和平沼男爵进行过交谈。

答：我记得在1月5日早晨，我接到平沼内阁的一个消息，平沼男爵在消息里面表示，希望我能去与他见个面，我就去了。

我们见面后，平沼男爵告诉我，天皇已命令他组阁，他的首要任务是要解决前任内阁没有完成的从速结束中国事变的问题。随后，平沼男爵又向我介绍了他尽快结束中国事变的计划，他计划尽快结束中国事变。他实际上承袭了前任内阁的这一方针，新内阁实际上是在执行前任内阁的既定政策。他后来又说，因为我是前任内阁的陆军大臣，所以他希望我在新内阁中继续担任这个职务。他强调，这样可以让陆军省保持对前任内阁政策的延续性，这是十分重要的，我留任陆军大臣对于政府掌控中国事变的解决进程至关重要。

问：前面日军高级将领在内阁中留任陆军大臣已经有提出条件的先例，你有没有提出7点条件，希望平沼内阁能够遵守？

答：如果法庭准许我将上面一个问题回答完毕，这个问题就不言自明了。

问：很好。

答：我现在继续。如我之前所说的，我明白了新任首相的态度和目标，但是就我个人而言，我是不能够立即接受他留任的建议的。我告诉他，我必须立即回去和顾问们商量一下——我将把首相的提议提交陆军的三巨头讨论决定。

在这次与平沼的接触中，我有一点怀疑。为了把这个问题搞清楚，我向平沼男爵直接提问，他是否就强化反共产国际协定征求过前任首相近卫的意见。对于这个问题，他答道：他还没有听说过更多的东西，但是他将在新任内阁组建起来之后采取合适和睿智的方式将这个问题好好处理。

在我结束了与平沼的会见后，我就打电话召集陆军的三位部门负责人召开了会议，将我与平沼的谈话向他们做了报告。在这次会议上，陆军三巨头认为，新任首相对于陆军大臣的职位和态度是非常清楚的，所以我应该接受他的建议，留任陆军大臣。

在与陆军三巨头的会晤结束后，我派出陆军次官山胁作为我的信使去内阁正式通知平沼男爵，我决定接受他的提议，留任陆军大臣。

我上面进行的陈述包含了我与平沼男爵就这个问题进行交流的全部内容。

问：板垣将军，从你以上的发言中，我们可以这样理解，你没有就留任陆军大臣向平沼男爵提出任何条件，也没有让平沼承诺，除非这些条件得到满足，否则你就不留任陆军大臣。

答：我刚才的陈述已经包含了你说的这些内容。

问：根据你的证人山胁，也就是你的陆军次官的证词，他在星期一出庭作证。他在证词中说，他去平沼内阁办公室的时候，曾经向平沼内阁呈递过一张纸条。这张纸条是你让他送过去的，纸条上有你接受留任陆军大臣的七项条件。你对于那张纸条上的内容还有印象吗？

答：对那张纸条我一无所知。

岛内辩护律师：我是岛内律师，我将为大岛浩被告问板垣两个或者三个问题。

直接询问（由岛内辩护律师询问板垣被告）

问：关于日本、德国和意大利三国轴心同盟谈判，你有没有向大岛传递过消息——你给身在柏林的大岛发过一份电报。

答：从我们政府的组织体系来看，实事求是地说，这种事情我是不可能做到的。

问：你实事求是地讲，你有没有给他发过这样一封电报？

答：没有，我从来没有给他发过电报。

问：根据法庭第 2230 号证据——一份德国文件，这份文件来自德方，日期是 1939 年 5 月 28 日，这份文件上说，陆军大臣给大岛发了一封电报，这封电报产生了以下作用：……

佐佐川辩护律师：抱歉，我刚才听到了译员翻译出了"联盟"一词——刚才证人提到的"联盟"，据我的理解，应该翻译为"谈判"。

韦伯庭长：对于所有译员的翻译，我们有专门的翻译语言委员会，而且我们还有庭长。如果任何一个日本人都可以站起来随时纠正译员的翻译，我们就什么事情都不用做了。对这个问题，你无权介入。

如果你愿意的话，你可以和翻译组的负责人进行探讨，但是请你在法庭上不要干扰译员的工作，也不要随便对他们的工作给出负面的评价。

问：我的第一个问题是关于日、德、意三国条约谈判的。我将继续这个问题。陆军大臣给大岛发了一封电报，导致了如下的影响：这份文件显示，陆军大臣给大岛大使发了一封电报，让他限制反共产主义协定的范围。

译员：对于律师的陈述，我这里重新进行一下表述：根据这个文件，陆军大臣声称，他必须给驻柏林的大岛大使发一封电报，他希望达成的效果是，大岛大使对于反共产协定的谈判行动或者工作要保持限制态度。

问（继续）：陆军的态度对于内阁至关重要，如果陆军方面不合作，内阁必将崩溃。

你有没有给大岛大使发过这样一封电报，有还是没有？

答：我从来没有给他发过这样一封电报。

岛内辩护律师：我的询问结束了。

马蒂斯辩护律师：接下来该被告将接受询问。

韦伯庭长：倪检察官。

交叉询问（由倪检察官询问板垣被告）

问：板垣征四郎先生，在你的证词的第 10 页，你有一段关于 1931 年 10 月本庄繁将军的陈述。这段陈述是他笔写的吗？

答：不是的。

问：你能够记得——回忆起他这段陈述的所有字眼吗？

答：是的。本庄繁将军曾多次重复他的这段陈述。也许这段文字也出现在他的回忆录中，但有没有出现，我不知道。

倪检察官：尊敬的韦伯庭长，由于被告说这段陈述不是笔写的，我们将撤回我们的反驳意见。

问：你承认关东军在满洲事变发生之前已经拟定了作战计划。你参与了这个作战计划的草拟吗？

答：很显然，我没有必要在这里详细解释一下这个作战计划。

问：我不要你解释作战计划。你在你的证词中已经进行了解释。我现在问你的是，你参加了作战计划的草拟了吗？有还是没有？

答：作战计划是由负责作战计划的军官草拟的，他们需要与大本营的指令、命令保持一致。这些作战参谋要接受他们部门中的上级的指挥。我与起草满洲事变的作战计划没有直接联系。

问：你刚才说，最高司令官。是东京日军的最高司令官吗？

答：在很多国家这都是惯例，年度的作战计划都是由大本营决定和草拟的……

译员：不好意思，更正一下。刚才的回答应该翻译为，这是一个惯例，在所有的国家都是普遍情况。作战计划的草拟要与本国最高司令部的指令保持一致，草拟好的决定要实施的作战计划必须一年一度地提交给最高司令部。

问：但是，在你的证词中，你的陈述是，你起草了这个作战计划，在没有得到日本陆军中央的支持的情况下，现在你又说，你必须根据日本陆军中央的指令草拟作战计划。你看到没有，这里有矛盾。

答：我想，如果你更加仔细地阅读我的证词的话，你就会明白所有的问题。我现在准备再次简明扼要地进行一下解释。如果你只是读了一点——如果你读了我认为的你应该仔细阅读的那几个段落，你就会明白我真正的意思。关东军一直要求日本陆军中央增加部队的实力，或者采取增加部队实力的措施，这其中包括更新关东军的武器、装备更加现代化的武器，或者考虑到东北的实际情况改变对于关东军的态度。但是尽管关东军有这样的诉求，可是日本的陆军中央还是没有答应这些请求，我的证词中关于这种状况的合理表述是：所以关东军从自己的立场出发，别无选择地根据它可以调动和掌握的部队、装备和物资的实际情况起草了一个作战计划。

问：你不必解释太多。我的问题是：这个作战计划向东京的日本陆军中央进行了报告，并且得到了批准了吗？

答：是的。

问：国粹会是一个怎样的组织，它和黑龙会一样是一个黑社会组织吗？

答：你是说"国粹"吗？请你再重复一遍。

问：国粹会。

答：我不太清楚。我不知道有这样一个组织存在。

问："国"的意思是国家，"粹"的意思是本质。这个组织的含义是国粹会。

答：有可能会存在这样一个组织，但是我对它一无所知。

问：你曾经报告说，在奉天事变爆发之前，你曾经和这个组织的某些成员保持密切联系。日本驻奉天领事馆是不是曾经试图让你和国粹会的成员脱离关系，他们甚至还监视过你与国粹会会员联络的行动？

答： 你向我提出了一个非常奇怪的问题，我很难做出回答，因为我从来没有听说过国粹会，我对它一无所知。

问： 请你重新回想一下，我将读一段日本外务大臣币原喜重郎发给日本驻奉天领事馆林总领事的电报。

我们听说，在奉天板垣征四郎大佐和关东军的其他军官近期正在采取各种各样的行动，比如说向日本在中国的浪人们以及国粹会会员提供巨额的资金，操控他们的行动。

电报中还说：

鉴于中村事件与中方谈判进展缓慢的局面，他们正准备在本月中旬制造一些事端。

在这封电报的结尾，币原喜重郎说：

……请你想一些必要的办法，控制一下浪人和国粹会员的行动。

这封电报的落款时间是1931年9月5日，它是不是帮你想起了一些东西？

答： 对于你刚才宣读的电报内容我是一无所知，但是就你刚才提到的一些内容，我是知道一些情况的。这些内容包括……

译员： 我做一下更正。板垣刚才说的是：这份电报的内容是毫无根据的，但是对于电报中的一些内容，我是知道一些情况的。

答（继续）： 我现在记得不太清楚了。我想那是在满洲事变之后，关东军参谋长三宅少将，给我拿来了一封电报，让我读了电报的内容。三宅少将向我解释说，他无法控制对于这一件事情的怒气，他去找了林总领事，就这封电报狠狠地挖苦了领事。林总领事非常尴尬，一直挠头。

电报里说的那些事情是毫无根据的，比如说我给浪人提供巨额资助，并操控他们的行动。如果你愿意的话，我很乐意对此事进行一个较为充分的解释。

问：在你进行解释之前……

语言监督官：请等一下。证人刚才说的话翻译有误，简单修正一下，他刚才说，三宅少将觉得电报里的内容非常荒谬……，之后的就翻译正确了。

韦伯庭长：要说清楚你和国粹会的人没有联系，需要长篇解释吗？

证人：根本没有证据可以证明我给国粹会提供了巨额的资金，也没有证据可以说明我本人和他们有什么联络。我是个穷人，我一直很穷，我从来没有拥有过较多的财富，关东军……

问：就在几分钟前，你在回答我的问题的时候，你还说你从来没有听说过国粹会。现在，你又提到你看到了币原外相发给林总领事的电报。这是不是你知道国粹会是一个怎样的组织的事实呢？

答：我从来没有说过林总领事给我看过那个电报。

韦伯庭长：他说的是三宅少将给你看了那个电报。

问：是关东军参谋长三宅少将给你看的电报。

在你看电报的时候，你注意到国粹会这几个字眼了吗？

答：没有，我没有特别注意到国粹会这几个字，但是我能回忆起一些关于很多浪人组织的记录和陈述。

倪检察官：我请求法庭允许让证人看一下那封电报——确认一下电报上的内容是否是三宅少将曾经给证人看过的哪些内容。

韦伯庭长：在午间休庭之后再给证人看吧。我们现在休庭90分钟。

（12:00 休庭）

三、日本策动中国东北独立

（13：30 重新开庭）

法庭执行官：远东国际军事法庭现在继续开庭。

韦伯庭长：经法庭允许，被告冈可以在整个下午离开法庭，去与他的律师商议案情。

克莱福特上尉。

语言仲裁官（克莱福特上尉）：经法庭允许，我们将呈递第3316号证据，日文记录是在1946年7月5日，第12页，英文庭审记录在同一天，第1985页第7行、第8行，显示这一天的日期是1930年6月。

韦伯庭长：谢谢你，克莱福特上尉。

倪检察官。

（被告板垣征四郎，在日本译员的帮助下站立着回答下列问题）

交叉询问（由倪检察官询问板垣被告）

问：板垣征四郎先生，你读过电报的内容了吗？

答：是的，我已经读过了。

问：这封电报的内容与三宅少将让你读的电报的内容是一样的吗？

答：这是两份不同的文件。三宅参谋长与林总领事是在领事馆见面的，他们最后的谈话是在两人的大笑中结束的。三宅参谋长问总领事，是否能让他看一下原始的电报，他想复制一份，他的复印件有两三页纸。当三宅参谋长和我谈话的时候，他给我看的就是那两三页纸的复印件。他告诉我电报中有这样那样的内容，他问我要不要看一下复印件。我看了,但是我记不得了——我一点也记不得他给我看的那几张纸上的内容了,我不知道他的那几张纸上的内容是不是与这封电报中的一样。

问:你要说的是,你不敢确定两个电报文本的内容是不是一样?你并不是说,这两个文件的内容不是完全不一样的?

答:我对当时那份电报里的内容没有印象,对于那份电报里有没有提到国粹会,同样没有印象。至于当时那封电报有没有出现国粹会的字眼,我记不清了。

问:除了国粹会以外的内容,你能记起来什么吗?

答:是的。我之前说过了,电报中的其他字眼,比如说"冒险家"、"浪人",这些我都是记得的。

倪检察官:尊敬的韦伯庭长阁下,我请求下一个阶段再讨论这份证据。

问:板垣征四郎先生,你的作战计划中包括日军要在抚顺开展游击战,这是事实吧?

答:不,完全不是事实。

问:你还记得在满洲事变发生之前,在9月14日在抚顺召开的一次紧急防卫会议吗?当时发生了什么紧急情况?

答:我想请你注意一点,在法庭上关于抚顺的问题我已经解释过了。你现在是要问我关于抚顺的问题吗?

问:也许你应该把你的耳朵借给我。我问你的是:当时是否在抚顺召开了这样一个会议?

答:好的,我是后来听说开了那么一个会议的。

问:事后多久你听说的?

答:在满洲事变发生之后,我才听说的。

问:建川将军从东京来到奉天,他到达的那一天,是几点到的奉天车站?

答：我记得不太确切了，我记得他是当天下午晚些时候到的，大约是在五六点吧。

问：你还记得你从辽阳返回奉天的时间吗？

答：我对这个记得也不太确切了，我记得我是在下午两三点到的奉天。

问：你还记得在你到达后，在他到达前之间的那个时间段，你做了哪些事情吗？

答：我当时没做什么特别的事情。

问：你当时去特高课了吗？

答：我当时在一个叫作"沈阳馆"的日本饭店里。

问：你还记得当时建川将军穿的什么样的衣服吗，他穿的是军人制服呢，还是平民的衣服？

答：我记不得他当时在奉天穿的什么衣服了，当我在日军旅馆中见到他时，他穿着一件日式棉质的和服。

问：他当时穿的是平民服装对不对？

答：他穿的褂袍不是任何一种制服。他其实就是那种旅馆提供的供客人放松时穿的那种和服。

问：你觉得你陪同他是一个重要的任务吗？

答：在我和他会谈之前，我什么都不知道。

问：你问过他，他为什么是平民打扮吗？

韦伯庭长：倪检察官，对于这一点我们就不要讨论了吧。我猜，你是想证明建川将军到奉天来是来执行秘密任务的，对不对？你想探究的这个答案已经很清楚了，他当时穿着旅店提供给顾客的日常衣服。

问：你说你和他一起吃饭。你们吃了多长时间？——你和他在一起多长时间，大约两个小时吗？

答：是的，我想差不多两个小时。

问：像建川这样的特使，毫不犹豫地传递这样的消息是惯例，并且是他的必要职责吗？特别是他面临着如此紧迫的环境？

答：可能是的。

问：但是显然他没有这样做，对不对？

答：首先我从他那边获得的所有信息我已经在证词中做过陈述了。从他那边我得知的信息，除了他的出使任务以外，就没有别的了。

问：但是你的确告诉他，没有必要着急，对不对？你为什么要告诉他没有必要着急，你为什么要向他施加这样的影响呢？

答：当时他向我提了一个问题，我根据自己的想法对他进行了回答。

问：他当天晚上住在什么地方？

答：同一间旅馆里面。

问：在你去兵站的路上，你说你担心中村事件，所以你去了特高课。在早些时候，你告诉建川，没有必要担心。当天晚上你为何又感到担心，你又跑到特高课去了。什么原因呢？

答：不，不是这样的。我看当时只是 20:30，我觉得离休息的时间还早，所以我就花了一些时间去特高课看了一下。

问：你去以后待到了 22:30，甚至更晚一点的时间。

答：你的意思是我去特高课吗？

问：当然。

答：正如我在证词中已经写过的那样，因为没有什么新消息，我就与特高课的几位军官进行了一次非正式的闲聊，就在我离开特高课返回兵站的时候，从前线传来了新的紧急消息——前线打来了一个电话——巡逻队打来了紧急电话，报告事件爆发了。这让我不能不留在特高课，我没办法在这种紧急情况下返回兵站。

问：你的闲聊时间可真够长啊，差不多两个半小时，甚至更长？

答：我跟特高课的军官们聊天的时间没有那么长。我到特高课的时间差不多21:00，我觉得我跟他们聊天的时间差不多是一个半小时。

问：关东军司令部与日军大本营沟通，必须通过特高课，是惯例吗？

答：是惯例。

问：特高课是一个重要的收集情报、对外发布信息的机关，但是它不是日军从事此类活动的唯一机关，我说得对不对？

答：这个问题要视具体的问题而定，我一开始就回答了这个问题了。特高课有一部电台——使用专用密电码的电台，密电码是严格保密的。所以，如果我要发送一份加密的军事电报，我必须到特高课那里去发。对于你说的特高课特殊作用的问题，我并不是特别理解。

问：我要问的是，是否特高课是收集情报和对外发布消息的唯一机构，还有别的机构有这样的机能吗？

答：在审判的时候，我已经充分地解释了特高课的作用了。但是，只要涉及军事方面的谈判需要指导原则的时候，特高课就要把这些重要的信息传递给驻沈阳总领馆的日本领事，对于次要一点的，或者根本无足轻重的其他问题，将由特高课协同大本营派驻沈阳的专门与中国人打交道的军官来处理。

问：你仍然没有回答我的问题。我现在问你另外一个问题吧。

韦伯庭长：倪检察官，在交叉询问环节，该名证人还有很多重要的问题需要回答，所以每个问题的回答时间是有限的。你对于这个问题的提问已经花了太多的时间了。关于沈阳的这个问题，被告那边有很多证据。你还需要再在这个问题上耗费时间吗？

倪检察官：尊敬的韦伯庭长，如果您同意，我想请求法庭允许我对这个问题进行追加提问？

韦伯庭长：你在这个问题上已经花了很多的时间，但是你并没有得到你想要的结果。

倪检察官：我们想问一下法庭，是不是愿意获得更多的关于奉天事变的证据？如果法庭希望获得更多的证据，那么我对这个问题的追问就不是重复提问了。

韦伯庭长：你在回避我对你的提醒。我要告诉你的是，尽管你做了很大的努力，花费了大量的时间希望得到一些你想要的东西，但是你没有得到任何有价值的信息。法庭不希望你在一些细节性的问题上浪费时间，但是你却连一些细节性的信息都还没有得到。

倪检察官：我充分尊重法庭和阁下，但是我们必须就这个问题追问下去，我们希望能够得到一些事实，为这个案子提供证明。我们当然会继续……

韦伯庭长：问题在于对大多数法庭书记官而言，在本次诘问中，他们已经听到了太多关于奉天事变的陈述了。

倪检察官：对于法庭的这种限制提问时间的规则我并不是很认同。

韦伯庭长：请你按照你的设想继续提问吧。我做的希望节省时间的努力看起来是在添乱。

倪检察官继续进行询问。

问：板垣征四郎先生，在岛本和平田对你说他们准备开始打仗的时候，你是不是立即批准了他们的作战计划？

答：是的。

问：在他们两个准备实施攻击行动之前，你有没有命令他们再次确认情况？

答：我试图尽一切可能确认情况。

问：你怎么做的？

答：我接听了从前线打到特高课的所有的电话。正如我在证词中所说的，我尽一切努力试图搜集资料，我从这些资料的基础上判断前线的局势。因为这是一起突发事件。前线电话传来的信息是支离破碎的、有些说法是前后矛盾的。我们当时努力地想弄清楚前线的形势，但是这个是比较困难的,但是对我们来说这真是一个艰难的任务,因为我们单薄的部队一直处于不断的移动中,他们不断变换他们的位置。事实上,要与他们建立通信联系,获得一些细节性的信息是需要花费不少时间的。

问:奉天的自治当局建立的时候,是你推荐土肥原贤二担任奉天市长的吗?

答:不是我。

问:他是由本庄繁将军任命的吗?

答:他是由本庄繁将军任命的。

问:你还记得,当时森岛曾建议你反对奉天市政当局的建立吗?

答:不是这样。当时是关东军的参谋长打电话给森岛领事,我只不过也出席了那个会议。出席会议的还有宪兵队的司令,还有一些其他人。这个会议或者谈话是在关东军的参谋长和森岛领事之间进行的。

问:你当时在场,对不对?

答:是的,我刚才已经说了。

问:但是你当时并没有接受这个观点,对不对?

答:森岛领事并没有对我有任何暗示,所以无所谓我接受不接受这个观点。

问:但是他表达了反对建立奉天市政当局的观点,难道他没有得到任何结果吗?

答:他当时向参谋长提了一个问题,他问的是关东军是不是想要在奉天实施军事统治、对于这个问题,参谋长的回答是"不",关东军方面从来没有想过实施军事统治。这样,问题就发生了转换了,答案不言自明。对于其他的衍生性的问题,我现在记不得了。

问:林总领事有没有以私人身份给本庄繁司令官打电话,指出建立奉天市政当局是一个错误?

答:我从本庄繁司令官那里没有听说关于此事的直接信息,但是我在参谋长那边听到了类似的说法,我是在他和森岛领事交谈的时候听到的。

问:你知道本庄繁司令官是怎样回应林总领事的吗?

答:正如我之前所说的,我记得当时本庄繁将军表示,关东军方面不打算在奉天实施军事统治,总领事明白了本庄繁代表关东军的表态,就回去了。就这样。

问:本庄繁司令官有没有告诉武官,从总体上而言他同意总领事的想法,但是因为他已经下达了命令,所以他没有办法改变自己的命令了。

答:不,不是这样子的。我听说的本庄繁司令说的那些话我刚才已经说过了。

问:你在证词中说,在奉天政权当中只有少数日本顾问,绝大多数官员都是中国人。你知道谁是总务课的课长吗?

答:我不知道。

问:他是不是叫庵谷忱。

韦伯庭长:你可以给他拼读一下。

倪检察官:庵谷,这是他的姓。

答:有一个叫这个名字的日本人是日本居留民协会的会长,他也是在奉天政权中任职的少数日本人之一。我对他只知道这些情况,他是不是执掌奉天政权的一个部门我就不知道了。

问:你对奉天市政当局的各部门的负责人是不是很熟悉?

答:你指的是奉天市政当局?

问:是的。

答:我之前说过了,我只是记得有几个日本人参加了奉天市政当局,并在那里工作,对于他们是否担任部门的负责人,或者是其他职务,我实在记不得了。

问:你怎么就那么肯定,他们只是作为顾问在奉天市政当局中服务？

答：我对于你的问题不是十分理解。我想有担当的中国人他们是能够出任这些职位的，因为之前的一些负责人和领导者已经藏起来了，或者逃走了。——我不知道是否有更好的人选可以出任这些职位——这些先前的领导者不是那么好找出来的。如果这些人就在沈阳附近，日本方面根本不需要帮助中国人建立一个市政管理当局。

问：我不需要你的长篇大论。我想要知道的是，你刚才陈述中所说的，日本人是不是仅仅作为奉天市政当局的顾问，我想知道的是，你与这些出任奉天市政当局的各部负责人是不是熟识？你可以回答是或是不是。现在我要问你的是谁当时出任了奉天警务署署长？

答：奉天市长用这个人作为助手，但是至于他怎么用他的，我就不知道了。插一句，对于土肥原贤二市长怎样使用他的日本助手，我怎么会知道呢？

问：奉天警务课课长是不是鹤岗英太郎、财务课课长是不是三谷末次郎、卫生课课长是不是守田福松、市长秘书是不是富村顺一、技术事务工务课长是不是吉川康？他们是不是把持了奉天市政当局的重要职位？

答：我再次重申，在奉天市政当局组建的时候，没有合适的中国人可以出任这些部门的负责人，他们无法承担起建立市政管理当局的任务，所以别无选择，日本人迫于形势不得不暂时接管政权。你的问题是想问是不是日本人占据了这些最重要的领导职位，我的回答是"不是"的。你说我知道这些人的名字，但是我对于你的回答却是我不知道这些人的名字。

问：我之前问你，你与出任奉天市政当局的各部负责人的那些人，是不是熟悉。你当时的答案非常确定，你说的"是"。

答：我一直在不断地重申我的确不认识那些人。如果我的回答让你产生误解的话，我该怎样说才能让你相信，我不认识他们？

问：你对庵谷这个名字很熟悉，对不对？

答：是的，我很熟悉。

问：我刚才提到的所有名字，都是日本人的名字，对不对？

答：是的。

问：板垣征四郎先生，你可知道，土肥原贤二为了提高奉天市政当局的收入，计划垄断鸦片和彩票？

答：不，我不知道。

问：你知不知道，关东军司令部虽然对军管奉天没有兴趣，但是他们却在指导奉天当局。在鸦片和彩票垄断实施之前，奉天当局从关东军司令部那里获得了清楚的条文作为指导，并且在付诸实施之前得到了关东军司令部的同意？

答：不，我记不得了。

问：为了让你更新一下记忆，让我来宣读一段电文给你听，这份电文是奉天的林总领事发给日本外相币原的，日期是1931年10月13日，内容如下：

> 根据可靠情报，我们注意到奉天市政当局计划垄断鸦片、发行彩票，以增加创收，而且他们已经请求关东军司令部给予支持。我们被告知，关东军没有反对这项计划，他们还指示奉天当局在实施该计划之前将各项内容列举清楚，必须得到关东军司令部的同意方可付诸行动。关东军方面还要求奉天市政当局将该项计划的详细内容，向日本驻奉天领事馆和警备队报告。奉天当局公开进行鸦片和赌博的垄断贸易对国际关系有很大危害。而且，事实上这是关东军在10月2日通过的代号为781的秘密计划的一部分，只是将其更加具体化了。基于上述情况，我们请求您尽快告知大本营，让大本营立即采取措施制止这项行动。考虑到现在微妙的关系，请您一定要特别注意，一定要绝对地对陆军方面保守秘密。请

小心保管此电文，对于前面提到此事的官方信件，也请您妥善保管。

非常清楚，关东军和沈阳领事馆方面就奉天市政当局进行鸦片贸易和发行彩票取得了共识，都持批准态度。这封电文让你回想起一些东西来了吗？

答：你说的"批准"是什么意思？在你的问题的末尾，你所提到的这个类似的词语，究竟是什么意思？我能请你再重复一遍问题吗？我完全理解不了你说的"批准"的意思？

（倪检察官的上一个问题由日语译员重新读了一遍）

答：好了。我从来没有批准过这件事情。

问：不是由你批准，关东军方面有没有批准呢？

答：我不知道。

问：你知道土肥原贤二事实上指导着当地的维持会吗？

答：市长只负责管理与城市相关的事务。

问：他是不是也负责掌管特高课？

答：事实上，在奉天事变发生之前，土肥原贤二大佐是特高课的负责人。但是并没有关东军司令部的军官在特高课那里任职。这恰恰说明了，为什么设立特高课是非常必要的了。等到关东军司令部移到沈阳城里以后，关东军对特高课就没有特别需要了。特高课自然没有存在的必要了。所以土肥原贤二不再担任特高课的负责人了，他当时单纯地作为沈阳市长而存在。

问：你是不是想说，在特高课被取消后，土肥原贤二就变成了沈阳市长了？

答：是的，自然解职——自动解职。

问：你还记得南将军在法庭上的证词吗，他说特高课直到1935年才被取消的？

答：这不一样。是这样一种关系：当关东军司令部继续在沈阳存在时，沈阳的特高课就被取消了。在"满洲国"建立起来以后——我想是在"满洲国"刚建立起来后不久，关东军的司令部就移到长春去了。沈阳曾经存在一个短暂的时期，既无关东军司令部也无特高课。之后，因为在沈阳设立特高课的必要性日益增加——是在1932年10月或11月，如果我没有记错的话，沈阳的特高课组织被恢复了。所以，南将军在满洲担任关东军司令官的那个时期，沈阳是有特高课的。

问：现在，板垣征四郎先生，你知不知道土肥原贤二建立了另外一个政治组织，以四人维持会为基础，这个组织是由阚潮洗发起并担任首领的。

答：治安军和和平维持会之间有什么不同吗？

问：是的，他们是不同的？

答：那我就不知道了。

韦伯庭长：我们将休庭15分钟。

（14∶45 休庭）

（15∶00 重新开庭）

法庭执行官：远东国际军事法庭现在继续开庭。

韦伯庭长：倪检察官。

倪检察官，请继续。

问：板垣征四郎将军，当奉天和平维持会在1931年11月5日对外发表成立宣言时，关东军司令部命令他们加进去如下文字："奉天和平维持会需要与张学良的前任政权和国民政府撇清关系。"是不是这样？

答：我不知道。

问：你记不记得，因为关东军方面坚持要加进去上面的一句话，这使得维持会中的有影响力的人物，诸如袁金铠和于冲汉在当时的处境非常尴尬？

答：我记不得了。

问：袁金铠是一个所谓南方政府指导委员会的核心人物吗？

答：我觉得袁金铠与和平维持会关系密切，他与自治政府指导委员会也有关系。

问：11月28日，是不是关东军召集了很多守备队的队长和东北各地的军政长官开会，要求他们支持关东军的这项政策。这是事实吗？

答：这不是事实。

问：三宅参谋长发出了一项指令，要求加强对东北政权的指导，而且他还密令这项原则不得对外公开。难道这是巧合吗？

答：在日本的什么地方？

译员：倪检察官，请您再重复一下您的问题。

问：三宅参谋长发出了一项指令，要求加强对东北政权的指导，而且他还密令这项原则不得对外公开。难道这是巧合吗？

答：我不知道。

问：你曾提到你去会见了臧式毅。在奉天事变发生后，他在做什么呢？

答：在奉天事变之后，甚至在奉天事变之前，他一直都因为生病待在家里面，足不出户。

问：他被捕、被囚禁，在12月5日因为拒绝帮助日本人成立"满洲国"的独立政府而被杀害了。这是事实吗？

答：不，这不是事实。

问：袁金铠同意出任奉天新政权的职务吗？

答：从奉天和平维持会成立之日起，袁金铠就是维持会的会长或者主席。

问：在1931年11月中旬左右，是不是袁金铠处于关东军的严密监视之下，因为他向外国人抱怨过日本人的做法。

答：没有，从来没有这种事情。

三、日本策动中国东北独立 | 111

问：你的意思是你不知道，还是从来没有发生过这样的事情。

答：从来没有发生过这样的事情。

问：在你的证词的第 15 页，你说张海鹏将军坚定地支持宣统皇帝。

答：那是罗振玉……

韦伯庭长：证人之前提过了。

问：他是宣统皇帝的一个支持者吗？

答：你指的是张海鹏？

问：是的。

答：是的，我从罗振玉那边听说过。

问：你知不知道张海鹏从日本人这边获得了金钱和枪械方面的支持？

答：没有，没有这种事情。

问：你在你的证词的第 15 页的最上面提到了谢介石的名字。你知不知道，谢先生告诉日本驻沈阳的领事官，张海鹏准备进入齐齐哈尔，然后宣布黑龙江省在日本的支持下独立的事情？

答：我不是很清楚，因为是谁告诉张海鹏他将获得日本方面的援助，我也不知道这个人是谁。

问：对于满洲即将采取的政体形式日本人参与讨论了吗？

答：你是不是指 2 月中旬举行的东北政务委员会的会议？

问：在任何时候，日本方面参加了满洲政体讨论了吗？

答：日本人没有参与过类似的讨论。

问：在前天，你听到的第 3296A 号法庭证据中描述了在 1932 年 1 月 11 日在大和饭店举行的一次讨论会。在那次会议上，日本和中国方面的头面人物都有参加，他们讨论的就是满洲独立后的国家政体问题。

答：这是一个问题吗？

问：是的。

答：那次会议是由一家日本报纸发起的。它是一个纯粹的非官方的或者非正式的聚会，对讨论的问题没有任何实质的影响力。

问：关东军是不是也派出了几位军官参加这次会议呢？

答：我知道有一些关东军军官参加了那次会议。我更正一下：我知道的确有一些关东军军官出席了那次会议，不过他们纯粹是以私人身份出席的，他们参加的那场圆桌会议是没有任何他们代表的官方责任的。

问：在你与东北的各个地区的政治领袖们会面时，你有没有遇到过一个人胆敢反对东北的独立运动的？

答：这种情况我已经在我的证词中说得很清楚了。

问：你说他们全体一致地同意你的想法。这是不是意味着这些人通过你达成了共识，是不是那些没有与你碰面的政治领袖的想法就不包括在内了呢？

答：我见过的这些人都是事实上的实权派，他们要么是省长要么是部队的长官。他们都是对人民负责的人，他们对东北的原住民负责。对于关东军司令部来说，尊重他们的责任、维护法律和秩序、清楚和支持这些负有义务的人士的愿望是理所当然的了。

问：所以，你的意思是说，这些人从关东军这边获得了他们统治的权力和职责？

答：当然不能这么说。我说的是那些居住在这片土地上的民众领袖。

问：这片土地已经被日本军队占领了，不是吗？

答：日本军队从来没有占领东北的领土。

问：现在说说溥仪，是你派土肥原贤二在1931年10到11月间去天津见他的吗？

答：是关东军的司令官派土肥原贤二去的。

问：关于与溥仪会谈的各种细节是不是你安排的呢？

答：你的意思是指与溥仪先生会面？

问：土肥原贤二去与溥仪见面。

答：土肥原贤二大佐当时是奉关东军本庄繁司令官的命令去天津的。

问：你旁听过土肥原贤二的庭审，他当时说与溥仪会见的各种细节是由你安排的。他说的那份证据是第 2191 号，在庭审记录的第 15727 页上。

韦伯庭长：你能再说一下证据编号吗？

倪检察官：第 2190 号。

韦伯庭长：是的，这是对的。

问：你听过那次庭审吗？

答：是的，我明白你说的是哪一段内容。当然，出于对土肥原贤二大佐出差的重视，我的确看了看他的出差开支。

问：为什么他提到是你倾向于让他去天津，并给他安排了这项任务呢？

答：在我的辩护证据中已经说明了这一情况，派土肥原贤二去天津总的任务是去收集天津地区的情报——平津地区的情报。

问：我要问你的是土肥原贤二……

答：换句话说，土肥原贤二当时的负担一下子就减轻了，因为他有了优秀、负责任的人，值得土肥原信任，让他可以将自己之前的任务交付给他。

语言监督官：当时土肥原贤二将他沈阳市长的位置交给了一个很好的很负责任的中国人。这样土肥原贤二就从繁忙的工作中解脱出来了，换句话说，土肥原贤二变成了一个自由的人。而且，他被认为是执行赴平津地区收集情报任务的最佳人选，因为他之前的主要工作就是搜集情报。

问：在土肥原贤二被派到天津去之前，是不是上角已经被派到天津去与酒井大队长接触，目的是为了将溥仪送到营口？

答：你说的这个人名为上角吗，他是军官吗？

问：你对这个名字熟悉吗？

答：在陆军军官中，我对这个名字没有印象。

问：你对酒井这个名字熟悉吗？

答：在军队中有很多人都叫这个名字，但是我不知道，也记不得当时是不是有一个叫这个名字的日本军官在天津。

问：是不是原先的计划操作性不强，所以你觉得必须派一个像土肥原贤二这样人去，以加重溥仪工作的分量。

答：第一，我不知道你说的先前的计划有哪些内容；第二，我对于你说的溥仪工作完全不了解。

问：你不承认土肥原贤二在他的庭审记录里面描述的你安排他去天津见溥仪的那些细节，对吗？

答：我刚才已经说了，因为土肥原贤二去天津需要一些旅费，我看了他的各项开支。对于你说的所谓我安排土肥原去会见溥仪的其他安排，我就不知道了，因为我对这些事情根本一无所知。我再次声明：对那些事情我一无所知。

问：你只是安排了他去天津的各项财务开支，你是关东军的财务主管吗？

答：不是。因为我在看了土肥原贤二出差的各项细节后，我就好下达命令给行政方面的军官让他们为土肥原贤二大佐出差提供必要的旅费，土肥原贤二大概要出差一个月的时间，需要列出各项具体开支，然后才能获得必要的经费——经费要足够，因为土肥原贤二可能还会带一个助手同行。

问：关于这件事，你就没有别的要说了吗？

答：我要说的就这些。

问：另外一个人是谁？是那个叫作大谷猛的人？

答：那个人我不知道。土肥原贤二在卸任沈阳市长后，变成了一个无官一身轻的人,他带着这个助手去了天津。

问:你知不知道跟着土肥原贤二去天津的第三个人,他是在大连与土肥原汇合的,他名为工藤铁三郎?这个人的花费,你也管吗?

语言监督官:请您再次重复一下问题。

问:第三个人的花费,你也管吗?

答:我对于财务没有监管的权力。

问:你不是说,你命令管理财务的行政军官给土肥原贤二等两个人足够的资金让他们可以出差差不多一个月吗?

答:是的。

问:你是不是不知道土肥原贤二要去天津,你知道吗?

韦伯庭长:你的意思是不是说,土肥原贤二去天津干什么?

倪检察官:是的,土肥原贤二此行的目的是什么?

答:正如几分钟前我说过的,土肥原贤二是奉本庄繁司令官的命令去天津的。我知道他去天津的目的。

问:他去天津的目的是什么呢?

答:首先收集平津地区的相关情报;第二,因为张学良仍然有一些部队驻扎在长城以北,避免中日军队之间发生冲突非常必要,他去的第二个目的是评估平津一带的实际状况,看看有多大的可能性,除非发生突发事件,张学良在长城以北的军队有无可能撤退到长城以南地区。

译员:稍微加上一点:长城以北地区正处于关东军的控制之下。

问:这些是他天津之行的全部目的吗?

答:我还没说完呢。

问:请接着说。

答:我想这件事情我在之前已经告诉过你了,我在证人片仓出庭之前都已经描述过了。还有一点,当时满洲有一种很流行的说法,就是溥仪非常希望返回他的母国。所以土肥原贤二天津之行的一个重要目的是去确认上述关于溥仪回归东北的愿望是真的还是假的。

问：这一点你是怎么知道的？土肥原贤二天津之行的目的是从本庄繁那边知道的，还是从土肥原贤二那边知道的？

答：这项安排是由关东军司令部做出的。所有参谋部的军官都被告知了这些下发的命令。

问：你有没有给出自己的一些建议？

答：你是指给土肥原大佐建议吗？

问：是的。

答：我没有给他什么特别建议，因为我的职位跟他的任务没有什么特别关系。但是作为朋友，我觉得我应该告诉他不要因为这个任务给自己造成太大压力，我就和他说了这么多。

问：你当时不是负责关东军的情报系统吗？

答：我想法庭已经注意到了，当时关东军司令部将参谋部分成了好几个部门——比如说总务部门、第一课、第二课，以此类推。我是总务部门的主任。第一课掌管行动、第二课负责情报。我的工作——我的官方工作是负责总务部门，我管的大都是行政部门的军官，所以我给负责提供旅费的军官下令，让他负责土肥原贤二的旅途开支是很自然的事情。

问：现在，板垣征四郎先生，看起来你对片仓在法庭作证之前的事情已经有了清楚的回忆了。我想问你，你是否记得第 2196 号法庭证据。

语言监督官：第 2196 号法庭证据？

问：是第 2196 号证据，在庭审记录的第 15740 页上。这是一封林久治郎发给币原喜重郎的电报，日期是 11 月 12 日。这封电报的核心内容是——问陆军司令官与 12 日宣统皇帝到东北来的事情。他回复道，他没有听说此事，但是参谋军官板垣征四郎在几天前就注意到天津驻屯军不急于让宣统皇帝回到东北。你记得这件事情吗？

答：是的，我有一些印象。

问：你注意到土肥原贤二差不多放弃了吗？

答：我是奉关东军司令官的命令，通过关东军参谋长发出这份电报的。

问：你告诉土肥原贤二不要为这件事给自己造成太大压力，这是什么意思呢？

答：在收集平津地区的情报的过程中——土肥原在收集平津地区的情报的过程中——有可能会出现一些敌人制造出来的准备撤军的假象，这种假象很难被识破，所以没有人能够说在平津一带不存在危险。我脑子里有这样的想法，所以我让他别给自己太大压力。

问：你说这句话与宣统皇帝到满洲有关系吗？

答：没有关系。因为这项任务是确认宣统是不是有回到满洲的想法，确认到底是有、还是没有。

问：你在第 27 页提到："关东军没有办法向华北派出部队。"是不是关东军还占领着满洲以外的一些中国的领土？

答：我觉得你的问题与我的证词正相关，我准备将这个问题分为几个时期来回答。我在证词中已经提到了，在我在关东军任职期间是没有发生这种情况的。我在关东军当副参谋长、参谋长或者部门负责人期间，都没有这样的事情发生。

问：你的意思是说，在那个时期，关东军没有占领除了东北以外的中国其他领土？

答：这正是我的意思。

韦伯庭长：我们将休庭，到明天上午 9:30 再开庭。

（16:00 休庭）

1947年10月9日，星期二
日本东京都旧陆军省大楼内远东国际军事法庭

（9:30 重新开庭）

法庭景象：

除尊敬的法官拉·帕尔，他来自印度，他从 9:30 到 16:00 始终缺席。

被告席和辩护律师席的情况和之前一样。

（英文转换成日语，日语转换成英语的工作由东京国际审判的语言部门负责）

法庭执行官：远东国际军事审判现在继续开庭。

韦伯庭长：倪检察官。

被告板垣征四郎站立着在日语译员的帮助下进行了下列回答：

交叉询问（由倪检察官询问板垣被告）

问：板垣征四郎先生，你还记得土肥原贤二 1935 年 11 月在华北的情况吗？

答：是的。

问：他是由关东军派过去的吗？

答：是的，他是奉关东军司令官的命令去华北的。

问：你当时是关东军的参谋副长吗？

答：是的。

问：关于部队的军事行动和调防事宜，你有权力知道、或者有权利被告知吗？

答：关东军的参谋副长正常来说有一项职责是作为大使馆的助理武官。作为参谋长是有权利知道这些行动的，并且参谋长还有下令的权力，但是我只是参谋副长，我没有权力做决定，而且……

问：你没有在回答我的问题。我并不是要问你，你有没有权力做决定。我只是想问你，你是否知道部队的调动情况以及那些计划好了的军事行动的情况。

答：我所在的位置不能让我知道全部的情况。

问：正常来说，那些主要的军事调动你是知道的吧？

答：不在其位不谋其政。我没有必要知道全部的军事调动情况。

问：你只是在重复你当时的答案。土肥原贤二去华北的任务主要是去做什么的？

答：在土肥原奉关东军的命令被派到华北之前，我觉得他此行的目的是去与中央军方面就紧急状态进行协商。当时他去华北的时候，华北的政权由黄郛领导。我听说当地的民众有一个愿望是希望中央军的势力从华北撤退之后能够建立一个新的政权。关东军从国家防卫的角度以及反对苏联的角度出发，对当地情况非常关心。关东军一直以北面的苏联作为主要的作战目标……

问：请暂停一下，板垣征四郎先生，我希望你直接回答我的问题。我们可以稍后再谈论当时的时代背景。现在先不要解释这些事情了。

韦伯庭长：证人还说了一句，"还有其他方向的敌人"。他跑题跑得太远了。

问：土肥原贤二此行的任务是什么？

答：我刚才正试图回答这个问题。就像我刚才说的，因为关东军最担心的敌人来袭的方向就是北方，所以对于关东军来说，与处于关东军侧翼的华北的地方政权保持友好关系就显得特别重要了。日本需要与处于日本侧翼和南方的国家保持友好关系，所以我们对于华北的形势非常关心，对于华北的紧急状况非常着急。

问：他去的目的是什么，请你讲讲这个。

答：就像我刚才说的那样，华北的人民希望建立一种新的政权来取代黄郛的政权,所以土肥原贤二去的目的就是去和华北方方面面的民众进行接触,与他们达成共识,与他们缔结友好关系,确保关东军侧翼的安全。这就是他被派去华北的目的。

问:他去那里要求华北方面成立一个新的自治国家,要求他们在1935年11月20日之前发布正式的独立宣言,这是事实吗?

答:这不是事实。

问:这不是事实?那么这个新的国家包括河北、察哈尔、山东、山西和绥远等五个北方省份,人口将近1亿,领土面积差不多是美国的1/3,这些是事实吗?

答:也许华北的中国人有这样的想法,但是我没有听他们说起过。

问:你还记得,当时土肥原贤二威胁中国当局,如果这项要求在1935年11月20日之前没有得到满足,日军部队将开进华北,届时溥仪皇帝将从长春移驻北平,是不是这样的?

答:从土肥原贤二此行的目的来看,我觉得这是不可能的,我是无法想象他会做出这样的事情——从他的任务来看。

问:你读过当时的报纸吗?

答:你指的是日文报纸吗?

问:任何种类的报纸。

答:我不能说,我读过各种各样的报纸。

问:我的意思不是说,你读过各种各样的报纸。我说的任何种类,指的是当时的日文,或者中文,或者英文,或者其他语种的报纸。

韦伯庭长:再这样继续下去,就会引发笑场了。我不知道执法官是不是注意到这样的事实:被告没有戴耳机。请继续。

答:正常来说,有一个参谋军官,他负责整理报纸的信息,他会把所有相关的新闻整理好了送交我阅读,这是惯例。

问:好吧。你还得记得与日本最邻近的那几个国家报纸的关于华北事变的头条报道吗?日本在满洲的日文报纸是不是也同样关注华北事变呢？你看到过这样的头条，还是没有看到过这样的头条，请回答。

答：没有。

问：在1935年11月中旬关东军是否对部队进行了动员，包括空中部队？

答：动员部队需要得到日本陆军中央的许可。我不记得当时我们采取措施试图获得日本陆军中央的许可。

倪检察官：我问的被告的这些内容出现在国际检察局文件第644C号上。

（这份文件被递给了证人）

问：你刚才说，动员关东军的部队需要得到司令官的命令，你需要从司令官那里接受这个命令。

答：我已经读完了这份文件。我不记得我曾经看过它。

问：这是一份官方文件，由陆军大臣发送的，对不对？

答：我觉着这是一份关东军司令官向陆军大臣提交的报告。

问：这份文件叫作《满洲秘密日志》，对不对？

答：是的。

问：你阅读的这份文件是关东军发给陆军大臣的电文，对不对？

答：是的。

问：这份文件是不是说，正如我现在所念的：

  根据华北分治的电文中描述的目标，关东军参谋部第一课下发了第762号电文，我们决定在长城外围集中部分部队，以利于在形势需要的情况下配合中国驻屯军，这些命令在12日中午下发，将采取以下手段：

电文接着说：

第一独立步兵联队、第三坦克大队的一个轻型坦克中队、第九野战重炮联队的一个大队和第一独立工兵中队将在第一混成旅团旅团长的指挥下，在11月15日之前将在山海关附近完成集结，准备作为进攻华北的先头部队。但是要不要向山海关以南地区进军，需要等待关东军司令部的命令。

你读的是这些内容吧？

答：是的，我读的就是你说的这些内容。

倪检察官：尊敬的韦伯庭长阁下，我读的这个文件是有母文件的，这个文件是《满洲秘密日志》，请标明刚才的这份文件来源于何处。

韦伯庭长：《满洲秘密日志》当中的一些内容已经作为证据提交。这部分内容好像还没有作为证据提交，如果是这样的话，这部分内容也将作为证据提交。

布鲁克斯辩护律师：尊敬的韦伯庭长阁下，这部分《满洲秘密日志》方面的内容之前没有提交给法庭作为证据提交。

法庭书记官：这份文件已经被标注为第3317号证据，单独作为证据提交，封面上标注为《满洲秘密日志》。

（与此同时，《满洲秘密日志》被标上3317号证据作为单独的检方证据。）

韦伯庭长：那段摘录也将作为正常的证据。

法庭书记官：《满洲秘密日志》的这段摘录，也就是检方文件的第644C号文件，将更改为第3317A号证据。

（与此同时，这段摘录被标上了第3317A号，作为检方证据）

韦伯庭长：我建议你对于这份文件的长段文字最好事先找人翻译好，在交叉询问阶段使用。

倪检察官：是的，尊敬的阁下。

问：关东军在1935年11月16日下发命令，动员它的空军在11月

20日之前做好战斗准备。是不是这样的？这份命令是在之前的电文3天之后——对不起，4天之后发出的。

答：告诉你实话，我恐怕对这些事情记得不太清楚了，特别是这些关于军队的——部队的事情。

问：你是不能精确地回忆呢，还是根本记不得了？

答：我实在想不起来了。

倪检察官：尊敬的韦伯庭长阁下，我想让证人看一下IPS文件第1242C号。

问：这是不是关东军发布的命令？

答：是的。

问：这上面是不是签着关东军司令官南次郎将军的名字？

答：上面没有签名。

问：这可以看作是他的命令吗？

答：上面写着"关东军命令"。

问：他是司令官吧，对吧？

答：是的。

倪检察官：尊敬的韦伯庭长阁下，我们呈交国际检察局文件第1242C号。

布鲁克斯辩护律师：我想将它的母文件作为呈堂证供可以吗？

倪检察官：检方没有反对意见。

法庭书记官：检方文件第1242号，也是从《满洲秘密日志》中摘录出来的，它将单独作为3318号证据。

（与此同时，上述文件被标注为第3318号，被法庭接受为证据）

韦伯庭长：这段摘录也将按照正常情况处理。

法庭书记官：这段摘录来自检方文件第1242C号，将被接受为第3318A号证据。

（这份文件被标上第3318A号，被法庭接受为证据）

倪检察官： 我将宣读这整个文件，文件比较短。

最高机密

陆军省/陆满密缀 第 1106 号（印章）

关参命第 731 号

关东军命令-由新京的关东军司令部签发

1935 年 11 月 16 日下午 6：30

1. 鉴于华北形势的变化，关东军打算在山海关外结集部分空军力量。

2. 关东军空军司令将命令驱逐机、战斗机、重型轰炸机各两个中队，由联队长统一指挥，在 20 日之前进驻山海关、锦州之间地域，做好战斗准备，准备攻击平津地区。

3. 关东军铁路守备队司令官将提供铁路运输服务，便于上述空军中队转移阵地。

4. 我正在新京。

关东军司令官
南将军

我将省略这份文件的其他内容。

问： 板垣征四郎先生，在读了这两份文件之后，你是不是记起了相关的东西来了？

答： 据我的记忆，我后来听说有了不同的调动，但是我当时将他们理解为和平时期的常规军事调动。

问： 常规军事调动也需要动用空军吗？

答： 我当时没有听说有空军调动，后来才知道的。

问： 板垣征四郎先生，你当时是关东军的副参谋长，后来是参谋长。据你所知，关东军有没有介入"满洲国"的内部事务？

韦伯庭长：布鲁克斯上尉。

布鲁克斯辩护律师：我要反对这个问题,因为这是一个诱导性的提问,可能会让证人回答出检方需要的结论。法庭需要搞清楚的是,日本军队在日满议定书的框架下在满洲所起的作用。

倪检察官：尊敬的韦伯庭长阁下,在我们看来这是一个纯粹的事实性的提问,我们是想搞清楚关东军有没有介入"满洲国"的内部事务。

韦伯庭长："介入"这个词是一个带有目标指向的词。你可以这样问他,让他回答,关东军有没有做了这样一件事、那样一件事或者其他的与"满洲国"内部事务有关的事情。

倪检察官：我会的,谢谢您。

问：关东军是不是控制着"满洲国"境内的铁路、港口以及水路运输？

答：在《日满议定书》的附加条款的允许范围内,不过我觉得"控制"这个词不恰当。因为"满洲国"境内的很多产业是日满合办的。

问：铁路、港口和水路交通也属于日满合办事业吗？

答：在《日满议定书》的附录里面有一条被称作"本庄-溥仪协定"的条约。这个条约规定,由于日本负责满洲国的保卫工作,很多具有军事价值的事业,比如说铁路、港口和水路运输,必须由日本监管——由日本人管理,"满洲国"当局承认这个事实。

译员：更正一下,不是"满洲国"当局,而是"满洲国"政府本身承认这一事实——同意这一事实的存在。

答：而且,尽管"满洲国"的铁路归属"满洲国"所有,但是它是由南满铁路株式会社负责经营的。

倪检察官：尊敬的韦伯庭长,我将向证人展示检方文件第644D号。

问：这是关东军参谋长发给陆军次官的电文吗？

答：是的。它不是一份电文,而是一份文件。

倪检察官：尊敬的韦伯庭长阁下，我们将这份文件作为第 3317D 号证据，请求法庭接受。

布鲁克斯辩护律师：尊敬的阁下，我想问一下这份文件的母文件是不是已经作为呈堂证供了，如果是的话，我反对将它的摘录作为证据提交。

我犯了一个错误。我以为它的母文件已经被接受为证据提交了。

韦伯庭长：这是从作为证据提交的母文件当中的抽出的一个摘录。

布鲁克斯辩护律师：是的。我要反对将这个摘录，检方文件第 644D 号文件作为证据提交，因为它具有普遍性，我反对将它作为这份电报的基础，如果它是真实的话——我是不承认的，因为我还没有对它进行过检查——这份文件看起来是对 1934 年的东北铁路情况的一个总结。由于日本在东北有实际的铁路的利益，不管这份文件是关于某个特别的铁路还是东北所有的铁路，都没有现场展示的价值。我想这份文件原始价值是非常低的，最好被驳回。它既不能证明也不能推翻它所面对的事实。它对本案涉及的那些事实毫不相关也无事实上的关联。这份证据甚至不能作为法庭的有效证据，因为它的结论都是假想性的，我觉得它在法庭上也无其他用途。所以，我反对将其作为证据提交。

韦伯庭长：你的反对是为了南将军吗？

布鲁克斯辩护律师：是的，阁下。

韦伯庭长：你的驳回理由与板垣征四郎没有关系。你如果要驳回某个证据的话，必须要证明它与另外一个证据矛盾。在所有的被告中，板垣征四郎可以用简短地语句把事情讲清楚。上述账目是与所有满洲的铁路有关系的，还只是与日本在满洲拥有的那些铁路有关系呢？

倪检察官：尊敬的阁下，这份文件能够证明，关东军控制着满洲的铁路、港口和水路交通，这些事实用账本就能够说明清楚。这个账本可以说明关东军有没有介入"满洲国"的内政。

译员：这些账本是不是只涉及日本的铁路，我们会弄清楚的。

布鲁克斯辩护律师：尊敬的韦伯庭长阁下，我反对，我虽然只能代表南次郎将军，账本的描述并没有说清楚它与哪些铁路有关，而且在我看来检察方有义务把这些问题搞清楚，他们应该清楚地证明和说明立论的基础。

韦伯庭长：你能不能向证人提问把这个问题给说清楚？

倪检察官：能。

问：板垣征四郎先生，《日满议定书》涉及的是"满洲国"全部的铁路、港口和水陆交通，还只涉及那些由日本人拥有的铁路？

布鲁克斯辩护律师：我反对这个提问，尊敬的韦伯庭长阁下，这个问题是诱导性问题，将导致证人的回答是检方想要的结果，如果这份证据没有合适的立论基础——如果不能说明证人对电文的内容很熟悉，也不能说明他对于电文中提及的内容很熟悉的，立论就没有基础了。但是证人的回答将是一个结论性的回答。

韦伯庭长：反对无效。

我关注的是提问中的那些核心词汇："包括在强制管理之下的港口和水路交通。"我不知道"强制"是什么意思。这是庭审过程中第一次出现的词汇，除了托管岛屿之外，很少有人使用。

但是证人将回答这个问题，法庭给予支持。这个问题的关键是这些账目涉及的是"满洲国"全部的铁路还只是涉及那些只由日本人拥有和控制的铁路。证人，请你回答。

证人：我刚才已经说过，日本在《日满议定书》的框架下拥有条约规定中的那些铁路的管理权。关东军在建立之初就成立了一个特别服务部门，在特别服务部门之下有一个运输监督署。在南将军担任司令官期间，这个运输监督署被取消了。

韦伯庭长：这些账目涉及的铁路是日本人依据《日满议定书》由日本人负责管理的吗？

答：不，它们不是的。

布鲁克斯辩护律师：尊敬的韦伯庭长阁下，如果您允许的话，我希望在这个问题中补充一下提问的内容，请证人回答在《日满议定书》之下日本是不是对于满洲的港口和水路交通也有条约特权，这部分的特权应该是与铁路相同的。

倪检察官：我现在能够问证人证据中涉及的问题了吗？

韦伯庭长：你特别仰赖证人的答案吗？这只是一个基础性的问题。他说，证据中提到的铁路只限于那些日本人管理的铁路。

这个证据对于被告板垣征四郎来说并没有控诉价值，我们只承认与他直接相关的检察方证据。但是对于被告南将军而言，你也没有办法证明这是直接相关的，因为证人承认的只是日本人自己拥有和管理的那些铁路。不过由于被告并不反对这一证据，我们也按照正常程序将它接受为证据吧。

法庭书记官：检方文件第 644D 号被法庭接受为第 3319 号证据。

（这份文件的封面被标上 3319 号，被法庭接受为证据）

倪检察官：因为这份文件刚才已经被充分讨论，并且引起了反对意见，我就不读它了。

倪检察官继续询问：

问：板垣征四郎先生，关东军是不是掌握着"满洲国"关税税率的修订权？

答：控制着"满洲国"的关税。

问：关税问题是不是"满洲国"的内政问题？你承认这一点吗？

答：是的。

倪检察官：我请求向证人出示检方 644F 号文件。

问：这是不是一份日本陆军副大臣打给关东军参谋长的电报？

答：是的。

倪检察官：我将向被告提问这份证据中涉及的问题。

布鲁克斯辩护律师： 基于同样理由，我代表南将军提出反对，就像我反对之前的那些文件一样。此外这份文件的倒数第15行类似于日满议定书的内容，我觉得这些细节将导致被告在回答时跑题，这与法庭依事定罪的原则不符。

韦伯庭长： 这个问题只是为了测试文件中所提及的事情是否与被告相关，是否有事实性的联系、是否与之前所审理过的内容重复。我非常欣赏你捍卫法庭依据证据定罪原则的任何努力。

布鲁克斯辩护律师： 我正在提出反对，尊敬的韦伯庭长阁下。因为我觉得《日满议定书》的问题太过于宽泛、《日满议定书》里面规定的内容又太过于重要。我讨厌这种纠结于很多细节性证据的提问方式，这些细节性的证据都可以统合到一个大的问题之下，检察方这样做降低了法庭的尊严。此外，在辩护方而言，面对这些细节性的问题需要注意准备，检方把这个文件拿出来——这不是举例反驳，这也不是在控告证人——所以我要说，这些问题不应该浪费庭审的时间，法庭应该制止这种无限制地拿出细节性的问题进行控告的方式。

倪检察官： 尊敬的韦伯庭长阁下，我反对布鲁克斯先生使用这样的词语侮辱法庭——"降低了法庭的尊严"，这是我第一次在庭审中听到这样的词汇。我们现在是在证明一个重要的事实——"满洲国"是否是独立的国家。此外，我们这样做也是在检验证人证词的可信度，因为这一点与他的证词是矛盾的，他把一切责任都推到了"满洲国"的官员身上了。

证人： 这份文件需要解释。

韦伯庭长： 反对无效，我们的庭审不是娱乐节目。提出反对必须有四点理由：这份文件不是事实、这份文件与审理内容不相关，或者文件没有证据价值，或者文件与前面的文件是重复的。

布鲁克斯辩护律师： 尊敬的韦伯庭长阁下，在我看来，这份文件的证明价值有限，因为它只是一个分论点，而且它与主论点之间的相关性并不明显。

韦伯庭长：一份文件被法庭接受作为控告单个被告的一份证据，它就可以成为法庭控告所有被告的证据，法庭成员提出的问题也具有同样的效力。如果一份文件对所有的被告都有指控的价值，如果任意一个被告的辩护律师能够清楚地说明它不适合于他的辩护人，或者任意被告的辩护律师可以清楚地说明这份证据根本没有证明价值，但是别的辩护律师却没有任何反对意见，那么法庭没有任何理由从价值上来判断反对这份证据的依据所在。

在今天上午的审讯过程中，检方成功地通过证人让法庭采信了他们的证据，但是他们的证据也受到了证人证词的限制，证人只承认这些账本只与日本管理的铁路相关。如果我们决定将这份文件作为反对南将军的证据，如果一有人反对，我们就否决我们的决定，我们反而容易做出错误的决定。但是这份证据没有遭到别的被告的反对，它被法庭接受为控告所有被告的证据，因为法庭不能反对有根有据的证据。如果证据只是控告一个被告的，而事实上它将成为控告所有被告的证据，而且没有其他被告的反对意见，当然它将继续成为控告所有被告的证据了。本次审判的其他类似情况也将照此处理。

布鲁克斯辩护律师：尊敬的韦伯庭长，如果您允许，我认为，其他的被告没有反对这份文件的主要原因是，正如他们已经对我说过的那样，是他们对这份文件不感兴趣，这份文件对他们没有任何影响。除非法庭愿意让其他辩护律师在法官席前排成一排挨个询问，他们才会表示意见。我想，当一个辩护律师进行了一次成功的问题驳回，这个先例就将适用于各种目的的问题、各种文件，这种驳回也将具有判例价值，它的作用将等同于出于各种目的被法庭接受为证据的那些文件一样具有价值。法庭也应该遵照这个判例。否则，它将要求每一个辩护律师一直在庭审中表示意见，如果有些证据不是事实性证据，不是相关性的证据,法庭当中的任何一个辩护律师都将无限制地站出来表示反对,我们不能干坐在这里,只是听被告讲话吧。

韦伯庭长:这个话题一旦展开,要说的可就多了。

我们将休庭15分钟。

(10:50 开始休庭)

(11:10 重新开庭)

法庭执行官:远东国际军事法庭现在继续开庭。

倪检察官:为了节约时间,我们撤回刚才的那份文件。

布鲁克斯辩护律师:如果法庭允许,如果检方可以随意地跳过某个文件,我觉得我有责任让这份文件严格地与案件主题正相关,我反对将附属的、不重要的、不相关的文件作为呈堂证供。

韦伯庭长:为什么还要在一份撤回的文件上浪费时间呢?

布鲁克斯辩护律师:尊敬的韦伯庭长,我想要这样做的理由,是为了未来的审理工作着想。我们现在还不知道,也许在未来我们所有的辩护律师都要反对任意一个文件,如果法庭现在给我们立个标杆,它会对未来的审判有作用的。

倪检察官继续询问:

问:板垣征四郎先生,在你的证词的第28页,你说:"考虑到我的军事生涯和我的立场,近卫首相认为我是担任陆军大臣的最佳人选。"你能解释一下你的立场是怎样被近卫首相了解的?

答:你问的是我的观点是怎样传到近卫首相那里的吧?

问:不是传达到近卫首相那里,而是你的观点是怎样被近卫首相熟知的?

答:我想你在我的证词中可以找到答案,有一个人叫古野伊之助,他在一个月之前到战场前线拜访我,与我就各种各样的问题进行了交谈,我与他交流了整整三天时间。

问:你没有在回答我的问题。你现在在说的是,你是怎样接受近卫邀请的。我在用一种简单的方式来问你吧。是哪个人推荐你担任近卫内阁的陆军大臣的？

答：我不知道。

问：是石原吗？

答：石原没有理由参与这样的政治性的活动。我对此真的一无所知。

问：是木户吗？

答：我不知道。

问：在你担任陆军大臣的时候，谁是陆军次官。

答：陆军次官一直在变。后来是东条英机陆军中将。

问：东条英机是你提拔起来的吧？

答：不，不是的。我只是追加同意的人。

问：在你担任陆军大臣之前，他就到陆军省了，是这样吗？

语言监督官：倪检察官，可否请你重复一下你的问题。

问：我问的是，在你担任陆军大臣之前，是不是东条英机就已经担任了陆军次官了？

答：是的，就是你说的这样。

问：多长时间之前？

语言监督官：请等一下。刚才他说的是正如我之前所说的那样。我更正一下证人刚才的回答。倪检察官，你的问题是什么？

问：你担任陆军大臣的时候，东条已经担任了多长时间的陆军次官？

答：我猜有一两个星期吧。

问：你担任陆军大臣后，是不是认同日本政府之前的政策呢？

答：什么政策？你能不能给我一些提示？

问：所有与国家相关的重要政策，如军事、外交等。

答：对于这些重要的政策，我采取的是萧规曹随的方法，我采取我前任的政策。

问：你同意日本政府关于中国事变的政策吗？

答：是的。

问：你知道 1938 年 1 月 11 日帝国议会的决定吗？

答：我对帝国议会 1 月 16 日的那些表述很清楚。

问：我问你的不是那个。请回答我的问题。

答：对于你说的那次帝国会议我不了解情况。

问：那次帝国会议主要讨论了两个议题：第一个,通过谈判解决中国事变；第二个,彻底打败中国,建立一个新的中国政府,日本与它达成和平。

答：对这个我不知道。

问：你知道第二点被作为了日本政府的政策吗？从名义上,日本政府不承认仍然存在的中华民国政府,并且想要摧毁它。

答：我听说了 1 月 16 日帝国议会做出的决议,真实的情况是日本政府没有必要这么做。

问：你对 1938 年 1 月 16 日的宣言非常熟悉吧？

答：是的,我已经告诉过你我知道这个宣言。

问：日本政府的政策在你担任陆相的那个时期仍然得到了延续,这种说法对吗？

答：近卫内阁首先承认 1 月 16 日的声明是失败的。我已经在我的证词中告诉你这一点了。

问：你又一次没有回答我的问题。不要试图解释,你以后有解释的机会。你现在纯粹是在通过转移话题浪费时间。

日本政府在 1938 年 1 月 16 日发表的声明当中规定的政策在你担任陆相的时候是不是得到了延续？问题很简单。

答：是的,我已经在我的证词中说过了,这一点是没有变化的。

问：答案也很简单。

在第 29 页的最后一段,你说,作为陆军大臣你要让日本实现与中国的和平状态，你要快速地和平解决中日之间的战争状态，这是你担任陆军大臣的政策。在下一页你又说，与中国进行和平谈判的条款可能不是那么的精确了，因为德国驻华大使陶德曼转了一次手。这些代表了你解决中国事变的态度。

我的问题是：你有没有试图撤换或者修改过这些对华谈判的条款？

答：我在证词中已经说清楚了，我努力的结果。我的努力导致了11月3日的声明的发表，以及新的对华关系大纲的产生——这份文件在10月30日发布，目的在于建立新的中日关系。

问：你说的是11月30日，还是3日。

答：我说的是3日。

问：我现在对你的声明不感兴趣。我现在想要知道的是，你是否改变了政策——你是否尝试修改解决中国事变的政策？

答：我做了一些努力，这些努力导致的结果就是11月30日对华新纲领的产生，日本政府要重新调整对华关系，有了一些新的条款。据我所知，这些条款比陶德曼调停期间的日本政府提出的那些条款相比，温和多了。

语言监督官：相当温和了。

答：在11月3日的宣言的表述中，因为受到1月16日表述的影响——前者的表述的措辞是非常糟糕的——换句话说，因为日本政府给了重庆政府巨大的压力，所以日本政府不能够维持与重庆政府的长期接触。过去的宣言措辞非常糟糕，特别是关于重庆政府的措辞——如果他们还不愿意与我们接触，我们将不以他们为对手，不对他们采取合作态度——我们不仅不与他们打交道，而且我们也不愿意迎接他们的谈判代表。这些表态完全与陶德曼调停的初衷相背离，我们的宣言表示，我们今后将不与蒋介石打交道。

问：现在我要问你的是：五相会议的作用和目的是什么？你是其中的成员吗？

答：五相会议的主要目的是为了让内阁主要的部长们能够就最让人忧虑的重大问题提供一个开会和讨论的空间。五相会议本身没有什么特别的尊贵地位，也没有其他任何尊贵之处。

问：你们讨论什么呢？你提到的那些重大问题？五相会议举行的目的是为了讨论中国的战局吗？在你担任陆军大臣之后到同盟社发表讲话期间，你有没有就中国事变的解决有过自己的表述？

答：我可能进行过表述，但是考虑到这是当时关系国家政策的重大问题，当时尽快结束中国事变是国家最紧要的问题，所以没有经过详细讨论，我是不会在外面随便乱说的。

问：你作为陆相，在当时的五相会议中居于重要地位，你的职位与战争状态的讨论息息相关，这是真的吗？

答：由于陆军非常关心中日战局，我想我可以说是的吧。

问：五相会议的决定是不是在很大程度上受你的观点的影响呢？

答：我刚才已经告诉你了，所有最重要的声明和政策都取决于五相会议的一致同意，决定是五相会议的成员们共同做出的。

问：你参加了1938年夏天的五相会议了吗？说得更精确一些是在6、7、8这三个月里的五相会议。

答：我全部参加了。我在那期间很少出差，从总体而言我参加了那些会议。

倪检察官：我要问证人检方文件第2570号当中的第二个小标题中的相关事项。

（这份文件被递给了证人）

问：板垣征四郎先生，这份文件是由日本政府保管和正式证明的，这份文件里面包含了那些会议的决定了吗？

答：从标题上可以这么说。上面还有这样的字样，"东亚局第一课"。五相会议的结果和决定是不会在会议现场记录的。根本没有任何记录。因为只有五位大臣聚在一起开会，没有别人在场。我的意思是说，会议现场没有人进行记录。我记忆的当时的场景都是不精确不清楚的，我不知道是谁，又是通过怎样的方法记录了这些要点——正如出现在我面前的这份条分缕析的记录汇编。我不知道。我与这份记录毫无关系。因为我离这份文件有些距离，我还没有读过这上面的内容，还不能告诉我——我自己也不能很快地更新我的记忆。我无法做到这一点的原因是，我从来没有仔细读过这份文件上的内容。

问：请你走上前来，读一下上面的内容。

韦伯庭长：他需要花费几分钟的时间来读文件吗？

倪检察官：尊敬的阁下……

韦伯庭长：我要问的是证人是不是要看几分钟后才能做决定。

证人：不需要。

布鲁克斯辩护律师：尊敬的韦伯庭长，这份文件没有证明书。刚才检察方已经说它已经被证明过了，我们没有见到证明书。

韦伯庭长：如果证人承认的话，证明书不是必不可少的。

倪检察官：韦伯庭长阁下，证明书和原文件在一起。

韦伯庭长：在现在这个阶段，你无法在现场拿到证明书，只能有检察方在庭审结束之后再给出了。

倪检察官：尊敬的韦伯庭长阁下，在现在这个阶段我不要求法庭指示方向。我要求让证人阅读这份文件，确认这份文件里的内容是不是与五相会议上通过的那些内容相符，我现在要就文件上的内容接着向证人提问了。

韦伯庭长：由于证人也是东京国际审判的被告之一，我觉得你没有必要安排他去读什么文件，只要让他在法庭上作为证人作证就可以了。你可以让他判断这些内容是不是他当时开会的记录，因为他当时是与会人员之一。

倪检察官（继续）：

问：作为五相会议的成员之一，你能判断文件上的这些内容与五相会议上的决定相符吗？

答：不，我不能。

韦伯庭长：政府对于五相会议用这些备忘录作为记录，你表示满意吗？你有没有受到什么影响？

证人：我之前说过，这些会议没有记录和备忘录。负责任地说，我不能说这些记录就是五相会议的记录。而且，如果五相会议有记录，或者备忘录的话，我对他们不负有任何责任。

韦伯庭长：这不是我问的问题。

语言监督官：法庭日语书记员。

（日语书记员开始宣读）

语言监督官：日语译员对于上一个回答的翻译，是站在证人的立场上的。

韦伯庭长：我明白你之前说的，除了会议的记录，如果有证明书——你要证明书有什么目的呢。如果有证明书的话，你是否要当众宣读呢？

证人：是的，证明书应该只有一张纸（比划）。因为我看不懂英文，我无法告诉你这是不是一个证明书。

倪检察官：我将请一个语言部的工作人员帮助他把文件上的文字翻译给他听。而且我要提醒证人，这不仅是会议记录或者备忘录，他们还是五相会议达成的决议，这些决议还是你作为陆军大臣所采纳的那些决议。

韦伯庭长：你不能告诉他这是什么。你要问他这是什么。

布鲁克斯辩护律师：韦伯庭长阁下，我表示反对。

韦伯庭长：布鲁克斯上尉，为了节约时间，我不得不直接否决你的反对。请你耐心倾听吧。我不想你总是介入询问环节，这个时间是法官的时间。

布鲁克斯辩护律师：尊敬的韦伯庭长……

韦伯庭长：你可以以后再表示异议。我会权衡任何一个法官的提问，但是我坚持法官的讯问环节不要受到任何干扰。

布鲁克斯辩护律师：法庭是不是有这么一个规矩：辩护律师在法官提出不恰当问题的时候没有权力提出反对意见？

韦伯庭长：在国内的法庭，辩护律师可以这么做，但是我们这里是国际法庭，规则不一样。

布鲁克斯辩护律师：我只能保留反对意见，聆听庭审，是吧？

韦伯庭长：请你务必理解。我不是把他的回答当作确认书。我问他的是，如果有确认书在的话，就必须允许提问。

布鲁克斯辩护律师：尊敬的韦伯庭长阁下，我反对的是你说的原则问题。

韦伯庭长：我们非常了解你的想法，通过证人的回答你能够获得证据，但是只要他承认那些必要的事情，包括确认书的存在，不就行了吗？

布鲁克斯辩护律师：我能简单地听一下吗？

韦伯庭长：不行。如果我们在这个阶段接受了这份确认书，我们将重开检察方的案子，要么就要进入抗辩环节。你所在的位置不需要这一澄清。

布鲁克斯辩护律师：尊敬的阁下，根本的问题是，如果这个证人做了证词，如果他接受了这一事实，就有必要让他澄清这一事实。尊敬的韦伯庭长阁下，这才是我现在反对的。

韦伯庭长：我要问他的是，他是否承认这份证词，他的这份证词想要表达什么，任何证人都必须确认自己的证词。问题可以写在一张小纸条上，但是这种提问方式本身没有什么问题。由于他读不了英文，穷究下去也是无用。这就意味着这份文件在现阶段不能被法庭承认。我们还没有足够的材料确认文件的真实性。

倪检察官：我们将向他提问。

韦伯庭长：我们将休庭，到 13:30 再开庭。

（12:00 开始休庭）

（13:30 重新开庭）

法庭执行官：远东国际军事法庭现在继续开庭。

韦伯庭长：法庭允许被告岛田暂时离庭，他将用整个下午时间和他的辩护律师商量案情。

倪检察官。

（板垣征四郎，被告站立着在日本议员的帮助下进行了下列回答）

交叉询问（由倪检察官询问板垣被告）

问：板垣征四郎先生，上午你告诉我们五相会议的决定绝大多数与你的观点是相符的。1938 年 7 月 8 日的五相会议决定了日本要求中国政府投降的条件，这些条件与你的观点一致吗？

答：我记不得了。

问：这次会议是不是还是决定坚持 1 月 11 日帝国议会的决定，将中国政府作为一个地方政府处理，日本方面将致力于在中国建立一个亲日的政府？

答：我记不得了。

问：这次会议没有决定用谈判的方法解决中国事变，是不是这样？

答：这是不可能的。

问：你说不可能的，是什么意思？他们到底决定了没有？

答：我的意思是说，我记不得了，但是不管怎么说，当时参加五相会议的成员们没有人有这样一个想法，就是作为建议，也没有人提出来。这是我说为什么的原因。

问：在那个场合是不是决定了中国方面必须以特定的条件才能投降，而且有一项条件是蒋介石委员长必须去职？

答：我记忆当中根本不是这样的。

问：在7月8日同一天，五相会议是不是决定了一旦中国方面拒绝投降的话，日本方面的应对手段？

答：不，我根本记不得了。

问：日本方面最终将集中国家的总体力量，最后摧毁中国政府或者迫使中国政府投降，这是日本政府的政策吗？

答：不，根本不是这样的。

问：你是记不得了，还是别的？

答：不是这样的。

问：那次会议是不是决定了，如果中国政府继续抵抗，并拒绝投降的话，日本政府就要在占领区域建立一个亲日政权分裂中国，最后要将这个亲日政权扶植为中国的中央政权？

答：不，我记不得了。

问：你有没有在仔细听我的问题。

答：我一直在小心翼翼地跟着你的思路走。你说的，我全听进去了。

问：1938年7月8日的五相会议有没有根据当时的战局确定对华战略？

答：我现在记不得是不是在7月8日那天召开过五相会议，即使那天召开了五相会议，我也记不得我们决定什么了。

问：你不是没有忘记你们政府的政策与你自己的看法和观点一致吗？

答：当然，我没有忘记那些政策。

问：当时五相会议有没有决定日本政府要摧垮中国政府，剥夺蒋介石的权力，将中国的战斗力量毁灭的政策？

答：不是这样的。

问：这是不是如中国政府拒绝投降，日本方面的一个报复手段。还有一个手段是没收中国政府的海外资产，让中国政府经济崩溃？

答：你是不是说日本政府要没收中国人在海外的资产？

问：你不需要重复我的问题。我要问你的是，日本政府是否打算没收中国人的财产。对于日本人来说，不是非得这么做，但是对日本人却有很大影响。

我再简单地阐述一下我的问题：日本政府准备没收中国占领区及租借地的中国人的资产？

答：你的意思是说，日本准备没收这些财产？

问：你要我再重复一遍吗？我说，日本政府要没收中国人的财产，你知道没收的意思吧。日本方面可能直接没收、可能间接没收。

答：我们没有这样的目的。

问：你还记得有这样一个决定吗？

答：记不得了。

问：7月15日的五相会议有没有确立在中国沦陷区建立一个新的中国中央政府的指导政策？

答：我记忆当中没有这回事。

问：当时是不是准备在占领了汉口和广州以后，等蒋介石政府沦为一个地方政权之后，再在沦陷区建立一个新的中央政府？

答：不，根本不是这样的。

问：7月15日的五相会议是不是决定在中国的新中央政府成立后，日本方面全面监管其军事、外交、经济、宗教和教育等事务？

答：不，我们没有这样的计划。

问：这次会议是不是决定，在中国的新政府的关键岗位上安插日本顾问或者日本军人？

答：不。

问：1938年7月8日的五相会议是不是决定了对于英国的外交政策？

答：你又绕回7月8日的五相会议了，但是我很遗憾地告诉你，我对这次会议一点都记不得了。

问：那次五相会议是不是决定日本政府的主要目标是让英国政府停止对蒋介石的援助？

答：我在证词中所说的都是真实的，但是我不记得我们是否在1938年7月8日做过这样的决定？我真的记不清了。

问：是不是7月12日的五相会议决定了日本政府即将采取的外交政策，目的在于让英国和德国大使在中日战争中保持中立？

答：没有。

问：你是记不得了，还是别的？

答：在我的记忆中这是不可能的。

问：五相会议是不是决定采取"旋转木马"手段来应对英国大使的各项要求？

答：在我的记忆中这也是不可能的。

问：1938年7月22日的五相会议是不是决定了解决张鼓峰事件的步骤？

答：在我记忆当中，好像在7月22日之前，五相会议都没有做出什么重大的决定。我可以清楚地告诉你，我第一次参加张鼓峰事件的讨论是在8月2日的内阁会议上。

问：7月26日的五相会议是不是决定为中国事变建立了一个特别委员会？

答：我恐怕记不起来了。我不知道你为何要提到这个中国事务特别委员会。我不知道它是干什么的。

问：你记得由土肥原贤二、津田和坂西三人负责的秘密工作吗？

答：是的，关于这个我已经在证词中写了，但是我记不得我们是否给它起了一个特别的名称。

问：这个委员会的任务是策划用战争手段对付中国的政治和经济战略，对不对？

答：不。

问：是不是1938年9月9日的五相会议决定建立一个由中国占领区各种各样的傀儡政权派出代表组成的联合委员会？

答：不，这超出了我记忆的范围。

问：那次会议是不是确立了由日本主导的联合委员会的最终指导方针？

答：不是这样的。

问：会议上是不是决定这个联合委员会在1939年9月22日建立？

答：我没有印象。

问：你似乎忘记了所有五相会议决定的政策，也忘记了你在五相会议上的观点。这就是你想要告诉法庭的吗？

答：我在证词中已经写下了所有重要的事情，可以这么说。我不能告诉你你想让我告诉你的，但是在我的印象中根本不存在的那些事情。

问：板垣征四郎先生，你的一个证人山脇已经告诉法庭，土肥原贤二在1938年被派到中国，你在证词中也提到了这件事。是谁派他去的？

答：近卫亲王，他当时是首相。

问：你是以陆军大臣的身份推荐他去的吗？

答：不是。这件事情的事实如下：我的证词中没有详尽地阐述这件事情。中国事变的解决已经成为非常艰难的事情。中国事变不单单是日本陆军需要解决的问题，而是让整个日本忧虑的问题。所以必须在范围较广的优秀人才中选择一个最佳的人选去解决这件事情，经过深思熟虑后，外相、宇垣将军选择了陆军中将坂西利八郎。

问：我不是在问你日本外相派到中国去的使节，我问你的是土肥原贤二。

译员： 证人刚才一开始你就说，不仅仅是陆军中将坂西，还有……

韦伯庭长： 检察官，请你注意观察红灯。

马蒂斯辩护律师： 我插一句，法庭上已经出现了多次这样的情况了。证人还没有回答问题呢，律师就提出了另外一个问题了。这样不合适。

倪检察官： 阁下，我想做个回答，我只有在他没有回答我的问题的时候才会打断他。

韦伯庭长： 注意看红灯，法官。因为这种事情，庭审已经多次中断了。板垣征四郎是一个很深思熟虑的证人。

问： 土肥原贤二被派到中国去，是不是去进行吴佩孚和唐绍仪工作去的？

答： 我前一个问题还没有回答完呢。你刚才问到是谁把土肥原贤二派到中国去的。还有海军中将津田，他是由日本政府派去的，协助坂西陆军中将工作的，配合他工作的。

问： 请回答我后面问的那个问题。土肥原贤二被派去中国是去进行吴佩孚和唐绍仪工作的吗？

答： 我在证词中已经说了，他去中国的目的是去召集中国期望中日和平的人，请求他们的合作。他去中国没有必要专门和你提到名字的那两个人专门谈判。

问： 日本政府派土肥原贤二去中国，是因为他前几年有建立或者指导建立傀儡政权的经验吗？

答： 不是这样的。

问： 昨天当我问你在天津的日本人的姓名和满洲市政当局中的日本人姓名的时候，你似乎对那些日本人的名字记忆模糊。我现在要接着问你，现在这个坐在被告席上的土肥原贤二是被派到华北的土肥原贤二吗？他是不是那个曾经担任过沈阳市长的土肥原贤二、撺掇溥仪出任"满洲国"元首的土肥原贤二、长期推动华北自治运动的土肥原贤二、作为《秦土协定》的签字人、《内蒙经济协定》的谈判者之一的土肥原贤二？

韦伯庭长：这是一个讲演，不是一个提问。

问：关于中国的特别委员会是不是一个秘密组织？

答：我在前面已经说过了，我并不记得这个对华特别委员会的名称了。

问：这个名称从来没有公开使用，但是的确有这样一个特别委员会存在，对不对？

答：你什么意思？你说的这个特别委员会是由坂西，土肥原贤二和津田组成的吗，就是你刚才说的那个吗？

问：是的。

答：这个团体并没有任何特别的名称，但是它成立的目的我刚才已经说了，是把那些下野人士当中最出色的、最希望实现中日和平的、可以创造和平氛围的那些人聚集到一起。

问：是不是有一个名称叫作土肥原机关或者土肥原事务所，这个机关是直接和陆相联系的，你是这个组织的头目吗？

答：我已经忘了这个机关是不是叫作土肥原机构，还是叫其他的。但是因为土肥原中将是这三个人中最年轻的，而且他是唯一的做实际工作的人，所以他掌管着这一机关，为了保持与日本政府的联系，他在上海有一所房子。

问：在于陆军大臣联络的时候，他使用土肥原机构的字样吗？

答：我记得他是这样做的。

问：它有些时候是不是也被叫作土肥原机关？

答："机关"这个词在中文中与你说的"公馆"同义，而且每逢机构的负责人更换了，机关的名称也被改成新任的负责人的名字。对于机关一词的确没有什么特定的含义。

问：你又没有回答我的问题。我问的是土肥原机构是不是有些时候也被称为土肥原机关。"机关"是"公馆"的衍生词吗？

答：这我不知道。

问：你对对华事务委员会的建立意图是非常清楚的吧？

答：是的。

问：作为陆相你是对华事务委员会的副主席，对不对？

答：是的，我在证词里都写了。

问：你对对华事务委员会的那些决定都比较了解吧？

答：我想我知道——对于那些特别重要的事情我是知道的。

问：你知道诱使中国加入反共救国联盟的事情吗？

答：我不知道。

问：你不知道吗？

答：不知道。

问：让我帮你指出来吧。你在证词的第43页第5行的一开头，就写了"国家救亡和平运动"的字样？

我把整个句子读给你听一下："特别支持汪兆铭的国家和平运动"，你是知道"国家和平运动"的，对不对？

答：你说的那部分内容是我担任中国派遣军参谋长时期的吧，我在那部分的证词中写到了。

问：你完全错了。我已经指出了页码，是第43页，那是你在关东军任职期间的事情。

答：我能看看那部分证词吗？

我在证词中说的和你刚才说的有些不一样。"特别支持汪兆铭的国家救亡和平运动"，并且希望"南京政府"最终能够和重庆政府实现统一。这是我的意思——我当时是那样说的。

问：国家救亡运动是不是源于反共救国联盟？还是两者就是一个机构？

答：我不知道还有这样一个联盟。

问：你知道救亡和平运动吗？

答：我在证词中写到了救亡和平运动，我对它还是很熟悉的。

问：你知道国家救亡运动是由日本提供资金支持的吗？

答：我觉得这是不可能的。

倪检察官：我要给证人看一下检方文件第1005（1）号文件。

布鲁克斯辩护律师：尊敬的韦伯庭长，我们这边能不能要一下复印件。这个文件已经给证人看过了，我希望有机会检查一下，为我们的反驳做好准备，如果这些文件是必不可少的话。

倪检察官：等证人确认这份文件后，会提供复印件的。

韦伯庭长：你们讨论的时间够多了。

布鲁克斯辩护律师：尊敬的韦伯庭长，虽然情况相似，但是我们对于辩护有着不同的原则。

问：你是对华事务委员会的一个副主席，你说你对委员会的重要决定非常了解。你可以告诉我，反共救国联盟是不是对华事务委员会的一个重要决定？

答：你刚才已经向我多次重复了反共救国联盟。但是，我对于这个联盟一点印象也没有。这份文件是不是对华事务委员会的一个决定，我不好说，因为我自己对这件事根本没有印象，对我来说很难判断。

问：你说你对对华事务委员会的那些决定都很熟悉，这里是一个短文件，请你确认一下。

答：我记不得了。

问：这是不是对华事务委员会通过的支持反共救国联盟的决议的一个相关文件——日本决定在从海关的税收中拨出总数大约是1 800万法币用于支持反共救国联盟的活动，这笔钱在4月份之后的半年内会到账？

请你好好地回想一下。如果你想不起来，你现在的说法就与你过去的证词自相矛盾了。

韦伯庭长：你不应该告诉他这些。这份文件可能是真的、也可能不是真的。我们还没有对它进行确认。你这是一种恫吓手段。

倪检察官：尊敬的阁下，我没有打算这么做。我只是想让他回想一下，尽全力地回想一下。

问：你能记得吗？

答：不，我记不得。

问：如果我提醒你一下，你能不能回忆起来，这个决定是什么时候做出的——这是我的第二个问题——既然利用了关税的盈余资金，日本人的名字就不能出现了，以便于保守秘密，你是不是要掩盖日本提供资金这一事实，所以起了一个名称看起来让这个运动好像是一个中国内部的运动？

答：我刚才已经反复告诉过你了。对于这个反共救国联盟本身我一无所知，所以我对于对华事务委员会上有没有做出决定成立一个这样的联盟也是一无所知。

问：在土肥原贤二进行吴佩孚工作的时候，你有没有给他安排财务支出？

答：没有。

倪检察官：我现在要给证人看检方文件第2178G号文件。

问：你对对华事务委员会在1939年6月23日做出的这个决定有没有印象？

答：没有，我没有印象。

问：你还记得吴佩孚工作花费的支付实际上是和反共救国同盟的开销一起支出的吗？

答：不，我记不得。

问：除了对华事务委员会的决定之外，在你的记忆当中，日本海关关税盈余的这笔巨款还资助了哪些特别工作，你是怎样分配这些款项的？

答：我什么都没有做。

问：土肥原机关是由影佐领导的吗？

答：我不知道你的"领导"是什么意思？首先，执行这项任务的两个人就是很不相同的，第二，在土肥原贤二回到日本，在影佐被派到中国之间的一段时间是有间隔的。

问：影佐是你派过去的吗？

答：不是的。

问：你知不知道，他到中国是做整治工作的？

答：我当然知道。影佐是奉日本政府的命令，同犬养以及其他的一些人一起去中国的。

问：政府命令是一个相当暧昧的词语。你能够告诉我更确切的信息，是谁派他去中国的吗？

答：他是五相会议的全体成员派到中国的，因为五相会议决定派他去。随他一起派到中国的组员中自然还有陆军、海军的军官，还有平民、外交官，等等。

问：他此行的最主要的目的是什么？

语言监督官：刚才翻译证人的回答要去掉一个词，他刚才回答的是派到中国的组员还有海军、外交官和平民，等等。

答：从一开始，他的任务就是去与汪兆铭联络。

问：汪兆铭当时在什么地方？

答：你说的什么时候？

问：当影佐被派去中国的时候。

答：他是在4月份被日本政府派去的，汪兆铭当时在河内。

问：他要把汪兆铭接到什么地方？

答：上海。

问：有什么目的？

答：汪兆铭对近卫首相去年12月22日的声明进行了回应，他从重庆政府逃出来，准备开始进行和平运动，他当时在河内。因为他待在河内生命处于危险之中，他不可能在河内继续进行和平运动，所以他决定去上海。日本政府知道了他的愿望，就派出了一个使节送他去上海。

问：你说的近卫12月22日的声明，汪兆铭在一周后进行了回复。我现在的问题是，汪兆铭的讲话是他本人对于近卫声明自然的、真诚的自发回应吗，还是被预先安排好了？他的讲话属于哪一种？

答：我相信汪兆铭的讲话是他自发的回应。

问：自发的？

答：是的。

问：你听说我在庭审记录的第24041页第17行开始的这段话吗？

> 问：你准备通知你们的政府，中国人希望发表一个针对日本政府的关于和平的申明吗？
>
> 影佐的答案是'是的'。
>
> 问：近卫在1938年12月22日发表的声明是为了汪兆铭逃往河内做准备的吗，是不是？
>
> 答案是，'是的'。我在我的证词里已经说了，只要汪兆铭逃出来，他就会发表这个事先准备好了的讲话。"

你还在这里说，汪兆铭的讲话是他自发的吗，或者用你自己的话来说，这是汪兆铭自己的意思？

答：当然，我确信这是汪兆铭自己的意思。你提到的这些讲话相当令人困惑。我给出这个答案，是在刚才你读过了汪兆铭的讲话的基础上的。我说的对不对？

韦伯庭长：我们将休庭15分钟。

（14:45 休庭）

四、武汉会战后在中国内地建立伪政府

（15:00 重新开庭）

......

法庭执行官：远东国际军事法庭现在继续开庭。

韦伯庭长：倪检察官。

问：板垣征四郎先生，让我们现在回到五相会议。1938年8月26日的五相会议是不是决定了中国事变的宣传方针？

答：不是的，不是在8月26日。

问：是不是这个决定强调了汉口陷落的重要性，日本对于对外战争的宣传已经被置于日本国内的长期建设计划之上了？

答：如果我的记忆没有错的话，在1938年8月26日召开的五相会议上讨论的主要是加强德、意、日三国同盟条约的计划，而且当时我们好像没有通过这个计划——我们没有就任何事情做出决定。

倪检察官：我要向证人出示检方文件第2570A号。

（该文件被递给了证人）

问：这个决定是8月26日通过的吧？

答：我没有印象。

问：在读过这个文件之后，你有没有想起来那次会议上讨论的一些事情？

答：我已经告诉你了，如果我没有记错的话，8月26日我们讨论的主要问题是关于强化三国反共产国际协定的，那是我们当天讨论的唯一主题。

问：你刚才看到的这张纸——如果你被告知这张纸来自日本官方——这份文件是由日本政府官方保管的，你还会坚持说这不是8月26日做出的决定吗？

答：是的，我坚持。

（布鲁克斯先生走到了小讲台的前面）

韦伯庭长：现在不需要任何讨论，证人的回答让讨论变得没有必要。

布鲁克斯辩护律师：我没有听到他的答案，尊敬的韦伯庭长阁下，所以我还是要反对。正在回答的是一个假设性的问题。这件事情被告还没有证实，事实上，被告的证实还需要确认。在庭审之前这些事情并不成为证据。

问：现在请你告诉我，你刚才回答"是的"是什么意思？你是说，如果这份文件来源于官方渠道，你就要自发地承认它吗，承认它是8月26日五相会议通过的决定？

布鲁克斯辩护律师：我反对。

韦伯庭长：你跑到讲台上的举动毫无必要，讲台上除了法官外，不该有别的人出现。

语言监督官：在此之前，证人一开始时说的是"不，根本不是这样的。"

韦伯庭长：这件事情我们不会忽略过去，不会给你机会倾听了。在我们做出决定之前，这只是证人需要回答的很多问题当中的一个。

布鲁克斯辩护律师：韦伯庭长阁下，我认为这个问题是能够反对的。而且由于证据一旦被法庭承认，那么它对于所有被告都是有效的，我觉得我现在站到讲台上发表合适的反对意见非常合适。

韦伯庭长：等这份文件被提出来的时候，你有足够的时间提出反对。现在文件还没有被提交，还不知道它能不能被提交为证据，你这样做很不合适。

问：你面前的这张纸是不是包含了五相会议8月26日的决定？

四、武汉会战后在中国内地建立伪政府 | 153

答：我想它不是的。

问：你还记得除了五相会议之外，你还参加过其他的与海相和外相一起召开的会议吗？

答：什么时候的？

问：在你担任陆军大臣之后。

答：我们3个人出于一些特定的目的在一些时候曾经碰过头，但是时间我说不清。我无法告诉你在我记忆当中的关于我们3个人在一起开会的确切信息。

问：你在这些会议上你决定了什么，你有记录吗——不管是五相会议，还是你和海相、外相的碰头会？

答：不，我没有保存任何记录。

问：你还记得在1938年10月28日，你和海相、外相一起召开的会议吗？你们决定了近期占领汉口和广州伪政权的管理方针。

答：不，我记不得了。

问：请你好好想一想，这次会议是不是决定了在占领区成立的新政权必须在日本的指导之下？

答：不，我们不会这样做的。

问：这一次有没有决定，在经济领域要优先满足日本军队的需要？

答：不，我不记得有这样的事情。

问：在1938年8月下旬是不是五相会议要求各省大臣们提交计划，日本方面准备建立一个新的政府组织准备让其处理所有对华事务？

答：不，我不记得有这样的事情。

问：当时外相是不是建议在中国事变期间建立一个临时机构，但是日本陆军和陆相不同意他的提议？

答：我根本听不懂你说的是什么？

问：你是不是说你记不得了。

答：是的，我没有印象。

问：是不是在1938年9月初，日本陆军方面提交了一个它自己的建立对华事务委员会的计划，在这个计划中，该机构将成为处理涉华事务的永久组织，即使在中国事变解决之后，该组织也将存在，因为该组织对于日本继续控制中国是必不可少的？

答：不，不是这样的。我在证词里说了，已经有一个部门与对华事务委员会对接了，建立这个部门的目的在于让其职责变得更纯粹一些。

问：是不是外相宇垣强烈反对陆军提交的建立对华事务委员会的计划？

答：当时我记得宇垣将军是这样说的：他想要在外务省下面建立一个对华事务委员会或者类似组织，但是陆军方面为了解决中国事变，觉得有必要建立一个由全日本政府支持的组织，这个组织将建立在整个政府的意愿之上。

问：因为陆军方面不同意，是不是导致他在1938年9月29日递交了辞呈？

答：他递交辞职信是事实，但是他没有详细地告诉我们辞职的原因。

问：是不是首相和其他内阁成员都同意陆军方面关于建立对华事务委员会的计划，所以他辞职了？

答：的确其他四位大臣都同意陆军方面的提议，但是首相和外相都没有告诉我们外相向首相提交辞职信的原因。事实上，甚至近卫首相当时告诉过我们，他也无法理解外相为什么要辞职。

问：是不是在宇垣外相辞职两天后，陆军方面的提议就在内阁获得了通过，是10月1日的事情吧？

答：我已经在证词里说过了。我觉得这是后面的事情。

问：在什么后面？

答：尽管我不能说得非常精确，我觉得应该是在11月份左右，陆军方面提交的准备建立对华事务委员会的提案，才最终获得通过。

四、武汉会战后在中国内地建立伪政府

问：请不要搞混淆了。我不是问你对华事务委员会的建立时间。我在问你的是宇垣将军的辞职事件。

答：应该在9月下旬，我觉得差不多是在9月26日、27日。我不敢十分确定。

问：在外相辞职两天后，陆军的提议就被批准了，是这样吗？

答：我记得不太清楚了。

问：大概是多少天以后呢？

答：因为对华事务委员会在11月份建立，我可以确定的是，通过陆军提议的决定是在宇垣外相辞职到11月份这段时间里面通过的。

问：是不是他辞职后没多长时间就通过了？

答：我自己的印象中不是在外相辞职后就立刻通过的。但是我可以确信的是，一定是在外相辞职之后通过的。

问：1939年4月开头那几天，对华事务委员会在中国的很多地区建立起了联络机构，这件事你记得吗？

答：是的，我在证词里写了。

问：你还记得平沼首相与这些联络机构的负责人联系的事情吗？

答：也许他和他们联系过，不过我不记得了。

问：你还记不记得，他宣称日本政府将完全遵照近卫首相在1938年12月22日发表的近卫声明行事的那次讲演？

答：由于我记不得他讲话的内容，所以我不知道他是否说了还是没说这样的话。

问：你还记得1939年4月10日、11日举行的联络官员会议吗？日本对华事务委员会的负责人对派驻中国各地的联络官员进行培训，指导他们在中国占领区成立的傀儡政权以及向他们灌输未来中国政府要在政治、经济等事务上与日本保持一致的原则。

答：我不记得是这样的。此外，对华事务委员会的目的不是指导。成立对华事务委员会的目的在参与涉日的对华政治和经济事务，与中国建立联系、交流日中文化,我在证言里面已经写得很清楚了。

问:谁是对华事务委员会的负责人,是被告铃木吗?

答:我忘了他当时的头衔了。我不知道当时他在不在对华事务委员会里面。

问:你有没有参加1939年4月10日、11日的联络官会议?

答:我恐怕记不起来了。

问:你还记得当时的指导方针的内容吗,指导方针是不是说,指导中国占领区的傀儡政府的首要原则是尽量满足日本的一切要求?派驻中国各地傀儡政权担任联络官的那些日本人的建议,是不是必须得到对华事务委员会的批准,方可执行?

答:很抱歉,我记不得哪些内容了。我记不起来了。

韦伯庭长:他记不起来那些内容了,他记不起来了。我们不需要进一步地讨论了。

阪埜辩护律师:韦伯庭长阁下,检方刚才问了好几个问题,但是有些问题没有获得证人的回答,有些时候证人还没有回答完前一个问题,检方就开始问下一个问题,我觉得这会让证人觉得困扰。

韦伯庭长:怎么又出现了这种情况!你又插话了。我不觉得这会导致什么困扰。如果检察官不需要答案,我们也没有必要坚持,一定要证人给出答案。

倪检察官:第二个问题实际上是和第一个问题是一样的,只不过问的形式不一样罢了。

韦伯庭长:倪检察官,请你尽量采用简短的方式进行提问。

倪检察官:好的,我会的。

问:在联络会议在1939年4月10、11日召开之前,是不是其指导性原则和对华事务委员会负责人的讲话,已经在对华事务委员会内部获得通过了呢?

答:我刚才已经做过回答了。

问：我没有得到答案。

译员：他刚才说，我想我已经回答过了。

韦伯庭长：就假设你没有回答过一样，请你再回答一次吧。

证人：我不记得了。

问：你记不记得对华事务委员会负责人说的指导方针里的关于对华工业的三年计划了，有人主张这个计划应该尽快拟定出来？

答：我作为对华事务委员会的副主席，检察方法官是不是想问我，对华事务委员会是不是通过了这样的决议？

问：我的问题非常清楚，在对华事务委员会联络官会议上向所有联络官传达的指导方针中是否包括对中国的三年工业计划？

答：这个我不记得了。

问：这个计划是不是精心设计，目的是为了与日满工业增值计划相配合，全面满足日本的防卫和经济需要？你还记得吗？

答：我没有这样的印象。

倪检察官：语言部门，我要跳到第23页。

问：你在宣誓证词的第34页上说，在对华事务委员会成立之后，日本陆军对于日本行政当局的干预降低到了最低限度。你知不知道，在对华事务委员会成立之后，日本陆军加强了对于中国地方和省一级傀儡政权的控制？

答：不，不是这样的。

问：你知不知道，在对华事务委员会派驻中国各地的联络官在做任何事情之前，都要取得当地日本驻军的同意？

答：这看你怎么看了：因为当地驻军负责军事行动，当地驻军很乐意为当地的政权提供一切便利，包括非军事领域他们也愿意提供帮助。这是很自然的事情——除了军事行动之外参与其他活动也很自然嘛。就像我在证词中所说的那样，日本陆军不想干预当地的行政事务，但是当地政权也不应该成为驻军军事行动的阻碍。

问：你还记得在五相会议举行之前，有田外相曾经抱怨过陆军对于行政事务干涉、介入得太多吗？

答：我对这个没有特别印象。

问：在你的证词的第36页的H段，你说，日本对华政策的调整是由帝国议会在11月30日决定的。你出席了那次帝国议会了吗？

答：是的。

问：你还记得那次帝国议会是在日军攻陷了汉口和广州之后召开的吗？

答：是的。

问：当时外相是不是解释了调整对华关系的新政策？

答：在帝国议会上吗？

问：是的。

答：他是解释了。

倪检察官：下面我要给证人看检方文件第2178C号。

（这份文件被递给证人）

问：这份文件是不是包含了那次会议上通过的决议，还有外相的调整对华新关系的各种配合措施的原始清单？

答：我不知道这是一份怎样的文件。我倾向于这是那个我在我的证词里提及的11月30日的决议。但是我无法精确判断，这是否就一定是与原先的一模一样。

问：内容是不是一样？

答：我只能说是类似。我不能说这是否就是同一份文件。我只能说，我的确记得当时讨论的一些内容。

问：好极了。如果你记得当时的讨论内容，就请你确认一下。

答：我不能说这份文件和原来的一模一样。

问：但是讨论的事情是一样的，对不对？

答：我只能说——我记得一些内容——一些这份文件上出现的内

容。但是——很正常的,我没办法记住当时决议的全部内容,所以我不能说,这份文件和当时通过的决议一模一样。而且,这份文件上没有出现的内容,可能原始文件上有。我真的没办法说,这份文件和原始文件是高度相同的。

问:这是不是日本政府保管的官方文件呢,而且经过了合理证明的呢?你不要看那些官样文章,只要请你看看这份文件是不是包含了当时决议通过的那些决定以及附属条款即可。这就够了——你看这份文件对不对?

答:我不知道确认书的内容。

问:请你走上前去看看它的内容,决议的主体及附属条款。这份文件很短。

韦伯庭长:我不知道确认书有多长,但是这个证人看几页纸都看得非常慢。

答:这是一个长文件,总共有 6 页。我无法在很短的时间内把它看完。我很难相信,帝国议会会通过这么长的一个决议。据我所知,外相当时的解释是很简短的。我觉得最多不过一页吧。

问:请走上前去,不要放弃。

韦伯庭长:我们现在休庭。明天 9:30 再开庭。

(16:00 休庭)

1947 年 10 月 10 日,星期五
日本东京都旧陆军省大楼内远东国际军事法庭

(9:30 重新开庭)

法庭执行官:远东国际军事法庭现在继续开庭。

韦伯庭长:倪检察官。

（被告，板垣征四郎，站立着在日本译员的帮助下，进行了下列回答）

交叉询问（由倪检察官询问板垣被告）

问：板垣征四郎先生，你准备再进行一次努力，确认一下帝国议会的决议吗？还是你打算故意拒绝？

韦伯庭长：现在不需要你介入，马蒂斯先生。这个问题不合适。

问：我叫证人确认这份文件。

答：这里没有我可以进行确认的任何根据，我无法确认。我不是有意在拒绝确认。

问：你还记得当时达成了怎样的决议吗？

答：具体内容都是和调整对华新关系相关的。

问：是不是决定要建立——语言部门，第28页——是不是以建立东亚新秩序为目标，为了解决中国事变以下条件必须得到满足：

第一，中、日、满三国全面合作；第二，日本在华北和内蒙古必须获得特殊地位；第三，在长江流域下游日本必须获得特殊地位；第四，在南中国海岸线附近的海南岛和其他岛屿，日本必须获得特殊地位？对不对？

答：这样说不对。在我的印象中，外相的讲话主要谈及的是大东亚共荣圈以及大东亚共荣圈的影响。这个论调是对近卫11月3日声明的进一步扩展。我记忆中是这样。

问：实施这个计划的具体细节是不是也要在帝国议会上来通过？

答：我真的不记得你刚才说的那些具体的细节了。我也不记得那些细节条款是不是遵照计划执行了。

问：我提醒你一下，这些细节性的条款目的在于将中国的几个独立的傀儡政权合并成一个对日奉行合作态度的新政权。

答：不是这样的。

问：这些条款当中提到的日本在华北和内蒙古驻军的要求是不是为了反对苏联？

答：我印象当中，这些事情我在证词中已经提到了。第一点是为了保持睦邻友好，共同反共——这是第二点。第三点是经济提携，和……

问：这太笼统了。让我问你一些专门的事情。日本方面是不是打算给新成立的中国中央政府派遣顾问，给形形色色的地方政权也派遣顾问——这些地方政权将在特殊地域建立？

答：不，根本不是这样的。那次帝国议会通过的决议是调整对华新关系，原则是讨论实现中日和平的条件。这些事实我在证词中已经写明了，就像我刚才说的那样。

问：那次会议是不是决定，中国事变期间日本所有的经济和财政损失都必须由中国来赔偿？

答：恰恰相反，我后来在证词中写了真正的做法，日本不要任何补偿和赔偿；日本将严格地尊重中国的主权。在决议中没有任何宣称要进行补偿的字样。日本决定不仅要尊重中国的主权和领土完整，而且准备放弃法外治权，甚至准备放弃租界。我现在说的这些事实，在我的证词里写得很清楚。

问：我不需要你在答案之外进行延伸。让我再问你一次：这次会议是不是要加强中、日、满之间的经济合作，第三势力的经营行为和经济利益将受到严格限制？

答：当然不是这样。

问：在这次帝国议会上，平沼首相有没有进行讲话，外相有没有进行回复？

答：你是不是将帝国议会和枢密院会议混为一谈了？

问：在1938年11月30日的帝国议会上？

答：这样的事情不可能出现在帝国议会上的。

倪检察官：我要向证人出示第3090B号检方文件。

问：你注意到没有，这是写在帝国议会议长的文件里、作为帝国议会的备忘录的？

答：我看到了，这个文件看起来是最近写的，写在一张质量非常差的纸上的。

问：这是不是帝国议会备忘录或者会议记录的复印件？

答：由于速记员是不能进入帝国议会会议厅的，所以帝国议会是没有会议速记记录的。

问：你发现没有，你的名字出现在这个文件的底部，这些名字好像是出席会议的人的名字。

答：法官大人，请问你指的哪个文件？

问：检方文件第3090B号，靠近底部的位置。

答：你是不是指这个？（比画）

问：是的。你看到这个名字了吗，陆军大臣？

答：是的。我注意到我的名字了。

译员：在此之前，证人又重复了一遍，这也是一张质量很差的纸。

问：你发现没有，这就是帝国议会的备忘录或者会议记录？

答：我没有办法确认——我也不可能确认它。

倪检察官：我要给证人看检方文件第3090C号文件。

问：你发现没有这是平沼首相的一个讲话？你是不是又要说，这是不可能的？

答：我之所以说不可能是根据惯例来说的。

问：你没有发现这是他作演讲的文件吗？

答：和前一个一样，这份文件看起来像帝国议会的会议记录，但是它也是用笔写在质量很差的纸上的，我很难通过这份文件给你一个正确的判断，这份文件到底是一个怎样的文件。

问：但是你没有看到从内容上来看，这是一个平沼首相的讲演和外相的回答吗？

答：看起来是，但是我一直在努力地告诉你，对这样一份质量很差纸上的文件我没办法给出任何判断。

问：平沼首相在讲演中说过，在日本占领区活动的中国军队将受到日军的严厉清剿，你记得他这样的表述吗？此外这次帝国议会是不是还达成了其他的决议呢？

答：我记不得了。

问：你还记得他当时讲过这样的话吗——尽管在日本的占领区会成立一个新的中国人的政权，对外宣传当然说是中国人自己成立的，但是事实上是由日本决定的？

答：就像我之前所说的，我印象中没有这样的事情。

问：你还记得他当时说过，在有日军驻扎的地方，当地的行政权仍然有日军监管的话吗？

答：我先前就已经反复告诉过你了，在我的印象中平早男爵根本没有说过这样的话。

问：你还记得他当时说过，"一旦第三势力开始执行它反对日本的计划，采取强硬态度对待他们是必须的"话吗？

答：我记不得。

问：你还记得1939年6月6日的五相会议吗，这一天是你担任陆军大臣之后的第三天。

我收回最后一句话，这句话有错误。

你记得当时的那次五相会议吗？

答：我记不得了。

问：让我来提醒你一下关于这次五相会议的一些事实吧。这次五相会议决定在中国的日占区将成立一个由汪兆铭和吴佩孚为首脑的新的中央政府，以迫使仍然事实上存在的中国中央政府——重庆政府改变主意，或者促使它内部进行重组。对不对？

答：6月6日，我不觉得五相会议在这个日期之前召开过。

问：是 1939 年 6 月 6 日，不是 1938 年 6 月 6 日。这次五相会议上达成了什么决议没有？

答：1939 年 6 月 6 日。

问：是的。

答：不，我没有印象。

问：我再提醒你一下。那天是汪精卫抵达东京的那一天。这让你记起了什么了吗？

答：我认为在当年的 6 月上旬，五相会议没有做出什么重大决定。在我的记忆中，汪精卫的确是在 6 月上旬到达东京的，我猜如果是因为汪精卫访日，五相会议应该在他到日本之前召开。但是我没有印象。

问：你还记得在汪精卫到日本后，召开了一次五相会议，决定的一些事情与你和他有没有关系？

答：我记不得了。

问：在 1938 年 7 月的张鼓峰事件期间，东条英机是不是陆军次官？

答：是的。

问：是不是日本陆海军的高级指挥官已经获得情报，当时苏联并不准备发动一场反对日本的战争？

答：我能再听一遍用日语表述的你的问题吗？

（日语译员又将问题表述了一遍）

答（继续）：并没有任何清晰的情报表示苏联方面没有对日进行战争的企图；我们没有获得日本不准备进行战争的情报。

问：没有任何清晰的情报。难道你根本没有得到这方面的情报吗？

答：有很多情报，但是我记不得哪些情报是特别的了。

问：关东军当时是不是对于形势有如下估计：第一，苏联军队肯定会从张鼓峰地区撤军，因为苏联方面认为，没有必要在张鼓峰地区用兵；第二，即使日军投入正规部队，苏联也不可能扩大事态。这是不是当时关东军对于形势的估计？

答：张鼓峰事件不在关东军的考虑范围之内，因为张鼓峰事件发生在朝鲜边界，所以要考虑这个事件的是朝鲜驻屯军。我从来没有听说过关东军为张鼓峰事件负责这种说法。

问：这是你个人的看法，对不对？

答：我的观点已经在我的证词中写清楚了。我对此非常吃惊。

问：关东军司令部一直在催促日军大本营投入部队，这是不是事实？

答：这根本不是事实。日本政府的态度是由内阁决定的，这一点确定无疑。

问：是不是你和大本营的参谋总长非常同意关东军的催促出兵的报告，是不是你们两个人要求在21日觐见天皇，以寻求天皇同意出兵？

答：事实根本不是这样的。

问：你这话什么意思？是完全相反吗？难道不是你通过天皇的近卫大臣，你请求觐见天皇，希望天皇批准在张鼓峰地区使用武力的吗？难道不是你想见天皇的吗？

答：不，我不知道。

问：你的意思是你不记得这一件事情了吗？与天皇见面，你不会说，你忘记了这件事情了吧？

答：我不知道你凭什么提出这样的问题，当时日本政府的态度完全取决于内阁的决定。内阁的决定是不扩大化方针，但是一旦发生苏联事实上侵略我们的情况，导致局势极端危险，那么我们将别无选择地采取必要的反对侵略的行动。

问：你在逃避我的问题。我问你的是，你是不是专门觐见天皇了。请回答"是"还是"不是"。

答：我根本没有要逃避你的问题。你问我的是，是否有一次关于张鼓峰事件的与天皇的会面，我告诉你没有。当然，我曾经为别的问题觐见过天皇。

问：你一开始说，你不知道，这需要澄清。现在你又告诉我，根本没有这次觐见，到底是哪个？

答：让我们来看看这件事情本身。你问我一个问题，是否我与天皇见了面……

译员：请你重说一遍。

答：你问我，是否大本营的参谋总长和我一起与天皇见了面，我说，"没有"。我已经否认了这次见面。

问：在此之后，难道你没有坚持要进行这样一次觐见吗？希望天皇批准出兵吗？

答：没有必要坚持。

问：真没有觐见吗？

答：是的，我曾经单独和天皇见过一次面，我向他报告，张鼓峰事件的政策取决于内阁的决定。

问：当时你有没有因为告诉天皇一个故意的谎言而受到严厉的训斥？这个谎言让天皇相信，外相和海相也同意在张鼓峰地区投入正规部队的政策？

答：这完全是两回事。

问：我要问你的是，你有没有被天皇训斥？

答：让我解释一下，在我向天皇报告之前，外相宇垣已经为了张鼓峰事件与天皇见过一次面。所以天皇责备我说："为什么外相和你的报告有些不同呢？"所以，尽管外相和我都已经事先准备好了报告，但是我们的报告当中还是可能存在一些不同的地方。天皇责备我，指出了我们的报告中有些不同的地方，我确认了天皇要让我深入调查的事情后，就告退了。

问：天皇说了什么？

答：我已经告诉你了啊。

问：天皇对你的报告满意吗？

答：天皇向我提出质疑，说，"怎么有些不同啊？"我回答道："我不觉得有任何不同，但是为了确保万无一失，我将找出那些不同点。"然后我就告退了。

问：我不需要你重复你的答案。

让我问你，天皇有没有问你，"没有我的命令不准你调动一兵一卒。"

答：没有。

问：天皇有没有流露出激动的表情，对你说："陆军过去的行动真令人讨厌？"他有没有接着说："从满洲事变中的柳条沟事件到中国事变中的卢沟桥事件，陆军真是完全不听中央政府的命令？"

答：没有，完全没有。

问：请听我讲完。他接着说："陆军经常采取独断和卑鄙的行动，有很多这样的例子，陆军方面真是举措失当。"他还说："陆军在很多方面真让我感到讨厌。这一次不准再发生过去那样的事情了。"

答：不是这样的。

问：是不是因为天皇对你的斥责非常严厉，让你觉得非常丢脸。是不是在天皇玉玺官的办公室里面，你泪流满面地说："我不能再次面对天皇的脸庞了，我决定辞职。"

答：你从哪里得到的这个故事？你根据这个故事对我进行质疑，告诉我这些事情你是从哪里听说的？

问：现在不是你问我，而是我问你，刚才说的那些是不是事实呢？我不是……

答：关于天皇所说的话，我已经全都表述过了、全部表述过了，就在刚才。

问：关于诺门坎事件，你在你的证词的第 40 页的 G 点里谈到了。你说，在日军大本营深思熟虑及日本政府内阁表态之后，你开始采取行动，加速诺门坎事件的解决。你是不是没有寻求五相会议或者内阁的批准，直到诺门坎事件爆发后，快要结束的时候，你才去寻求他们的批准和建议？这是不是事实？

答：不是的。

问：你还记得在某个场合，你告诉平沼首相应该继续保持对苏联的敌意？

答：完全没有。

问：当你最终将此事件提交内阁讨论的是，是不是海军的米内将军说道，在诺门坎地区产生事端将导致灾难性情况的发生，而陆军方面已经把这个问题搞得非常糟糕了。

答：完全不是这样。

问：你作为陆相觉得关东军司令官植田将军主动地卷入诺门坎事件，对还是不对？是不是你批准了他的行动？

答：一开始的时候，我全心全意地赞同他的行动，但到了后来，我就不赞同了。

问：他当时从关东军司令官的职位上离开，是因为日军在诺门坎被苏军打垮了，无法再进行军事行动了吗？

答：是的。但是不久后我也不担任陆相了。

问：在哈桑湖事件期间，你是不是还担任陆相？

答：是的。

倪检察官：我请求法庭同意，因为与诺门坎事件相关，我们将引述下列证据，以便于进一步询问：庭审记录第22599页、第23057页，第766号法庭证据，以及庭审记录第2556页。

问：关于封锁天津英租界的事件，日本方面是不是准备在1939年7月向英国当局提交五项要求，其中包括"北平临时政府"存在英租界银行的超过5 000万元的合法存款？

答：谁对谁提出要求？

问：日本军队在东京当局的许可下，向天津的英租界当局提出要求,这一点得到了英国驻东京大使的确认。

让我提醒你一下,你是不是就封锁天津英租界事件与天皇进行过另一次会面?

答:你是不是撤回了前面那个问题?

问:我没有撤回这个问题,我只是就第二个问题提醒了你一下。

答:让我回答你的第一个问题吧。这样的外交谈判不是由陆军来掌握的。由于我在证词中已经清楚地写了,这起发生在天津的地方性事件转到了东京,由日本和英国政府方面通过外交渠道谈判解决。

我现在回答你第二个问题,我完全记不得了。

问:你记不记得有这样一个条件:日本方面要求英国方面交出北平当局存在天津英租界银行当中的超过4 500万元的存款。

答:事实是这样的:在天津法租界事件发生时,有一家中国银行参与了,这家银行我想你非常熟悉,就是中国交通银行。这家银行,就像我曾经提到的那样,表面上叫作交通银行,实际上是家储蓄银行——我记不得当时那笔中国北平当局的数字是4 500万元还是差不多的数字了。

北平的临时政府希望能够接管这笔存款,但是租界当局多次拒绝了他们的要求。这笔钱是政府存款,它自然应该归属"北平临时政府","北平临时政府"当时管理着整个华北地区,租界当局应该将这笔原先的北平政府的存款转交给"北平临时政府"。

问:我现在要问你的是,这和日军有什么关系?

答:完全没有关系。

问:你似乎也很好地意识到了这一点,但是这五点要求却来自日本陆军。你没忘了这一点吧?

答:这是"北平临时政府"的问题。

问:你说法租界,不是英租界吗?

答:也许你更熟悉一些。我记忆当中是法租界。

问：如果如你所说，这是一个与"北平临时政府"相关的问题，为什么要拿到东京去讨论？

答：当然是因为当时存在各种各样的问题，比如说保持法治和秩序的问题、经济问题。这个事件包含了一系列的经济问题。为什么到东京讨论其实我并不清楚。

问：你说，你记不得你就这个问题专门觐见过日本天皇。让我来提醒你一下。是不是天皇在1939年7月7日宣召你去皇宫，询问你关于要求英国租界当局交出超过4 500万元的存款的事情？

答：我问一下，你问我的根据是不是原田熊雄说的？

问：你不要关心我信息的来源。是我在问你问题，你只要如实回答就行了。

答：是这样吗？这些完全不是事实。

问：你是不是在这次觐见中，又被天皇责备了？

答：完全没有。

倪检察官：请求法庭允许在诘问环节提问关于战俘的问题，需要下列材料。

安达曼岛和尼科巴岛事件，第1614号法庭证据的第1319页，第1617号至1622号法庭证据，在庭审记录的第13193页至第13200页。

婆罗洲岛事件，第1655-8号法庭证据，从13312页至13316页；证据1668~1675，从13420页至13449页；第1686号法庭证据，在庭审记录第13495页；第1691号法庭证据，在庭审记录第13504页、第13344页等。

爪哇岛事件，第1712号法庭证据，在庭审记录第13629页；第1720~1722号法庭证据，在庭审记录第13644页至13647页；第1758~1759号法庭证据，在庭审记录第13700页和第13537页。

新加坡和马来亚检证大屠杀事件：第1512~1518号法庭证据，在庭审记录第13913页至12934页，及第5418~5491页。

苏门答腊事件,第 1769 号法庭证据,在庭审记录 13784 页;第 1778 号法庭证据,在庭审记录 13820 页及第 13471 页、第 13573 页、第 13756 页。

我还要展开新的话题吗?

韦伯庭长:我们将休庭 15 分钟。

(10:45 休庭)

(11:00 重新开庭)

法庭执行官:远东国际军事审判现在继续开庭。

韦伯庭长:倪检察官。

倪检察官继续进行询问。

问:板垣征四郎先生,你还记不记得 9 月 17 日关东军特高课的一则情报了,这则情报是第 3177 号法庭证据,部分内容如下:"听到土肥原贤二和板垣征四郎的名字,华南的人民吓得脸色都白了。"你还记得语言部门随后做的更正吗?更正如下:"在华南,一听到土肥原贤二和板垣征四郎少将的名字,人们感觉就像老虎来了,吓得脸色都变了。"

答:是的,我记得。

问:这份报告是关东军的特高课在 1934 年 8 月 27 日接收到的。1934 年 8 月 27 日,你在关东军中任职吗?

答:1934 年 8 月,我想我已经在证词中提到了,当时我肯定是在外出差,但是与关东军司令部保持着联系。可是我记不得,在那段时间我是否在关东军中还有军职?

倪检察官:请求法庭,在我结束诘问之前,检方还需要对一个问题——三国轴心条约进行诘问。因为这个问题特别重要,所以我决定单独进行。我的老朋友特夫纳先生已经完成了这个令人殚精竭虑的工作。为了节省一点时间,我希望法庭就这个特定主题,允许特夫纳先生继续诘问。如果法庭允许的话,我请求塔文纳先生代替我进行询问。

韦伯庭长:马蒂斯先生。

马蒂斯辩护律师：辩方反对在庭审中临时更换法官。辩方不允许这样做。我明白，如果法庭准备这么做的话，我们也无能为力，但是我还是提出反对，如果法庭坚决这么做的话，我们保留反对意见。

倪检察官：我提议这样做的目的是节省时间。

马蒂斯辩护律师：如果我提议，让某些人一以贯之地负责所有的询问环节，这也是为了节约时间，行吗？

倪检察官：出于尊重，我们可以从这个特定主题在证人的证词中的篇幅来判断一下。

韦伯庭长：这样做我们也不情愿。我确信在其他场合也是允许进行这样的人选更换的。在辩护环节，已经出现过更换人选的情况了，不过我记得非常清楚，他们拒绝了。这件事情是需要法庭通盘考虑的事情。我们还是保持连续性的好。

弗内斯辩护律师：如果法庭允许，其他被告的辩护律师也准备反对出现这样的事情。我们基于同样理由提出同样要求，但是一直被拒绝。我们要求将询问环节由美国和日本律师分别进行也被拒绝了。由于这种事情已经有了先例，所以我们要表达我们的反对意见。

倪检察官：在我们先前进行的庭审中，从来没有出现过将特定主题从询问环节中抽离出来进行专门询问的情况。所以……

韦伯庭长：我想辩方也一直在关注着这个特定的主题。但是，在目前这个阶段，我们最关心的事情是怎样节省时间。这不是对辩方律师有成见。但是如果我们为一方这么做了，我们必须在类似的场景下也允许另一方这么做。

倪检察官：我充满敬意地确信，法庭上的任何一件事情，询问只有一次机会。过了就没有了。

布鲁克斯辩护律师：如果法庭允许，我将代表被告南将军和小矶表示我的反对意见。但是我希望法庭能够给检方增加额外的时间，因为他们换人的办法不可能被辩方接受，因为辩方的询问机会已经没有了。

韦伯庭长：绝大多数法官拒绝你们的这个要求。

由倪检察官继续进行诘问：

问：板垣征四郎先生，你记得1939年夏天，宇垣担任外相、你担任陆相的时候，日本政府提交了一个草案，关于在日本、德国和意大利之间建立军事同盟的草案，这份草案是由大岛和里宾特洛甫起草的吗？

答：我之前在证词中已经说过了，这个建议书是由里宾特洛甫起草的。此外，用"军事同盟"这个词完全不合适。三国建立条约的目的是为了支持反共产国际条约。

稍微更正一下，它建立的目的不是军事同盟。

问：别担心证词。我们还会问一些更加专门的问题，这就是询问的目的。如果这个联盟在1938年11月刚建立的时候目标是单纯地针对苏联，但是后来它扩展了，将英国和法国也作为作战对象，这也是为了反对苏联吗？

答：这不是一个同盟。条约内容也不一样啊。

问：这是不是真的？你作为陆军大臣给大岛拍去电报，说宇垣同意该条约，将作战对象扩展到英、法？

答：陆军大臣不能直接给驻外大使打电报。

问：你发了，还是没发？你在说理论，我问的是事实。

答：我在理论和事实上都否认发了电报。

问：是不是陆军大臣发的？

答：你是在说"陆军大臣"，你说"陆军大臣"的时候，你指的是谁？

问：陆军省你是大臣啊。

答：陆军省里的谁？

问：以陆军大臣的名义，不是用你私人的名义。

答：我的印象不是这样。

问：五相会议是不是提倡加强反共产国际条约，通过缔结德、意、日军事同盟的方式？那次会议有没有决定这个反共产国际的条约体系只是严格地限定在反对苏联的层面上？

答：什么时候的五相会议？

问：我问你的是，是否有这样一次会议，决定了这样一件事务。你是日本的大臣，你应该知道事情发生的经过。

答：日本官方发给驻德大使的训令是日本的目的在于拉拢德国，尽管苏联已经成为条约的假想敌，但是这个条约也将针对第三势力，这取决于时势的变化。但是……

问：好了，我要在这个地方打断你的话了。你没有在回答我的问题。我问你是不是有这样一次五相会议，是否决定了这样一件事情。不要把话题扯到驻德大使身上去。

马蒂斯辩护律师：我可能犯了一个错误，但是我觉得这会是另外一个例子——律师阻止证人回答完自己的问题。如果是这样的话，我要求让证人把话讲完。

倪检察官：我昨天已经说过了，如果他没有回答我的问题，我会把他的讲话打断的。我这样做是为了……

韦伯庭长：好吧，为了减少你们争论的时间。我们来问一问他，他想不想把话说完。如果不想的话，那就算了。

证人：我还没有把话讲完。

问：回答问题。

答：对于针对除了苏联之外的第三国使用武力的问题，当然取决于时势的发展，也许这一条永远也可能得不到适用。而且还会出现很多要求援引这一条，三国之间相互支援的情况——这也取决于环境。这些事务都是由五相会议决定的，后来被具体化为日本的基本方略，这一点由外相连同指导意见一起发给了驻德大使。

问：做出这个决定的五相会议是什么时候举行的？

答：我想是在1939年，但是我记不得确切的日期了。我能记得，在一月中旬到一月底之间召开了三次会议，这些决定都是在这三次会议上定下来的。

问：天皇催促陆军方面加入反共产主义协定吗，目的在于孤立苏联？陆军方面有没有建议天皇，这并不意味着一旦发生类似的军事行动，日本陆军方面就要立即介入？

答：不，完全不是这样的。

问：是不是大岛和白鸟大使坚持认为，军事同盟应该像针对苏联一样，针对英国和法国？

答：我没听说过这样的事情。

问：是不是他俩反对日本政府的决定？

答：根据我从外相和大使那边听到的消息——是否他们两个人，还是他们当中的一个人，我想是他们当中的一个人——在通过对德条约之前把他的观点与中央政府进行过沟通，他对条约中的特定条款进行过质疑，因为这个原因，我们专门举行了一次五相会议。

问：实施大岛和白鸟超越了日本当局对他们的权力限制，建议德国方面，一旦德国和意大利和别国开战，日本也将加入？

答：我没听说过这样的事情——他们没有遵从日本政府的指令和命令。

问：你作为陆相是不是在4月11日在天皇的宫殿里面接受了天皇的召见，天皇对你说："驻德大使表示日本将介入德、意两国与第三国爆发的战争，这是对天皇最高权威的赤裸裸的悖逆，这件事情不是他们有资格讨论的。"你与天皇会面的日子是不是1938年4月11日？

答：你是不是搞错了，应该是外相吧。外相是对于此类事务负责的大臣，天皇有任何疑问也应该向他咨询啊。而我，我不是外务大臣，天皇的这些质疑也问不到我这里啊。

问：不要跟我讲理论。请回答，你作为陆军大臣是不是与天皇进行过这样一次会面？

答：没有这样的事情。

问：让我提醒你一下。当时天皇是不是跟你说——在这种情况下，我认为你现在站在支持他们的立场上不太合适。你在内阁会议上包庇他们、为他们打掩护，也不是正确的做法？

答：对此我没有印象。

问：你是不是在五相会议上也包庇他们，这是不是事实？

答：你说的"包庇"什么意思？我不明白你这是什么意思。

问：大岛和白鸟越权行事。他们违背了政府的训令。你对这个情况清楚吗？

答：你这个问题，我之前已经回答过了。

韦伯庭长：他问你"包庇"是什么意思，我也不明白他为什么这么说，但是他的确在让你解释这个词的含义。

问：你有没有隐藏他们的行动，并且试着为他们开脱？

答：没有，绝对没有这种事。陆军有自己的本分。

问：你有没有在与天皇见面后，当近卫大臣问你情况时，你问他："是谁把这些事情统统告诉天皇的？"你当时对于告密的人非常生气，是不是？

答：之前我已经很清楚地回答了你的问题，我从来没有和天皇陛下进行过这个问题的谈话，他也没有对我提过这样的疑问。

问：我提醒你一下。你觉得是不是外相有田就五相会议的内容向天皇汇报的时候说，白鸟和大岛表示日本将参加德国和意大利针对英国和法国的战争。是不是这样呢？

答：有田先生作为外相，就他职权范围内的事情向天皇汇报是他的本分。但是我不知道他向天皇汇报了什么内容？

问：你说当时有田外相有可能向天皇报告，是你知道他报告了呢，还是你现在的猜测？

答：有田向天皇汇报了什么？

问：就是我刚才问你的事情，关于大岛向德国表示，日本愿意参加德、意与英、法间的战争。

答：我觉得我已经回答了你这个问题。

问：我现在问你的是——你刚才回答我，可能是外相向天皇汇报的德国大使越权行事之事。我问你的是，你是当时知道的呢、还是你现在知道的？

答：我之前已经回答过你了，有田先生当时是外务省的全权负责人，对于这种事情他可能在任意时间向天皇汇报；我觉得他可能在当时向天皇进行过类似的汇报，但是我不知道，的确不知道他汇报的具体内容。我没有听说过他就你刚才说的问题向天皇汇报的事情。

问：你直到什么时候才听说的？

答：直到什么时候？

问：你说你不知道。直到什么时候，你才知道有田向天皇报告此事的？

答：看起来你的问题非常非常难回答。我已经清楚地告诉你，我不知道汇报的具体内容，当时我不知道，现在我也不知道。

问：你在有意地拒绝回答我的问题。现在，让我问你……

答：没有，我完全没有拒绝回答你的问题。我根本没有拒绝回答你问题的想法。你能够无数次地提出这个问题，只要你愿意。

问：你知不知道，外相有田有没有提醒天皇，大岛和白鸟超越大使职权的行为将被废除？

答：我记不得了。

问：是不是希特勒在1939年4月28日发表了一个讲话，用以回应美国罗斯福总统的要求，罗斯福要求希特勒和墨索里尼给出一个10年和平的保证，保证在10年内不打破与欧洲和近东31个国家之间的和平局面。

答：我记不得了。

问：是不是在1939年4月28日之前不久，在希特勒讲话之前，你通过驻德军事武官的途径给大岛大使发去了一个训令,表示日本政府对三国同盟条约持积极态度。

答:我之前说过了,我不能直接给驻外大使发训令。

问:你听见我问你了吗——通过军事武官的途径?你有没有听到?

答:我从来没有,也不能给大岛大使发训令。

问:那么大岛和白鸟大使用什么手段影响日本政府关于与德国和意大利缔结全面军事同盟条约的议题呢?

答:绝不会出现日本政府的国家政策会受到一个驻外大使影响的情况。

问:你知不知道他俩使用什么手段影响日本的国家政策呢?

答:我不知道什么手段。

问:是不是他俩威胁要辞职?

答:有田从来没有告诉我这样的事情。

问:是不是在4月25日在五相会议召开之前,他俩要求五相会议对他们的要求做出回应?

答:我从来没有听说过这样的事情。

问:是不是他俩对于这个重大的问题的要求,影响整个国家的和平和秩序?

答:根本不存在这样的事实,也没有必要对此忧虑,在我的印象中没有这样的事情。

问:是不是因为日本政府对于军事同盟谈判的结果不是很满意,不管怎么说,日本政府不敢冒险回答驻德大使的要求?

答:根本没有回答驻德大使要求的事情。

问:是不是五相会议决定,由首相发表一个正式讲话,针对希特勒和墨索里尼的讲话,表示外相将与德国和意大利驻东京的大使接洽,用以消除日本驻柏林和罗马的大使越权举动的影响。

答:关于平沼首相的部分,我已经在证词中写了。事实就和我之前说的一样。

问：这个日本政府的官方表态是不是没有传达给德国和意大利驻东京的大使,因为大岛和白鸟的反对?

答：没有,根本没有这样的事情。

问：你知不知道这个讲话有没有传达给德国和意大利驻日本的大使?你知道这件事情吗?

答：是的,我已经在证词中说过了。这样做的目的,让我来解释一下。在此之前,外相已经给出了一个建议书。外相的这个建议书,在我们当中引起了各种各样的争论。尽管采用了这个直接的传递消息的手段,但是此举并不是为了把我们两位驻外大使丢到一边,而是为了帮助他们。我在五相会议上听到的是这样的。

倪检察官：庭长可否从书记官那里将503号证据拿给证人看一下。

韦伯庭长：我们最好在午饭后再做这件事情吧。现在开始休庭,13:30再开庭。

(12:00 休庭)

(13:30 重新开庭)

法庭执行官：远东国际军事法庭现在继续开庭。

韦伯庭长：倪检察官。

(被告板垣征四郎站立着在日本译员的帮助下进行回答)

交叉询问(由倪检察官询问板垣被告)

倪检察官：出于对平沼首相声明的证词的尊重,我们提请法庭注意503号证据第6105页上的内容。

问：板垣征四郎先生,是不是在有田外相将平沼首相的声明送给德国和意大利驻日本大使之后不久,它就接到了日本驻柏林的领事宇佐美的官方电文,电文中说德国外交部次官高斯已经向他提交了一份军事同盟的设想草案，并且询问日本政府是否同意这一方案？

答：你是不是提到了称高斯的人名？

问：是的。

答：我对这件事情有印象，但是关于德国方面提供的草案的内容，我是完全忘记了。

问：对于德国的设想方案的会议，由于提交文本不是一种很直接的方式，这样会强调日本先前已经拒绝了德国的要求。所以外相有田对这个草案的原文进行了一次调查，断定这份文件是由德国外交部通过日本陆军驻柏林的武官递交的。是不是这样？

答：这不是事实。

问：你知道高斯草案的内容吗？

答：关于这个问题，我刚才已经说过了。

问：关于高斯草案的内容？

答：是的。

问：在平沼首相的声明发出后的几天后，大岛大使发回电文建议，里宾特洛甫向日本政府询问，如果德国准备对第三国宣战，即使日本不提供军事援助，日本方面会不会宣布自己已经处于战争状态之中？对于这个，大岛大使是不是进行了肯定的回答？

答：我没有印象。

问：在1939年5月7日举行的五相会议上，你是不是支持大岛大使对于里宾特洛甫询问的回答？

答：你提到了"支持"，你是指给大岛发训令吗？

问：你同意不同意大岛对于里宾特洛甫的答复？大岛给里宾特洛甫的回答是：如果一个国家与别国爆发军事冲突，尽管日本没有提供任何军事支持，但是日本可不可以考虑宣布国家进入战争状态？

答：我不记得在五相会议上是否讨论过类似的主题。

问：是不是在这件事情上，平沼首相支持你的观点。这有助于帮你恢复记忆吗？

答：不，这对我恢复记忆没有帮助。

问：是不是首相没有向天皇报告说，日本不打算加入战争。所以有田外相威胁要辞职，因为你和首相的观点。

首相向天皇报告了哪些内容？

答：我不知道。

问：高斯关于军事同盟的草案在1939年5月9日的五相会议上进行了讨论，当时那份草案其实还没有通过合法渠道正式传送给日本政府？

答：我刚才已经向你多次重申，关于这个草案的内容我没有印象。

问：在讨论高斯草案的过程中，是不是海相认为，在做决定之前有必要从德国方面获得官方的对于平沼声明的回应，可是平沼首相认为，对于他的消息的正式回应没有必要，因为事情已经解决了。大岛大使已经对德国外交部长里宾特洛甫的要求给予了肯定的回答，里宾特洛甫问他，一旦战争爆发，日本方面会不会参加？

答：我们从来没有讨论过这样的事情。

问：大岛大使对于德国外交部长里宾特洛甫询问的回答，是不是在5月20日的五相会议上再度被讨论，当时有田外相主张撤回大岛大使的回答，但是平沼首相态度相反，他认为大岛的回答是合适的？

答：我记得5月20日那天举行了五相会议，但是我记得这件事情并没有被拿出来讨论。

问：是不是从1939年5月13日到20日，在陆军和海军之间开了多次会议，结果导致了对于高斯草案的一个妥协方案的产生：日本方面提出了一个新的建议书——保留了日本在参加欧洲的战争之前召开会议进行商讨的权力？

答：我已经反复告诉过你了。我不记得高斯草案的内容了。我一次又一次地告诉你这个答案，反复告诉你这个答案，五相会议根本没有进行过关于高斯草案的讨论。

问：1939年5月20日，你有没有以町尻的名义给奥托大使送去了一个文本，告诉奥托大使，日本陆军正在努力让日本政府秘密地签署三国军事同盟条约——在德国和意大利签订军事同盟条约的同时，目的是为了建立三国轴心同盟？

答：不，不是这样的。

问：陆海军之间较量产生的妥协方案是不是在5月20日的五相会议上获得了通过，五相会议的这一决定后来被报告给了天皇？

答：我之前说过，我记得在5月20日举行过五相会议，但是我不记得这次会议的结果是不是报告给了天皇。

问：陆军方面是不是认为，外相将5月20日五相会议讨论的结果通报给驻德大使是个错误，因为这样导致了在三国轴心与英、法进入战争状态时日本不能自动进入战争状态，相反，日本是不是加入战争还要取决于当时形势的变化？

答：5月20日举行的五相会议全部时间都是围绕平沼首相5月5日声明展开的。

问：你还记得，高斯草案在5月20日的五相会议上就这样被修改了，大岛和白鸟之前对于德国和意大利政府的表态也被圆了过去。但是，是不是他俩还是拒绝向德国和意大利政府转达这个新的建议书，他们还说他们对于新的建议书根本不予考虑？

答：现在又提到了高斯草案了。我再次告诉你、一遍又一遍地告诉你，我根本不记得高斯草案的内容了，而且我也不记得有任何以它为基础的讨论。

问：你可以回想一下对于它的修订版本。

你知不知道白鸟和大岛拒绝向德国和意大利政府转达这个修订

版,而且他们还说他们根本对这个修订版不予考虑的事情呢?

答:我不记得了。

问:是不是和平沼首相继续代表陆军发挥你们的影响力,希望德、意一旦对外国宣战,日本也自动进入战争状态?

答:关于这个问题,我想我已经清楚地回答你了,不可能出现这样的事情。

问:在1939年6月5日的五相会议上,陆军和海军最终取得了一致,这样加强日、德、意三国反共产主义协定就没有障碍了?

答:是的,在那一天,陆、海军的争执停止了,最终方案也产生了。

问:在1939年6月5日,陆、海军达成了一致,包不包括德、意发生对外战争时日本的应对措施上的一致呢?一旦德、意对英法宣战,日本是立即加入对英、法的战争呢,还是保留权利,等到恰当的时机再加入战争呢?

答:这些内容和那天达成的一致相差甚远。

问:那么请告诉我们,陆、海军之间的达成一致的基础是什么呢?

答:当时德国方面对日本的建议书不能同意的大致可以归结为两点。这两点都与协约的枝节问题有关,而与核心问题无关:第一点,是以书面的方式呈交德国政府的,日本方面担心在不久的将来如果德国与外国爆发武装冲突,日本没有办法给予任何有效的支援,同理在日本与东亚的敌人(除了苏联)宣战的时候,德国也无法给予有力的武装支援;第二点,怎样用外交辞令进行合理表述的事情。也就是说,怎样用外交辞令表达协约的内容。这个协约一般说来,直接的目标是具有毁灭性和颠覆性的第三国际,第三国际有巨大的威胁,这种威胁我们都能感受到。不管是在文字上、还是在口头上,用怎样的语言来进行表述,对德国来说也是个问题。但是,不管怎么说,这两个问题在6月5日的五相会议上被深入讨论了,而且也有了定案。

问:在1939年7月7日之前的几天,你是不是觐见了天皇,向天皇汇报派遣寺内将军出席德国的纳粹党大会的事情。当时你对天皇说，有必要派他去德国，目的在于在精神层面强化反共产主义协定，天皇当时回复你说，他觉得这样做不是很好？

答：不是这样的。

问：让我提醒你一下。你还记得在你与天皇的同一次会面时，天皇指责你在最高国防会议上说了假话，你说外相赞同军事同盟，天皇接着说了一句："这真是无礼。"

答：这样的事情从来没有发生过。

问：在1939年7月23日前几天，你有没有和近卫公爵进行一次交谈，你问他，有没有可能改变天皇的关于军事协定的想法，当时近卫公爵回答说："这是很难的。"有没有这回事？

答：这也太——我记不得有这回事。

问：是不是在8月3日你和陆军参谋长、训练总监等三巨头举行了关于日本、德国和意大利三国军事同盟的会议？

答：我不记得是否在8月3日举行了最高国防会议？

问：三巨头会议上发生了什么事情呢？

答：没有事情。

问：是不是日本陆军方面反对与英国就天津租界问题达成的协议，理由是它对日、德军事同盟的建立有妨碍？

答：这是最高国防会议上的问题吧？

问：不是的。

答：你说的是哪一天呢？

问：陆军——那天是与英国签订协议的日子——与英国方面就天津租界事件达成共识的日子，在1939年7月。

答：关于这件事，我已经在证词中用一整段文字进行了表述，我说日本和英国方面举行了谈判和对华目的在于达成共识。

问：在你的证词中涉及的英、日谈判的内容中一点也没有提到三国

四、武汉会战后在中国内地建立伪政府

轴心同盟。

答：因为英、日谈判和三国轴心同盟是完全不相关的两件事。我不能——也不可能把这两件事情放在一起。

问：这就是我问你这个问题的原因。是不是陆军反对英、日对话？是不是陆军反对英、日对话因为它有害于德、日结盟？

答：陆军方面不反对。关于英、日对话，地点由天津转到东京，让双方的外交当局通过谈判解决。在这些日本和英国当局的对话中，代表们从天津转到东京后，真诚地合作得很好。

问：你没有在回答我的问题。让我再问你：在1938年8月3日前几天，你有没有催促五相会议尽早召开，你希望尽早实现德、意、日的全面军事同盟，哪怕冒着内阁倒台的风险？

答：不，根本不是这样。

问：在1939年8月8日的五相会议上，陆军方面是不是企图改变现状，如果必要，要签订德、意、日三国全面的军事同盟？陆军方面的要求在会议上引起了争论。

答：有争论不是什么问题。

问：当时真实的情况是怎样的？是不是陆军方面摆出了他们的观点，他们认为建立全面的军事同盟是必需的？

答：不是这样的。尽管可能有这样的观点存在。陆军方面的观点是这样的，必须坚持五相会议6月5日的决定，当时这是最终被会议采纳的决定。在那次会上，我告诉与会者，我作为国家的大臣，我将最大限度地服从五相会议的决议。我表示了这样的愿望，这个协约只有在德国妥协后才能签订，我们要坚持6月5日会议的决议。

问：陆军方面的争论焦点不是在于，如果德国方面拒绝同意预案，那么就要建立全面的军事同盟。是不是这样？

答：不，不是这样的。

问：让我来提醒你一下。你还记得，平沼首相问你，你对于日本陆

185

军的论点有什么意见,你说一方面你是国家的大臣,但是你也是陆军大臣,尽管作为国家的大臣你同意前面的方案,但是作为陆军将军们的代表,你同意后面的方案,也就是军事同盟的方案。对不对?

答:完全不是这样。

问:是不是8月8日的五相会议上讨论了预案,这个预案是以6月5日会议的方案为基础的?

答:我们讨论事情都是因时而变化的——我们根据形势的变化提出了预案或者称为修订政策。

问:什么是预案?

答:也就是6月5日采纳的方案。

问:在8月8日的五相会议的讨论中,是不是海相米内与陆军争辩时说,与德、意缔结全面军事同盟条约将导致日本的失败,这将意味着日本的孤立。你反驳说,这不是一个不利的孤立,而是一个有利的孤立。是不是这样?

答:我没有印象。

问:是不是平沼首相在8月8日的会议上问你,是不是陆军的建议书的用意在于给预定方案设置障碍,你是怎样回答的?

答:完全不是这样的。

问:由于外相和建议书和陆军的建议书存在巨大差距,所以让8月22日的五相会议召集各部部长到会都成为困难,不过陆军和外相的方案制订出来都是为了提交8月25日的五相会议讨论的,对不对?

答:什么时候?

问:8月22日。8月22日的五相会议没有开成,推迟到了25日召开了。

答:在8月22日,我们接收到了一个报告,报告中说苏联和德国已经签订了互不侵犯条约,所以很自然,当天没有必要再讨论三国轴心条约的问题了。

问：你没有回答我的问题。我的问题是，五相会议推迟召开是不是因为外相的建议书与陆军的建议书存在很大的差距？

答：不，这不是事实。

问：是不是此次五相会议需要再次考虑大岛和白鸟大使的要求，他们要求首相与希特勒、墨索里尼会面？

答：我记不得了。我希望你把问题再说一遍，因为我很难会想起当时的情景。

（日本译员重复了一下问题）

答（继续）：我不懂，他俩怎么会提出这样要求的？

问：回答我的问题。是否当时两位大使建议平沼首相与希特勒、墨索里尼举行会晤？

答：关于这个问题好像有一些混乱，但是我的观点是 8 月 25 日，因为德国与苏联签订了互不侵犯条约，日本方面有些担忧，因为德国的举动是对反共产国际条约的公然违反。我们讨论的主题是，要向德国方面就违反反共产国际协定的行为提出抗议。

问：不要岔开话题，这个话题我没有问你。我问你的是，五相会议上有没有讨论让平沼首相与墨索里尼、希特勒会面的话题？

答：的确有这个建议存在，但是只是处于一个小团队在进行很低层次研究的阶段，由于苏、德已经签订了互不侵犯条约，让德、意、日三国首脑会晤的提议自然是不可能出现在五相会议上的了。这个问题与两位大使的要求没有关系。

问：当时内阁是不是准备辞职，陆军的小圈子希望内阁辞职后，可以由陆军方面出面组阁？

答：内阁没有准备辞职。

问：在平沼首相前往欧洲的问题被解决之前、在外相和陆军的建议书的巨大差距被弥合之前，你们还没有接收到苏、德在 1939 年 8 月 23 日签订互不侵犯条约的消息，对吗？

答：当时的情形我已经解释过了。

问：你能回答我刚才问你的问题吗？

答：我已经告诉过你了，在苏、德签订互不侵犯条约之前，这个问题就已经存在了。

问：这不是答案。我问你的是，在首相前往欧洲的问题解决之前、在陆军和外相的建议书的巨大差距弥合之前，苏、德互不侵犯条约是不是已经签订了？

答：关于外相的、首相的、陆军的计划，都不存在任何问题了。这个问题只是在一个小圈子里面处于很低级的研究状态，在五相会议召开之前它还没有成型，没办法提到会议上讨论。

问：所以你同意我的问题，对不对？

答：是的。从时间顺序上来说，我不得不说"是的"。

问：在1934年4月29日，你是不是被授予了三等帝国黄金十字勋章，因为你在满洲事变中的巨大功绩，以及从1931年到1934年你在满洲的出色工作？

韦伯庭长：我们有他的勋章的式样。在他们被反驳之前，他们需要一直站着。

倪检察官：尊敬的阁下，我的询问环节到此为止了。

韦伯庭长：马蒂斯先生。

马蒂斯辩护律师：板垣征四郎将军由于一个平沼内阁组建日期的错误，引起了我的注意。在他的证词的38页第一行，他写道平沼内阁是1939年1月4日成立的。我查阅了日期，1月份是不正确的，我们希望法庭允许进行更正。

韦伯庭长：证人可以更正。

直接询问（由马蒂斯辩护律师询问板垣证人）

问：板垣将军，平沼内阁是什么时候建立的？

答：应该是 1 月 5 日吧。

问：用 5 日替换 4 日吗？

答：是的。

韦伯庭长：改动不大啊。

马蒂斯辩护律师：我还有一到两个问题需要核实一下。

问：将军，关于 1938 年 7 月 21 日，你与天皇会面时说，在外务省和陆军省的报告有些地方存在一些差异。就我理解，你说你告诉天皇，你会回去调查核实。你这样做了吗？

答：是的，我回去调查核实了。

问：你有什么发现呢？

答：我将整件事情向前首相近卫公爵进行了报告，并把调查结果告诉了外务省。

语言监督官：有个地方需要更正，外务省应该改为外相。

问：除了这件事外，你就这个主题还做了什么？

答：结果近卫首相确认我的报告没有错误，我的报告被送给了天皇。近卫首相向天皇进行了报告，然后我提交的原始计划被再次提交上去，并得到天皇批准。

问：你的意思是说，你的报告你提交给天皇两次？

答：是的。

韦伯庭长：我们休庭 15 分钟。

（14：45 休庭）

（15：00 重新开庭）

法庭执行官：远东国际军事法庭现在继续开庭。

韦伯庭长：马蒂斯先生。

马蒂斯辩护律师：另外一名律师也希望向板垣将军问几个问题。

韦伯庭长：列文先生。

列文辩护律师：韦伯庭长先生。

韦伯庭长：你代表哪位被告？

列文辩护律师：我代表铃木贞一。

列文辩护律师开始提问

问：将军，对华事务委员会的负责人是柳川平助，不是铃木贞一，对不对？

答：你是对的。柳川平助是负责人。

问：他的官职是什么的？

答：你指的是铃木贞一？

问：不，柳川。

答：主任将军。

列文辩护律师：我的提问完了。

韦伯庭长：我代表法庭有两三个问题要问一下。

由韦伯庭长提问。

问：在奉天事变发生时，驻防在长春、安东和抚顺的关东军部队有没有接到什么特别的命令？

答：命令可能是由关东军司令官发出的。

问：什么命令？

答：当时我在奉天，我是后来听说的，所以我的记忆不一定准确。按照既定计划驻防在长春的部队应该向奉天地区集中。但是后来计划改变了，他们被命令留在原地。抚顺的守备队没有接到直接命令。奉天守备队第二大队的大队长给抚顺守备队的队长派发了一份紧急电报，要求他立即赶到奉天。对于安东的部队，我不记得了。

问：命令是你批准的吗？

答：在命令发出的时候，我不在旅顺，而是在奉天，所以我与这件事情没有直接关系。

问：你能够解释一下在当天晚上在这三个地方，战斗是怎样打响的呢？

答：在长春——根据事后收到的情报来看——守备队的旅团长在长春市内，准备按照预定计划率部往奉天集中，但是他被命令留在长春。与此同时他也被建议，他应该命令他的先头部队开往奉天，这个没有明确时间的指示。因为存在危险——因为他们需要保护南满铁路和当地的日本居民——他们受到驻守在南岭和宽城子的中国部队的威胁，旅团长决定在长春主动发起攻击。

问：很明显，战斗应该在上述四个地方，包括奉天爆发，在夜间爆发。你能给出一个简短、清晰的解释吗？

答：在不同的地方，公开采取敌对行动的时间也是不同的。

问：时间上怎么不同？你能回想一下吗？

答：我记不住精确的时间，但是长春采取敌对行动的时间应该是在 19 日的中午。在抚顺没有爆发冲突。中国驻防的军队解除了武装，这是在 9 月 19 日在得到关东军司令部在旅顺发布的命令之后的事情。

韦伯庭长：好的。还有别的问题吗？还有别的需要质询的吗？

马蒂斯辩护律师：这个被告的个人辩护到此结束。

韦伯庭长：他将回到自己的座位上去。

（证人结束作证）

五、全面抗战中的暴行罪

1947 年 11 月 6 日
日本东京都旧陆军省大楼内远东国际军事法庭

韦伯庭长： 马蒂斯先生。
马蒂斯辩护律师： 现在我们可以进行下一个案件吗？
现在，我代表被告松井，愿意宣读我们期待证实的一段话。

当被告松井还是一名军事预科学校学员的时候，他的思想受到了日本陆军伟大先驱者川上操六的深刻影响，川上鼓吹的思想是存在的理由……

韦伯庭长： 马蒂斯先生，被告书面陈述材料的复印件还没有呈送到审判席。
马蒂斯辩护律师： 很好。
韦伯庭长： 你现在可以继续了。
马蒂斯辩护律师：（宣读）

当被告松井还是一名军事预科学校学员的时候，他的思想受到了日本陆军伟大先驱者川上操六的深刻影响，川上鼓吹的思想是日本军队以维护东方和平为自身存在的理由。后来，他开始支持"中国国父"孙文提出的"大亚洲主义"思想，其思想内涵是亚洲人民一定不要屈服于"力量规则",不要互相争斗,而应该遵循深得时代推崇的东方道德观念"正义规则",以友好谅解为基础携起手来。因此,他全身心地投入到建立日中之间友好关系,以及亚洲繁荣复兴事业上。为了实现这个理念,他一直在努力着。川上从未当过内阁成员,也从来没有在公共政治和军事政治领域担任过重要职位。

因此,他当然从来没有计划或准备过任何侵略战争,或者是像检察方宣称的那样,将侵略战争付诸实施。他从未参加过任何有悖于国际法、国际条约、国际协定或担保的计划或行动。为了方便起见,他将按照起诉书中提到的罪状进行作证。

被告松井受到的控告,共计有20条罪名。在起诉书中第一项所属的反和平罪中,他涉及三个部分的内容。

(1) 关于罪名包括的第1条到第17条,根本找不到他曾经计划或准备计划实施一场侵略战争的事实。因为被告担负的职位使他既没有能力决定或参与决定这样的行动,也没有任何权力将这样的行动付诸实施。

检方努力让证人秦德纯证实松井主张的"大亚洲主义",在原则上与孙文倡导的"大亚洲主义"相同。

这是东西方情同手足的主义,也是世界上共同存在的主义,从来不带有"东方门罗主义"或"集体主义"的意思。这个主义的精髓不是必然想把欧洲人或美洲人从亚洲不同区域排除出去,相反,是怀着崇敬之情,看待欧洲人或美洲人在过去的世纪中,在亚洲所取得的辛勤工作和文化成就。因此,那些能理解自身文化与亚洲文化的差异性,并且愿意为了亚洲人民利益和福祉而与我们合作的欧洲人或美洲人,都是我们的朋友和伙伴。他将以这种理念来证实,他(松井)实施的运动只是在阐明用"大亚洲主义"来反映的观点。因此,他将依靠证人和证据,清楚无疑地说明这个主义不是在宣扬计划和准备侵略战争。

而且，可以表明的是，在中国形成的"中国大亚洲协会"并不是像证人秦德纯在证言中提到的这种程序上建立起来的。事实是被告担任的职位使他无法再次参与计划或准备，这样一个将由证人证明的罪状中所提到的阴谋。检方想努力证明被告在柏林经过深思熟虑，一直关注着苏联事务。

关于这一点，尽管证人桥本欣五郎已经提供了相反的证据，那次会议的实质还是按照预期由被告自身提供的证言，清楚地加以证明。而且，事实将由证人澄清，因为他那时已经从参谋本部第二课课长的职位上被解职。

(2) 关于在第19条、第25条和第26条罪状上被指控的发动侵略战争事宜，被告松井不在岗位上或没有得到做决定的授权，同时又没有人向他咨询，在罪状涉及的整个时期，他只是一名预备役军官或内阁顾问。

(3) 根据第34至36页中列出的第27条至第32条罪状，他被指控发动侵略战争。

1937年8月14日，被告由预备役序列中被应征转为现役，担任上海派遣军或华中方面军指挥官之职，直到次年的1938年。他依据命令从预备役中应征并担任指挥官职务，这仅仅是日本体制下的例行事件。而且，他仍然渴望迅速中止敌对行动，去努力争取任何机会实现日中和平，这一真实情况将由证人亲口证实。

除了以上提到的阶段，被告只是一名享受平民生活的预备役军官，他与罪状中涉及的事情毫无干系。

罪状所列的第二类罪名是谋杀，被告松井受到的指控基于第44号、第45号、第46号、第47号，以及第51号和第52号罪状中的事实。

松井从1937年8月至1938年2月担任上海派遣军或华中方面军总司令，在这期间，松井从来没有参与过谋杀战俘、敌国侨民及其人民的任何普通计划，而且也从来没有像起诉书描述的那样、给日本军队下达命令或允许他们那样做。与此相反,作为指挥官,松井竭尽所能地去维护并执行军事纪律和道德准则。每次都极其谨慎地防止发生暴力事件,并且对不按纪律行事的人施以严厉惩罚。而且,他着重强调他长期珍视的日中之间友好和谐的思想观念,努力去尽可能地减少由敌对行动所产生的损失,给军队下达命令要求其行为得体,并保护良民。证人和证据将会证实他的做法。同时,他还与一切努力去保护外国利益和文化设施,这也是有据可查的。至于保护所谓的难民区,即使是在占领南京之前,任何攻击这一区域的行动都是被禁止的,更不用说在占领南京之后,难民区由宪兵部队负责警戒,日本军官和日本人被严格禁止进入该区域的事实。这些事实将被清楚无误地得到证实。我们的所有证据都将证明,在松井的理解和同意下,军队没有实施过类似公诉人在陈述中所提到的暴行。实际上,我们的证人当时正在履行守卫南京之责,他将澄清守卫情况,以及日本军队的行动和那里发生的事实,除了由战斗而导致的人员伤亡以外,没有发生过检方声称的暴行。

当南京于1937年12月13日被日军攻陷的时候,松井因生病在苏州卧床休息,于同月17日进入南京,于同月21日从那里撤出,并返回位于上海的司令部。如此说来,他仅仅在南京待了5天。而且,华中方面军总司令的职权是制订统一指挥战役的作战计划,在他直接指挥下实际上没有部队。士兵的实际行动由低级官阶的指挥官来加以控制。所有这些事实,都已经由证人中山在总体陈述阶段进行了证实。

至于日军进攻广东省的城市和汉口,以及诺门坎、张鼓峰等地区时,松井已经退役成为一个平民,无法在实施以上进攻行动中充当角色。

第三类罪名是违反战争条约罪和反人类罪,被告松井在每项罪状中都被指控犯有此类罪名。但，我们主张关于对待战俘和公民方面，被告松井从来没有充当过有权处置战俘的角色。他从未授权、允许或下令让部属去触犯战争法和战争条约，更不用说向日本政府建议暂缓实施对此类触犯战争法行动的防范措施。

我们的证人将会证实松井没有授权做过任何上面涉及的、与对待战俘有关的事情。从1937年8月到1938年2月期间，松井要求在其指挥下的授权部队关心、保护战俘和平民；也就是说，在他担任上海派遣军和华中方面军总司令期间，他提出的关于对待战俘和平民的要求，得到了所属日军部队的贯彻执行。

在其他时期，他既没有处在有能力提出这种要求的职位上，也没有曾经接受过关于日军对待战俘和平民方面的请示或报告。

总而言之，我们将阐明被告在起诉书涵盖的整个时期内，从未担任过有能力计划、准备并实施侵略战争的职位。他从未按照此类目的行动过，不存在他从事过发动并实施侵略战争的犯罪行动的任何事实，而且他没有参与任何谋杀、战争犯罪、或反人类罪行。

现在，由于被告松井身体不舒服，如果法庭允许的话，我们想在某些方面调整一下质证顺序。这样，将越过列举出的前3个文件——第2号和第4号。此时，我们将传讯证人大杉浩。

大杉浩，代表辩护方出庭作证，经过第一次正式宣誓之后，通过日语翻译提供证言，其内容如下：

直接询问（由马蒂斯辩护律师询问大杉浩证人）

问：请你向法庭说出你的名字和地址？

答：我名叫大杉浩，我的地址是，名古屋市北区鸭山市麻吉二丁目五番地。

马蒂斯辩护律师：可否请证人出示辩护方第 2238 号文件？

问：请你看一下递给你的那份文件，告诉法庭它是不是你的书面陈述？

答：是的，这是我的书面陈述。

问：书面陈述中所述事件是否属实？

答：全都属实。

马蒂斯辩护律师：如果法庭允许，我将提供此文件作为法庭证据。

韦伯庭长：根据通常法律条款，予以接受。

书记员：辩方第 2238 号文件，将被认定为第 3393 号法庭证据。

（以上涉及的文件被标注为辩方第 3393 号文件，并被认定为法庭证据）

马蒂斯辩护律师：现在我将朗读略去标题部分的第 3393 号法庭证据。

韦伯庭长：你可以从书面陈述材料的第 2 段开始。

马蒂斯辩护律师：是的，我打算从这一处开始。（宣读）：

（2）从 1937 年 8 月直至 1938 年全年，作为第三师团炮兵第一联队第一大队观测组组长，我参加了上海和南京地区的战役。当时我是炮兵少尉。

（3）1937 年 11 月 9 日，当我们进攻上海的南市时，大队长专门命令我去租界区外围执行射击观察任务，确保租界区在我们火力射程之外绝对安全。我将观察结果发送给战斗中的每一个中队。从我的观察结果来看，在我们进攻南市过程中，没有对租界区造成任何损害。

（4）南市战役之后，我们部队在太仓集结重新调整部署，大约从 12 月 2 日开始进攻南京。在开往南京的路上几乎没有发生过任何战斗，从太仓到南京沿途之间，没有看见过一处被完全摧毁的村庄。我们看到有一些被部分破坏或烧毁的房屋,却从来没有看到或听到被日本兵破坏的房屋。在我们行进过程中,沿途有足够的房屋供我们住宿,于是我们没有在外面露营。

(5) 在我们开往南京的路上有一个村庄,名字我忘记了,我看见一堆被丢弃并烧毁的大米。经过询问,村民告诉我们这些大米是被一些撤退的中国士兵烧毁的,为的是不想它们被日本军队夺走。经过这件事以后,我更加仔细地搜索途中经过的被毁房屋,发现许多被毁房屋都是仓库和其他给养库。

(6) 大约是1937年12月11日,上级命令我去侦察我军部队的前锋线和适宜配置兵力的位置。我从位于赤芸的部队出发,独自前往南京以南地区。我想时间到了13日晚上的时候,我从南门进入南京城墙。那里有许多散乱的死尸,日本人、中国人都有。在这些尸体中我看见一个日本士兵的尸体被绑到一棵树上,身上多处中弹。只凭一眼,我就知道他是被中国士兵俘虏后遭到的屠杀。我割断绳子,把尸体放到地上。在城墙附近有许多中国士兵的尸体,但没有老百姓的尸体。我从城门进入城墙仅约1公里,却看见银行门口已经部署了宪兵岗哨,政府部门已经悬挂了禁止日本兵进入的标志。同时我注意到城中仅有很少的民宅被毁,这是我第一次看见南京城,但我能看出它从总体上保持了原貌。

我在那里没有看见起火的痕迹。

(7) 到上海战役收尾阶段,我一再接收到上级关于后续事项的指令,我也把这些指令贯彻到我的士兵。这些指令有:"严格遵守军事和道德纪律"、"友善对待中国人"、"遵守国际法"、"不要引起国际混乱"、"谨慎行动、记住我们是在长官的监督之下"。

(8) 11月13日,我回到汤水镇与部队会合,带领他们去往南京以南的涂山镇。当时,按照上级命令,我严格禁止我的士兵在行军途中外出。即使是因执行公务而外出,士兵们也都被命令不准进入南京城的西南部区域,因为那些区域已被划定为难民区。那时我听我的同事们说,之所以下达这条禁令,是因为有一些被打败的敌军士兵携带武器,却穿着老百姓的衣服隐藏在这些区域当中。由于我曾经在上海战役中有过遭遇这些身着便装的中国士兵的危险经历,我让我的士兵采取格外的警惕,从不去靠近那些可能藏有溃败中国士兵的任何地方,我的部队最终向西行军,没有进入城墙。我在南京附近地区,从来没有听到过人们经常说的日本兵做出了违法行为、屠杀中国人等传说。

(9) 1938 年年初,我的部队在青城附近驻扎。一天,我和大队长到附近一所著名寺院去参观,在寺院二层楼上的大厅内摆放着大量收藏的书籍,所有这些藏书都被贴上标记封存起来。其含义是严禁拿走其中任何书籍,违反者都会受到从重处罚,包括日本士兵。

(10) 大概就在那个时候,附近连队的一名士兵被宪兵扣押,我陪同中队长去接管这名被押士兵。但是宪兵队长告诉我们,这个兵犯了抢夺罪,并拒绝把他交出来,因为总司令松井命令维持严格军纪,严厉惩处任何违纪者。

(11) 我们在整个作战行动中遇到的最大困难,是那些身着便衣的中国士兵。他们一遇到我们攻击行动的重压,就藏起武器伪装成平民,而我们一旦对他们放松了警惕,他们就来挑战我们。由于当他们不拿武器时,我们根本不可能把他们从真正的老百姓中识别出来,最终我们只能偶尔采取这样一种办法:就是在时机允许的情况下,把全体村民赶到一个地方集中起来,对他们保持监视。只要穿便衣的士兵自己投降或向我们自首,就会重新恢复公共秩序,我们让普通平民重归自由,把投降的士兵移交给我们的宪兵。

签字并对证言发誓担保。

诺兰检察官： 法庭将不安排交叉询问。

马蒂斯辩护律师： 依照通用法律条款，证人可以退庭了吗？

韦伯庭长： 可以退庭。

（证人退庭）

韦伯庭长： 法庭将休庭至13:30。

（12:00 休庭）

（13:30 重新开庭）

法庭执行官： 远东国际军事法庭现在重新开庭。

马蒂斯辩护律师： 接下来将传讯证人大内。

韦伯庭长： 昨天我们传讯了一些证人，并且他们都未经交叉讯问。在这种情况下，除非有充分理由，否则我们应依靠书面陈述，尽量节省时间。

马蒂斯辩护律师： 据我了解，这个证人具备那种性质。

韦伯庭长： 对于不需经过交叉讯问的证人，我们要避免让其宣誓。

诺兰检察官： 如果法庭允许的话，我已经将证人的名字告诉了我学识渊博的朋友，我不想对证人进行交叉询问。

韦伯庭长： 谢谢你！是这名证人吗？

马蒂斯辩护律师： 是这一位。

韦伯庭长： 不需要让他宣誓。

马蒂斯辩护律师： 如果法庭允许，下面我们提供证据，大内太田的书面陈述，即辩方第2668号文件。

韦伯庭长： 按通常条款规定，予以承认。

书记官： 辩方第2668号文件将被认定为第3394号法庭证据。

（以上提到的文件被标注为辩护方第3394号文件，并认定为证据）

马蒂斯辩护律师： 现在我将宣读第3394号法庭证据，略去标题部分，并从第2段开始。

自从 1937 年 9 月底,我们在吴淞口登陆以后,作为赴上海派遣军第 9 师团第 9 山炮联队第 7 炮兵中队的代理中队长,我参加了上海和南京两地之间的战役行动。我那时的军衔是炮兵少尉。

当年 11 月 3 日左右,我们渡过苏州河以后,我们联队在上海以西的一个飞机场附近集结。

由于遭到炮击和轰炸,集结地域被毁相当严重,于是我们联队仍旧处于战斗姿态,并以极高的严厉程度维持军纪。

在集结地域,参谋长给我们做出了以下指示:"由于你们联队不久将被派往各种外国权益并存的区域,每位指挥官应当对所属士兵实施严格指挥,并努力维护军纪。"

于是我对我的士兵提出警告,以便上述指示能被他们完全理解,因此我指挥的士兵中没有人在集结地域及其附近地区违反纪律。

集结地域对面的村庄(村庄名字已经忘记了)仍然有几名妇女,于是部队规定严格禁止进入该区域。

随后一个晚上,红色和绿色信号弹从村庄中射出,接下来,敌人的子弹如暴雨一般猛烈地扫射到我们部队的宿营地。

于是我们在第二天早上,对整个村庄进行了搜查,却一个人也没找到。因此,我们感到从今以后有必要采取严格的警戒措施,即使对一名妇女也要提高警惕。

在同一年的大约 11 月 14 日,我们部队按照向苏州进军的命令,作为一线部队向前推进,到达那里之前,很少遇到敌人的抵抗。到苏州沿途的一些村庄大部分变成了一片废墟,少数几间房子只剩屋顶。在这些村庄中,没有发现居民。

由于我们部队在先头开进,我们从来不会做出这种暴力事件,我知道这些破坏村庄的行为都是中国军队在开始撤退时干的。

我严格禁止焚烧房屋，以及从中国人那里和随后赶来日本军队那里掠夺战利品的行为。或许是得益于这一条命令，部队取得的战果使人满意，没有发生任何意外事件。

我们是在未遇抵抗的情况下进入苏州的，所以街道根本没遭到任何破坏，除了有一些空军轰炸带来的轻微损失。

在这座城市中，单个士兵抢夺物品的行为也同样被禁止，监督部门的军官正在开展征用物资的准备工作。但是，当我们部队大约于11月17日奉命向西前进的时候，所谓的征用工作还没有得到实施，所有士兵在行军过程中甚至靠饭盒烹制的配给口粮为食。

我们在南京以东约30公里处的山区地域，遭遇到敌军的凶猛抵抗，上述地域经过精心准备和防守，防御一方是曾以日军为假想敌进行过特别训练的中国军队，他们对我军的抵抗从来没有如此猛烈过。

我们再次充当先头部队向前推进，由于附近可用来当作宿营地的房屋都被中国军队烧毁，所有日军部队被迫选择露营。

接下来，我们接收到了一条口述命令：

我军前进的目标、方向是用于进入南京城通路的南京城墙，你部将另有任务。

12月9日黎明，经过连续不断的殊死战斗，我们进入光华门外边的防空学校，发现有许多房屋遭到破坏焚毁，用来阻止我们的推进行动。尤其是飞机场周边的那些房屋均被放火烧毁。

上述破坏纯粹是由中国军队造成的，因为没有日本军队走到我们前头。

12月9日夜，我们接到上级传来的命令说，如果敌军到次日（12月10日）中午仍不投降，我们将进攻南京城；同时，上级还给我们提出以下约束和告诫：

（1）由于南京城是中华民国首都，虽然上级允许你们轰炸城墙上的敌军，但你们要注意不能把炮弹打得过远，以免落入城内。

（2）要格外小心不能将炮弹打到城里的外国权益区和难民区（我当时有一幅南京市地图，但现在不能带过来了。由于被火灾烧毁，里面什么东西都没剩下）。

对于以上命令，我绞尽脑汁从技术上调整射距，幸运的是，我能够实现命令中所明确的目的。

大约在12月10日14:00，我们发起了对南京城的进攻，夺取了光华门城墙。但不允许进入城市，仅有军事警察和一些小部队进入该城。

当天，在城墙附近有一个烧焦了的不明国籍人员，他还能够微弱地呼吸。

看到这一幕，我们大队长长芳贺少佐非常恼怒，严令我们查出违纪者。于是我停止了战斗准备，把我的士兵集合起来，提出警告并调查罪犯，但在我指挥下的士兵中没有违纪者。

医生检查了尸体，断定这个焚烧活人的罪行似乎至少是在10个小时之前犯下的，早于我们进城时间，一定是一名日本士兵被中国军队俘获后，又被活活烧死的。

我们部队当天晚上返回了汤水镇。

我们于12月15日进入了南京城，在中国兵营里逗留了几天。在那里，我们每支部队都布设了岗哨，禁止所有士兵外出。所以，除了执行公务的军官以外，没有人走出兵营。我们师团的所有部队都是如此，因此未发生过一起导致违法行为的犯罪事件。

我的一位军官朋友对我说，难民区里好像有许多难民，但有军事警察负责看守。所以，即使是军官也不准许进入那里，更不用说列兵了。

当我上街执行公务时，看见有大量中国军队的武器装备被杂乱无章地丢弃在大街上，但没有发现任何火灾，除了有一些小火堆的灰烬，街道几乎是安全的，未遭到破坏。

我看见沿长江地带有一些中国士兵的尸体，却从未发现一具尸体是被屠杀致死的。

大约是12月20日，我们向东返回。

宣誓证人大内义秀，签字于9月29日

我们接下来提供辩方第2627号文件，即胁坂次郎的书面陈述，其中被删节内容如下：从第一页底部"我的一位朋友告诉我"这句话开始，到这一段结尾；以及第四页底部的一段话。如此一来，现提供带有以上两段删节内部的该份文件，作为呈堂证据。根据我的理解，不需对此进行交叉质证。

韦伯庭长：你所说的删节内容是不是指第六段中的第二部分内容？即从"被掩埋的数量"往下，到"前面的战斗"。

马蒂斯辩护律师：是第六段的第二部分。

韦伯庭长：根据通常法律条款，予以接受。

书记官：辩方第2627号文件将被认定为第3395号法庭证据。

（以上提到的文件被标记为辩方第3395号，并被认定为法庭证据）

马蒂斯辩护律师：我将朗读第3395号法庭证据，略去标题部分，从第2段开始。

我于1937年9月担任第九师团第三十六联队的指挥官，那时的军衔是大佐。我联队的机动命令大约于1937年9月20日由上级下达，我在上海派遣军的建制内，参加了在上海和南京地域展开的作战行动。

上海派遣军的司令官是松井将军。

（3）到达上海后，松井将军的指令经常通过我的上级传达到我这里。将军利用每一个可能的时机发出指令，强调要严格遵守军事纪律，让无辜人民平静地生活并保护他们，并且要守护外国侨民利益。于是，我努力使他的指令得到我的军官和士兵的完全理解，对官兵们提出警告，从而确保在他们当中没有发生例如放火、谋杀、抢劫、强奸等罪行。

日本军队从上海向南京方向前进时，我们经常充当先头部队，大家注意到沿途村庄里有一些房屋已经被烧毁、破坏，或遭到了洗劫。中国当地居民告诉我们，这种事情是由于放火和破坏行动所导致的，放火和破坏行动的起因是中国军队每当即将撤退时，通常会采取所谓的坚壁清野战术，目的是阻碍日本军队的向前推进。他们还告诉我们，另一方面，和战争时期经常发生的情况一样，不仅是中国士兵，还有中国的老百姓，都会对这些房屋进行洗劫。为了安抚和保护中国人民，同时也为了给我们的后续部队提供便利条件，我们努力保护这些房屋和其他设施，完全不可能去纵火焚烧和毁坏它们。这是日本军队的常识，当然上级领导也这样教导我们。

大约是在12月8日16:00，我的部队一占领南京东南40公里左右的索墅镇后，就立即开始对敌人实施紧逼，整个晚上都在急速行军，于9日黎明到达光华门南边的单坊填。那是一个伸手不见五指的夜晚，还没等我们辨认出南京城所在方位，突然在北面升腾起两团巨大的火柱，仿佛即将点燃夜空。我猜测这两处火焰是从南京方向点燃的，它们成为指引我们前进的目标。我的猜测是正确的，后来在占领南京城之前的一些天里，我们日日夜夜都能看见城墙内升起的火光。当时日本飞机的轰炸行动不怎么猛烈，而且另一方面，我们的炮兵部队也没有实施炮击。因此，我们断定或者是中国的坚壁清野战术，或者是混乱局面下发生的意外失火，大概是这些火光的主要成因,迄今为止,日本军队一直严格警惕防范意外火灾。我的部队刚一占领南京,就立即去扑灭第一处失火的房屋,在日本军队方面没有发生过一起纵火事件,我的部队从来没有造成意外火灾。

我部于12月13日清晨占领了光华门。随即在城门处展开了一场残酷的战斗,后来从战报中显示,作战双方死伤人数众多。占领城门后,我部立即开始照料死者和伤员,把日本军队和中国军队双方的尸体都收集到位于光华门至通济门之间的同一个地点,在那里树立了一个墓碑来供奉这些牺牲人员。军队僧侣为他们吟诵了佛经,在安葬这些遗骸的过程中,祈祷活动持续了一天一夜。

12月15日,我在南京的城墙内巡视检查部队,想去看看难民区内的真实情况。然而,严密守卫难民区的宪兵却拒绝了我的请求,他们说如果没有特殊许可,纵然是司令官也不准入内。就这样,我就无法察看难民区内部的情况了。在当时及其以后一段时间,我从来没有听到过日本部队在这个区域内干过违法的事。

为了给我们联队的司令部提供住处,我们准备对某间房屋进行查验。当联队的联队旗旗手、一名中尉进入这间房屋,检查与之相连的防空洞时,遭到了里面的敌人用左轮手枪实施的射击。他向我报告了情况,尔后迅速用手枪予以还击,结果打死了两名中国士兵。我立即对归我指挥的军官和士兵提出指示,要求他们采取预防措施防范中国部队的残余力量,不准进入任何中国人的私人民宅。

我的部队进入南京不久,一名中尉军需官在外出办理公务时,在路上捡到一只被丢弃的中国妇女的鞋。为了向同事展示这个奇怪现象,他把这只鞋带回了驻地。然而,宪兵查明这件事后,以怀疑其抢劫为名向军事法庭上交了检举文件。中尉当着我的面流着眼泪,坚称自己是无辜的。于是,我承认他是无辜的,并向上级汇报了这件事的真实情况。

我记得这件事最终被发现是一桩不值得检举的小过错。日本宪兵在南京的监督行为极其严格，即使是对任何小过错，也不会考虑予以体谅。

松井将军于12月18日举行完离职仪式后，随即就告诫我们这些高级军官要更加严厉地执行军纪，要保持我们帝国军队的威望，要毫不松懈地努力实现日中两国之间的友好关系。

占领南京的残酷战斗结束以后，松井将军正直而又仁慈的品格深深地打动了我，在此后的作战和防御中，我总是努力使这种精神更加发扬光大。回到家以后，为了祈祷那些在战斗中牺牲的日本和中国亡灵得以安息，以及东方的和平安宁，我给位于福井县的一座寺庙捐了一尊观音雕像（观音意指仁慈的女神），我想不起来这座寺庙的名字了。

我驻扎在南京直到12月24日早晨。在我所属的部队中，没有发生犯罪事件。当地人对日本兵的态度变得很熟悉，一些人给日本部队当厨师，没有人对日本兵表示出恐惧。而且，在南京被攻陷以后，我从未听到过城墙内外有任何射击声，如果有机枪射击，我就会听到有人向我报告，但我从来没有听到过这种声音。

南京的敌对战事结束以后，我的部队开始执行防守嘉定的任务。一天晚上，我联队所属的一个大队指挥所的哨兵在给灯注入灯油时，由于他的失误，灯油失火，酿成了一场火灾，驻地被烧毁了。我对这次意外火灾负有责任，根据军队纪律法，我因此受到了上级训斥。联队长在火灾中的表现被上级认定为行为良好，但值勤长和哨兵都被重判为拘禁。在司令官松井的命令下，军纪就是以这种方式被严格地遵守着，即使是一丁点儿的不法行为都不会被忽视。

除了以上情况，我不记得我的部队曾经发生过什么不法行为。

于1947年9月12日签字，证人胁阪次郎如果法庭允许，接下来我将提供辩方第 2714 号文件作为证据。法庭已经通知我取消交叉询问环节，因此我将不再传唤证人到庭。

韦伯庭长： 按照通常法律条款，予以认可。

书记官： 辩方第 2714 号文件将被认定为第 3396 号法庭证据。

（以上被提到的文件被标记为第 3396 号法庭证据，并被认定为证据）

马蒂斯辩护律师： 现在，我将宣读第 3396 号法庭证据，略去标题部分，从第二段开始。

大约是在 1937 年 9 月中旬，我加入上海派遣军，担任第十九步兵联队第一大队的大队长，参加了围攻南京的作战行动，当时我是少佐军衔。

接近 1937 年 9 月底，我们在上海吴淞口附近地域登陆，并加入战斗。

11 月中旬，我们奉命向苏州方向追击敌军，上级严令不准破坏或焚烧房屋，除非因作战原因绝对避免不了。我把上级的命令向我的部属作了传达教育，并监督他们执行。

除火车站和近郊遭到轰炸破坏以外，苏州城是完好无损的。那里的一位当地居民告诉我，城市未遭到破坏是因为该市居民花钱乞求中国军队从该市撤出，从而既没有在城市里打过仗或搞过破坏，也没有掠夺过城市财物。

在乌镇以东 1 日本里（等于 2.5 英里）处的一个地方，在这座城市的范围之内，由于中国军队的抵抗，导致一场战斗的发生，损坏了附近房屋。战斗结束后，经过检查，我发现有人抢走了给养物资仓库里的一些物品。于是，我马上配置了岗哨负责对仓库实施警戒，阻止任何非法个人再次拿走仓库物品。把情况向师团监督部门做了汇报以后，我们把仓库移交到他们手中。这种处理步骤是上级在很久以前就这样命令的,我们只是照章办事,不仅在乌镇是这样,在每一个地方都是如此。

(6)在磨盘山区与南京之间地域发生了一场残酷的战斗。日本军队占领该地域之前,当地几乎所有房屋均被烧毁,被劫掠的痕迹十分明显。那里没留下任何可供日本军队利用的东西,我们只能在帐篷中宿营,或者有的甚至连帐篷也没有,行军的时候只有靠我们的野战口粮,没有任何其他补给。

(7)我们在向南京的机动过程中,严格控制部队行动,不允许恣意妄为,甚至就连利用适当作战机会时也不能例外。但是,上级领导针对进攻南京的作战行动,于12月8日左右下达了更为详细的指令。按照计划,我们部队将于12月10日左右开始进攻雨花台,于12日下午转而进攻光华门,由大约13日开始,继续投入进攻。然而,当收听到南京被攻陷的消息后,我们仅仅在城门附近执行清剿战役,尔后于同一天晚上返回溧溧镇。我们于15日进入南京,部署在东南部地区,并在该地区的房屋内宿营。南京城几乎所有的房屋均未遭到破坏,部队宿营区域附近虽然发生了一些小规模火灾,但都不是我部引起的。由于上级领导在入城前后曾经告诫过我们要坚持不断地防范火灾,所以我部官兵对此都格外小心。自打入南京以后,我要求我的兵除了受上级差遣以外,禁止外出进入市区;并教导他们要尊重和保护外国权益及资产,不给中国民众造成任何损害,而是在执行上级公务时主动与他们保持亲善。我在每处宿营地都设置了防火员,给防火员提出有关预防火灾的严厉警告和提示。无论我们何时何地组织宿营,都会采取这个措施。

(8)我部进驻南京后,依据上级给我们的命令,我们按照能够在任何时候开展追击敌军行动的原则组织宿营。在南京驻扎期间,我们采取了以下行动:

12月13日,从光华门进入南京,在河流东岸歼灭了通济门西侧由南向北逃跑的敌军残余力量，部队于当天晚上推进至汤水镇。

12月14日，肃清了汤水镇周围残敌，于15日晚7时许返回南京。12月16日，举行宣读天皇诏书仪式。由于全体官兵深受虱子叮咬之苦，我们每个人都采用烧开水消毒的方式，清除了虱患。17日，在南京城内举行了总司令官松井将军胜利入城仪式。着手转移宿营地域。18日，为牺牲者举行了纪念仪式。继续进行宿营地域的转移行动。19日，联队举行纪念仪式。20日，卫兵护送司令官视察了战场和医院。21日、22日，打扫了雨花台战场，并搜寻失踪人员。23日，部队准备出发。24日，我们向昆山前进。除了以上提到的日常例行事务以外，我们还要处理各种战场情况报告，与失去亲人的家庭取得联系，发放津贴、士兵存款，出发几个月以来士兵与家人联系以及收发来自家乡的信件、包裹等工作。各项工作需要耗费大量时间去完成，我们甚至都得不到休息。

（9）当我们在南京驻扎的时候，出入宿营地都需经过严格的值勤守卫。我按照上级命令，训练哨兵如何询问老百姓，以便他们不会由于语言沟通的困难，而给当地守法公民带来麻烦。我按照上级在信中的命令行事。上级从来没有下达过抢劫财物或施以暴行的命令，更不用说我军的总司令松井了。相反，松井将军和我们的联队指挥官，先后于12月19日和22日，指示我们要对中国民众友善相待，这样才能赢得他们对日本军队的信任。

（10）大约是在12月19日，我们骑着马沿中山路至下关的公路巡查，发现当地房屋没有遭到任何破坏。当我们进入南京之前，谣言四起，说日本军队的轰炸致使南京遭到严重毁坏，但事实上我亲眼看到了当时情况，我可以确信这种说法是不切实际的。而且，我们在下关也并没有发现有中国士兵的尸体。12月24日，我部按上级命令向东返回，大约于1月5日抵达昆山，并驻扎在那里担任守备任务。

（11）在我们守备昆山期间，一伙美国牧师和医务人员在上海特务机关冈中佐的引见之下，前来察看那里的教堂和医院。他们很愉快地发现当地社会设施仅受到很小破坏且社会秩序井然，因而对我们表示感谢，并把那些教堂、医院委托给我们去看管。在一起共进午餐后，我们拿了一幅纪念画，尔后分手。大约一个月以后，我又在苏州担任守备任务。那里一排排的房屋错落有致一如往常，街道整齐贸易繁荣。没有发现日本军队做出过违法行为，我们与当地居民相处和谐。当地还给日本军队提供了良好的娱乐设施，没有出现不守规矩的现象。

证人西岛刚，签字于1947年10月8日

如果法庭允许，我将提供下一份证据——第2715号辩方文件，我还将提供与此相关的第2764号辩方文件，因为这两份文件涉及同一件事情。

韦伯庭长：依照通常法律条款，予以接受。

书记官：第2715号辩方文件被认定为第3397号法庭证据，第2764号辩方文件将被认定为第3397A号法庭证据。

（第2715号文件被标记为辩方第3397号法庭证据，被认定为证据；第2764号文件被标记为辩方第3397A号法庭证据，被认定为证据）

马蒂斯辩护律师：首先，宣读标题为"指令"的第3397号法庭证据。

当华中派遣军进攻筑有城墙的中国首都南京，在巷战过后展开残酷的追击战的间隙，陛下很荣幸地再次赐予我力量，我被他的亲切话语深深地感动了，于是带有历史性地完成了这次辉煌功绩。需要感谢异常艰苦的作战表现和参战士兵所付出的努力，像我这样感到如此惭愧的人为了满足陛下的期望，将要卸任。因此，我除了表达自己对于你们曾经做出的努力深深谢意以外，别无所求。

然而,我们的目标还远远远没有实现,军队肩负的责任更加艰巨,为此你们要努力,丝毫不能松懈,对于这一点,你们要铭记在心。所以,你们每一个人都应当努力为国家承担更多义务。全体军官和士兵都应该认识到上级指挥的真正意义,执行更为严格的军纪,集中精力抓好以实战为基础的教育和训练,努力提高军队战斗力,从而不遗余力地为完成下一个军事行动做好准备。同时,你们应该更加严密地警惕敌人的可能进攻,竭尽所能地保守军事秘密,维护公共环境的和平与秩序,以此使反抗势力无机可乘。另一方面,本着对东方未来繁荣的长远期待,并与日本的传统做法保持一致,你们应该仁慈地面对那些在无能政府统治下呻吟的中国民众,相互配合地通过引导和启发,使他们过上平静的生活。帝国军队的宗旨不管战争继续与否,当然会始终如一。你们每一个人都应该谨慎地对待自己的言行,付出你最大的努力来保持并扩大我们的辉煌战果,从而提高帝国军队的威望。

以上是我下达的指令。

华中派遣军司令松井石根,于 1937 年 12 月 18 日

第 3398 号法庭证据是附属于第 3397 号文件的证书,对此我将不予宣读,除非法庭希望宣读。

韦伯庭长: 第 3397A 号文件。

马蒂斯辩护律师: 现在,我们提供辩方第 2667 号文件。

我们可以传唤证人中泽三夫吗?

(中泽三夫代表辩方出庭作证。首先依法宣誓,通过日语翻译,作证情况如下)

直接询问（由马蒂斯辩护律师询问中泽三夫证人）

由马蒂斯先生提问：

问：请向法庭说出你的姓名和地址。

答：我的名字是中泽三夫，我的地址是长野东区八代市山梨县。

马蒂斯辩护律师：可否请证人出示第 2667 号辩方文件。

问：中泽先生，这是你的书面陈述材料吗？

答：是的。

问：你在上面签了字的，是吗？

答：是的。

问：你在书面陈述材料中所列举的事件和情况是否属实？

答：是的，它们都属实。

马蒂斯辩护律师：如果阁下愿意的话，我将提供它作为证据。

韦伯庭长：诺兰准将。

诺兰检察官：如果法庭允许，我将对以下内容提出反对意见。第 4 页第 7 段第 8 行、以"条款"为开头的这句话。

诺兰检察官：庭长先生，如果您允许的话，我可否问一下？第 3 页第 4 章第 2 段中的第一句话——与翻译委员会有关的第 1 段和第 2 段话，它们似乎对翻译准确性提出了质疑。

韦伯庭长：它们将相应得到查阅。

书记官：辩方第 2667 号文件将被认定为第 3398 号法庭证据。

（以上提及的文件，被标记为辩方第 3398 号法庭证据，并被认定为证据）

马蒂斯辩护律师：我将宣读第 3398 号法庭证据，略去标题部分，从编号为"(1)"的段落开始。

（1）我是一名退役中将，从 1937 年 11 月至 1938 年 1 月底，参加了对南京的围攻行动，时任上海派遣军所属第十六师团参谋长。

（2）1937年12月间，当第十六师团正在向句容发起尾随攻击时，我们接收到上级发出的大约于12月3日进攻南京的命令，并开始向前推进。结果却在同月的8日左右，接到上级命令，在距离南京三四公里的某一处地点停止向前推进。而且，上级还命令我们，说由于南京是中国的首都，那里有许多外国侨民利益、文化和历史遗迹以及文化机构，不要破坏它们。等到作战胜利进入城市的时候，要派出一支特选部队去抚慰和友善对待市民，还要维持秩序。我把这一点传达给部队，使各支部队都对此完全知晓。

（3）我们进攻南京期间，遇到的最大麻烦是在紫金山附近地区展开的战斗，在该地与敌正面作战的是第三十三联队；我们师团的主攻方向则位于中山陵附近地域。师团为了在攻占南京时避免对紫金山和在命令中特别提到的明代昭陵构成破坏，因而付出了较大的代价。占据中山陵附近地域的中国军队，不仅是师团正面进攻所面临的最大阻碍，而且他们通过向攻击紫金山的第三十三联队后尾及翼侧实施射击，连续不断地袭扰该联队。即便如此，我们部队依旧处于不利境地，不去使用重炮群射击该敌，更不用说使用重型步兵武器了，这些实际情况极大地阻碍了我们部队的推进速度，我们被迫遭受了大量无谓损失。然而，由于我们的牺牲，中山陵及明孝陵保持完好无损，不畏困难、最终占领紫金山的第三十三联队在战役结束之后，收到了由军队指挥官发出的感谢信。

（4）1937年12月13日拂晓，到达南京中山门城墙的第十六师团派出约两个大队的兵力进入城区，他们按照预先指令，负责清除该区域残敌，这一区域包括太平山、三元门、下关和中山路。

第二天仍继续进行清剿残敌行动。12月15日，第十六师团司令部和一支小部队进入城区，但在该师团负责防守的区域内，并没有把当地居民疏散出去。12月23日，部队部署发生变化。上级部署第十六师团之一部接替早些时候入城的另一支部队，担负守卫城市内外的任务,并一直在南京驻扎到大约第二年的 1 月 20 日左右。

(5) 12 月 23 日部队调整部署后,难民区位于第十六师团守备区域之内。这一区域在部队进入的时候就被清晰突出地标记出来,与入城同时就配备了严格的警卫。即便是军官也不可以出入该区域,除非他们有特别许可。华中方面军和上海派遣军司令进入南京之后,经常发布命令要保持严格的军事纪律和道德纪律,我把这些纪律传达到每个单位。

(6) 部队占领南京之际,所有担负行政职责的公职人员都已经从城里逃走。城中连一个行政公职人员也没留下,因此日本军队找不到一个谈判对象可以就维持和平与秩序进行谈判。实际上,当时局势就是这样,我们部队别无选择,只能用他们自己的办法来维持秩序。这无论对于日本军队,还是对于中国居民来说,都是极其不方便的。

(7) 入城以后,我们在由南京城边界中山门至下关的公路上,发现了大量被丢弃的军装、军刀、弹药、步枪和军帽。而且当我们在南京城中搜索残敌时,发现那里除了难民区以外,看不到一个中国人。因此,无法相信难民区内的全体居民都是和平民众,由此产生了对难民区内居民进行调查的必要。

(8) 就这样,一个负责调查居民身份的中日联合任务团于 12 月 25 日成立了。

调查的方法是,在中日双方人员均在场的情况下,逐一对中国人进行询问与检查,通过日本士兵和中国委员的问话,来判断他是不是中国军队掉队者。对大多数人来说,都领到了日本军队发放的居民证。那些通过上述方法被认定为掉队者的人,都被转送至上海派遣军司令部。因此,认为他们被屠杀了的说法,的确是不真实的。

(9) 由于南京城外的几乎所有村庄都被中国军队以实施所谓

的"焦土"战术为目的,在他们撤退时放火焚烧,因此日本军队甚至找不到任何可以用作宿营地的房屋,几乎所有部队都被迫在外面露营。正如同中国军队实施的"焦土"战术这样普遍,在这次战役的交战区域里,失火的房屋为数极其众多。

即使在南京城防区以内,当我们最初进驻时,也随处可见着火的踪迹。据说这些是中国部队撤退时点燃的。由于在寒冷天气条件下,必须要保持一定数量的宿营设施,司令部命令每个单位都要随时警惕火灾,并选定一名责任人负责控制火情。但是尽管采取了这些防范措施,我们有时还会抓到带有居民证的中国女孩在放火。

(10)我确实是收到军事警察提供的一些关于日本兵犯下抢劫罪的案件报告。然而,当地居民逃跑时随身带走了自己的财物,大多数房屋实际上已经空了。我从来没有听到过任何有组织的或群体性的抢劫案件。司令部命令、默许,或者允许这种非法行为,不用说,这是根本没有事实依据的。中国人的受害者曾经直接告诉过我,中国战场上的绝大多数抢劫和破坏事件,都是中国军队在撤退途中的普遍做法,那些绝望的人在抓住机会迫使自己流落江湖时,也会普遍这样做。

(11)松井将军严令保护外国人利益和文化机构,这条命令被传达到每一支部队执行,直至他指挥下的最下级单位。然而,中国人却擅长于藏匿在外国人利益后面,尤其是他们过去曾经滥用外国旗帜,发生过在一面外国旗帜底下抓到掉队中国士兵的事例。多次从中国人那里得到这样的报告,甚至是在南京防御要塞之内也有过类似的报告。所以,日本军队不可能从一开始就把悬挂外国旗帜的地方,很信任地认定为等同于外国人利益,有时他们会禁不住去袭击那些在他们看来是危险的目标。很遗憾,这些袭击行动导致了各种各样的不良后果。

（12）有人说日本兵从事了有组织的强奸行为，这种事实是不存在的。据我回忆，发生了一些触犯相关纪律的零散事件，但我认为他们都按照法律受到了惩罚。

（13）埋葬尸体的地点据说是按照检察方提供的证据找到的，那些地点是中国军队构筑工事、组织类似于中山门与马关之间地域情况的那种防御工事，或者是占据便于从他们阵地接收尸体和伤员的地点，按太平门、富贵山及其附近地区的那样情况组织的防御工事。真实情况是，交战双方的许多士兵都战死于这些区域，但这些地点从来没有发生过任何集体屠杀事件。

（14）当第十六师团前来守卫南京及其附近地区时，该师团把全部努力都集中于维持和平局势与良好秩序。城市中的秩序终于得到恢复后，混乱的民众不再逃跑，开始改变行动，带着对日本军队的信任，逐渐回到他们的家中。松井将军关于善待中国居民的命令彻底得到了贯彻，以至于到当年年底那样早的时间内，就成立了公共秩序维持会。1938年1月1日举行就职仪式时，成千上万的中国人聚集在鼓楼前面的公共广场上，在庆祝地点集体欢呼。随之而来的是，居民数量持续增加，甚至能看到越来越多的小商小贩。如果有人说那时日本军队的违法和残暴行为造成了居民的惊恐，这肯定是不真实的。

1947年9月23日，由证人签字

你们可以进行交叉询问。

韦伯庭长：诺兰准将。

交叉询问（诺兰检察官询问中泽三夫证人）

问：中泽将军，你是第十六师团参谋长吗？

答：是的。

问：这个师团隶属于哪个军？

答：11月底，第十六师团划归上海派遣军指挥。

译员：不是"11月"，而是"10月"。

问：还有，在攻占南京时，上海派遣军由谁来指挥？

答：由松井将军指挥。

问：但，它是松井将军所属部队中一个军的组成部分，是哪个军？

答：它属于在松井将军指挥下的上海派遣军。

问：还有，在占领南京之时，该师团是否隶属于松井将军指挥下的上海派遣军？

答：在南京被攻陷之时，上海派遣军由朝香宫鸠彦王指挥，这个派遣军依次交由松井将军指挥。

问：还有，你担任参谋长的第六师团是上海派遣军的一部分吗？还是第十军的一部分？

答：它是上海派遣军的一部分。

问：很好。在南京被攻陷之际，上海派遣军司令部位于何处？

答：它位于南京以东的某地，我忘记了那个地名。

问：还有，城市被攻陷之后，司令部在哪儿？

答：南京被攻陷时，司令部在汤水镇，后来就搬到了南京城里。

问：在南京城里建立司令部时，是在什么时候？

答：我回忆建立司令部的时间大约是在12月15日。这是师团的司令部。

问：城市被攻陷之后，上海派遣军的司令部是否位于南京城里？

答：我回忆，南京被攻陷之后，派遣军司令部没有马上搬到南京城里。

问：它是什么时候搬到南京城里的？

答：司令部进入城市的时间，与正式进入南京城的时间同步，就在

12月17日那天,但我不能准确记起当司令部正式组建时,它是否从以前的单位接管过来,或者是刚刚实际上已经接管。

译员:我回忆不起来,司令部是在南京刚一被攻陷之后,就在南京组建的,还是另有司令部正式成立的日期。

问:第十军是否参加了进攻南京的军事行动?

答:是的,我认为它参加了。

问:它隶属于上海派遣军吗?

答:我认为它不隶属于上海派遣军。

问:城市被攻陷之后,第十军司令部在哪儿?

答:我不知道,我与第十军没有任何联系,因此,我不知道。

问:你知道第十军建制内有哪些师团吗?

答:我知道的并不确切。但我认为第十军由第六师团及第一一四师团构成,但是,正如我以前所说,由于我没有接触过第十军,或者说与第十军没有任何联系,所以我知道的并不确切。

问:第六师团是第十军的一部分吗?

答:我不知道有关的……与第十军有关的事情。

问:现在,请告诉我在攻占南京之际,上海派遣军所属的师团数量?

答:有第十六师团、第九师团、第十三师团的一部分。至于其他部队,我不知道它们部署在哪儿。

问:当时第三师团和第十一师团是否隶属于上海派遣军?

答:我认为它们隶属于上海派遣军。

问:现在请看你的书面陈述第二段中,你告诉我们在胜利进入城市时,派出了一支特选部队。派出的时间是12月17日,不是吗?

答:刚刚进入南京就马上派出入城部队的这件事,发生于12月13日和14日。

问:你在书面陈述材料中说,在胜利进入城市之际,派出了一支特选部队,派出的时间是12月17日,不是吗?

答：这支部队到达南京城墙的时间是 13 日早晨，从当天及次日起，派出 2 个营进入城市执行搜索作战任务。

问：在胜利入城之时，派出一支特选部队进入城市的时间是否在 12 月 17 日这天？

答：不是，情况不是这样。在进入南京之时，入城仪式是在 12 月 17 日这天举行的，这支部队不是限定在这一天派出的。

韦伯庭长：我们将休庭 15 分钟。

（14：45 开始休庭）

（15：00 重新开庭）

法庭执行官：远东国际军事法庭现在恢复开庭。

韦伯庭长：克莱福特上尉。

语言仲裁官（克莱福特上尉）：如果法庭允许，提交下列语言校对内容：涉及辩方第 2667 号文件、第 3398 号法庭证据中的第 4 部分，第 3 页第 7 行与第 8 行。删除"但是在师团负责的区域内，没有把当地居民疏散出去"，取代为"但是在师团负责的区域内，当地居民没有留在那里，因为他们已经逃走了"。

韦伯庭长：诺兰准将。

诺兰检察官：请法庭允许继续。

问：中泽将军，在胜利之师进入城市的时候，派出了一支特选部队，情况不是这样吗？

答：我回忆不起来在我们胜利进入南京的时候，是否特别选定了部队。我只是想起来我们从各种部队中挑选代表，在举行仪式的场合上代表各自的部队。

问：你在书面陈述材料中相同的第 2 段，进一步说派出特选部队"是为了安抚和善待市民，以及维持秩序。"

派出这支特殊部队进城的原因，是不是由于曾经有人报告出现过凶杀或暴行事件?

答:这两个大队被派到城内,是为了搜索残敌——敌人的残余力量。

问:你在书面陈述材料中说"是为了安抚和善待市民,以及维持秩序"。

是否有人报告过出现了混乱局面以及对待市民不友善的事件?

答:我认为第2段的含义是说,这些部队是奉命这样做。由于我手上没有书面陈述材料……

问:最早进入城里的部队不是也得到这样做的命令吗?

答:是的。

问:在这支特殊部队被派入之前,是否有人报告过出现恶意对待市民的现象?

答:你最好看一下我的书面陈述材料。我想你是把进入城市的第一支部队,与随后入城执行搜索残敌任务的部队相互混淆了。

诺兰检察官:请给证人出示一下第3398号法庭证据的日语原件。

(法庭把一份文件递给证人)

证人是否看到第2段中用英语书写的最后一部分内容?

证人:在我的书面陈述材料中,所说的话是这样的:"松井将军命令我们在进入城市的时候,派出一支特选部队来安抚和善待市民,以及维持秩序。"

问:你在翻译中是否遗漏了"胜利"一词?

答:是的,我的意思仅仅是"进入城市"。

问:那好。

答:我感到你曾经告诉过我的……在你告诉我的这些话中,乃至你现在正在把这件事与第4段中"……1937年12月13日拂晓,约两个大队的兵力被派到城里搜索指定区域"的这部分内容相互混淆了,这些指定区域的地名已经给出。我认为你把这部分内容与你所引用的第 2 段中的"松井将军命令我们派出一支特选部队来安抚和善待市民"等部分内容相混淆了。

问：可以把你的注意力放在你书面陈述材料第 4 部分第 2 段吗？在这里，你说 12 月 23 日，第十六师团以一部分兵力取代了先前进入城市的另一支部队。

另一支部队是哪支部队？

答：是隶属于别的师团的一支部队。

问：很明显，但它的番号是多少？

答：第九师团。

问：南京被攻陷之后，在城墙里面除了第九师团和第十六师团以外，还有哪些师团？

答：我不知道除第九师团建制内部队的其他任何部队番号。除了我们师团前方及两翼的部队以外，我不知道还有哪些师团。

问：它们（指第十六师团前方及两翼的师团）是哪些部队？

答：第九师团在我们左翼，所以另一侧是隶属于第十军的师团，但是，我忘记了哪个师团位于右翼、哪个师团位于左翼，我忘记它们的番号了。

问：你在书面陈述材料的第 10 段中说，你接收到军事警察提供的关于日本兵触犯抢劫罪的一些案例。这件事是否发生在南京？

答：是的，发生在城墙内。

问：那里发生了多少起抢劫事件？

答：我忘记了具体数量。

问：都抢了些什么？

答：都是不值钱的物品。

问：是哪一种物品？

答：根据我的回忆，是一些日用品——一些食物和当地土产。

问：你可以看一下书面陈述材料第11段,在这一段的结尾处,你说有时士兵们会禁不住袭击那些他们认为有危险的地方,你接下来又说道,这些袭击行动导致了各种各样的不良后果。请问是何种不良后果?

答：好,假如我们的士兵在看见一面飘扬的外国旗帜时,却可能认为这些旗帜是中国军队在虚假位置上使用的,等他们来到这些地方时,有可能发现这些外国旗帜确实代表着外国居民。于是,生活在那里的外国人就会被激怒。

问：你在第12段中说,"发生了一些违反有关纪律的零散事件。"将军,请问这是一些什么类型的违纪事件?

答：举个例子,想进入难民区、想与中国妇女同居,我想就是一些此种性质的事件。

问：你的意思中的违纪事件是指非法进入及强奸,还是试图犯下这类违纪事件?

答：有一些是试图去犯罪,我认为在强奸事件中有一些是实际发生的事件。

问：那里发生了多少起?

答：我想不起来了,我认为数量不多。

问：在你书面陈述材料中的第13段,你提到一些埋葬尸体的地点,参考的是由检方提供的证据。你参考的是哪份证据?

答：我忘记了文件序号,但是,这是一份由慈善组织编发的文件,这家慈善组织的前身是南京市慈善机构。

问：好! 你是否认为那些被埋葬的尸体,就是在城墙内战斗中牺牲的士兵尸体?

答：是的,不仅仅在城墙内,但是更大量的尸体发现于刚出城墙外的防御工事地域内。

问：这些尸体中,是否有妇女及儿童的?

答：你问这话是什么意思?

问：好，根据检方提供的证据，那些被发现的尸体都是属于妇女及儿童的。是否这些人被杀害于城墙外？

答：由于我不能证实这些尸体是我亲眼所见，所以我不知道。

问：那么就是说，你不知道这些尸体从何而来，对吗？

答：我是说我没有亲眼看到那些尸体，我指的是检方提供的证据中所指的尸体。

问：还有，你是否正在凭借没有人了解的这种说法，来竭力解释这件事与己无关吗？

答：我想说——我想说的是，关于检方提供证据所说的那些在防御工事地域找到的尸体——是在战场上发现的，而且，我想说这些尸体就是士兵的尸体。

问：你是否看见了那些尸体？

答：是的。

问：那里有多少具？

答：具体数字我想不起来了，但我能记得我看见这些尸体躺在战场上。但是，我说这些话的意思不是指看到了检方证据所提到的全部尸体。我只是想说我在战场上看到了一些尸体。

问：在你书面陈述材料中的第14段，即最后1段，你提到1938年1月1日举行了公共秩序维持会就职成立仪式，你又接着说集会是在鼓楼前面的公共广场上举行的，有成千上万的中国人在庆祝仪式地点欢呼。

当天是不是发生了苏联大使馆失火事件？

答：是的。

问：你是否见到了失火现场？

答：是的。

问：是谁放的火？

答：我不知道。

诺兰检察官：我要提的问题就这么多。

韦伯庭长：我代表法庭成员，还有一些问题需要提出。

由韦伯庭长提问：

问：当你担任第十六军参谋长期间，你是什么军衔？

答：我担任的是一个师团的参谋长。

问：将军，你当时是什么军衔？

答：我是一名大佐。

问：你是什么时候被提升为中将的？

答：1941年10月。

问：在参加夺占南京的战役中，你是否被授予了勋章？

答：我不知道授勋是否是为了奖励南京地区的战斗。

问：部队进入南京时，第十六师团的指挥官是谁？

答：中岛今朝吾中将。

问：他在哪里？

答：他已经死了。

问：进入南京以后，新成立的委员会中的中国人成员是谁？

答：我不记得了。

问：中国士兵掉队者被移交到上海派遣军司令部以后，会出现什么结果？

答：他们会被当作战俘来对待。

问：他们是否会受到某些触犯？

答：那是上级司令部的事，我不知道随后发生了什么情况。

韦伯庭长：是的，就这么多问题。我代表法庭成员，没有更多问题了。

马蒂斯辩护律师：如果阁下同意的话，没有需要再次直接询问的问题了。

证人可以退庭了吗？

韦伯庭长：按照通用法律条款，他可以退下了。

（证人退庭）

马蒂斯辩护律师：现在，我们传唤证人饭沼守。

（饭沼守以证人身份，代表辩方再次出庭作证，首先进行了法庭宣誓，通过日语翻译进行了以下作证）

韦伯庭长：他仍在遵循他以前的誓言。

马蒂斯辩护律师：证人现在可以宣誓吗？——被打断。

韦伯庭长：我知道他已经宣过誓了，我可能是搞错了。

马蒂斯辩护律师：是的。可以给证人出示辩护方第2626号文件吗？

直接询问（马蒂斯辩护律师询问饭沼守证人）

问：证人先生，这是你的书面陈述材料吗？

答：是的。

问：其中包括的情况和事件是否属实？

答：是的，属实。

马蒂斯辩护律师：如果法庭允许，提供这份书面陈述作为证据。

韦伯庭长：依照通常规定，予以接受。

书记官：辩方第2626号文件将被认定为第3399号法庭证据。

（上面被提到的文件，标记为辩方第3399号法庭证据，并被认定为证据）

韦伯庭长：这名证人以前宣誓过吗？我们似乎认为他已经宣誓过，但我们必须确认这件事。

马蒂斯辩护律师：让我来询问一下。

证人先生……

韦伯庭长：不要问他。我们自己就可以弄清楚这件事，范·米特上尉说他曾宣誓过，而且他认识所有证人。

书记员：庭长先生，我们的记录显示，这名证人以前曾经出过庭。

韦伯庭长：我们必须独立弄清楚这件事，但我想问问他是否以前给法庭提供过证据？

马蒂斯辩护律师：证人先生，你可以回答。

证人：是的，我以前曾经在这个证人席上出过庭。

马蒂斯辩护律师：我将宣读第3399号法庭证据，内容从第2段开始：

（2）我是一名退役中将。当上海派遣军组建时，我被任命为松井司令官手下的参谋长，参加了上海和南京的战斗。

（3）当上海派遣军组建以后，松井将军给他手下的军官们提出如下指令，并且命令他们回去传达给自己的士兵。

① 上海附近地区的战斗旨在征服与我们对抗的中国军队，因此要尽可能地保护和优待中国官员和人民。

② 要经常牢记，不要卷入与外国居民和军队之间的麻烦中，要与外国官方保持联系，以便避免产生误解。

（4）为执行上述指令，官兵们付出了非同寻常的艰辛。上海战役期间，中国士兵和百姓，以及日本军队人员都被提供了医疗诊治；还给发放了药品，防止传染病的传播。就在日本军队进攻上海市南区的时候，前线部队在技术上采取了令人难以置信的措施：不使炮弹落入该区域，以便保持城市的和平环境和良好秩序。

上述指令在全部时间段都得到了一再重申，在执行过程中，即使是在南京战役之后，也都得到了上级的严格监督。

（5）上海战役刚一结束，松井将军接见了美、英、法等国代表，对战役给他们国家所带来的损失表示歉意。他解释了在国际背景下的日本形势，请求他们与我们相互配合，以便在短时间内结束战争。松井将军从来没有给我下达过任何有关轻视外国权益的命令，而且我也从未看到或听到他指挥下的官兵犯下这些行为。

（6）1937年12月2日，上海派遣军奉命攻占上海。当时，作为华中方面军总司令的松井将军，下达了关于攻占南京的详细指令。我作为参谋长把这些关于攻占南京的指令，向松井手下的部队进行了传达。同时，指令中的"容忍和善待不敢抵抗的中国士兵和人民，并安抚和保护他们"等内容，使部队官兵感到惊讶。

我将在宣读中省略第7段内容。
下面宣读第4页中的第8段内容：

（8）12月10日，下达了进攻南京防御堡垒的命令。
　　这是负责进攻的第十六师团第三十三步兵联队，负责进攻紫金山……

我还将在宣读过程中略去此段内容。
第5页中的第9段内容：

（9）在南京陷落之后，几乎城墙外的所有大房子都被烧毁或破坏掉，因而城外没有容纳日本军队住宿的房屋。尽管存在这种事实，但也只是有比预期更多的部队进入城市（没有全部入城）。于是，我根据松井将军命令，将除第十六师团以外的所有部队，都调到很远处的东部防区进行休整；而且还命令部队遵守严格的军事纪律和公共道德，以便保持城市秩序。

（10）我分别于1937年12月16日、20日和31日三次视察部队,却并没有在街道上发现尸体。在附近的下关看见了几十具死于战场上的士兵尸体,但是类似检方宣称的数以万计的被屠杀尸体,我甚至是做梦都想不到。我承认那里发生了小规模火灾,但我既没有看到一起具有国际影响的纵火案,也没有收到过一起这方面的报告。城墙以内的市区虽然有一些被烧毁的房屋,但几乎所有房屋都完好如初。我经常教育日本军队要谨防火灾,告诫他们要以高度的责任感对待这项工作。

(11)部队进入南京后,有人向松井将军报告,发生了一些抢劫和暴力事件。他对此感到懊恼,说这些非法行为是在罔顾他的一再指示的情况下发生的。他命令他的军官要尽自己最大努力防范罪行的再次发生,并坚持要对不法行为施以严惩。因此,这些违法者受到了惩罚。后来,部队严格执行军事纪律,我听说甚至还发生了第十六师团给法律部门司法程序提出抗议的事情。

(12)我听说一些部队拿走了老百姓的家具物品,但他们却说他们这样做,是为了方便宿营。他们说在征用这些物品的时候,他们给老百姓的损失提供了补偿,但是在多数情况下,是由于房主已经逃跑,他们贴上一张留言条,为宿营过程中产生的补偿作担保。有些兵偷偷搬走了家具物品,还有一些人拿走了原本属于外国人的家具物品。不过,这种事都通过征询物品所有人归还物品,或折价赔偿损失、惩罚违纪者等途径,得到了解决。当然,派遣军司令部既没有命令部队去干违法的事情,也没有允许他们这样做。

(13)至于南京难民区的管理事宜,我命令第十六师团去警卫并保护那个地方,限制不持有证件的人出入那个地方,由军事警察在那里站岗。所以,我相信不可能会有人以个体方式、集体方式进入那个地方,或时常去侵犯那个地方。我从来没有听到或看到过检方指证的那些事件,因此,我从来没有听到过此类事件的司令官松井作过类似的报告。

（14）我不知道南京地区安全委员会提出过抗议，所以我从来没有把这件事向松井将军报告过。

开始交叉询问。

韦伯庭长：诺兰准将。

诺兰检察官：请法庭准许继续进行。

交叉询问（诺兰检察官询问饭沼守证人）

问：饭沼先生，1937年你在松井将军手下当参谋长时，你是什么军衔？

答：我是少将。

问：进攻南京城的作战任务，是由第十军和上海派遣军这两个军完成的，是这样吗？

答：是的，情况如此。

问：柳川将军指挥第十军，朝香宫指挥上海派遣军，对吗？

答：对，情况就是这样。

问：进攻南京的上海派遣军由第三师团、第九师团、第十一师团、第十三师团和第十六师团构成，是这样吗？

答：有一个细微差别。

问：什么差别？请讲？

答：第九师团和第十六师团是以几乎所有兵力参战的；第三师团是以部分兵力参战；第十三师团原计划也以一部分兵力参战，但由于他们没有及时到位，因而没有参加南京城墙外围的战斗。

第九师团和第十六师团几乎全部、第一师团一部，以及第十三师团一部原打算增援我们部队。但是，由于他们来晚了，没有及时加入攻破南京的战斗。

语言监督官：最后一段翻译继续有效。

问：现在，将军您已经把那些没有参加进攻南京作战行动的师团都告诉了我，请告诉我，他们都做了什么？

答：我刚才提到的那些师团参加了进攻南京的作战行动。

问：我请您再说一遍，在上海派遣军以及第十军所属部队中，第六师团、第八师团和第一一四师团参加了进攻南京的作战，是这样吗？

答：我不知道有关第十军的详细情况，但我认为参加进攻南京作战行动的部队，是第一一四师团部分兵力、第八师团，以及第六师团一部。

语言监督官：再次更正：第一一四师团和第六师团以及第八师团的一部分兵力。

诺兰检察官：可否请法庭向证人出示第3399号法庭证据的日语版本。

（法庭递给证人一份文件）

问：请您看一下第10段内容，你会看到你提到自己在下关附近，发现几十具在战场上牺牲的士兵的尸体。

答：是的。

问：饭诏将军，下关在哪？

答：它在南京西边的城墙外面，位于长江沿岸地区。

问：你在同一段内容中说，你于12月16日、20日和31日，视察了部队。在那一时期，你全程都在南京吗？或者说，20、31日以后，你返回南京了吗？

答：我们司令部实际上就在南京外边，16日和20日两天，我从司令部特意赶到南京去视察部队。

问：当你在说到"我们司令部"时，你是否指的是松井将军的司令部？

答：不是，我指的是朝香宫的司令部。

问：然而，你当时不是松井将军的参谋长，对吗？

答：直到12月初，我是松井将军的参谋长。

问：从那以后，你当上了朝香宫将军的参谋长，是吗？

答：是的。

问：你是否看到南京城内的外国公民，在从1937年12月13日到1938年2月的这段时间里，提出了某些抱怨？

答：不，我没有看到过。

问：你是否看到外国公民提的一些抱怨？

答：一点儿都没看见过。

问：你是否知道外国居民曾经抱怨过？

答：我不知道外国公民是否提出过抗议，但我听说过一些诸如偷了钢琴或汽车这样的事件，我是在这类偷盗事件发生了以后，并且采取了适当措施的情况下，才听到的。

问：你所列举到的关于偷钢琴的这件事，是哪支部队干的？

答：我忘记了。

问：你是否听说过一些凶杀案或强奸案？

答：听说过，但似乎没有凶杀案。

问：就是说，你听说过有强奸案。你是什么时候听到的？

答：我记不清日期了。总之，在我们司令部进驻南京之后，就发生过强奸案。

问：是在南京城被攻下之后多久发生的？

答：是在12月25日或26日之后发生的。

问：那好！根据你的书面陈述，松井将军在你听到之前，就已经知道了这些强奸案的发生，事实情况是这样吗？

答：我认为情况可能是这样。

问：那好！如果你看一下你自己的书面陈述材料第11段，或许能唤起你的回忆。那上面说，"进入南京以后，有人向松井将军报告发生了一些抢劫案及强奸案。"这些案件是在进入南京之后多久发生的？

答：根据"进入南京之后"这句话，可以证明，我说的意思不是我们司令部进入南京之后，而是指我们部队拿下南京之后。

问：我也是这样认为的，那些案件是在部队拿下南京之后多久发生的？

答：两三天之后。

问：这个情况是谁告诉松井将军的？

答：我认为一定是军事警察。

问：你跟他说过吗？

答：没有。

问：日本总领事告诉过他吗？

答：这我不知道。

问：你是否知道他手下的师团指挥员跟他说了这件事？

答：我认为这不可能。

问：为什么？

答：因为指挥体制不同。

问：怎样不同？

答：好的，这个系统是，如果一位师团指挥官想报告什么事，要么是师团长官，要么是他的参谋长，都有可能向参谋长、向松井将军，或者……由他们向方面军参谋长或朝香宫亲王报告，通过这些环节，消息就会传到松井将军那里。

问：12月17日举行胜利入城仪式那天，你在场吗？

答：是的。

问：是不是所有军司令官、军参谋长，以及所有师团长和师团的参谋长当时都在场？

答：第十三师团的师团长和他的参谋长没参加入城仪式。

问：其余的都参加了吗？

答：是的。

韦伯庭长： 我们将休庭至明 9:30。

（法庭于 16:00 开始休庭）

1947 年 11 月 7 日，星期五
日本东京都旧陆军省大楼内远东国际军事法庭

（9:30 重新开庭）

出席情况：

除尊敬的法官拉·帕尔，以及从印度来的成员从 9:30 到 16:00 一直都缺席以外，法庭全体成员都坐在座位上。

检方席上的状况，同以前一样。

辩方席上的状况，同以前一样。

（英日互译工作，由远东国际军事法庭语言部负责完成）

交叉询问（由诺兰准将继续询问）

问：饭诏守将军，我们在昨天下午休庭之际，谈到了部队进入南京之后，一些抢劫和暴行案件被报告到松井将军那里。你在书面陈述材料第 11 段中所提到的暴行是指什么？

答：关于"暴行"一词，有时意味着——意思是残暴行为，但有时也包括强奸。

问：当"残暴行为"的含义不包括强奸时，你认为它的意思是什么？

答：关于"暴行"一词，我的意思是例如搬走家具、用家具生火取暖，或者是击打、踢踹平民，以及类似于这种性质的其他行为。

问：其含义中包括谋杀吗？

答：不包括。

问：你昨天告诉我，在城市被攻陷之前，你们军司令部距离南京 30 公里。

答：是的。

问：你把司令部搬迁到南京的日期是哪一天？

答：大约是 12 月 25 日。

问：还有，从那以后，司令部在南京待了多久？

答：直到第二年 2 月 10 日之后的一段时间。

诺兰检察官：谢谢。

马蒂斯辩护律师：证人是否可以退庭？

韦伯庭长：依据通用法律条款，证人可以退下了。

（证人退庭）

马蒂斯辩护律师：如果法庭同意，我将提供辩方第 2708 号文件——小川的书面陈述材料。

韦伯庭长：依据通用法律条款，予以接受。

书记官：辩方第 2708 号文件将被接纳为第 3400 号法庭证据。

（上面提到的文件被标注为辩方第 3400 号法庭证据，并被接受为证据）

马蒂斯辩护律师：我将略去标题，从第一段开始宣读第 3400 号法庭证据。

（1）大约是在 1937 年 9 月底，我奉命担任第十军法务部部长，第十军的军长是柳川中将……

有人通知我，那个月份的名称应该是 10 月，而不是 9 月；如果有证人就站在旁边的话，他就会这样去更正它。

……在杭州湾北岸登陆，于第二年 1 月 4 日配属华中方面军，处于松井司令的直接指挥之下。

（2）第十军刚刚在杭州湾海岸登陆之后，就被划归华中方面军指挥。司令官松井给我们下达指令，要我们严格遵守法律，以便保护中国守法公民，同时也保护外国人的利益；而且，当然要严格遵守军纪和公共道德。

（3）到南京之前，我处理了大约 20 起违犯军纪和公共道德的案件，在处理公共道德犯罪案件的过程中，我发现很难断定这些案件是通奸还是强奸。原因是在中国妇女一方，对日本士兵采取暗示态度的不在少数，她们与日本士兵的通奸行为一旦被她们的丈夫或其他人发现之后，她们就会马上转变态度，夸张地坚称自己是被强奸的。然而，不管是通奸还是强奸，我都会衡量情节的相对严重程度，依照法律惩罚被告。对那些采取恐吓措施的人，我会施以严厉惩罚。

（4）我大约在 12 月 14 日中午时分进入南京，当天下午，我视察了第十军位于南京南部的警戒地域。

当时，我只看见六七具中国士兵尸体，没有其他的尸体。第七军于 12 月 19 日撤离南京，转向加入杭州的作战行动。我在南京逗留期间，既没有听到过任何有关日本兵违法行为的传言，也没有任何不法行为的控诉。日本军队仍旧保持着作战状态，严格遵守军纪。当然，我从未接到过处理或证实来自上层军官违法行为的命令，来自总司令松井的命令更少。

（5）日本军事警察也在严格遵守着来自松井总司令的命令，对驻地情况保持着严密监控。日本士兵的违法行为得到了严格控制。举个例子，由于我在一起案子中进行充分个人调查，没有代表检方宣判，就因为这点小过错，军事警察上硲中佐向我抗议，说我太过仁慈。

（6）1938 年 1 月 4 日，当我在上海司令部遇见松井将军时，将军加重语气说,"审判罪犯应当公平、严格。"我忠实地按照他的意见,极其严格地履行我的职责。

1947 年 10 月 6 日,由宣誓人小川签名

现在,我们将传讯证人榊原。

榊原主计代表辩方出庭作证,首先进行宣誓,尔后通过日语翻译作证言如下:

直接询问(由马蒂斯辩护律师询问榊原主计证人)

问:请你把你的姓名和住址告诉法庭。

答:我名字叫榊原主计,我的住址是日本本州东京新宿区四二番地。

马蒂斯辩护律师:可否向证人出示第 2237 号辩方文件?

(一份文件被递交到证人那里)

问:你是否看到了刚才已经递交给你的那份文件?请告诉法庭,这是不是你的书面陈述材料?

答:这是我的书面陈述材料。

问:材料中所阐述的事件及情况是否属实?

答:材料中的内容全部真实无误。

马蒂斯辩护律师:如果法庭同意,我将把这份材料提供为证据。

韦伯庭长:依据通用法律条款,予以接受。

书记官:辩方第 2237 号文件将被接纳为第 3401 号法庭证据。

(上面接到的文件被标注为辩方第 3401 号法庭证据,并被接纳为证据)

马蒂斯辩护律师:我现在将略去标题,从标记为数字 1 的这部分开始宣读第 3401 号法庭证据。

（1）我早先是陆军大佐，现在是第一复员省人事课课长。

（2）1937年（昭和十二年）8月，上海派遣军组建时，我被任命为上海派遣军参谋军官，受命负责主管派遣军的后勤工作。8月23日，部队在吴淞口登陆后，我在第一阶段负责处理部队的弹药补给事宜。但是，当我们的部队进入南京之后，我关注于物资运输事务。第二年的1月23日，我接到命令返回日本。

（3）我非常熟悉松井将军的作战计划，因为我经常直接接收到他的命令，并且自从上海派遣军组建之际，他就在司令部里向我征询过意见。

（4）由于派遣军是在未经准备和计划的情况下突然组建，形势决定我们不能等待那些刚刚完成机动任务的部队全部同时完成组建，而必须一支部队接一支部队地及时派往前线，去营救海军登陆集群，他们正在上海地区极其困难地与敌作战。分遣队由第三师团的四个步兵联队、两个炮兵联队共计5 000人，和第十一师团的四个炮兵联队、两个炮兵联队共计5 000人，以及八门火炮构成。由于弹药准备不充分，他们只能给每门炮携带400发炮弹，总共准备了3 200发炮弹。

（5）正如以上描述的那样，我们的兵力很少，必须以寡敌众。虽然我们后来逐渐得到了增援，松井将军的登陆计划还是延误了大约两个星期。而且，由于例如霍乱、痢疾等传染病在部队里流行传播，我们把整个宝山镇变成了一个疫病隔离医院，以便在那里收治病号。

尽管这些疫病到了10月份已经不再盛行，但是从结果情况来看，我们的战斗力却经常表现出明显的衰退。然而，由于对弹药和给养的需求，战场上的局势要求我们必须在极其困难的条件下战斗。我认为以上说到的这些困难肯定是因为在这个区域进行军事作战准备的需要，以及为了依据不使衰退局势蔓延的原则，而需要持续增加兵力等原因造成的。

（6）上海派遣军也根据野战勤务条例规定的正规手续，时常在占领区征用军需品。

征用行动经常是由联队里的财务官拟制完征用计划后，携带着装有钱款的金库来具体执行的，在未经允许的情况下，联队级以下单位以及个人严格禁止从事征用行动。征用实施过程，是由支付补偿的形式进行的。

（7）我们在执行征用任务的过程中，在上海与南京之间的占领区陷入尴尬局面，因为那里既没有居民，也没有可以与之谈判协商的行政机构。

在这种情况下，我们不可避免地在未经所有人亲自同意的情况下去使用拟定被征用的商品，我们经常会贴上一张描述有征用商品种类及数量的告示，以便有可能将情况通知给商品的所有人，让他们来司令部收回补偿。

在无锡的粮仓里，我实际目睹了这样的征用过程。

（8）只要商品主人或行政机构还留在占领区，我们就会与他们谈判协商，征得他们同意，并付给他们等价钱款后，顺利地取走征用的商品。

我尤其记得有许多次征用行动，我都是用这种方式进行的。有一次，在金山卫登陆作战期间，那里还有一个保持行政权力的村长。我与他协商后，得到了给养和草料的补充。当我们把可观的补偿金交给他，并且采取行动保护仍留在那里的居民时，村长对我们部队的整齐有序行动表示感谢，并且热情地接待了我们。

在常熟的情况和这里一样。

（9）而且，我在许多地方都用我亲笔签发的通知簿去指示部队保护居民，禁止到许多其他地方抢掠财物。我采取以上所述的全部措施，都是按照松井将军的意图行事。由于没有人留下来行使行政权力,在南京不可能找到可以进行谈判协商的人。所以,可以猜想到的是,我们部队按照上面提到的简便措施来执行征用行动。至于从城中难民区征用物品的情况,我从来没有听说过。

(10) 中日军队都在前线组织放火行动,并把它当作一项战术手段。中国军队在撤退之前实施的放火在不同地方都造成了严重损害,阻碍了我们的前进,或者也妨碍了占领之后的局势缓解与平定。

在我们占领南京之前,那里已经起火了,但攻下该城之后,没有出现大型火灾。据我所知,那座城市只有小部分城区被烧毁,大部分城区都没遭受过火灾。情况很清楚,如果我们在那里看一眼,就会发现如夫子庙(孔庙)相邻地带与其他中心位置一样,都保持着战前的模样。与南京相比,烧毁的地方面积很小。

(11) 我看见外交部,以及军政部、海军部的大楼已经被用作医院,用来救治伤员和中国的病人。

然而,由于医疗器械不足,情况看起来难以再接收病号。那里绝不可能发生任何屠杀,相反,我们给他们米饭和医药补充。

我们竭尽所能地救治,他们也没有苏醒过来,他们当中的大多数人都伤势危重,似乎已经死了。

(12) 进入南京以前,我们很少抓到战俘。到南京附近地区后,有人告诉我说,我军抓获了大约4 000名战俘,他们当中的一半将送往上海,其余的战俘将在南京羁押。

虽然我看到他们当中的一些人受雇为普通劳力,但我从来没有虐待他们,劳动任务完成后,我就会解雇他们。

一个从泗县来的姓刘的战俘,是我以这种方式释放的真实事例。对战俘的待遇可以通过听到来自他们的消息来断定,战俘们经常犯下越狱、盗窃等罪行,我猜测后来的罪犯依照法律将会受到充分的惩罚。但是,据我所知,对先前的罪犯任其妄为,没受到任何惩罚。

（13）按照官方拟制的命令，"任命为……"意思是指某人被任命到一个固定的职位，该职位具有足够的官方权力；而"非常规指派为……"意思是指某人被指派到不固定的岗位，没有足够的官方权力，是一个没有职务的官员。在松井将军的任职简历中，"被指派到参谋本部（日期是昭和三年十二月）"意思是他被安排到参谋本部当官，但是没有固定职位（后来，他去欧洲各地旅游）。

该文件由宣誓证人签名

你可以进行交叉询问。

诺兰检察官：这里将不安排交叉询问环节。

马蒂斯辩护律师：如果我可以的话，我想向这位证人提一个被忽略的问题。

韦伯庭长：我们允许你这样做。

问：榊原先生，在南京发动军事行动之时，松井将军的司令部位于哪里？

答：大约在攻克南京之际，也就是大概在1937年12月10日左右，松井将军的司令部位于苏州，苏州在南京以东大约40英里处。

更正：是南京以东140英里。

12月13日那天，松井将军在苏州；15日，他到达汤水镇地域；12月17日，松井将军进入南京；21日那天，他从南京乘坐驱逐舰到达上海。

问：就在抵达南京之前，当松井将军待在他位于苏州的司令部之际，你是否和他在一起？

答：我没和他在一起。

问：当南京被攻陷之际，松井将军是否在南京？

答：不是，他不在南京。正如我已经说过的，他在苏州。不，他当时不在南京，就像我以前说过的那样，他在苏州。

韦伯庭长：我们将休息15分钟。

（10：45 开始休庭）

（11：00 重新开审）

法庭执行官：远东国际军事法庭现在恢复开庭。

韦伯庭长：马蒂斯先生。

马蒂斯辩护律师：补充提一个问题。

问：当那里发生军事行动，以及南京城被攻陷之际，你是否知道松井将军为什么不在南京？

答：我知道。

问：他为什么不在那里呢？

答：这是因为当地适宜建立司令部、松井将军的司令部，在苏州可以同时对上海派遣军和第十军实施充分的指挥。而且，在12月13日，也就是南京城被攻陷的那天，松井将军生病了，按照我的理解，他由于这个原因，不能来到前线。

马蒂斯辩护律师：就这些。

韦伯庭长：诺兰准将。

诺兰检察官：先生，如果您同意的话，我想提一个问题。

交叉询问（诺兰检察官询问榊原主计证人）

问：你告诉我们，12月10日那天，松井将军司令部在苏州，12月15日那天，他又去往另一个地域，请问那个我不清楚的地域的名称是什么？

答：他是在苏州，我再重复一遍：他于12月13日在苏州，12月15日那天他在汤水镇。

问：汤水镇距南京多远？

答：大约10日本里。

问：你知道按英里计算是多远吗？

答：我认为大约是25英里。

诺兰检察官： 就这么多问题。

马蒂斯辩护律师： 证人可以退庭吗？

韦伯庭长： 按照通用法律条款，他可以退下了。

（这名证人退庭）

马蒂斯辩护律师： 接下来，我们将提供第1371号辩方文件。这份文件是一张关于一名上海派遣军的参谋军官按照松井司令官的命令，在位于镇江的天禅寺的墙上张贴告示的照片。

这是松井将军尽其所能去维持军队纪律和官兵道德水准，并防止他们出现任何暴行的证据。

韦伯庭长： 依据通用法律条款，予以接纳。

书记官： 第1371号辩方文件将被认定为第3402号法庭证据。

（上面被提到的文件，被标注为辩方第3402号法庭证据，并被认定为证据）

马蒂斯辩护律师： 这份法庭证据包括一张告示的复印件，上面写的话翻译过来非常简短："不要放火烧这座寺庙，不要抢劫这座寺庙。

我将再次宣读一遍："不要放火烧这座寺庙，不要抢劫这座寺庙。保护这座寺庙内的道士。1937年12月，派遣军司令部。"

接下来，我们将传唤证人下中弥三郎，由伊藤先生对其进行询问。

（下中弥三郎代表辩方出庭作证，首先进行了正式宣誓，尔后通过日语翻译作了如下证言）

……

（冈田尚代表辩护方出庭作证，进行宣誓后，通过日语翻译作了如下证言）

直接询问（马蒂斯辩护律师询问冈田尚一证人）

问： 请将你的姓名及住址告诉法庭。

答：我的名字叫冈田尚，我的地址是静冈县热海市伊豆鸣泽。

马蒂斯辩护律师：请给证人出示辩方第 2670 号文件。

（一份文件被递交给证人）

问：你是否看到了那份已经递给你的文件？请告诉法庭，这是不是你的书面陈述材料？

答：这是我的书面陈述材料。

问：其中所叙述的情况及事件是否属实？

答：属实。

马蒂斯辩护律师：如果法庭许可，我们将提供这份证词作为法庭证据。

韦伯庭长：依照通用法律条款，予以接纳。

书记官：辩护方第 2670 号文件，将被接纳为第 3409 号法庭证据。

（上面被提到的文件，被标注上辩方第 3409 号法庭证据的标记，并认定为证据。）

马蒂斯辩护律师：我从第 1 段开始，略去标题部分，宣读第 3409 号法庭证据。

（1）我在东亚同文书院学习汉语和中国当代史，从同一所学校毕业后，成为上海中学的一名讲师。通过这份工作，我在重要的中国人当中结交了一些朋友和熟人。

（2）由于我已故的父亲曾是松井将军的亲密朋友之一，我从儿时起，就与将军熟识了。

1937 年 8 月，当他作为上海派遣军司令即将从东京动身之前，将军叫我来到他位于大森的家里，对我说他想带我去上海辅佐他的工作，在他的司令部里面当一名非正式军官。我同意了。关于我的职责，将军说了以下这些话：

我曾经是日本军队的一位高级领导、已故将军川上操六和"中国国父"孙中山的忠实追随者,在过去的几十年里一直为了实现亚洲解放与革新,而致力于中日之间的友谊与合作。尽管我和我的朋友为此付出了热切的努力,但两国之间还是发生了不愉快的事件。如今我事与愿违地被任命为派遣军司令,我对此充满了奇怪的心情。

把像我这样的老人从预备役序列中抽调出来,安插到如此重要的岗位,其原因似乎不是为了取得辉煌的军事功绩。我凭借自己对中国的深刻了解和热爱,希望完全按照不激化矛盾的原则解决矛盾事件,至少要给任何一方带来尽可能少的牺牲。

对于已经侵犯日本权益,并以所有反日敌视、傲慢行径来威胁我国在上海居民生命财产安全的中国当局来说,要求他们给出一个负责任的态度,这当然是必需的。然而,这是由一个长期积累起来的原因,随之而来产生的一个结果,导致了当前的公开争端,中日双方都应该对此负责。我热切地希望我的这个真诚的愿望,能够被两国人民深刻理解。我热切期待两国充分理解我的迫切愿望,通过尽可能少的作战行动,打开一条实现两国之间矛盾化解的和解之路。

于是,当我在上海登陆时,我的首要职责是尽可能多地与中国有影响力的人士取得联系,告诉他们松井将军从来不想与中国交战,我将在战争期间看到中国人的生命财产以及其他所有物品的安全,并且将致力于实现这起不愉快事件的迅速解决,希望为此付出我的合作与援助。

将军接着说,如果有必要的话,我们能够以一支力量相对弱小、装备相对劣势的军队,通过巧妙运用战术,打败一支庞大的敌军。但是,这样做将只是为了寻求军事上的胜利,而且从远期来看,其结果也将会是灾难性的,因为被迫的作战必然需要付出人员生命的极大牺牲,以及士兵们产生的过度仇视心理。因此,更加希望通过使用充足数量的装备精良的部队,来取得一个迅速而又具有压倒性的胜利,从而避免战术作战行动的延长。这是使我们的不激化矛盾原则作用于迅速恢复和平的最有效途径。

于是,我要求政府给我提供至少5个步兵师团的兵力,但是陆军省却认为有3个步兵师团就足够了。陆军省缺乏对中国近期局势的了解,对此我感到很遗憾,禁不住地为我们的非激化矛盾原则感到担忧。

(3) 8月底,当事件正处于初始阶段时,我在上海登陆(松井司令官当时仍在船上)。我立即就开始寻找我的那些采取妥协态度的中国熟人,以便将松井司令官的意图传递给他们(我通过特务部长原田熊吉,与司令官保持联络)。我找到机会与我的一位非常年长的朋友、中国资深政治家唐绍仪谈话,还和熟知日本局势的李泽一先生交换了意见,我们就消除日中关系上的灾难事件的问题进行了交谈,并最终达成了一致意见。

我还试图与我父亲的朋友杜月笙取得联系,为维持当时上海作为国际都市的和平与秩序,而寻求他的帮助。但是,在他动身去香港之前,没能找到机会与他见面。

(4) 12月6日,我与军长一道,来到他位于苏州城内的司令部。到达苏州后,松井将军写了一份通知中国军队立即投降的告示,并于12月9日将印有相同内容告示的传单空投到城墙密闭的南京市内各处。他的目标是在不发生流血杀戮的情况下夺占这座城市,给这个首都带来尽可能小的破坏。与此同时,他还采取预防措施,防止出现建制不同的部队对城市发起仓促进攻的情况,每支部队都想第一个攻入城市,由此将会给城市带来不必要的破坏,并加剧市民所遭受的苦难。于是,他在12月9日,或大约是这一天,给部队发布了命令。如果我没记错的话,其内容是命令所有在他指挥下的部队停止总攻,待在城市四周他们各自的阵地上,等待司令部发布进一步命令。同时,他给全军下达了指令,要求部队要关注中山陵(孙中山先生的陵墓)及其附近各种文化设施,和外国人权益的安全保护问题,并且还要保持严格的军队纪律。

12月8日深夜(大约凌晨2:00),我被突然叫到参谋军官的房间,去把一份告示翻译成汉语,其大意是这样的:

对于我们要求你们投降的意见,你们必须在12月10日中午之前作出答复,届时我们将在中山门外南京至楚阳公路上的哨兵巡逻线位置,等待你们的答复。如果你们的部队能在指定地点派出可以代表你们司令官的负责人,我们将准备与你们围绕接管南京城的协议问题进行谈判。但,如果我们未能在指定时间内得到你们的答复,我们的部队将被迫开始攻城。

以上告示被写道传单上,与其他劝降传单一起,于12月9日被空投到南京的城墙之内。

12月9日早晨,我与参谋长冢田、参谋公平、中山一起,乘坐汽车从苏州出发。到达南京郊外时,我们在一支部队的宿营地度过了一个晚上。第二天11:00,我们(冢田、公平、中山和我)来到中山门外,花了两个小时在那里等候中国军事谈判代表。但是,直到13:00,他们根本没有出现。于是,我们离开那里。如果我没记错的话,不久以后,总攻的命令下达了。

(5) 12月13日清晨,南京城被攻陷之后不久,我于村上中佐一起进入南京。考虑到这场残酷战斗刚刚在那里结束的实际情况,这座城市看起来相当和平。最吸引我们注意力的是中国士兵丢弃的大量军装和武器,它们散落在街道上。我发现人们在城市的一些营房内避难,从这些人当中带走50人来到大都市宾馆,那里将作为司令官的住所。让他们帮助司令部管理部的士兵打扫并清洁宾馆内部。在那里,被带来为我军服务的难民和其他和平公民，都可以接收到司令部给出的报酬。他们还将得到士兵晚饭中数量充足的剩饭。因此，他们工作得很愉快。

当时，我记得有一位姓孙的老人，约有60多岁，会说一些日语，来到我们司令部和日本领事馆。在我们的批准之下，他当即就组织了一个由他自己实施管理的社区。

(6) 从12月17日开始，司令官在大都市宾馆住宿。在他住的房间附近，也给我分了一间屋子。12月17日晚上，举行了一场由司令官和其他军官参加的庆祝晚宴。当第二天早上，我来到司令官的房间去拜见他的时候，他独自一人待在屋里，看上去非常悲伤。按照惯例行完早安礼后，我问他是否有什么不开心的事情而使自己感到烦恼，因为他看起来一点儿都不像一位取得攻占敌国首都这样辉煌胜利的将军。他平静地说，我以前曾经多次到访过南京城，抱着唯一的目的，就是想实现日中两国之前的和平关系，为了这个目的，我已经为此怀抱希望并工作了30多年。但是现在却发现，我们不知不觉地给这座城市带来了相当惨痛的影响。当我想到我的许多逃离南京的中国朋友的心情和感受，以及两个国家的未来时，我只能感到悲伤。我非常孤独，再也不会有庆祝胜利的好心情。

当他以这种悲伤、沉重的语调向我说这些话时，我禁不住同情他。我知道，日本海军和陆军中的许多军队领导都对研究与欧洲、美洲有关的事务感兴趣，都习惯于轻视对中国问题的研究。但是，松井将军却从年轻时代就几乎只身一人致力于对中国问题的研究，他之所以能被提拔为将军，得益于他在研究中国方面取得的建树，这种情况确实是一个特例。我还知道在军队里面，没有其他人能够像他这样在中国拥有这么多的朋友。

我认为将军那时的心情与感受，在他于1938年元旦那天在南京写下的汉诗中，得到了充分体现。当我来到他的官邸给他拜年

时,他向我展示了那首诗。如果用英语朗读,那首诗的大意是:

走南闯北几十年,

我为亚洲的新面貌而工作,却只剩下哀叹!

如今在战时营地庆祝自己的61岁生日,

即便这样,死亡也不能磨灭自己年轻时的希望。

松井将军详细解释了这首诗:

通过几十年来自己用心灵和力量游历中国,曾经为了亚洲的和平与发展而祈祷并工作着。但是,每当回想起自己的具体所作所为,我意识到自己的能力有限。如今我已时年61岁,且身处战争之中,但是,我自从青年时代就已珍藏的热切愿望,却不会被岁月所磨灭。即便我的身体消亡了,我也永远要奋斗着去实现目标。

（7）12月19日,司令官松井为了观察战场局势,在参谋军官的陪同下,参观了紫金山和天文台。在那里,他一边听着参谋军官给他介绍情况,一边以宽阔的视角来观察这座城市。看到中山陵状况良好,将军表现出喜悦而又感激的心情,对军官们说,他对中断了蒋将军努力实现中国统一进程的日军做法,而感到怀有歉意。他又补充说,如果蒋将军能再耐心等待一些年,并且避免敌对行为,日本或许就能知道运用武力解决两国之间问题的弊端,那样就不会出现兄弟之间同室操戈的悲剧。他的参谋军官们看起来很好奇地听着他们的将军以这种方式与他们交谈,我站在旁边,也聆听着他的讲话。

在回去的路上,将军说他想去看一下周围难民的生活状况,这令他的参谋军官们感到很惊讶。他去看了难民,他向他们询问了他们在战斗期间所经受的危险情况,以及其他各种相关问题,并安慰他们说,尽管他给士兵下达的小心不去伤害难民的严格命令,他们有时可能会发现他们身处困境,因为日本兵听不懂他们的语言。

但是，和平繁荣的日子注定会很快来临，为此，他们应该毫不惊慌地从事他们的职业。

以上说的话，是由我逐字进行的翻译。

韦伯庭长：马蒂斯先生，按惯例，进行一次常规休息。我们将休息 15 分钟。

（法庭从 14:45 休庭）

（15:00 重新开庭）

法庭执行官：远东国际军事法庭现在恢复开庭。

韦伯庭长：马蒂斯先生。

马蒂斯辩护律师：我继续宣读第 9 页第 8 段内容：

（8）司令官极为担心纪律问题会随着残酷战斗的进行而逐渐恶化，于是他时不时地告诫参谋长冢田，要注意通过严格的命令和严厉的惩罚来保持纪律和道德水准。我经常站在他旁边，听到他下达类似的命令。后来，我看到一些军官和士兵，因受到严厉惩罚而成为罪犯，由上海遣送回国。

2 月中旬，松井将军在军队重组过程中，从其领导岗位被解职之后奉命回国。他与我见了一面，于是对我说：

在我履行任务期间被奉召回国，对我来说是巨大的遗憾，我所履行的任务是由我去完成一项远比掌管军队领导职务更为光荣的使命。这个任务包括攻占南京之后停止武装敌对行动，集中精力努力实现与中国政府的和解，而不是越过南京向长江上游扩张战线。但是，由于自己已经按照天皇的命令，由领导岗位上卸任了，我必须像一个下级应该做的那样去遵守命令。

（9）12 月 21 日，在南京城里度过了一些天之后，司令官松井登上一艘日本驱逐舰，于 23 日返回位于上海的方面军司令部，沿途还参观了乌仑山古战场和镇江。与将军待在船上，我得以有机会和他进行自由而又闲暇的交谈。当时，他对我说的话的内容梗概是这样的：

　　日中之间爆发的不愉快战争，再也不应进一步蔓延。由于满洲事变后，中国所推行的反日教育的结果，在军队阶层当中的反日情绪加剧了，同样在学生当中也弥漫着反日情绪，导致我国驻华侨民的权益受到侵犯，生命财产安全受到威胁。因此，为了保护他们，我国被迫诉诸武力。最终在外界局势的迫使下，我们看到了这场灾难，并占领了中国的首都。然而，两国之间的矛盾问题从来也不应通过刀剑来解决，这种战争局面是暂时的，永远不会长久。

　　如果我们不采取和平步骤，也就是说采取外交手段来彻底消除相互间的误解，两个国家将必定陷入更深远而又更巨大的灾难之中。所以，我决心致力于实现永远和平。我担任司令官的职责主要是营造和平，而不是到目前为止我所从事的军事作战行动。假如军事作战行动是唯一目标的话，国家没有任何理由把像我这样的一个老人从预备役中挑选出来，因为从现役人员中有许多优秀将领可供选择。

　　由于两个国家已经进入交战状态，双方军事当局举行和平谈判将会比以往更加困难。因此，最理想的和平途径在我看来，似乎是两个国家应当让他们各自的经济代表（或者是文化代表，只不过由经济代表充当谈判代表更为适合）进行谈判，由他们设计出一个建立在合理思考的基础之上且完全独立于军事作战行动之外的和平途径，劝说各个政府接受他们的主张。从而在两个国家之间有效营造出和平氛围，使他们的政府在不失去各自尊严和信誉的前提下，最终化解敌对状态。

　　我相当赞同将军的上述见解，经过一番研究讨论之后，我们决定中国方面能够担当谈判角色的最适宜人选是宋子文。依照将军的命令，我一回到上海，就在法租界拜访了李泽一，向他转达了司令官的意图，并征询他的同意。时间快到了一月底，李先生会见松井将军，同意将把将军的想法转达给宋先生，并征求他的下一步行动。于是，我把自己假扮成中国人，和李先生一道，于1月4日登上一艘英国轮船，大约于1月10日秘密抵达香港，我待在九龙等待李先生与宋先生的会见结果。我于1月15日到香港酒店拜会李先生，从他那里接收到如下报告：

通过与宋先生举行的多次会面，可以确定宋先生与我们的看法大体一致，他认为这个不愉快事件（指淞沪会战与南京大屠杀）不仅是中日两国，而且也是全人类的灾难。因此，阻止灾难的进一步发展，应被视为人类的共同责任。如果松井将军能够代表日方始终如一地坚持这个观点，宋先生愿意沿着这条路线代表他的方面采取下一步行动。

我热情地感谢李先生这个充满希望的情况报告，向他提出向下一步发展进入实质性谈判的要求之后，就返回了我住宿的酒店。然而，后来到了2月16日，日本总领事馆印刷发表了近卫宣言，我们忽视了蒋介石政府的存在。一天以后，上海的白田大佐发来一份电报说，松井司令官命令改变行动计划，立即返回上海。这份电报中止了一切，就在我即将得到宋先生做出的最终决定之前，我们的所有努力都付之东流了。

（10）松井司令官于2月23日离开上海返回日本。在他启程之前一段时间里，他邀请李先生和我到他的住所吃晚饭。在那个场合，他说：

这对我来说是极大的遗憾，我失去了留在上海完成和平谈判的机会，但是回国卸任以后，我将作为一个脱离军队体制的自由人松井，继续努力实现中日之间的永久和平。

除了政治活动以外，无论什么我都不会对荣誉或财富产生野心。如今，我的唯一心愿就是成为驻中国大使，将我的余生致力于实现两国间和平。然而，非常值得怀疑的是，我们的政府，特别是我们的军队当局是否能愿意让我在这一领域开展我的活动。

作为派遣军司令官，我感到对中日双方为了他们各自的国家，在这场我们不得不对参与的残酷战斗中牺牲的数万军人负有责任。因此，只要我一回国，就会建一尊菩萨（佛教中代表仁慈的女神）塑像，祈祷这些离散的灵魂能够得到永久安息。为了雕塑这尊神圣的佛像，我想采用浸染着中日双方战士宝贵鲜血的土壤来制作成可供雕塑的黏土。所以，我希望你去大场镇，那里发生过最惨烈的战斗，从那里采集一些土壤，用便捷邮件给我寄过来。

按照将军的上述要求，我来到大场镇，从中日军人遗体下面采集了一些土壤，通过航空邮件邮寄给将军。他用这些土壤雕塑了一尊佛像，如果今天到热海市伊豆山他家附近的山上，就会看到这尊圣洁而又美丽的佛像。而且，他又为佛像专门修建了一座庙，这座庙也是为了中日战争死难者灵魂而建。每天早上，不论好天气还是坏天气，他都会爬上山，来到这座神圣的寺庙，为军人灵魂的安息和亚洲的永久和平而祈祷。

（11）将军是一位具有强烈正义感的人。当我在中国福州时，福建省成立了一个人民革命政府，与蒋将军作对。当时，松井将军是台湾方面军司令官，当他听说一些日本人企图通过支持福建省人民革命政府来抵制国民政府，而且蒋将军正在担忧此事时，他宣称所有日本人都不应去支持一个有可能阻碍中国实现统一的政府。司令官的决定通过后来到台湾的李守义先生，传递给蒋介石。我获悉蒋将军对此深感欣慰。

同时，台湾军参谋官土桥被派到福建人民革命政府，向他们转达了松井将军的意见，由于内战是和平民众的最大灾难，与国民党军队交战的革命党军队应撤退。革命党军队按照松井将军的意见，以和平方式撤退到广州，国民党军队在未发生流血冲突的情况下接管了福建省。我当时在福州参与了这一事件，因此我熟知当时的实际情况。

（12）接下来的是松井将军在1938年1月的上海，战斗刚刚结束之后不久，所展现出的仁慈与博爱的事例：

（a）最高司令官松井于1月14日，向一位法国传教士雅基内捐赠1万日元，目的是为了补偿雅基内的善举和赈济位于南京、上海难民区内的穷人。雅基诺神父出于他的人道主义精神，为了在南京—上海北部地区建立南京、上海难民区而奋斗，他在那里的一所天主教堂生活，亲自监督对灾民的救济工作。他的善举被不同阶层的人们所感谢。

（b）大阪树美初级学校教师二阶堂雅亮，作为大阪教育社团的非正规军官来到上海见习，他带来了学校儿童的自由绘画作品、信件，以及给士兵的糖果礼物。当他见到司令官松井将军，松井指出日本儿童写的每封带有鼓励内容的信，都充斥着"可恨的中国人"、"对傲慢中国的惩罚"等字眼，这有悖于日本教育的底线。他严厉地告诫这位学校教师不要教育儿童再用这样的措辞。

从他的这些言行来看，我们能够很容易地理解松井将军是一位从未失去人类正义感的人。

1946年12月10日

马蒂斯辩护律师：是否可以把第2670号文件的日文复印件交给证人？

（一份文件被递交给证人）

由马蒂斯辩护律师（继续）提问：

问：冈田先生，可否请你看一下你书面陈述材料中的第6段，如果你能找到的话，在那里，你提到一首汉语诗，你看一下，是否能找到那段内容？

答：我没听清，可否再重复一遍？

问：请你看一眼书面陈述材料，是否能找到其中的第6段内容？在那里，你提到松井将军展示了一首汉语诗。

答：我现在听明白了。

问：在宣读英文复印件的时候，我读到这首汉诗是在南京出示给你看的。我想问你的是，这种说法是否正确？或者说，这个地点是否是在南京以外的其他城市？

答：这首汉语诗是在上海给我看的。

问：这样的话，在你的书面陈述材料中，读到这一处时，是否应当用"上海"来代替"南京"？

答：是的。

马蒂斯辩护律师：我有一个额外的……

韦伯庭长：我不知道你已经在继续进行你着手从事的工作。你说元旦时松井在南京作了一首诗。

马蒂斯辩护律师：我的复件中读作"给我看"。

韦伯庭长：他一定是在上海读了一遍，现在清楚了，证人是这么说的。

问：在上海，关于这首诗发生了什么事？

答：关于那件事，你的意思是要问什么？

问：好的，关于那首诗，是否发生了什么事情？你是怎么看到这首诗的？

答：1938年元旦，我以礼节性的方式拜访了松井将军。每年元旦，将军都会作一首诗，这是一个惯例。那天早上，在那样一个特定场合，他让我看了他作的诗。

韦伯庭长：他是不是想用日语宣读他书面陈述材料中的这一段内容？

证人：不，我不想。

韦伯庭长：我认为我们应当向语言部门咨询一下该书面陈述材料的日语原件。

马蒂斯辩护律师：此时此刻，我还有一两个额外的问题。

问：在南京战役开始之前，松井将军在哪里拥有了他的司令部？

答：松井将军和我于12月8日前往苏州，我于同日离开那里前往塘水镇。当我离开塘水镇返回上海，并前往南京的那一天，是13号。

问：现在的问题是，在12月8日到13日之间，什么是关于松井将军有能力介入其领导职责的真实情况？

答：我不能准确理解这个提问，可否再重复一遍？

语言监督官：日语法庭书记官。

（日语法庭书记官宣读提问内容）

答：（继续）12月8日，松井将军和我到达苏州，同一天，我离开松井将军，独自前往塘水镇。在我与松井将军分开的这段时间里，情况表明他患上了轻微感冒。在我离开塘水镇，于13日去南京之后，我不知道例如松井将军的行动部署等细节情况。

马蒂斯辩护律师：你可以交叉询问。

韦伯庭长：诺兰准将。

诺兰检察官：没有问题，谢谢您。

马蒂斯辩护律师：证人可以被免于起诉吗？

韦伯庭长：按照通用法律条款，他被免于起诉。

（于是，证人被免于起诉）

马蒂斯辩护律师：应辩方请求，我接下来将提供第2594号辩方文件作为证据。这是一幅由松井石根修建的观音堂奠基仪式照片，它表明松井石根供奉了在中国事件中阵亡的日本人和中国人，并为他们举行了毫无区别的悼念仪式。它进一步证明他从心底里用兄弟般的热爱，来对待日本人和中国人。

韦伯庭长： 依照通用条款，予以接纳。

书记官： 辩方第 2594 号文件将被接纳为第 3410 号法庭证据。

（以上提到的文件被标注为辩方第 3410 号法庭证据，并被认定为证据）

马蒂斯辩护律师： 这份法庭证据由照片复印件组成，不需要宣读。

现在，请语言部门按顺序重新回到第二项证据文件，如果法庭准许，我们下面将提供第 1077A、第 1077B 号辩护文件作为证据。

韦伯庭长： 诺兰准将。

诺兰检察官： 可否请法庭允许，拒绝接收档案文件第 21431 页和第 21432 页内容中提供为证据的文件。当时，庭长阁下说被告松井随后可以自行提供证据。我对这些额外提供的文件没有反对意见，除了第 1077A 号文件中的前四行内容，这是一段毫无根据的观察，根本不是松井将军所说过的话。而且，我也同样反对第 1077B 号文件中的前四行半内容，这些内容也不能代表将军说过的话。

马蒂斯辩护律师： 这些段落中的内容可以被删除。

韦伯庭长： 除了法庭反对的段落内容以外，按照通常法律条款，予以接纳。

书记官： 辩方第 1077A 号文件被接纳为第 3411 号法庭证据，辩方第 1077B 号文件被接纳为第 3412 号法庭证据。

（以上提到的文件分别被标注为辩方第 3411 号和第 3412 号法庭证据，并被接纳为证据）

马蒂斯辩护律师： 现在宣读第 3411 号法庭证据。

肩负着实施对外远征的繁重责任，我接到天皇命令之后，在长江以南的江南地区实施了登陆。从那时起，我军的影响力显著增强，慑服邪恶的锋利刺刀此时此刻已经出鞘，从而进一步扩大了他们的神圣影响。我军的任务，以日本政府宣称的方针原则为基础，就是去完成保护我们权益、保障日本侨民安全、惩罚南京政府及其野蛮中国人的全部使命；同时，还要使他们抛弃由于受到共产主义的极大影响而采取的反对外国人以及反对日本人的所有政策，以便牢固地建立起实现幸福和平东亚共荣的基础。我对所有作战地区的那些无辜民众都深深地表示同情，换句话说，尽管我军从一开始就没有把民众一概都视为敌人，但是他们无论士兵还是平民都抵抗我军，并对我军构成杀伤，应该受到不遗余力的惩罚。我禁不住同情那些暴露于战争灾难的各个外国官员和民众，或怜悯那些生命财产受到威胁的人们。至于那些有权有势群体的权益，他们都已经得到了尊敬与保护，从来没有受到侵害，即使是最轻微程度的侵害也没有。我坚定地相信，拥有高度统一的陆军、海军的正义而又强大的全体日本军队，必定会清除掉整个江南地区上空的全部战争阴云，并将以这种方式有能力在不久的将来创造和平的幸福黎明。

日本帝国陆军上海派遣军最高司令官
松井石根大将，于1937年10月8日

第3412号法庭证据。

对中日两个国家来说，这是一件令人深感遗憾的事情。华北事件刚刚发生之后不久，两国之间的敌视情感开始爆发，在外界氛围的迫使下，局势表明：战线最终大幅扩展以后，东亚地区一百年来的危机即将凸显。

在这个历史紧要关头，为了政府管辖内外大量中国民众的幸福着想，我希望中国官方和民众睁大双眼仔细思考和观察所有国内国外事务，着眼东亚地区公平正义原则，反复权衡个人利弊得失。

事实上，他们的做法，比如在一系列自高自大原则支配下低估日本的真实实力，或者因为乐于接受共产主义影响而使自身生存状况受到威胁，以及为了实行恢复和平运动，通过统一国内看法，并且用极力强调上述原则的必要性来增强政治影响力，从而进一步推行反日和抵抗政策。这些都意味着对国际公平正义的破坏，以及对东方和平秩序的扰乱。即使出现他们原则中的"打倒日本"这种情况，这是他们唯一很想去诽谤的事，如果这种事碰巧而真的实现了，我怀疑他们是否还会认为中国这五个民族凭现在这种做法，有能力引领他们过上幸福生活。如此一个浅显的道理，没有理由不被他们所理解。然而，从总体上说，中国民众被置身于这样一个不能公开说出事件真相的悲惨处境，这对我来说，的确是一个带有极大遗憾的情况。我热切地期望你们仔细权衡的真实原因就在于这一点。在我看来，必须铭记中国共和制的伟大创始人孙中山先生曾经一直希望努力实现东方和平，以及复兴中国的教导。

日本真正希望的是实现中日之间的合作，我坚决相信这是会给东方带来和平的实实在在的原则。但是，如果中国政府和人民对日本的想法与情感仍旧保持像现在这样，就应当有必要去铲除掉他们全部的反日与抵抗行动，以及彻底清除当前普遍存在的不愉快事件的根本原因，这对我来说感到很遗憾。我军的唯一目标就在于此，在实现这个目标的过程中，不用说日本帝国军队不应当轻易使用。这是我们的信念，然而，如果它一旦上升为武力行动，我们的真实意图是彻底歼灭敌军，从而夺取远征作战的目标。我军进攻的目标，唯独指向南京政府及其抗日军队，但不管怎么样我们也不想为了我们的作战目标，而把进攻目标指向一般意义上的民众。也就是说，那些迄今为止为南京军事独裁政权的牢固建立而忙碌工作的中国官方和民众，已经到了丢掉之前幻想、回归正常局势的历史时刻。因此，我军将毫不犹豫地与为了维护东方和平而诚恳加入我们目标指向的任何国家携起手来,开展建设大亚洲的伟大壮举。然而,如果还有人作着白日梦,妄想采取行动抵抗或者阻止我们,我们将一定不会放弃惩罚他们。总体来说,我深切同情那些遭受战争灾难或者面临失去生命财产之威胁的无辜百姓。而且,我希望你们从现在开始就要远离所有战场,不要再受到那些毫无根据谣言的误导,而要在这个历史紧要关头,完全信赖帝国军队。

那些居住在作战地区的所有农民,真正可以被看作是一群不理会天地恩赐的人,因为他们不去收获他们种植成熟的粮食,在这个大好的丰收时节离开了他们和平安宁的家,全都放弃了自己的工作。我对这种实际情况感到极大的遗憾。片刻之前,我军的一些部队征用了部分留在农场房舍中的粮食,但是,实际情况却是那里没有人可供与我们谈判交涉,因为当时那里没留下任何居民。在这种不可避免的情况下,每件事都留待解决,直到现在。为了对以上事情做出赔偿,我军愿意对支付赔偿的事负责,我们一直就在等待着这种机会的出现。正如上文已经提到过的那样,我军对良民不会怀有任何敌意。而且,会保证他们的安全,以及守卫他们的谋生手段,这是我始终如一的心愿。对于我军驻守的战场后方地域的全体良民们,我给他们提的真诚建议是,他们应迅速回到向往着他们祖先魂牵梦绕土地的各自的农场,完全信赖日本帝国军队,无忧无虑地继续从事他们自己的劳作。

接下来,我将提供辩方第2628号文件作为证据文本,这是刊登于1937年11月16日《东京日日新闻》上的一篇报道。这份文件证明松井将军给天主教主贾奎诺在上海南市创建的难民区内的难民,提供了人道主义援助。

韦伯庭长:诺兰准将。

诺兰检察官:请法庭同意,检方反对将这份文件作为证据,因为它仅仅是一篇为了吸引人们对发生在中国的特定事件产生公众消费的新闻报道。

被告松井石根,经过第一次正式宣誓之后,通过日语翻译作证言如下:

直接询问(马蒂斯辩护律师询问松井石根被告)

问:松井先生,你是参加本次审判的被告之一,不是吗?

答:是的,我是被告之一。

马蒂斯辩护律师:可以给证人提供第2738号辩方文件吗?

(一份文件被递交到证人那里)

问:请你察看一下已经递给你的证据材料——第2738号辩方文件,请你告诉法庭:这是不是你的书面陈述材料?

答:这是我的书面陈述材料。

问:我认为你打算就这份书面陈述材料,在内容上作一些更正。

答:是的,我想作两处更正。

问:第一处更正是在哪里?

答:第一处更正在第6段,也就是书面陈述材料英文版本第12页中的第2行,那里写着"我于20日离开,"此处应改为"我于21日离开。"

第二处更正是在英文版本第21页、第11段中间部分。相关内容位于第21页第3行,"我去海军上将卡内那里",应读作"我去海军大将雅纳尔那里"。

问:将军,采用这些更正以后,你的书面陈述材料中所列举情况与事件是否均为属实?

答:是的。

马蒂斯辩护律师:请法庭同意提供该份文件作为证据。

代理庭长:将被采纳。

书记官:第2738号辩方文件将被接纳为第3498号法庭证据。

(于是,以上提到的文件被标注为辩方第3498号法庭证据,并被接

纳为证据）

马蒂斯辩护律师：现在，我将略去正式部分，从第一段开始宣读第3498号法庭证据。

1. 1937年，日本政府向江苏省南部地区派遣军队的动机与目的

由于1937年7月，日中之间在华北出现的矛盾冲突，在上海地区中国军队与平民之中形成的反日运动声势与日俱增。中国军队无视1932年签署的停战协定，顽固地将其部队集中于上海的日本殖民地周边，给那里的日本军队和居民构成威胁，最终导致了8月9日发生的刺杀大山少尉事件，日本军队和居民暴露在危险之中。为此，日本政府出于保护日本居民生活与利益的目的，意识到迅速向那里增援海军兵力的必要性，于8月15日做出决定，向上海迅速派遣一支由第三师团和第十师团（兵力不足一个旅团）组成的派遣军。我被任命为总司令，部队从同年8月20日以后陆续登上军舰，尔后被派往上海。

派遣军的目标与任务是：增援我海军力量，保卫在上海及其附近地区生活的我国居民的生命及财产安全。

2. 我由一名预备役军官被特殊任命为总司令的原因，以及当时的思想状态

我在军队服役的40年期间，也就是从1894年我进入预备军官学校学习，到1935年我被编入预备役序列，我先后在以下岗位任职：参谋本部成员、参谋本部第二课课长、第十一师团师团长、台湾驻军总司令，等等。在我的军旅生涯中，我在中国北方和南方驻屯军任职的时间加起来大约有12年之久，在这期间，我不仅尽自己最大努力实现中日之间的合作，而且我自从青年时代起，就投入毕生时间努力工作，以便实现中日之间关系友好，以及重建亚洲的目

标。我在军队工作期间的更大一部分经历,也是与这些理想保持着一致。

　　1937年上海事件爆发,派遣军被匆忙派遣到那里。陆军大臣亲自告诉我,之所以把我由曾经的预备役序列,任命为现职司令官,其原因在于以上提到的、关于我的以往经历。

　　赋予我这样的任命,是由于当时日本政府的对华政策是尽可能将事件就地化解,避免武装冲突的影响扩散。

　　我一直坚信中日之间的冲突,就好比是兄弟之间在所谓"亚洲家庭"里发生的争吵,动用军队来营救日本驻华侨民、保护我们受到威胁的权益,对日本来说,是一个不可避免的权宜之计。这无异于一个年长的哥哥在忍受了这么长时间之后,才开始教训他那年轻而又叛逆的弟弟,其行为是为了使中国恢复理性。不是仇恨中国,而是出于对中国的爱。因此,我担任派遣军司令官之后,就对自己许下诺言:按照这个信念来解决中日之间的麻烦,希望派遣军的派遣行动不会导致相互间产生敌意,而成为有助于带来两国间友好关系与合作的某种因素。于是,我要求我的军官们要让他们手下的每个人都完全理解讨论中的远征行动的真正意义。以下几点,是我在派遣行动部队出发之前,给部队下达命令的内容要点:

　　(1)在上海近郊作战时,把唯一的作战目标设定在镇压与我军交锋的中国军队,因此,应当使当地的中国官员与民众平静下来,并尽可能地去保护他们。

　　(2)要经常牢记不要给任何外国居民和部队带来麻烦,并与外国官方机构和军队保持密切联系,以免产生误解。

　　3. 在上海及其附近地区的作战局势

　　自8月22日以后,上海派遣军所属部队一个接一个地在长江口的崇明岛登陆。就在这个节骨眼上,接收到一份报告说位于上海的部队和居民正处于危险之中。于是,我于8月24日黎明时分,匆忙地组织正在抵达吴淞口的部队下船登陆，赶走了在那里占领阵地的中国军队，从而沿着远处的江岸，与日本海军建立了联系。

然而，根据接收到的情报得知，部署在上海和上海以西长江沿岸的中国军队，估计大约有10万人之众，他们到处寻找我们的登陆部队，并发起凶猛的进攻。经过十五六天的惨烈战斗、并付出较大牺牲之后，派遣军终于沿江岸占领了一处阵地。但是，中国人的反击行动持续增强，而且他们的部队得到了由南京、杭州方向赶来的增援，达到30或40个师以上的兵力。为了应对这种敌情，我们派遣军也得到了部分增援，11月5日，柳川中将指挥的第十军（拥有3个师团以上兵力），在浙江省沿岸登陆，与派遣军协同作战。这样，经过两个多月殊死战斗的派遣军，勉强能够赶走上海郊区的中国军队，占领这座城市直到10月底、11月初，从而为日本居民提供安全保证。

作战过程中，使我尤为注意的是以下情况：上海周边地区中国官方及民众的反日情绪十分强烈，蒋介石的守卫部队非常敢于发起反击行动。

在他们的后撤路线上，有督战队实施阻拦，其他各类部队也还在顽强抵抗，但最终还是混乱撤退。在他们撤退之前，中国军队采用了所谓的"清乡战术"，摧毁或烧掉主要交通设施和建筑物。一些部队把他们的军装换成老百姓的衣服，变成步枪兵狙击我军士兵，威胁我们的后方。当地老百姓也通过采用切断电话线、设置信号烽火等手段，与他们的军队相配合，无休止地破坏我军行动。我还注意到许多现象，英、美、法等国军民同情中国军队，有意为他们提供援助，采取多种方式阻碍我军行动。而且，我敏锐地觉察到以上提到的中国人态度和长时间激烈战斗，疏远了华中地区中国军民与日本军队之间的关系，使两者之间产生了敌对的情感。同时，我命令我的官兵要对中国人民提供妥善保护，并表示出友善态度，要关注在中国的外国人权益。这条命令所产生结果的一个例证是，南市（上海南部区域）战斗结束后，按照我的命令，部队没有对该区域造成任何损害。

4. 华中方面军的组建，以及导致决定进攻南京的外界环境

1937年11月5日，第十军在杭州湾登陆之后不久，上海派遣军与第十军随即结合组成华中方面军。于是，我被任命为这支新组建军队的指挥官。我暂时兼任上海派遣军司令官。

华中方面军司令部是上海派遣军司令部与第十军司令部的上级机关，其任务是统一指挥这两支部队。然而，由于它只有7名参谋军官，它的职责权限于给这两个司令部下达作战指令，无权从总体上处理全部管理和医疗事务。

因此，当12月7日，我从兼职岗位上卸任，也就是说，从上海派遣军的领导岗位上卸任以后，我与该地区官兵之间的关系，在指挥与监督方面完全是间接的。

华中方面军在将中国军队逐出上海地区之后，占领了浙江省嘉兴与江苏省苏州、常州之间的防线，寻求维持上海地区的和平与秩序。

然而，中国军队以南京为其根据地，持续组织大规模战役，随后陆续在华北实施作战行动，从其他地区集结了大批军队，准备向江苏省、浙江省境内的日军发起进攻。局势变得很糟，除非占领中国人在南京周边的作战根据地，否则就不可能维持和平与秩序，以及保护我国在华中地区的利益。因此，日本决定占领南京，恢复江苏省南部地区的公共和平。帝国统帅部命令我们华中方面军与海军协同作战，夺占南京。于是，我军不顾许多困难，开始实施了向南京的快速进攻作战。

5. 在夺占南京时采取的措施，以及在南京发生的所谓抢劫、强奸案件

根据我国政府关于将作战区域尽可能限于当地的既定方针，

也由于我多年来一直怀有实现中日之间合作与繁荣的想法，在攻占南京时，我采取了各种预防性措施，避免这次战役成为激起全体中国人民反抗斗争的导火索。与前面解释的内容一样，我在上海周边地区积累的作战经验，使我感到采取预防性措施的必要性要胜过以往。关于当时为保持军事纪律和士气而采取的各种预防性措施，以及为了有助于执行纪律，我实施了其他行动，但我不想对此进行再次陈述。因为证人中山宁人在作证言时，已经详细叙述了这部分内容。

尽管我在夺占南京过程中谨慎关注战局，但由于在当时那种进程紧张而又动荡不安的情况下，可能会有一些激动的军官和士兵犯下了一些令人不愉快的暴行。后来，我听到了关于这些不轨行为的传闻，对此感到极大的遗憾与悲痛。在部队夺占南京之际，我正在140多英里以外的苏州卧床养病，不知道有人会犯下与我命令相悖的这种暴行，也没有接收过这方面的报告。12月17日，部队进入南京后，我从宪兵队长那里第一次听到这种情况，于是当即命令各部队开展彻底调查，惩罚犯罪人员。

然而，在战争时期，中国军队和一些歹徒差不多经常会趁乱干一些暴力行为和抢劫的事，这是一个众所周知的事实。在南京城陷落时，有相当多的犯罪行为都是中国军队和老百姓干的。所以，如果让日本军官和士兵对所有犯罪行为负责，这样做扭曲了事实。

12月17日，部队举行了进入南京的入城仪式，第二天又在飞机场，安静地举行了阵亡者安葬仪式。19日，在十五六名官兵的陪同下，我视察了全城，当时火灾已经被扑灭，许多难民已经返回家中，街道是安静的。我只看到约有20名中国军队士兵的尸体躺在街上，已经从总体上恢复了城市秩序。但是，供水装置、电力设施和重要的政府及市政建筑，已经在日本军队进入之前，被中国军队毁坏了。那里还存在着相当多的火灾，大约有五六十间房屋被火灾烧毁。

总而言之，南京城被攻陷以后，我在上海一直待到 1938 年 2 月。这期间，我所听到的唯一一件事情，就是一则关于大意是说 1937 年 12 月底，在南京发生了一些违法行为案件的传言，但我没有收到任何关于这类事实的官方报道。据此，我可以肯定地说，战争结束以后美军在东京广播的关于他们所宣称的大规模屠杀及暴力事件，正如检察方在法庭上所断言的那种情况，是我第一次听到关于这件事的报道。听到广播后，我努力对我军占领南京后的活动进行调查，但是，当时的责任人已经死了，或者被看押到海外受刑罚，而相关文件也被火灾焚毁，不可能再回溯到 10 年以前，详细调查研究其中的真实情况了。

可能的情况是，在南京战役期间，有大批中国士兵与平民被炸弹、炮弹以及步枪子弹打死打伤。但是，关于检察方在控告中提到的在南京战斗中发生了有计划屠杀的案件，我的确认为这是毫不真实的。没有比有关日本军队人员被命令或被默许从事上述行径的诽谤，更加远离事实的说法了。

鉴于当时的情形，根本不需要说，我在自己作为华中方面军司令官的职权范围内做的每件事情，采取措施防范各种不幸事件的发生，对罪犯施以严厉惩罚，并赔偿损失。

然而，对我来说深感遗憾的是，由于我在战争期间身患肺结核的情况，我所采取的措施效果并不理想。（其中的原因是南京被占领后，我患病卧床一直在苏州养病；离开南京之前，我只在那里待了 5 天；和前面解释的情况一样，我作为华中方面军司令官，对战场上的官兵没有直接指挥权）。

6. 我在占领南京后采取的行动

12 月 17 日进入南京之后，我在那里待了 5 天时间，于 12 月 21 日离开南京，乘船前往上海，因为有必要去指挥浙江地区的军队作战行动。此后,我待在上海。在那里,我非常忙碌地处理战后事宜。例如,与当地中国官员就维持总体和平与秩序的问题进行谈判,对老百姓提供救济措施,以及与英国、美国和其他外国军队的指挥官、当地官员取得联系,查看在战役期间发生的各类事件。这是因为,在完全占领南京以及我返回上海之后,中央决策层命令华中方面军集中力量占领位于长江以南、南京以东的整个地区,尤其是上海附近地区。

当我返回上海之后,偶然听到关于南京发生暴行事件的传言,我于1937年年底,专门派出我的一名参谋军官。通过这名参谋,向驻守南京的官兵们再次发出警告,并命令他们彻底调查传言内容,对发现有犯罪行为的人,迅速施以惩罚。然而,直到离开司令官职位之前,我没有接到有关以上事件的任何可以令人信服的报告。

除了维持上述占领地区的公共和平与秩序以外,我感到有必要与蒋介石政府进行谈判,以便实施一次全面和平运动。我敦促上海附近地区的中国主要官员做出与此相关的努力,特别是,向福州、广东方面派去了特使,让他们与陈仪、宋子文取得联系。然而,就在2月下旬华中方面军进行重组的同时,我从方面军司令官的职位上卸任回家。我仍然对自己错过了努力实现上述目标的机会,而感到悔恨。

7. 关于1929年特使在柏林举行会谈的实际情况

当1928年12月,我从参谋本部第二课课长的职位上卸任之后,我考虑到亚洲及欧洲的不同国家去作一次旅行。1929年1月,我开始了对法属印度支那、暹罗(泰国旧称)、英属马来亚、印度以及其他欧洲国家的游历之旅。1929年4月,就在我路过柏林的时候,驻欧洲各国的军事特使出于重拾友情的目的,借我到达那里之机聚到了一起。这不是一次官方会议,没有什么特殊目的。

会议由驻柏林特使大村熊井主持,是属于社会性质的会面,在称呼上不称作会议,我为之提供了赞助。而且,正如前面提到过的,当时我已经从参谋本部第二课课长的职位上卸任。仅仅是作为一个中将,我没有任何官方权力可以在各个大使馆特使中间举办一次会议。总之,这只是一次社会性质的会面,没有针对时局问题决定任何事项,而且在会议议程上,也没有任何特别条款。这仅仅是一次非正式的、由特使们就欧洲局势发表各自观点的圆桌讨论。因此在我回到日本之后,我没有利用任何时间,也没有就这次会议向我的上级做过任何报告。我虽然在会议中坐到了尊长的席位上,那只是因为我是一个从世界的远方来到此地的到访者。就这一点来说,检方第733号法庭证据所列内容,与我对检察方所作陈述内容的意思相反,我发现检察方准备的调查档案材料中似乎存在翻译错误之处。

8. 关于我就任最高战争委员会成员或内阁顾问,与政府对外政策之间的关系

最高战争委员会委员主要是给军队内部的有关教育、训练方面的工作下达临时性任务,在任何时候都不会干涉任何事情,尤其是对外事务。

内阁顾问主要是从事一个咨询机构的职责,因为那时关于日本及其国外政治局势这项工作,没有具体的权力机构为之负责。情况就是这样,当我在这个职位工作时,针对中国及亚洲等问题,内阁从来没有采纳过我的意见,而且我也从未提出过自己的个人看法。

9. 我所创建的大亚洲协会的目标及其活动内容,特别是我在北平与秦德纯先生协商发起亚洲运动的真实想法

许多年以来,我一直遗憾地看到亚洲遭到欧洲人和美国人的侵略,祈祷亚洲人能够重建亚洲。鉴于满洲事件以后,日、中之间关系明显疏远的这种现实情况,我期待这两个国家的人民要着眼大局,而不是因为小事件而产生相互间的怨恨与误解。于是,为了

在日、中两国感兴趣人士的中间，推动"大亚洲主义"运动，我在1933年与持有相同观点的人们一起创立了"大亚洲协会"。这不是一个政治性组织，而是一种研究社会文化的组织，其目标是通过传播王道主义来重建亚洲，这个想法数千年来在中国和日本两国间一代又一代流传至今，旨在为全体亚洲人民实现共存共荣的状态，最终在和平发展的过程中有助于整体人道主义的实现。协会登记在册的日本会员超过2 000人，但由于缺乏资金，协会无法专门从事任何事情。

在1935年到1936年间，我亲自由南到北观察中国，努力去完成这一运动，计划与我在中国的老朋友们一道开展该运动。但是这些年来，"大亚洲主义"在中华民国前任总统孙文的倡导下，已经在中国广为流传，就这样，中国想在本国宣传推广"大亚洲主义"。由于希望他们的运动与我们在日本的运动应当彼此保持一致，以便达成共同目标，我于1935年秋季和1936年春季，分别与北平、天津享有合法权益的人士进行了会谈，并在华北知识界中建立了"中国大亚洲协会"。在这个问题上，我曾经劝说了时任北平市长的秦德纯先生，这是事实。然而，几天前秦先生向法庭提供的书面陈述内容，与他当时说过的话语和表述不相符合（第2234号辩护文件）。而且，我们的诉求不是必须把欧洲人、美国人逐出亚洲，我所宣扬的思想是作为我们朋友的欧洲人和美国人，应当加入我们的行动，与我们分享共同繁荣、共同存在的观点，配合我们给亚洲人民带来幸福。我当时发表的观点可以证实这个真实情况。（第2500号、第2501号、第2628号辩方文件）。

10. "大日本亚洲发展联盟"和"大日本亚洲发展协会"的目标与活动

"大日本亚洲发展联盟"组建于第一次近卫内阁之时，后来合并了致力于发展亚洲的多个组织。帝国统治援助协会也是刚刚组建的组织,为了与政府的外交政策保持一致,联盟被编入其中,在该协会的监督之下开展活动。然而,由于随着我国对内、对外政策的发展,内阁组成经常发生变化,"大日本亚洲发展联盟"不断被迫实施自身重组,并改变其活动范围。它所能做到的全部工作,是与在中国和"满洲国"的各种文化组织取得联系,目的是寻求他们的配合。除此之外,没有完成过任何实质性的工作。我之所以能够在联盟中担任副主席或顾问职务,是因为我过去与"大亚洲协会"之间的关系,这种关系是自从协会出现就已经存在了的。

由于前文提到的"亚洲发展联盟"在组成上经常发生变化,1944年小矶内阁执政时期,该联盟经过重组,更名为"大日本亚洲发展协会"。至于它的组成及活动,该协会处于政府的监督指导之下,但其自身具有文化方面的本质特征,由感觉最真实的享有权益的公民组成。然而,随着太平洋战争的逐步进展,通信联络不便,国内外的尖锐局势阻止其开展任何有实质意义的活动,结果只能把它的机构设置当成出版物公之于众,给居住于日本的亚洲各国留学生及平民提供一些指导性意见。由于我过去曾与该协会有过联系,于是接管了其日常管理工作。但不久以前战争结束,我被迫解散了该协会,没给它做出过任何显著的贡献。

11. "瓢虫号"事件和其他外交事务

大约是在1937年12月12日,我接收到一份报告说一些隶属于第十军的炮兵部队,在芜湖附近地区对一艘英国炮艇实施了炮击,我命令参谋长迅速调查此事。根据他的报告,大约是在12月11日,中国军队乘坐大小船只沿长江撤退,他们在许多船上都欺骗性地悬挂了外国旗帜。于是,第十军军长柳川中将下令对那些船上乘坐着正实施撤退的中国士兵的船只予以射击。就这样,当12日早晨,桥本上校在大雾笼罩的长江江面上发现有几艘载有中国士兵的轮船时,他开火射击了。"瓢虫号"碰巧就在这批轮船之中。

因此，我立即命令第十军军长，向那里的英国海军总司令表达歉意。我自己则由南京返回上海，毫不拖延地拜会了英国海军利特尔上将，就这起事件向他表示道歉。他充分理解了我的用意，并向我承诺将把我的道歉向他的政府进行转达。

对美国轮船"帕奈号"的轰炸，是由一架海军飞机的误炸行动引起的，这架飞机并不归我指挥，而且我当时与此事毫不相干。然而，由于这是一起由日本军队引起的不幸事件，我返回上海后毫不犹豫地前往美国海军指挥官雅纳尔上将那里，向他表达我的遗憾之情，于是博得了他对上述事件的理解。

正如前面提到过的那样，我保护和平民众以及受到尊敬的外国领导机构的合法权益。上海和南京战役差不多结束以后，我拜访了英国海军的利特尔上将和美国海军的雅纳尔上将，努力培育自己与他们之间的良好理解。对于英国、美国及其政府和人民所遭受的不幸损失，我向他们表达了自己的忏悔之情。我还会见了法国大使和法国海军总司令，就如何处理法租界与南市区之间关系的问题交换了看法，我们达成了相互理解。

我向传教士杰克纳夫表达了诚挚的谢意，并向他捐赠了1万日元以便他日后开展工作，因为他曾经为了给南市区居民提供保护，做了大量的工作。我以这种方式，试图减轻战争给人们带来的惨痛影响。

12. 交战双方在长江以南地区前线产生的伤亡人数，以及为死难者举行的葬礼

在上海、南京等地作战期间，日本官兵阵亡或死于疾病的人数达到2.1万多人，如果加上伤员、病号，则伤亡人数达到8万多人。

我否认中国证人所主张的关于发生了多起屠杀事件的说法，但我认为有许多中国士兵与老百姓是在那一时期的受害者，其中有不少人染上了霍乱、伤寒、痢疾等等，这些在上海和当时的中国军队中流行性发作的传染病。实际上，日本军队官兵中被传染上

这些疾病的人数也达到几百人,有超过100名士兵死于此类疾病。

按照我的想法,当中日两个民族本应当像兄弟一样彼此合作的时候,他们却以大量生命作为代价,发生了彼此之间的争斗,这真的是一场大灾难!我禁不住为这起悲惨的事件,感到深深的懊悔。

我热切地希望这起事件能够为两个民族和睦相处提供机会,那些付出生命牺牲的人们应该被尊奉为新亚洲的奠基石。

回国以后,我在自己位于热海市伊豆山的临时住所附近,建造了一座寺庙,用来供奉那些两国死难者的灵魂,并为他们的灵魂得到安息而祈祷。而且,我还在寺庙内部,用长江以南地区曾被鲜血覆盖的战场上的土壤,建造了一尊慈悲女神——观音的塑像。在她的巨大功德帮助之下,我像其他信奉观音的人们一样,日日夜夜地为所有战友与敌人灵魂的安息、为东亚的光明,最终为世界和平的来临而祈祷。

写于今日,1947年10月14日

签名:松井石根

你可以进行交叉询问。

代理庭长:诺兰准将。

诺兰检察官:请法庭准许。

交叉询问(由诺兰检察官询问松井石根被告)

问:松井将军,我打算问你一些在你书面陈述材料——第3498号法庭证据所包括的陈述内容中产生的一些问题,将按照书面陈述材料中所列举事件出现的先后顺序,围绕这些事件提问。你现在是否有书面陈述材料的日文原件?

答:我没有。

诺兰检察官:可以请法庭给证人提供这份日文原件吗?

（一份文件被递交到证人那里）

问：现在，在你的书面陈述材料的英文翻译版本第2页中的第1段，提到日本政府于8月15日做出向上海火速派遣一支派遣军的决定，而且这支派遣军由第三师团和第十一师团构成，后面这个师团的兵力不足一个旅团。

在你离开东京去指挥上海派遣军之前，是否请求上级拨给更多的师团随你一同派往前线？

答：我希望这些师团——师团兵力的数量应当增加。

问：它们的数量是不是应当增加到5个？

答：是的。

问：你为什么要求它们的数量应增加到5个？

答：因为当时日本方面已经接到报告，上海及其附近地区驻扎的中国军队人数将近有10万人，日本政府已经认为如果有一支由5个师团组成的兵力派到那里去应付局势，其效果才会令人满意。

问：事实上，上海派遣军的兵力已经上升到5个师团，不是吗？

答：一开始，就像我在书面陈述材料中叙述的那样，只有一个半师团。但是，为了应付上海及其附近地区作战的形势需要，部队数量逐渐增加到仅上海派遣军一家就包括5个师团，同时柳川所指挥的这个军则包括3个师团，部队兵力总数达到8个师团。

问：上海派遣军在其兵力为5个师团时，是什么时候到达那里的？

答：在10月上旬期间，5个师团到达那里。

问：第十军是否于1937年11月5日前后，在中国登陆？

答：是的。

问：第十军是否归柳川将军指挥？

答：是的。

代理庭长：我们将休庭至下午13:30。

（12:00 休庭）

六、淞沪战役及之后

（13：30 重新开庭）

法庭执行官：远东国际军事法庭现在重新开庭。

代理庭长：诺兰准将。

（被告松井石根恢复站立姿势，通过日语翻译作证言如下）

交叉询问（由诺兰检察官询问松井石根被告）

问：松井将军，在你书面陈述材料英文翻译版本的第3页第2段，你提到自己被任命为上海派遣军总司令官的原因。在你的军旅生涯中，你在中国度过了大约12年时光，不是吗？

答：是的。

问：在这段时间里，你都担任了哪些职务？请相当简短地告诉我。

答：我于1907年被派往北京，担任助理军事特使；大约3年以后，我被任命为驻上海部队军官并前往上海；在上海服役约3年以后，我暂时返回日本；1914年，我再次来到中国，并在那里待了大约四年半时间——更正一下，是1915年。当时正值袁世凯当上了皇帝，在这期间，我与孙中山及其他国民党成员相互配合，试图推翻袁世凯政府。

问：在这四年半期间，你的职务是什么？

答：驻上海军事特使——军事代表。

问：是军事代表吗？松井将军。

答：是的。

问：代表谁？

答：军事代表是一个术语，用来指代驻上海的日本军官。

问：现在我想问的是，在这期间，你是否访问过南京？

答：我去那里……

代理庭长：可以打断你一下吗？诺兰准将。

军事特使与军事代表之间有什么不同，他们在职责上有什么区别？

证人：军事特使的行动与他所派驻的公使馆或大使馆相联系，而我作为驻上海军事代表，是在参谋本部的直接控制之下，独立开展工作。

由诺兰检察官（继续）提问：

问：你的职责是什么？

答：我的职责就是一名驻上海军事代表的应尽职责。

问：在你的其他职责中，是否还包括察看上海及南京附近地区地形——研究地形学？

答：是的，这是我的职责之一。

问：凭你对这个国家的了解，这难道不是你在1937年被任命为司令官的原因吗？

答：我不认为自己对该地区地形的了解具有多么大的重要意义，我相信他们之所以任命我来当司令官，最主要是考虑到我与国民党领导人之间的友情，因为我在上海、南京期间，已经结识了这些领导人。

问：那好，你对该地区的了解对于随后的工作非常有用，不是吗？

答：有时在用到它们时有用。

问：现在，你在书面陈述材料的同一页中说，意图是尽可能在当地解决这个事件，防止武装冲突事态蔓延。我提醒你一下，在你于1937年离开东京之前，你是否对占领上海后进军南京的想法已经清楚？

答：我当时确实有这种想法。

问：是在你离开东京时吗？

答：是的。

问：现在，在书面陈述材料第3页底部，你说到"战争是出于爱"，中国人对你的提议做出了哪些反应？

语言监督官：可否请法庭书记官宣读这个问题？

诺兰检察官：如果可能的话，我将重新提出这个问题。

问：中国人是否每次都在抵抗你们的军队？

答：是的，但不是"抵抗"这个词。在刚一开始，是中国人进攻我们，他们采取攻势。

问：那好，当你们采取攻势的时候，他们抵抗你们的进攻，不是吗？

答：是的，那当然。

问：现在，你在第 4 页中说到派遣军是一个可以带来两国间友好关系的手段。那么在 1937 年后期的时候，你却不赞同继续与蒋介石将军谈判，是吗？

答：一方面，是我们日本军队在进攻威胁我们的中国人；另一方面，我们是在同蒋及其政权，为决定和平以及开展和平运动而进行着幕后谈判。

问：你是否建议你的政府当时不与蒋介石发生任何关系？

答：不是。

问：你是否表示过带有那个意思的强烈意见？

答：因为我的想法与我刚刚告诉你的一样，与蒋介石尽快开展和平谈判，我没有表达过这种看法。

问：那么，你的理论就是尽快与中国继续开战吗？

答：我的想法是尽快击溃在上海至南京地区与我军对峙的中国军队，然后立即开展和平谈判。

问：是在他们被击溃以后吗？

答：是的。

问：松井将军，在你书面陈述材料英译本第 6 页、从下面数第 7 行起，你做了一个非常笼统的描述："知道有英国、美国、法国等国及其军队同情中国军队，蓄谋给他们提供援助，从多方面途径阻碍我们军事行动的事例。"

问：在这段描述中的"等国"，还包括哪些国家？

答：当时在上海市内或其附近地区的几乎欧洲和美洲的所有国家，都同情中国人。其中直接给予中国人援助的是德国，在中国军队中有许多德国顾问。

问：你所提到的这些国家中，有没有哪个国家把战争强加给日本？

答：没有把战争强加给日本的国家。

问：你的观点是说，他们都不同情日本对中国的远征行动吗？

答：他们不仅不同情日本这一方，而且还给中国这一方提供事实上的帮助。精神上、道义上的帮助自不待言，他们甚至还实际给予了物质上的帮助。

问：那么，他们都给了什么帮助呢？

答：如果我要把所有事实都列举出来的话，在数字上将会很多。但可以举一两个例子，比如大英帝国给上海附近地区中国军队提供了食品、给养、装备和武器。

当日本军队进攻吴淞口的中国炮台时，一艘法国军舰故意从日本战线中穿过，妨碍了日本军队对吴淞口的进攻。

问：法国军舰从哪儿来的？或者说，你在哪儿知道这一情况的？

答：它停泊在上海港以外，但是，当日本人开始进攻吴淞炮台时，它跑出来并开到了长江上。

问：在你书面陈述材料第7页第4段中，你提到华中军队的组建问题。

代理庭长：你们几乎不能听到翻译以外的声音，我建议你把你的问题再重复一下，准将。

问：我是说在你书面陈述材料第7页中的第4部分，你提到华中军队的组建。

代理庭长：此处应该是"华中方面军"。

问（继续）：请您重复一下。

还有，你在这一页中说，我把你说的内容向大家宣读一下，"然而，由于它"，它是指司令部，"只有 7 名参谋军官，它的职责仅限于对两个司令部给予作战方面的指导，无权从总体上处理整个方面军的行政管理及医疗事务。"现在，说到它无权处理整个行政管理及医疗事务，你的意思，我理解，是不是指它无权处理诸如给养、住宿、报酬，以及医疗服务等事务。

答：这就是我的意思。

问：还有，当你在第 8 页顶端的接下来这一段中说到，你与战场上官兵的关系，你是指在指挥与监督方面的关系，完全是间接的。这么说，你的意思是指，你是通过上海派遣军和第十军的司令官来行使你的指挥的。

答：是的。

问：因为第十军及上海派遣军是在你的指挥之下，这是一个事实。

答：它们归我指挥，这是事实。

问：你的回答是"是"吗？

语言监督官：是的。

问：在你书面陈述材料第 9 页，大约在这一页的中间，你说一些激动的年轻官兵可能在南京犯下了令人不愉快的暴行。

这是一个答案吗？

答：是的，我是这样说的。我没有亲眼看到，但我从报告中知道了这些。

问：现在要问你的是，这些令人不愉快的暴行是指什么呢？

答：强奸、抢劫、强行夺取物资。

问：还有凶杀吗？

答：还有的。

问：还有，你是从谁那里接收到这些报告的？

答：从宪兵队那里。

问：你现在向我们解释说，在夺占南京之时，你在140英里以外的苏州患病卧床，所以不知道有人犯下了暴行。你是怎么听到南京已被攻陷的？

答：从报告中听到的。

问：从谁的报告中？

答：从军队司令官的报告中听到的。

问：还有，他是谁？

答：从上海派遣军司令官，他就是朝香亲王将军，以及从第十军司令官柳川中将的报告中听到的。

问：事实情况是，这两支军队的司令官在作战进程中一直与你保持着密切联系，难道不是吗？

答：是的。

问：还有，你告诉我们，12月17日部队进入南京以后，你从宪兵队长那里听到了这些暴行。进入南京以后，你是否还从其他人那里得到了报告。

答：当我来到日本领事馆时，我听到了报告——从领事那里听到了内容相似的报告。

问：为什么你不把它写进你的书面陈述材料中去？

答：那是因为我没有把它当作一个正式报告来听。我只是在谈话中听到他讲的关于这种情况的报告。

问：还有，他是否跟你说过外国侨民已经向日本驻南京领事馆提出过抱怨？

答：那我没听到。

问：你都听到了些什么？

答：我听日本驻南京领事说，在进入南京的日本军队官兵中，有一些人犯下了暴行。

六、淞沪战役及之后 | 281

问：他是否提到某些特定的部队，或师团，或军队？

答：这是一个报告——我们的谈话没有涉及例如这些细节。

问：谈话是在什么时候发生的？

答：那好，我认为大约是在 11 月的 18 日或 19 日——是 12 月。

问：还有，当你在南京时，是否还从你的军司令官和你的师团长那里得到过报告？

答：是什么类型的报告？

问：关于已经对中国人民犯下暴行的报告。

答：不是的，我没有得到任何此类报告。

问：当证人中山提供证据时，你也在这个法庭上，他是华中方面军的一名情报官。

答：是的。

问：还有，你听到他说，你从在你指挥下的司令官及师团长那里，以及从外交机构那里接到补充报告，他说这些内容的时候，是否说错了？

答：我认为中山所述与你说的内容不一致。由于我是方面军司令官，我是从两个军的司令官那里接收的报告，而不是从师团长那里接收报告，因为他们不是我的直接下属。

问：那么，你是在刚一进入那座城市之后，就在南京接收到两个军司令官的报告吗？

答：是的。

问：你也没有把这部分内容写进你的书面陈述材料，是否也因为它是一次偶然谈话吗？

答：不是的，我从军司令官那里接到的报告是有关总体战争局势的报告，我没有从他们那里接到任何有关暴行方面的报告。

问：在 12 月 18 日或 19 日的当时，谁是你的参谋长？

答：我当时的参谋长是一位已故之人，现在我记不起他的名字了，他是一个少将。

问：他是接任饭沼中将的一名军官。

答：饭沼是方面军参谋长，而上海派遣军参谋长是最近由参谋本部任命并直接抵达前线的。

问：那好，我从证人饭沼那里获悉，他在占领南京前后，离开了其指挥岗位，是这样吗？

答：不是的，直到占领南京时，饭沼还是派遣军参谋长。

问：是这样的。

答：翌年2月底，方面军重组时，饭沼被解职，并返回日本。

问：那好，不论他是谁，也不管他的名字是什么，你的参谋长是否在南京刚被攻破之后就告诉过你，说在你指挥下的部队犯下了暴行？

答：他是向我报告过，他说有一份从宪兵队那里收到的报告。

问：他的名字是否叫作冢田？

答：是的。

问：在庭审记录第21453页中，证人日高在法庭上告诉我们，住在南京的外国侨民提供的暴行报告，已被发送到在东京的外交部和在南京的军队。这种报告如果被发送到南京驻军的话，它们将会被送到哪里？

答：这种报告应该会送到上海派遣军司令部，也就是说，会被送到朝香亲王将军的司令部。

问：当证人中山在庭审记录第21927页中说，他认为外国侨民的报告是被送到了上海派遣军的特别任务部，那么，特别任务部在1937年12月17日之后的这个月中，位于何处？

答：司令部在上海，但我认为它其中的一部分人已经去了南京。

问：上海派遣军司令部是否在南京？

答：上海派遣军司令部位于南京城墙以内。

问：第十军司令部在哪儿？

答：在一段时间以来——一到两天，我认为它还在南京。但是，它搬到了浙江省杭州市。

问：它是什么时间搬走的？

答：我记不起来准确日期，我认为大概是在 20 日左右。

问：你在书面陈述材料第 9 页的底部，告诉我们当你听到这些暴行后，当即就命令各部队彻底展开调查并惩罚有罪之人。他们是否按照你的命令，回来向你报告了调查结果？

答：就像我已经告诉你的情况那样，每支部队，尤其是基层部队，他们都不会直接向我报告。如果我能接收到任何报告的话，就是从两个军的司令官那里发来的报告。

问：我充分了解这个情况。你从这两个军的司令官那里接收到了哪些关于按照你的命令所展开的调查结果的报告呢？

答：直到翌年 2 月份我从上海动身离开，我都没有接收到任何关于这些情况的调查报告。

问：你是否要求过他们应该向你报告？

答：是的。

问：你收到了什么答复？

答：答复是"我们现在正在调查之中，调查一经完成，将马上回复。"

问：直到 1938 年 2 月份你离开中国时，你都没有接到答复吗？

答：情况是这样。

问：东京参谋本部是否就你部在南京行动表现的问题，与你取得过联系？

答：是关于部队行动问题吗？

问：是关于部队行为表现方面的问题。

答：关于这个问题，我不知道参谋本部与我联系过什么。

问：你是否知道东京的某个人与你在中国认识的某个人取得过联系？

答：关于这些我什么都不知道。但是，我记得快到 1938 年 1 月底时，参谋本部派本间少将来到我的司令部，他说东京当局对日本士兵在中国犯下暴行一事非常担忧。

问：但是，这件事是发生于1月底的。我现在和你谈论的是关于12月份和1月初发生的事。你是否接到东京的任何政府官员、官方当局，或者军队领导层关于你部在南京行为表现方面的指责吗？

答：我什么也没有听到过。

问：是否有一份发给上海派遣军司令官朝香宫亲王的通信信件？

答：从哪里？

问：从日本。

答：我也没有听到过任何关于这件事的消息。

问：你是否听说过从无论什么地方发给他的任何抱怨？

答：没有，我没听说过。

问：12月17日举行完仪式以后，你把你的军官们召集到一起。这些军官都有谁？

答：不是17日，而是18日。18日那天，我把驻扎在南京的所有日本军队都召集在一起，举行了一场纪念仪式。我的意图是把尽可能多的各类部队及师团的军官们集合到那里，因此我命令所有这些军官前来集合。于是，我相信至少是官阶在联队长以上的全体军官都在那里。

问：为什么要把他们集合起来？

答：这是因为在此前的17日，我从我的参谋长那里接收到宪兵队长关于日本士兵犯下暴行的报告。我把这些军官集合起来，为的是直接给他们下达指令。

问：在南京，这些暴行持续了多久？松井将军，你是否知道这个情况？

答：我不知道。我认为大多数暴行是在我们刚一进入南京之后就犯下的。

问：你听到证人马吉、证人贝茨分别在庭审记录第3922页和庭审记录第2644页上异口同声地说，自己在城市陷落以后持续了大约6个星期。你是否知道这个情况？

答：在这次庭审之前，我听到了他们所做的证词，不过我不相信这些。

问：在你书面陈述材料第10页，你说南京城内的不少罪行都是由中国军队和老百姓在城池陷落时犯下的。你是怎么知道这些的？

答：我是通过接收参谋军官中山和顾问日高的报告，才知道这些的，我曾经事先派他们俩去南京调查。

问：你是什么时间收到调查报告的？

答：具体什么时间我忘记了，我想大概是在1月中旬。

问：他们是否在报告中提到由日本士兵犯下的罪行？

答：是的。

问：那好，请把他们的报告内容告诉我。

答：那不是一份书面报告。他们是以口头方式向我报告，所以我记不太清楚报告内容。

问：那好，请把有关这份报告，你能记住的内容告诉我。

答：由于他们在事件已经发生之后，才去南京调查，也由于他们没有在实际行动中抓到任何人，所以调查工作很难开展，而且调查结果也是不准确的……我无法得到一份准确的报告。

问：你是否派他们回去做一个深入的调查和更好的报告？

答：当时已经是在事件发生之后，而且参谋长和外务省的官员几乎不可能做出任何准确的调查。剩下的唯一办法是，命令各类部队的指挥官对他们各自的部队展开调查，但这样的报告需要用相当长的时间来收集和整理。

问：在你离开中国回日本时，你没有得到这些报告吗？

答：是这样的。

问：证人冈田在庭审记录第32747页中说，他在另一天的12月18

日，在南京大都会酒店与你有过一段谈话。你告诉他，你感到很遗憾，因为你在不知不觉的情况下，给这座城市带来了最痛苦的影响。

你是否对冈田说了这番话？

答： 我说过。与证人所作证言一样，我不想占领上海——我也不想采用战争手段占领南京。我希望南京的占领行动——南京的夺占行动应是一个和平之举，我的确不想把南京变成一个屠杀的场地，当这些情况发生时，我感到非常遗憾。

这就是我传递给冈田的全部内容。

问： 你说"给这座城市最痛苦的影响"的含义是指什么？

答： 含义就是这样。

问： 在你的书面陈述材料中，你提到关于12月19日实施的一次视察行动，你是否进入难民区视察？

答： 我没有进入难民区。

问： 这么说，你并未与那些难民交谈过，就像你的证人冈田在书面陈述材料中所述情况那样吗？

答： 我不是在难民区，而是在山顶上的一座寺庙里——我忘记了确切地点——我遇到几个难民，在那里和他们交谈了起来。

代理庭长： 我们将休庭15分钟。

（14：45 休庭）

（15：00 重新开庭）

法庭执行官： 远东国际军事法庭现在恢复开庭。

代理庭长： 诺兰准将。

由诺兰检察官（继续）提问：

问： 松井将军，休庭时我们正在讨论你所提到的你们军队给南京带来的痛苦影响。证人中山在庭审记录第21893页告诉我们，你通知参谋长冢田将军给全体参谋军官下达命令，命令中包括以下语句："由于南京是中国的首都，我们对它的占领行动是一个国际性的事件。就这一点而言，必须要进行缜密的研究，以便用日本军事力量甚至更强大的光芒来照亮中国。"你是否下达了这样一条命令？

答：是的。

问：现在，重新提到证人日高，据我所知，他是一名日本驻上海的领事官员，是这样吗？

答：大使馆参赞。

问：是在上海吗？

答：事件发生之前，大使馆位于南京。

问：事件发生后，他位于上海吗？

答：是的，情况如此。

问：是的，他是接收南京外国侨民所提抱怨的官员吗？

答：是的。

问：他是被你要求去做调查的同一名官员吗？

答：是的。

问：你是什么时间要求去做调查的？是否在1938年1月？

答：是的。

问：你是否告诉过我，他给你的报告是一份口头报告？

答：是的。

问：他是否向你提到，他曾经不断收到南京外国侨民的投诉报告？

答：我没有听到过。但是，我要参赞日高去做的事情，主要是去调查外国政权驻南京大使馆、公使馆所遭受的侵害和损失，以及去赔偿这些侵害，加上外国人所受到的侵害。

问：是否包括中国人？

答：是的。

问：他是以他所掌握的包含有投诉报告的信息为基础而展开调查的，这不属实吗？

答：我不知道他采用了何种方法，因为他没有向我报告。但是，我估计他是以外国人在难民区内所做的报告为基础，而展开调查的。

问：是的,你知道确有这类报告,不是吗?

答：当时,我没有听到类似这种在法庭上出示的报告。

问：那么,你为什么说你估计他的调查是建立在这类报告的基础之上?

答：我现在估计,而且经过法庭通告,有许多这类报告都曾经被递交到日本领事馆去了。

问：好吧。在你的书面陈述材料第 10 页的大约中间部分,你说当你视察这座城市时,"我们在街道上看见只有大约 20 具中国军队的尸体。"请问,你看到了多少具死难平民的尸体,包括妇女和儿童?

答：我没有看到。

问：我刚才问你的原因,是你在本案审讯笔录的第 257 号法庭证据,同时在庭审记录第 3461 页中,你被问到了这个问题:"你说你于 17 日进入南京,你是否看见死难平民的尸体,妇女或儿童?以及关于此类的任何事情?"你是这样回答的:"到那时他们都已经被搬走了,我在西门附近看到了一些死去的中国士兵尸体。"

我是否可以从你的回答,做出这样的理解：死难平民、妇女和儿童的尸体在你到达那里的时候,已经被搬走了?

答：我不知道关于在南京城墙之内存在中国妇女和儿童被杀的任何事实;但是——

问：那么,你为什么在接受审讯时说他们在你们进入城市之时,都已经被搬走了?

答：我不知道我是否说过没有,但如果那里真有,就是我的想法,会认为他们自然会被从视线中搬走。

问：是的。在你的书面陈述材料第 10 页底部,你说从南京城陷落之后,直到 1938 年 2 月,在这期间你一直待在上海"我听到的只有一件事,就是在 1937 年 12 月底听到的大意是说南京发生了一些不法行为案件,但我没收到任何关于这种情况的正式报告。"这些传言是从哪儿来的？

答：当时不仅在中国人中间，而且在全部各种国籍的外国人中间，都流传着许多传言，我从听到这些传言的人给我的报告中，听到了这些传言。

问：松井将军，也从报纸中得知了这些传言吗？

答：这类传言有可能出现在中国报纸上，不过当时我没有想到。如果我的回忆正确的话，这类事情已经付印报纸了。

问：你是否从外国报纸上看到了这些传言？

答：在外国刊物上可能会有一些这方面内容，不过，从我当时对中国和外国报纸的仔细审查的情况来看，我没有注意到。

问：你听到在 20015 页中，被告南曾告诉法庭，南京发生的强奸案已经在世界新闻界中得到报道。你是否听到这些报道？

答：没有，我没有听到过任何此类报道。但是，如果它们已经被报道过，那就有可能是在我已经离开上海很久以后才做的报道，因为当我在上海时，我没注意到任何此类报道。

问：那好，1938 年 1 月，你与哈利特·阿本德先生在上海有过一次谈话吗？

答：是的，我见过他两次。

问：你派人去请的他？

答：由于当时已经听到各种各样的报道，所以我去会见阿本德先生，以便从他那里获知他所听到的内容；同时也是基于我所知道的事实情况，把我所掌握的真实信息透露给他。

问：换句话说，你是想把当时已经流出境外的传言都给平息掉吗？

答：好的，"平息"一词难以被用在此种事例上。我的愿望是想知道报道的事实与真相。

问：我用这个词的唯一目的是，因为你在第 257 号法庭证据的庭审记录第 3463 页中使用了这个词。在你的审讯过程中，你被问到这个问题:"南京被攻占以后,你第一次看见哈利特·阿本德是在什么时间?"你的回答是:"我在中国遇见他。我可能是在一个月之后的南京第一次遇见哈利特·阿本德先生。"他们问你:"阿本德先生是否请求接见并得到同意?"你的回答是:"不,是我听到传言后,才请阿本德先生来看我的。我希望赶在阿本德先生之前,通过先说出我所掌握的事实,来平息这些传言。"

松井将军,是否发生过以上事情?

答:是的。

问:在你提到与阿本德先生的这次谈话中,你所说的是什么传言?

答:检方法官先生,正如你已经说过的那样,对于有人宣称的日本军队在南京犯下许多暴行,尽管当时在上海有许多外国记者,但我还是想把我所相信情况的真相告诉阿本德先生。我感觉阿本德先生最信任这些记者,所以我去与他会面。

问:是谁宣称犯下的这些暴行?

答:至于是谁谈论这些暴行,我无法准确说出,但我认为这些传言最有可能的源头是从传播这些消息的中国人那里听到这些内容的中国人以及外国人,可能是当成笑话来传播的。

问:那好,抛开笑话这一面不说,是谁把这些消息传递给你的?

答:好,是谁我现在记不起来了,但他是我的一个下级。

问:可能是你的参谋长吗?

答:是的。

问:现在,你去把事实告诉了阿本德先生,以便人们不会对事件真相产生误解?

答:是的。

问:但是,你当时并没有接到你的调查人员给你发回的报告吗?

答:没接到,但我能接到零散报告。

问:零散报告?从谁那里接到的?

答：我指的是宪兵队的报告。

问：你是否从宪兵队那里接到多于一份的报告？

答：我没有亲自直接接收到报告，但是，我的参谋人员每天都能接收到报告。

问：从南京陷落以后，每天都能收到吗？

答：是的。

问：与你联系的那些报告当然都是由军司令官拟制的，不是吗？

答：由于宪兵队不是我的直接下级，而是军司令官的下级，所以报告是写给那些司令官的，而不是写给我的。

问：当军司令官从宪兵队接到报告后，他们都是怎样处理的？

答：如果事实清楚明白，且为人所知，触犯法纪者就会接受军事法庭审讯并受到惩罚。

问：现在姑且回溯一个场景：你提到在你的参谋军官手里接到由宪兵队传来的零散报告。你就像总司令那样使用参谋军官，不是吗？

答：是的。

问：那些报告的内容你都知道吗？

答：通常来说，军队内部的纪律和道德问题，是师团长的职责；军司令官的地位高于师团长，负责监督这些师团长，并在其司法体系的框架下，维持军事法庭的正常运转。我的职位在他们之上，我是他们的顶头上司。而且，我的方面军司令部既没有法律机构，也没有军事警察或直接掌控之下的宪兵队，因此报告不会传递给我的司令部，或者是直接给我。更合适的说法是，他们想用事实情况引起我的注意，或是出于参考目的而通知给我。

问：你的司令部里的参谋军官经常会接收到宪兵队的报告，不是吗？

答：更准确的说法是，由于我要求手下的参谋军官去调查这些事情，他们才去宪兵队展开调查、才得到了消息，而不是被动地接收宪兵队的报告。

问：展开调查以后，他们是否带着报告返回司令部？

答：当时情况就像你能理解的那样，战事在继续，部队经常处于运动当中，很难得到你想要得到的事实情况。因此，到手的报告是零散而又抽象的，这是很自然的事。

问：当时没有人离开南京，部队仍在那里。我想从你那里得到的答案是，你从你的参谋人员处得到了哪些关于这座城市中继续发生事情的报告？这些信息是由宪兵队获取的。

答：由于这些事情已经在过去发生过了，报告或信息是通过各种信息提供者，也就是不同的民众那里，间接地听到的。而且随着部队经常处于运动当中，一些部队在寻找中国人，一些部队返回华北，一些部队被部署到浙江，很难查明这些事实。所以，我不可能得到包含有查明这些具体事实的任何报告。

问：那么，我可以问一下吗？1938年1月，你是怎么能够把局势的真实情况告诉阿本德先生的？

答：我以宪兵队传递给我的报告为依据，说给阿本德先生听。

问：你说了一段时间之前，一些关于你的下级指挥官应负责任的纪律和道德问题。

答：这是师团长应负的责任。

问：你是华中方面军的司令官，不是吗？

答：是的。

问：你是否正在告诉法庭，司令官的权力不足以履行对其所属部队执行纪律的权力？

答：作为华中方面军总司令，我享有对两个归我指挥的下级部队的作战指挥权，但是，却无权直接处理各军内部的纪律和道德问题。

问：错，但是你拥有检查所属部队纪律、道德维持情况的权力啊？

答：如果用更好的，或者更准确的词来说，是义务而不是权力——

义务或责任。

问：是的。这也就是你为什么在部队入城以后、在南京召集你的军官们，并告诉他们关于纪律措施问题的原因，不是吗？

答：是的。

问：这样的话，你不是在试图说明维持纪律的权力不在你的指挥权限之内，是吗？

答：我不是——我不是想，也不是在逃避作为战区指挥官——方面军司令官——指挥下级部队在占领南京过程中，与之相关的一切责任。但是，我只是想告诉你们，对于归我指挥的各个军所管辖的纪律和道德问题，我不负有直接责任。

问：这是因为在你指挥下的部队里面有军司令官，而你在执行纪律措施时，要通过你的军司令官吗？

答：我本人没有采取纪律措施或召开军事法庭的权力，这些权力都由军司令官或师团长掌控。

问：但是你可以命令军事法庭在军里召开，或是在师团召开啊？

答：我没有合法权力来下达这样一条命令。

问：那么，你怎么解释你为了表明你的命令对在南京犯下暴行的罪犯，施以严厉惩罚而做出的努力呢？你又能怎样解释在作为华中方面军司令官的职权内，为了对罪犯给予严厉处罚，而做出的每件事呢？

答：除了以全面负责的总司令身份，向归我指挥的军司令官和师团长们表达我的个人愿望以外，我没有任何权力。

问：我设想一名担任指挥任务的将军，在向他的下级表达他的个人愿望时，应当是以一种命令的形式进行的？

答：不是的。根据法律，难以这样做。

问：那好，松井将军，当你要那些服从你的人去做一些事情的时候，你会对此做什么呢？

答：授予我的权力是去指挥——是对我下属的两个军实施总体上

的作战指挥,就是这些。因此,对于我的——就纪律和道德问题来说,很难决定我是否在法律上负有责任。而且我此刻不能对这个问题做出任何评论、任何确切的评论。在这儿,我不能对此做出任何确切的陈述。

问:那好,我不想与你争论,但是如果你的军事上级领导们在东京对你们部队在中国的所做行为感到不满,谁会为此负责呢?

答:我以前已经说过了,很难确定这个法律问题,我不知道东京参谋本部当时是怎么想的。然而,关于这个问题,当我在上海的时候,或者甚至是返回东京以后,我都没有受到参谋本部或陆军省的训斥。

问:那好,接下来你可能会告诉我,为什么本间将军于1938年2月初来上海?

答:通过了解日本军队在占领南京之际犯下暴行的报道,军队中央领导层会表示出极度的担忧和强烈的忧虑,这只是一种很自然的现象;我自然也分担了这种忧虑,因为从我这方面来说,我对部队的情况感到极为焦虑,命令那些在我指挥下的军官,努力纠正他们所管辖部队中出现的任何此类行为。

问:换句话说,是否可以这样讲:你告诉他们纪律应当怎样去遵守?

答:你所说的"他们"是什么意思?

问:我的意思是指那些在你手下服役、听你下达命令的人。

答:是的。

问:很好。现在要问的是,本间将军是否去了你的司令部?

答:是的,他去过。

问:他是否告诉你,东京方面已经收到了那些传言或报道?

答:不是的,他没有和我说起过全部有关细节。

问:他从总体上跟你说了你的部队在南京期间的行为表现,不是吗?

答:是的。

……

答：就我的回忆而言，我担任方面军司令官期间，没有作过任何报告，无论是正式的、还是非正式的。

问：即使是你知道已经发生的一些事件，你也没有把它们向东京方面做出汇报吗？

答：对于部队的纪律和道德问题，如果存在发出报告的必要性的话，权力或责任都不在方面军司令官一方。

问：那好，它们（指权力或责任）应当在哪里？

答：我想说责任在于师团长。

问：那好，这时军司令官在哪里？他们没有进入责任范围吗？

答：从法律上讲很难说，按照我的理解，任何责任都应当很自然地落在师团长身上，他们有责任通过他们的直接上级——军司令官，向军队中央领导层打报告。

问：那么，在这个阶段只剩下最后一个问题了：师团长是否要通过他的军司令官，再通过方面军总司令，才能把报告发到东京？

答：对于师团长是否应该通过他的直接上级，也就是军司令官，或者通过方面军司令官来发送这种报告，我不能按照法律观点，确切地说明这个问题。关于这个问题，我很难用法律的方式做出任何清楚的评论。

问：不论何种情况，不管怎么说，它们（指报告）已经发出了，是通过华中方面军总司令发出的？

答：我不能说这种做法从法律上讲正确与否，作为一个事实，这类报告不是由我发出的。

代理庭长：我们将休庭直到明天早上 9:30。

（16:00 休庭）

七、关东军与柳条沟事变

1947 年 11 月 10 日

日本东京都旧陆军省大楼内远东国际军事法庭

……

布鲁克斯辩护律师：（宣读中村孝太郎的宣誓证词[1]）

……

（3）作为惯例，每年都会在东京召开师团长招待会。与会的陆军参谋本部和教育总监会在陆军省商讨政务。1931 年的会议是在 8 月 4 日召开的，当时南次郎已经出任陆军大臣一职。他在会上说了这样一段话："由于目前满洲和蒙古的形势，很抱歉，越来越糟糕了。那些负责兵役工作的人应该在军事教育和军事训练上付出更大的努力，并且完成其职责。"一些报纸对这番话发表评论，认为它激发了军国主义，或者认为它意味着军界对政治的干涉。但是，陆军大臣要求师团长了解海外局势、并希望他们在自己的部队里尽自己最大的努力做好教育和训练工作，那是再自然不过的事了。而且，我不禁想到，为何他的发言会招致公众如此大反响的原因，毕竟，这是由于一部分政党设置的阴谋陷阱。那些政党利用当时不稳定的政治局势，计划通过抓住内阁成员的错处来推翻政府。

---

[1] 括号内的文字系校者所加，因内容有跳跃，为便于读者理解而加。

(4) 1931年9月18日奉天柳条沟事件爆发,中日军队交战。这一消息是第二天8:00,我在陆军省时传递给我的。

现在,在战斗中至关重要的是人事任用,特别是军官的人事任用。关于柳条沟事件,虽然我是陆军省人事局的负责人,但事实上,我对事先的人事任命一无所知,我一点准备都没有,并且柳条沟事件真的出乎我的意料,很明显它没有事先做过计划。此外,当时恰值军队自身正执行紧缩政策,并且军队的组织装备非常不完善,日本不可能去自找麻烦的。因此,内阁"事件不扩大、就地解决"的方针和当地军队的行动间出现不一致。而当地军队的行动是受陆军省战略支配的,因此陆军省发现自己身处困境之中。这是因为战略性作战行动是在参谋本部作战课长控制下的,而不受陆军省控制。

宣誓证人中村孝太郎
1946年12月22日

辩方接下来提供辩方文件第286号作为法庭证据,一份由第一复员省在1931年颁布的关于缩减军官工资的第103号文书。现在宣读所提到的中村证人证言的第2段,这进一步证明了,陆军大臣南次郎极度忠实地执行了一个陆军大臣应执行的紧缩政策。

这一部分正是第2页所提到的,养老金修订法案,在出示证据第3413号的第2页。

请法官阁下注意,我不打算宣读这一部分。这在证人证言中已经提及。

伍尔沃斯检察官:检方反对采用辩方文件第286号,理由是证据与争端无关。

代理庭长:驳回。按惯例允许接纳。

法庭书记官:辩方文件第286号将被接纳为法庭证据第3414号。

（上述文件被标注为辩方证据第 3414 号，并被接纳为证据）

布鲁克斯辩护律师：我不会宣读这份证据，但是需要指出这样一个事实，缩减范围是从中尉缩减 5.8% 到将军缩减 12%。

至于南次郎的财政紧缩政策和裁军，我引用南次郎的法庭证词（庭审记录的第 19776 页和 19777 页），小矶的法庭证言（法庭笔录的第 32206 页），以及进一步证明此点的、由我们称之为证人的儿玉将军要做的证言。

现在辩方提交辩方文件第 1759 号，由证人十河信二所做的证言。

代理庭长：按惯例允许接纳。

法庭书记官：辩方文件第 1759 号将被接纳为法庭证据第 3415 号。

（上述文件被标注为辩方证据第 3415 号，并被接纳为证据）

布鲁克斯辩护律师：我将从出示证据的第 1 页的最后一段开始宣读：

从 1930 年 7 月到 1934 年 7 月，我在南满洲铁道株式会社当了整整 4 年的总裁。大约在 1931 年 5 月，仙石贡先生因病退休后，内田康哉先生成功夺得了公司的总裁职位。当时有个传统，即当总裁职位出现人事变动时，新来的总裁将会分别邀请每一个大臣和他的属下，并且作为回报，每一位大臣和其职员也将邀请公司的管理人员。1931 年 7 月 1 日《朝日新闻》报道的大致意思是，陆军大臣南次郎邀请内田康哉总裁和南满洲铁道株式会社所有的总裁到他的官邸，只不过是惯例性的回请。这些惯例性的聚会只不过是一种礼节。

在第 2202A 号法庭证据（被纠正的法庭证据第 2202A 号，在庭审记录的第 31705 页）证词的最后一段中，这份新闻报道这样说道。第 2202A 号证据在记录的第 15753 页。我认为在法庭记录第 32215~32216 页的小矶证词,也涉及此事件。

辩方提交辩方文件第 1966 号作为证据。这是从 3038A 号法庭证据中摘录出的,陆军省秘书日记 1931 年卷之Ⅰ卷,是从华盛顿(追还回来的原件之一,并已经做过证明标注)。

它是从标注日期为 1931 年 8 月 19 日的一份报告中摘录出来的。这份报告是东京宪兵队长给陆军大臣的,内容是宪兵队长给下属的训诫。这一演讲揭示了这样一个事实,即南次郎下定决心去压制年轻军官们的不当行为。

代理庭长:按惯例允许接纳。

法庭书记官:辩方文件第 1966 号将被接纳为法庭证据第 3416 号。

(上述文件被标注为辩方证据第 3416 号,并被接纳为证据)

布鲁斯克辩护律师:我将宣读法庭证据第 3416 号:

摘录自密大日记,Ⅰ卷,1931 年,陆军大臣

1931 年 8 月 19 日

再次进行教诲讲话的报告

向您禀报,基于就目前局势引导年轻军官行为的政策,我给每一个下属都做了一次教诲讲话。

宪兵司令官外山丰造(盖印)

(机密)基于就目前局势引导年轻军官行为政策的再次教诲

作为长官,很了解与会的你们和类似的要学习、探讨满蒙问题及其他当前局势问题的年轻军官们,你们想通过研究学习的范畴,投入到具体行动中去。然而此类的行动很容易被外面的政客所利用;并且这将置军队于尴尬位置,让人感到担心。此外,通过形成横向组织来提出建议,无论提出的是何建议,都是违反军纪的。军事制度规定了权威的等级命令和从属关系,而它却与这种军事制度是背道而驰的。同时,这一趋势是否会影响军士和人们、腐蚀军

事制度的基础、并且陷入千年的不幸,这将是一个严重的问题。

在我看来,造成年轻军官被吸引这一趋势的原因在于,他们被上级部队牵着走,从而形成了错误的推测。然而,这不仅不是事实,而且陆军大臣下定决心要在部队里全面禁止这些行为。因此,你们必须在对年轻军官的指导上与你们的上司全面合作,以避免自毁前途。你们必须进一步地去避免违反任何军纪,并且使自己免遭(军队的)政治利用。

标注日期1931年8月17日
宪兵司令官外山丰造(盖章)

语言处,这次我讲的是我方第6号证据。

代理庭长：我们将休庭15分钟。

(10:45休庭)

(11:00重新开庭)

……

(武田寿,被召回作为辩方证人,已经宣誓,通过日文译员作证如下)

直接询问(由布鲁克斯辩护律师询问武田寿证人)

问：请陈述你的姓名和家庭住址。

答：我叫武田寿。家住长野县上伊那郡伊奈町。

布鲁克斯辩护律师：我请求将辩方文件第2739号拿给证人看。

(一份文档被传给证人)

问：这是你的证词吗?

答：是的。

问：内容准确无误吗?

答：是的。

布鲁克斯辩护律师：已提交辩方文件第2739号作为法庭证据,同时在此我提交第 2774 号共 10 页作为证据。

代理庭长：按照惯例允许接纳。

法庭书记官：辩方文件第 2739 号将被接纳为法庭证据第 3420 号。辩方文件第 2774 号将被接纳为法庭证据第 3420A 号。

（辩方文件第 2739 号被标注为法庭文件第 3420 号，并被接纳为证据；辩方文件第 2774 号被标注为法庭文件第 3420A 号，并被接纳为证据）

布鲁克斯辩护律师：语言处，这次我将宣读第 10 号证据。

语言监督官：谢谢，布鲁克斯先生。

布鲁克斯辩护律师：为了表明证人是作为正式任命的九一八事变历史联合编译委员会委员，我已经提供了辩方文件第 2774 号作为证据，是一份第一复员省所发的证明书。我将宣读证据。

代理庭长：我还没拿到证据。

布鲁克斯辩护律师：那是第 3420A。按顺序在第 10 号证据。

我现在宣读证据 3420A。

证明书

武田寿

生日：1894 年 4 月 16 日

居住地：长野县上伊那郡伊奈町

特此证明上述名字的人是参谋本部的成员，在 1933 年 8 月 1 日兼任九一八事变历史编委会成员，并被任命为陆军步兵学校的教员，并兼任陆军步兵学校研究室成员，并且在 1938 年 3 月 1 日解除了其九一八事变历史编委会成员的职务。

标注日期 1947 年 10 月 21 日

海山元藏（盖章），第一复员局档案课课长

现在我将宣读第 3420 号证据的第 2 段到最后一段。语言处，它在第 8 号证据。第 2739 号，法庭证据第 3420 号。

从 1930 年 12 月到 1932 年 4 月，我是关东军的参谋，并且非常熟悉当时关东军和中央军当局间机密的电报通信。

在九一八事变爆发后，一份标题为"陆、海军派军和撤军间的关系（关东军行动的摘要和细节）"的文件由关东军司令部发出，是基于不时地由我所草拟的详细战斗报告的基础上写出来的。在 1932 年 3 月，这一文件被分送通报给利害关系人。我能确认被称为远东国际军事审判国际检察局第 1641 号的文件（一份用日文写的 10 页副本），它是上述文件一部分内容的准确再现。我也能确认被称为第 1838 号的辩方文件，是从国际检察局第 1641 号文件中摘录出来的，因此它也是从上述文件中摘录出来的。

而且，我确认从辩方文件第 1838 号中摘录的 4 份电报的内容，与关东军司令部于 1931 年 9 月 18 日和 19 日分别从奉天特务机关和中央军当局那里收到的电报原文是一样的。

语言处，现在我要讲第 9 号证据。

这次我需要国际检察局第 1641 号文件（日文版），以及辩方文件第 1838 号，传给证人看。

（文件被传给证人）

布鲁克斯辩护律师：这份文件和现在所读的你证言第 2 段摘录，内容无误吗？

证人：无误。

布鲁克斯辩护律师：国际检察局第 1641 号文件（日文版）是唯一要提交做证明的。辩方文件第 1838 号是它的摘要，提交作为法庭证据。

代理庭长：按照惯例允许接纳。

法庭书记官：国际检察局第 1641 号文件将仅被接纳为法庭证明证据第 3421 号。辩方文件第 1838 号将被接纳为法庭证据第 3421A 号。

（检方第 1641 号被标注为法庭证明证据第 3421 号，辩方文件第 1838 号被标注为法庭证据第 3421A 号，并被接纳为证据）

布鲁克斯辩护律师：我将宣读证据第 3421A 号，辩方文件第 1838 号，从第 4 页开始，在显示国际检察局证书的地方。

证明书

1947 年 8 月 12 日

我，耶鲁·马克森，国际检察局文档组长，特此证明国际检察局第 1641 号日文原件目前不可用，就本人所知及所信，控方尚未使用的审议副本附页，是一份精确的复制件。

签名：耶鲁·马克森

然后回到第一页，我将从第 3 页处开始宣读。

在 9 月 18 日下午 11:46，关东军参谋长收到了从奉天特务机关发来的如下电报：

18 日 10 点过后不久，收到的报告说，暴戾的中国军队在北大营西侧，破坏南满铁路，袭击守备队，双方正在冲突中。鉴于这份报告，奉天独立守备队第 2 联队现在正赶往冲突地。

在 19 日 0:28，参谋长收到了奉天特务机关发来的另一份电报，如下：

北大营的中国军队炸毁了南满铁路，涉及 3、4 个步兵连的兵力。他们随后窜入他们的兵营。11:00 后，我虎石台联队在北大营与 500、600 名敌军交战。虽然我们已占领北大营一角，但是敌军的机关枪和步兵枪正在增多。我们连正与其苦战中，野田中尉身负重伤。

第 8 页。

同一天（19 日）下午 18:00,
——那是 1931 年 9 月 19 日
收到从陆军省发来的如下电报：
关于近来中日军队间的冲突,即便中国军队毁坏南满铁路沿线从而引发冲突,确实应遭到谴责,但帝国政府决定努力避免扩大局势。因此,内阁要求你们按照此原则行动。

第 9 页。

同一时间,接到参谋总长发来的如下电报：
（1）我相信关东军司令部在 9 月 18 日夜所做出的决议和措施是恰当的,并且加强了日军的声望。
（2）考虑到中国的态度等等,自从事变以来,内阁决定的不扩大政策对于解决事变是有必要的。因此,军队应当在行动上遵循这一原则。

语言处,回头参看第 8 号证据。
考虑到这些电报是在何种情况下被发出和接收的,我提交片仓衷的证据（庭审记录第 18890 页、18897～18900 页）,武田寿的证据（庭审记录 19325～19327 页）,河边虎四郎的证据（庭审记录第 19414 页）,和南次郎的证据（庭审记录第 19779～19782 页）,以及小矶的证据（庭审记录第 32217 页）。
我接着宣读法庭证据第 3420 号,辩方文件第 2739 号,从第 2 页的第 3 段开始。

（3）1933 年 8 月到 1937 年 4 月,我隶属于东京参谋本部。在这一时期,我受命编制九一八事变史。为此,我从所有可能的来源那里,搜集了必要的资料,特别是复制了一些电报原件的副本,保存在陆军省和参谋本部。我雇用了几名助理。在我的负责下,所有准备好的副本和手稿被放在了一起,作为编辑资料的主要部分。我最后的一份手稿是在 1937 年 3 月完成的,并且递呈交给参谋本部的上司。我听说,3 月份在我转任千叶步兵学校之后,它被印刷出版了,但我没有收到一本。我相信九一八事变史的所有印刷本和手稿,在投降时被埋在了参谋本部。

（4）在编写的过程中,因为相关人的各种意见,手稿的叙述部分经常被改来改去,但电报的正文却保持没改。因此,我常常将包含引文的旧的手稿部分剪掉,并且贴上新的手稿。

——引文是指引用的电报——

即便在我从参谋本部调走后,我手里还有很多份此类的电报副本。但是自 1937 年开始,动荡的战争使我几乎不断地迁徙居住地,这些电报副本(直到现在我还在想呢)在此过程中都被毁掉或者遗失了。然而,在接到远东国际军事法庭的答辩请求后,我把自己的所有物都翻了个遍,并找到了 16 份电报副本。

（5）我确认辩方文件第 2048 号 A 到 P 就是上述的 16 份电报副本,这些副本都是我在 1933 年 8 月到 1937 年 4 月担任九一八事变史的主编期间,用上述的方法编纂出来的。根据各自被剪裁下来的手稿或草稿的形式,因此有各式各样的副本形式,例如有油印的(看 A,B,C,C,F,G,L,M,N,O 和 P),有打字机版的(看 E 和 I),

有铅笔写的(看 H,J 和 K)。

关于审议中的电报,我听说陆军省和参谋本部的档案不能用了。如果是这样的话,据我所知及相信,辩方文件第 2048A－P 号就是仅存的、真实的、关于九一八事变初期机密通信电报中的一部分电报副本。

今天,1947 年 10 月 14 日

现在我将宣读第 11 份证据。

现在我请求将辩方文件第 2048A－P 号给证人看。

(文件被递给证人)

布鲁克斯辩护律师:法庭证据第 3420 号,它们就是你在证言第 5 段中所说的电报副本吗?

证人:是的。

布鲁克斯辩护律师:提交辩方文件第 2048A－P 号作为法庭证据。我要求分别用字母 A 到 P 来标注每一份电报,因为我将分别提及这些电报。

代理庭长:按照惯例允许接纳。

法庭书记官:辩方文件第 2048A－P 号将被接纳为法庭证据第 3422 号。辩方文件 2048B 将被接纳为法庭证据第 3422A 号。

布鲁克斯辩护律师:请等一下。你能否只是标注 3422A 到 P 号,而不标注证明吗?否则我将和语言处的证据搞混,因为我想以后用这样的方式提及它们。

法庭书记官:我不明白。

布鲁克斯辩护律师:标注证明文件 3422 号,然后再将 2048A－P 号的每一份电报确认为 3422A－P,这样就能包罗全部,并且避免混淆。尊敬的法官,可以这样做吗?

法庭书记官:我仍旧不明白你要做什么。

布鲁克斯辩护律师：如果书记官标注辩方文件第 2048A－P 号，那么证明将会成为法庭证据第 3422 号、而从 A 到 P 的每一份电报则成为 3422A～3422P，这将避免混淆。用原始编号来标注证明。

……

韦伯庭长：根据惯例，予以接受。

法庭书记官：第 2096 号辩方文件被接受为第 3423 号法庭证据。

（上述文件被标识为第 3423 号辩护方证据，并被法庭接受）

布鲁克斯辩护律师：下面我来宣读该证据。

陆满密大日记摘录

1931 年，第 1 卷，陆军省

陆军省收，陆满密 1 号

参谋本部发，参密 1 号

收件人：陆军大臣南次郎，日期：1931 年 9 月 22 日

向满洲派遣军队的通知

给相关机构下达向满洲再次派遣军队的命令，通知发出。

签字：参谋总长金谷范三

绝密，临参命 1 号命令

命令下述隶属日本朝鲜军[1]的作战单位前往满洲，接受关东军司令官调遣。

步兵，1 个联队（其中缺少 1 个中队）；骑兵 1 中队；野战炮兵 2 个中队；工兵 1 个中队；空军 2 个中队；信号兵 1 个小队。

提到的上述作战部队在跨过鸭绿江后，将由关东军司令官

---

[1] 日俄战争期间日本驻留在大韩帝国之韩国驻屯军，1910 年随着日韩并和，名称变更为朝鲜驻屯军，1918 年再编为朝鲜军——译者注。

指挥。

参谋本部的参谋总长会给出进一步具体指示。

1931 年 9 月 22 日

发件人：皇军参谋本部参谋总长金谷范三

收件人：日本朝鲜军司令官林铣十郎。

收件人：关东军司令官本庄繁

至于发生上述事实的具体环境，我提请南次郎的证词，法庭记录 19782 页。

现在我宣读 3422B 号证据。

1931 年 9 月 20 日

发件人：参谋本部参谋次长

收件人：关东军参谋长。

第 27 号电报

1. 参谋本部参谋总长对整体情况进行评估后，同意（第 15 号电报里所谈的）政策。至于如何处理今后的事件，昨天、也就是 19 日，在内阁会议上做出了决议，请理解。如果情况有变，上级并不会限制你采取必要措施完成任务，也不会限制你组织军队自我防卫。我相信你采取的措施一定是最适合的应对策略，尽管如此，我还是希望你要尤其注意保持皇军的荣誉与尊严，阻止中国军队或公民扰乱我军秩序，让我军将士严格遵守纪律。这样，国内外人士就找不到任何到借口对部队提出谴责。

2. 一些日本外交官员以及南满洲铁道株式会社圈子里的部分官员，可能会对军方的行为提交毫无依据的诽谤报告，所以请尽力查出这些消息的来源，采取一切严厉手段消除这种不爱国的行为。如果这种不爱国的行为仍然继续，我认为军队应该公开宣布自己坚定的决心。

至于发出这封电报当时所处的环境,我提请南次郎的证词,法庭记录 18934～18935 页。

现在我宣读第 3422C 号证据。

> 1931 年 9 月 22 日
> 发件人：陆军大臣
> 收件人：关东军司令官。陆 213 号电报
> 鉴于当前国内外的整体局势,军队本身直接参与行政管理工作不太适合。应该尽快让类似总商会这类的中国独立代理机构接手管理工作。军队的任务应该仅仅限于和此类机构谈判、联络的范围之内。

为了证实这份电报的收件方是关东军,我提供 1931 年 9 月到 10 月的日本年鉴,作为唯一经过验明的证据。

法庭书记官：1931 年 9 月到 10 月的《日本年鉴》被法庭接受,并被标识为第 3424 号法庭证据。

（上述文件被标识为第 3424 号法庭证据）

布鲁克斯辩护律师：我提供辩方第 2515 号文件作为证据,它是 1931 年 9 月 23 日《日本年鉴》的摘录。

伍尔沃斯检察官：如果法庭允许,检方反对采纳这份文件。

代理庭长：请先让我们拿到文件。

伍尔沃斯检察官：检方反对采纳第 2515 号辩方文件,我们认为该文件不具备证明效力。

布鲁克斯辩护律师：如果庭长阁下允许,我提供这份文件的目的仅仅是为了证明发送了这份电报,其内容在文中被按顺序引用。这封电

报本身的证明效力微乎其微,但是和文中提到的另一封电报,文中也提到了另一封电报的内容,两封电报一起具有证明效力,而且相互印证,证实了当时的确发送了这些内容。电文很短,不能给出进一步的证明,但是可作为辅助证据。

代理庭长:经过法庭多数法官的同意,反对有效。

布鲁克斯辩护律师:至于电报收发的实际背景情况,我向法庭提请片仓的证词,法庭记录18924~18925页。

我现在宣读第3422D号法庭证据。

1931年9月22日

发件人:参谋本部参谋总长

收件人:关东军司令官

第39号电报

对你所辖军队时至今日一直适时保持我们国家与部队荣誉的做法,我表示赞同。至于将来的行动,你必须在保证完成原来任务基础上继续现在的政策,公平冷静地观察,直到局势突然发生巨大转变。

至于此封电报涉及的背景,我提请参阅河边的证词,法庭庭审记录的第19415~19416页。

下面我宣读第3422E号法庭证据。

1931年9月23日

发件人:关东军参谋长

收件人:陆军次官、参谋本部参谋次长

关参电第435号

当前的事件和林总领事向外务大臣报告的抚顺事件毫无关

系,请不必担心。具体细节已经告知安藤,上述为特别报告。

至于电文中提到的抚顺事件,我提请参阅片仓的证词,法庭记录18932～18935页,以及石原莞尔的证词,庭审记录的第22140～22142页,22231～22235页。

我现在宣读第3244F、G、H号法庭证据。

  第3244F号证据:
  1931年9月23日
  发件人:参谋总长
  收件人:关东军司令官
  第57号电报
  即使形势发生突然转变,不会派遣军队到哈尔滨。

接下来我宣读第3422G号法庭证据。

  1931年9月23日
  发件人:陆军次官
  收件人:关东军参谋长
  陆满第17号电报
  内阁会议决定不为哈尔滨的日本侨民提供保护,如果情况危急,请让侨民撤离。

下面我宣读第3244H号法庭证据。

  1941年9月24日
  发件人:陆军大臣

收件人：关东军司令官

陆满第 20 号电报

即使图们江、间岛的情况严重,也不要动用军队,可派出警察阻止形势进一步恶化。

关于这封电报中提到的形势恶化的具体所指,我提请参阅片仓的证词,庭审记录的第 18813～18924 页;河边的证词,法庭记录 19416～19417 页;南次郎的证词,法庭记录 19787～19788 页。

另外,我将提供证据,它们是辩方第 1938 号文件、即第 3038G 号证据摘录,证明南次郎在 1931 年 9 月 24 日派遣桥本虎之助少将(不是被告桥本欣五郎)前往满洲,目的是按照政府的政策矫正关东军部队的行为。

代理庭长： 根据惯例,予以接受。

法庭书记官： 辩方第 1938 号文件作为第 3425 号证据被接受。

(上边提到的文件被编上辩方证据 3425 号,并作为证据被接受)

布鲁克斯辩护律师： 下面我来宣读第 3425 号证据:

《满洲重要秘密日志摘录》

陆军省

1931 年第 1 卷

在陆军省接收：陆满密缀第 13 号,9 月 25 日

陆军大臣(南次郎印章)、陆军次官(杉山元印章)

大臣(小矶国昭印章)、处长(永田铁山印章)

陆军省给桥本虎之助少将的训令

此处的桥本不是被告桥本欣五郎。

(1) 你将被派往满洲,负责中央政府与关东军司令部的联络工作,并配备下述人员随行:

1 名参谋本部成员。

1 名密码军官。

1 名陆军省成员。

（2）陆军次官会给出详细指示：

陆军 19 号（训令号）

日期：1931 年 9 月 24 日

（满密 13 号，9 月 25 日）

陆军次官（杉山元印章）

大臣（小矶国昭印章）

课长（永田铁山印章）

次官给桥本虎之助少将的训令

（1）部署关东军的行动应该按照帝国政策予以仔细考虑，你要严格按照政策，不允许军队根据对当前局势的判断独自行事，一定要严格按照中央政府的指示行动。

（2）至于宣传活动，你要保证军队依照中央政府的意愿行动。

陆满密 7 号。

日期：1931 年 9 月 24 日。

至于相关背景情况，我提请参阅森岛守人的证词，庭审记录的第 3091 页。

接下来我会宣读第 3422I 号证据。

1931 年 9 月 25 日。

发件人：陆军大臣

收件人：关东军司令官

电报号陆满 31

这是辩方向我们提交作为证据的第 1947 号文件，如果庭长阁下允许的话，这是政府公告。

由于这是政府最近宣布的公告，(日本)帝国的政策不言自明。

25 日内阁会议上，所有成员都表示，应该团结一心竭力实现前面所提到的公告的要旨。现在全国都面对着紧急情况，对于当局的外交部门和军事部门双方来说，应该摒弃嫌隙，为了更加伟大的目标彼此合作，为了国家利益完成自己的使命。外务省已经通知当地外交部门依照上述原则行事。

现在应该结束军事行动，转而实施外交谈判工作，所以通力合作显得更加必要。

现在我提请向证人出示辩方第 1947 号文件。
（把文件交给证人）

伍尔沃斯检察官：如果法庭允许——

代理庭长：请先让我们拿到文件，然后决定下一步。

布鲁克斯辩护律师：证人已经拿到辩方第 1947 号文件了吗？

问：这是上一封电报中提到的政府公告吗？

答：是的。

布鲁克斯辩护律师：如果法庭允许，尽管法庭已经拒绝把辩方第 1947 号文件在对板垣征四郎的起诉中作为证据，并认为该文件本应该在一般阶段中提出，请参阅法庭记录第 30058 页～第 30060 页，我们还是希望，再次申请把这份文件作为证据，基于如下三条原因：

（1）在刚才宣读的电报中，南次郎特别提到，他和其他的内阁成员将竭尽全力实现所提文件、即 1931 年 9 月 24 日政府公告的要旨，所以在这种情况下，此政府公告应该作为证据。

（2）这份政府公告不仅是关东军司令官所接到的最高绝密指示中

不可或缺的部分，而且还是其应对满洲事件的行动基础。除非同意把这份政府公告作为证据，否则对判断接下来发生事件而言，缺乏准则和依据。

（3）政府公告是南次郎本人以及其他内阁成员的共同决定，这是南次郎对满洲事件的公开表态，而前边提到的电报属于私下表态。不论这两方面的表态是否一致，都将对南次郎辩护有至关重要的意义。我们认为对南次郎的个人诉讼来说，现在的第1947号文件比在一般阶段更加有价值、更加具体，所以现在把该文件列为证据的时机恰到好处，而且该文件与我希望要读的第4段、第5段有颇有关联。

（然后，伍尔沃斯先生走上讲台）

代理庭长：你可否在午餐后表示反对？

法庭休庭，13:30继续开庭。

（12:00休庭）

……

（13:30重新开庭）

法庭执行官：现在远东国际军事法庭继续开庭。

代理庭长：我想伍尔沃斯上校正要表示反对。

柯明斯-卡尔检察官：如果法庭允许，我将接受反对。

武田寿作为辩方证人被传唤，继续站在证人席上，通过日语翻译作证如下：

柯明斯-卡尔检察官：如果法庭允许，在提交的文件里，没有给出合理的理由，解释为什么法庭应该改变对该文件起初的判断。通过表示此文件是第3422I号证据中提到的文件，来证实改变对其判断的合理性。该文件旨在表示属于1931年9月24日内阁特别会议上的声明，而涉及第3422I号证据的唯一内阁会议是9月25日的会议。

的确，第3422I号证据的第一段中提到"最近宣布的公告"，但是，如果其所指的是9月24日内阁会议的公告，那么文中所用词汇应为"昨天"，而不是"最近"。

在我们提交的文件里，他们试图把该文件和电报建立联系，结果这次尝试失败了。根据庭审记录的30060页上所记，在一般环节成功提出的建议现在也生效了。

布鲁克斯辩护律师：如果法庭允许，我认为证人已经承认，政府公告就是第3422I号证据的电报里提到的那份文件。

至于第3422I号证据第二段中所说的25日的内阁会议，则是另一个会议，一会儿再具体解释。

辩护方提供的第1947号文件目的是证实第3422I号证据包括陆军大臣的电报内容。这封电报，也就是第3422I号证据证据中说，"根据政府最近宣布的公告，帝国政策不言自明"，内阁所有成员都同意该公告的要旨。这份公告的部分基础是陆军大臣给关东军的指示，这表明了南次郎私下表达的意愿与政府的公开声明完全吻合，驳斥了检察方所提供指称南次郎拥护对满洲实施的积极政策，并意图搞垮内阁的全部证据。该份证明明示了这是1931年9月24日内阁特别会议上的文件。第4段、第5段并不重复，建立了若槻内阁的正式公告。南次郎担任该内阁的陆军大臣。我承认，该文件对板垣征四郎的起诉没有很大意义，电报中也没有提到他，直到目前，该文件与板垣征四郎之间的联系不大。

所以我认为，现在正是把这份材料作为证据的最佳时机。

代理庭长：你怎样证明这份材料是第3422I号证据中提到的政府公告？

布鲁克斯辩护律师：庭长阁下，如果您还记得的话，我起初提供这份证据的时候，已经问过证人了。

代理庭长：证人不能确定这就是那份公告。

布鲁克斯先生：如果各位法官记得的话，证人遵从满洲历史，对电报中提到的政府公告很熟悉。我认为,如果检察方在同一点上对该部分有任何疑问的话,可以在交叉质证中仔细检查这一事实。

代理庭长:投票大多数通过,反对有效。

在你开始陈述另一事实之前,我想阅读一下我浏览过的通知。

经法庭允许,被告东乡茂德整个下午庭审期间将缺席,和他的法律顾问商谈。

布鲁克斯辩护律师:我现在宣读第3342J号证据:

1931年9月25日
发件人:陆军大臣
收件人:关东军司令官
电报号:陆满35
严禁促进与满洲新政权的活动有任何联系。

为了用事实说明这封电报,辩方希望首先介绍两份仅仅用于识别标记的材料。第一份材料是《关于国家联盟的材料汇编》,其中包括松冈洋右于1932年11月在联盟议会上的讲话。该讲话已经用作辩方第131号材料。

第二份材料是《日本政府对调查委员会报告的观察》,该材料用作辩方第189号文件。这两份包含证据的材料之前都被拒绝,在法庭记录19692～19699页。我希望递交每份材料的简短摘录,现在提供原件以供识别。

法庭书记官:题为《关于国家联盟的材料汇编》第三卷作为第3426号证据被接受,仅用于验证。

题为《日本政府对调查委员会报告的观察》作为第3426号证据被接受,仅用于验证。

(上面提到的文件分别被编上辩方证据3426号、3427号,用于验证。)

布鲁克斯辩护律师：我现在提供辩方第 2513 号文件，即一份第 3426 号证据的摘录；我还提供辩方第 2514 号文件，即一份第 3427 号证据的摘录。

我们提供这两份相似的文件，目的仅仅是用事实证明南次郎指示的目的和内容，其指示包含在刚刚宣读过的电报之中。

伍尔沃斯检察官：如果法庭允许，检察方反对把这些文件作为证据。

我请法庭注意，第 3427 号证据包含的这份文件已经被法庭拒绝，请看法庭庭审记录的第 18765 页和第 18694 页。第 3427 号证据部分陈述，不具备证明价值。

至于第 3426 号证据，松冈洋右在讲话中做出了一些声明，但是并没有证据可以证明，他的确做过这些声明。根据第 19700 页的记录，以前法庭已经拒绝了这份文件。

布鲁克斯辩护律师：如果法庭允许，请注意这些辩护方文件，第 2514 号和第 2514 号虽然出自不同的来源，但是他们内容很相似，而且谈及相同的话题。

布鲁克斯辩护律师：是的，庭长阁下，我搞错了，我撤回问题。

现在我宣读第 3422K 号法庭证据：

1931 年 9 月 29 日

发件人：陆军次官

收件人：关东军参谋长

电报号：陆满 50

内阁成员中流言四起，据说关东军司令官与宣统皇帝复辟运动有关联。为谨慎起见，军方应该保持警惕，不和这些活动发生联系。

至于这份电报以及前一份电报——第 3422J 号证据中所提及的背景情况,我提请参阅片仓的证言(法庭记录第 18974 页),以及南次郎的证言(法庭记录第 19783 页和第 19785 页)。

根据时间先后顺序,辩护方希望提交证据——辩护方第 1937 号文件,这是第 3038G 号证据的摘录,一封陆军次官写给关东军参谋长的电报,日期是 1931 年 10 月 1 日,同时证实作为第 3422C 号证据的陆满第 213 号电报主旨。

代理庭长: 依据常规,予以采纳。

法庭书记官: 辩方第 1937 号文件将作为第 3428 号证据被接受。

(上边提到的文件被编上辩护方证据 3428 号,作为证据被接受)

布鲁克斯辩护律师: 我宣读第 3428 号证据:

《满洲重要秘密日志摘录》
1931 年第 1 卷　　陆军大臣
陆军次官发给关东军参谋长的电报

尽管根据报告,军方可能会有意强化长春市政府,但是,依据陆 213 号(电报号)关于此类问题的方针政策,尽量避免让军方独自采取如此行动。

(电报号)陆满 55

(日期)1931 年 10 月 1 日
上午 11 时(印章)

辩方希望提供辩方第 1965 号文件作为证据,这也是第 3038G 号证据的摘录,是陆军次官发给关东军参谋长的电报,日期是 1931 年 11 月 11 日。这份电报可以证明,陆军大臣不知道土肥原贤二大佐为什么被派往天津,也不知道他的任务是什么。

代理庭长： 依据常规，予以采纳。

法庭书记官： 辩方第1965号文件将作为第3429号证据被接受。

（随之，上边提到的文件被编上辩护方证据3429号，作为证据被接受。）

布鲁克斯辩护律师： 我现在宣读第3429号证据：

《满洲重要秘密日志摘录》

第1卷 1931年　陆军省

陆军次官发给关东军参谋长的电报

获悉土肥原贤二大佐可能在天津执行任务，我们很想知道他所接受任务的具体内容，以及你和日本中国驻屯军司令部之间，关于此项任务做出了什么安排。另外，出于谨慎考虑，同时也基于各部队之间的彼此尊重和合作精神，请注意，我们相信日本中国驻屯军在中国北方有能力掌控一切事务。鉴于当前的形势，如果派人往中国北方执行重要任务，今后请通知我们相关的一切情况。

（电报号）陆满177。

日期：1931年11月11日，下午4:30（印章）

这份电报提到的背景情况在片仓的证词中得到证实（庭审记录第18969页）。

现在我向法庭提请参看第286号证据，即1931年11月1日外务大臣给天津总领事的电报。在第4段中提到南次郎反对满洲独立和让溥仪重新出任皇帝。南次郎提醒本庄繁将军，不要让军方参与满洲新政权的活动中去，应该让外务省处理这类事务。

我现在宣读第3422L号法庭证据：

1931 年 11 月 16 日

发件人：参谋本部参谋总长

收件人：关东军司令官

电报号：临参命 4

1. 如果马占山的部队发起进攻,我军不得不还击,即使被迫暂时跨过齐齐哈尔北部,你所辖军队应该通过断然手段竭力歼灭敌军。

2. 根据目前整体形势,你的部队不应该使用中东铁路,而且在中东铁路东西双向部队的活动,应该仅仅限制在自卫防御范围之内。

3. 虽然由于战略需要,不得不暂时进入齐齐哈尔,但是你的部队不可以占领该地区控制满洲北部。在该方向投入的主力部队应该尽快集中在成山屯东部(包括这座城镇)。

现在我宣读第 3422M 号法庭证据：

1931 年 11 月 24 日

发件人：参谋本部参谋总长

收件人：关东军司令官

电报号：163

1. 不论形势如何,立即采取措施,从之前命令涉及的地区撤出师团指挥部以及主力部队,根据规定政策,在齐齐哈尔市内及附近留下大约一个步兵联队的作战单位。

2. 上述留下的作战单位必须在两周内撤离。

我现在宣读第 3422N 号法庭证据：

1931年11月27日

发件人：参谋本部参谋总长

收件人：关东军司令官

电报号：临参命6

1. 收到你发来的关参360号电报。

2. 在接到新命令之前，你的军队要保持低调，不要在辽河以西、成山屯周边、成山屯-通辽铁路以南为支援日本中国驻屯军采取任何行动。

至于这些电报中涉及的背景情况，我提请参阅片仓的证词（法庭记录第19351页）以及河边的证词（法庭记录第19417页、19418页、19419页）。至于最后一封电报，我提请参阅南次郎的证词（法庭记录第19788～19789页），小矶国昭的证词（法庭记录第32219页），第57号证据、即李顿调查团报告书第77页。根据记录，11月29日，出乎中方预料，日本军队撤到新民。

继续宣读第34220号证据：

1932年1月27日

发件人：关东军司令官

收件人：陆军大臣、参谋本部参谋总长

电报号：关参355

在吉林的部队向北远征之后，前丁超部队在傅家田进行抢掠，今天战斗爆发，主要集中在日本墓园附近和哈尔滨机场。我军空军军官被击中，哈尔滨一片混乱。考虑到这些情况，战火很可能蔓延到哈尔滨市，关东军希望派出至少两个步兵大队的部队，以保护我国侨民。希望能够获得批准。

现在我宣读第 3422P 号证据：

1932 年 1 月 28 日

发件人：参谋本部参谋次长

收件人：关东军司令官

已经收到你的关参 355 号电报。鉴于满洲北部武装匪徒众多，加之我军驻当地部队需要增援，参谋本部参谋总长批准你电报中向哈尔滨增派部队的提议。

关于这些电报中提到的背景情况，我提请参阅片仓的证词（法庭记录第 18994～18995 页）、河边的证词（法庭记录第 19422～19423 页）、小矶国昭的证词（法庭记录第 32320～32221 页）。另外，请法庭注意，南次郎在此时已经不再担任陆军大臣的职务。

检方现在可以交叉询问。

伍尔沃斯检察官：对这位证人不进行交叉询问。

布鲁克斯辩护律师：证人可否依据常规退庭？

代理庭长：证人可以退庭。

（证人退庭）

布鲁克斯辩护律师：语言部。

辩护方希望传唤片仓衷作为证人出庭。

代理庭长：这是检方不准备交叉询问的那位证人吗？

布鲁克斯辩护律师：我还有一些额外的文件提交。

这位证人已经宣誓过。

（片仓衷再次作为辩护方证人被传唤，他已经宣誓过，证词如下）

直接询问（由布鲁克斯辩护律师询问片仓衷证人）

问：说出你的名字和住址。

答：我叫片仓衷。我现在的住址是东京都神木黑五丁目第二六五八番地。

代理庭长：证人，我提醒你，你仍然在宣誓誓言的效力之下。

布鲁克斯辩护律师：我提请向证人出示辩方第 2047 号文件。

（把这份文件递给证人）

问：这是你的宣誓证词吗？

答：是的。

问：内容真实正确吗？

答：是的，真实正确。

布鲁克斯辩护律师：我提请辩方第 2047 号文件作为证据。

代理庭长：依据常规，予以采纳。

法庭书记官：辩方第 2047 号文件作为第 3430 号证据被接受。

（上边提到的文件被编上辩方证据 3430 号，作为证据被接受）

布鲁克斯辩护律师：我从第 2 段开始宣读证据。

2. 我在 1930 年 8 月到 1932 年 8 月之间在关东军司令部负责处理秘密电报的工作。此处出现的电报复件的确是当时我处理过的电报副本。

3. 这里关东军司令部收到发给本庄繁司令官和参谋长三宅的电报副本首先通过电讯课交给我，我向相关上级大声朗读电报内容，然后再把电报副本交给他。关东军司令官或者参谋长向军方中央部门发出的电报，首先由我在相关上级的指示下起草，如果上级同意我起草的电文，我就让电讯课把电文翻译成电码，然后发出。

我要求把第 3422A 到 P 号的证据出示给证人。这是 2048A 到 P 号文件。

（把相关文件交给证人）

问：这些是你在宣誓证词第 2 段、第 3 段中提到的电报吗？

答：（回答没有被翻译出来）

问：你仔细看看这些文件，是你经手处理的文件副本，对吗？

答：有些文件就是我在宣誓证词中提到的。

问：在第 2 段中，你提到相关电报的副本，这些文件就是你提到的那些副本，是吗？

答：是的。

布鲁克斯辩护律师：检方现在可以交叉询问。

伍尔沃斯检察官：如果法庭允许，我们不对这位证人交叉询问。

布鲁克斯辩护律师：可以依据常规请证人退庭吗？

代理庭长：证人可以退庭。

（证人退庭）

法庭执行官：庭长先生，证人儿玉友雄到庭，他曾经在法庭上作证。

（儿玉友雄以辩方证人身份被传唤，作证如下）

代理庭长：证人，请注意你仍在誓言效力之下。

布鲁克斯辩护律师提问：

问：证人先生，你以前曾经在本法庭上作证过吗？

答：没有。

布鲁克斯辩护律师：法官阁下，我认为他没有在本法庭作过证。

（证人正式宣誓）

布鲁克斯辩护律师：第 3 段以"在 1931 年春天"开始，内容一直延续到段末，以及整个第 5 段，法官阁下，是这样吗？

法庭书记官：辩方第 1760 号文件将作为第 3431 号证据被接受。

（上边提到的文件被编为辩方证据 3431 号，作为证据被接受）

布鲁克斯辩护律师：我不会读第 3 段，因为这部分内容本身没有任何意义。我从第 2 段开始读起，跳过第 3 段和第 5 段，停在第 7 段，如果语言部同意，我会提一个简短的问题。

我从第 2 段开始读起：

从 1930 年 12 月到 1933 年 8 月，我担任日本朝鲜军的少将。

跳到第 4 段：

1931 年 9 月 18 日夜，日本朝鲜军一接到关东军紧急增援的请求，朝鲜军司令官林铣十郎立刻组织嘉村少将统帅的混成旅团前进到朝鲜—满洲边境，然后向参谋本部参谋总长和关东军报告所采取的应对措施。

6. 大概 12 月 19 日中午时分，参谋本部参谋总长发来电报，命令日本朝鲜军在没有接到帝国批准之前，不得跨越边境。林铣十郎司令官依据这封电报的命令，让嘉村旅团在朝鲜境内的新义州市南部停下。通过朝参报 26 号电报，日本朝鲜军立即把自己的这一动向告知关东军司令官。但是，日本朝鲜军的电报部门还处在测试阶段，设备出现故障。除了上边提到的那次交流之外，再也没有通过国家电报部门收到参谋本部的信息，日本朝鲜军与中央指挥部完全处于隔绝状态。

语言部，我继续第 24 号记录。现在请把第 3422A 号证据，也就是第 2048A 号文件出示给证人。

（把该份文件递给了证人）

布鲁克斯辩护律师（继续提问）：

问：你看到了这份原文是日语、带有记号 A 那一部分的电报副本，它的内容和你在宣誓证词第 3 页第 6 段提到的日本朝鲜军电报内容是否一致？

答：我得换一副眼镜，我现在还不能确定。

问：好的。

答：可以再重复一遍问题吗？

问：在日文原文材料第 2 页标记着字母 A 部分的电报副本内容和你在宣誓证词第 3 页第 6 段提到的日本朝鲜军电报内容是否一致？

答：电报完全一致。

问：你真这么认为？

答：是的。

布鲁克斯辩护律师：两份电报完全一致。我继续宣读辩方第 1760 号文件，第 3431 号证据，从第 7 段一直到结尾：

9 月 21 日上午 10 点，关东军发出了一份电报，催促日本朝鲜军派出增援部队，因为在把第二师团派到吉林后，奉天城内没有一兵一卒。根据林铣十郎的判断，关东军兵力不足，其处境危机四伏，日本侨民的生命与财产安全受到威胁。林铣十郎司令官坚信从朝鲜火速派兵支援的举措势在必行，于是决定指挥部队跨越边境，自己承担一切责任。他命令嘉村的混成旅在 9 月 21 日下午向奉天进发。

8. 林铣十郎司令官没有经过上级同意，而根据前面谈到的实际情况擅自行动，但是 9 月 22 日帝国命令批准了这次行动。虽然如此，林铣十郎司令官的决定仍然属于越权行为。无论我们是否应该辞职，林铣十郎司令官和身为参谋长的我都接受中央当局的询问调查，并表达我们的悔过之意。后来，林铣十郎司令官接到了给自己的处理决定，一份书面通知送到了他的手上。林铣十郎把这份通知给我看，那是一份通过参谋本部参谋总长发来的帝国敕令，其中一句话是"将来的行动应引以为戒"。我并没有收到任何形式的处分。

9. 奉天事件导致了与北朝鲜毗邻的间岛区出现动荡。大约在1931年9月24日左右,陆军大臣南次郎发来电报,表示不要派军队到上面所说的区域维持秩序,维护安全与秩序的任务应该交给原来就驻扎在当地的领事区警察。(发这封电报的主旨和1931年9月24日陆军部发给日本朝鲜军司令官第陆满20号电报的主旨相同)。近10月末的时候,中央当局注意到单单依靠警察处理当时的情况实在难以为继。参谋本部的参谋总长以帝国敕令形式下达命令,派出部队前往间岛。几个月后,该地区恢复和平与秩序之后,部队撤回。

1947年4月7日

回头再看第24号记录,英语版第4页底部写着"陆军大臣发给日本朝鲜军司令官",应该是"关东军",我请语言部检查。据我理解,日语中写的是"关东军",而这里写的是"日本朝鲜军",这个错误在第3431号证据里。第4页底部最后一行的开头应该是"关东军"而不是"朝鲜军"。

请把第3422H号证据交给证人,这是辩方第2048H号文件。

(随之,把一份文件交到证人手上)

问:在日语原件第9页标有H字母的电报副本内容和你的宣誓证词第9段中提到的陆军大臣的电文内容是否一样?

答:是同一封电报。

布鲁克斯先生辩护律师:检方可以进行交叉询问。

代理庭长:伍尔沃斯上校。

交叉询问(由伍尔沃斯检察官询问片仓衷证人)

问:证人,我要问你关于第3422A号证据中的内容,请交给证人一份副本。

（一份文件被交到证人手中）

你可以向法庭陈述电报中提到的空军后来怎么样了吗？

答：这支空军没有直接前往满洲。

问：他们去哪里了？

答：空军在到达安东新义州的时候遇到了严寒天气，飞机出现故障。那时空军撤到安东新义州和其他的后方基地。

问：他们什么时候到的满洲？

答：大约两三天后。

问：那次行动是不是也没有帝国敕令？

答：那次行动是得到帝国敕令许可的。

问：也就是说在9月22日以后？

答：是的。

伍尔沃斯检察官：我没有其他问题了。

布鲁克斯辩护律师：证人可以退席吗？

代理庭长：可以退席。我们现在休庭15分钟。

（14∶45开始休庭）

（15∶00重新开庭）

代理庭长：同意。

布鲁克斯辩护律师：下面辩方提供辩方第1784号证据，1931年美国陆军部部长帕德里克·赫尔利的宣誓证词。

代理庭长：依据常规予以采纳。

法庭书记官：辩方第1784号文件作为3433号证据被接受。

（上面提到的文件被编上辩方证据3433号，并作为证据被接受）

布鲁克斯辩护律师：我现在宣读第3433号证据：

美利坚合众国陆军部部长赫尔利宣誓证词

我名为帕德里克·赫尔利，肩负重要责任，发誓、证明，并宣布：我在1931年担任美国陆军部部长，在满洲事件发生时我身在远东。

我已经读了南次郎将军于1947年4月14日在记录的19884页上的陈述，从第23行开始：

我记得大约在1931年10月中旬左右，美国陆军部长帕特里克·赫尔利先生突然拜访我。赫尔利先生是胡佛内阁的陆军部长，他当时的任务是调查研究菲律宾的情况。在返回美国的时候九一八事变爆发，促成了他的突然造访。

当时赫尔利先生表示，自己在完成视察菲律宾的任务之后准备立即返回美国，但是鉴于新情况的发生，非常希望与我见面。赫尔利先生径直向我询问九一八事变，提出了三个简明而直接的问题：

第一个问题："卢沟桥事件是怎么爆发的？"

——他问题中的地名有错误，应该是"柳条沟事件"

第二个问题："目前的战事将如何发展？"

第三个问题："日本是否要占领满洲？满洲会成为受日本保护的领地抑或成为一个独立的国家？"

关于第一个问题，我回答说柳条沟事件爆发的原因，是由于中国正规军队的破坏行动造成，日本军队为了保护自己的利益进行合法自卫。

对于第二个问题，我回答战斗已经开始，接下来的事态发展要看日本政府如何在职权范围内采取应对策略来平息这一事件，而且日本政府将继续坚持不让事态扩大并进一步恶化的方针。尽管如此，日本政府无法预知这种敌对状态是否会蔓延，一切都取决于中国方面采取什么行动。

对于第三个问题，我回答说日本从来没有想过要把满洲纳入本国领土，或者让满洲成为受日本保护的国家。日本甚至没有协助满洲独立。最后，我表示这是日本政府的政策，我身为内阁大臣，赞同日本的政策。

关于刚才提出的问题，我当时从来没有考虑过。赫尔利先生完全明白了我对形势的解释，表示和我相见不虚此行。他说明了来访的目的，并把自己的照片送给我作为纪念。

我认为刚才的叙述会为解答您的问题有帮助，我给赫尔利先生的解释很直接，而且这也的确是当时的真实情况。

问：你与赫尔利先生什么时候进行的那次谈话？

答：我记不清楚具体日期了，我想是10月中旬。

我在大约1931年10月中旬的时候与南次郎将军会面，向他说了上边谈到的几点，得到了前边提到的回答。南次郎将军向我提出建议，在《九国公约》的原则指导下，继续执行若槻内阁的政策，控制九一八事变造成的影响，保证和国际联盟的友好关系。

我还记得自己的相片中有一张拍的是南次郎将军，而且还从南次郎将军那里得到过他的一张照片。

签名：帕特里克·赫尔利

在我面前签字并宣誓，哥伦比亚特区华盛顿，1947年6月7日

哥伦比亚特区，公共公证人：莫里斯·拉乌

现在，我传唤下一位证人河边虎四郎出庭。

法庭执行官： 厅长阁下，河边虎四郎出庭，他曾经在本法庭作证。

（河边虎四郎再次以辩方证人的身份被传唤，通过日语翻译宣誓作证如下）

代理庭长：我们提醒你，你还在宣誓誓言的效力之下。

本方询问（由布鲁克斯辩护律师询问河边虎四郎证人）

问：请说出你的姓名、住址。

答：我叫河边虎四郎，住址是东京市神代町第六十番。

布鲁克斯辩护律师：我提请向证人出示第2588号辩方文件。

（一份文件交到了证人手上）

问：这是你的宣誓证词吗？

答：是的。

布鲁克斯辩护律师：我提交第2588号辩方文件作为证据。

伍尔沃斯检察官：如果法庭允许，检方反对把这份宣誓证词第5页、第6页的第5段作为证据，因为该部分属于辩论部分，不适合当作证据。

……

除去第5段，该文件将接收作为法庭证据。

法庭书记官：第2588号辩方文件被接受为第3434号法庭证据。

（上述文件被标识为第3434号辩方证据，并被法庭接受）

布鲁克斯辩护律师：我将宣读第3434号证据的第1段到第4段结尾。

我叫河边虎四郎，在1932年1月到4月间担任东京参谋本部第二课（负责作战）高级课员。

在辩护方第2048 A-P文件中包括的一系列电报副本，我确认其中B、D、F、L、M、N是我课（大多数是由我本人）起草，然后以参谋本部参谋总长或者参谋副长的名义发给关东军司令官或者关东军参谋长。编号为E的电报是关东军发给参谋本部的电报，我记得当时读过这篇电报。编号C、G、H、I、J、K的电报是陆军省发给关东军的。尽管这些电报不在参谋本部的管辖范围内，由于陆军省和参谋本部之间的通讯往来，我知道当时的确发出了这些电报。

我想提出一个问题，语言部。
我要求把 3422A 到 P 号证据出示给证人。
（这些文件交到了证人手上）
问：这些的确是你在宣誓证词第 1 段中提到的电报副本吗？
答：是的。
布鲁克斯辩护律师：我继续宣读第 3434 号证据，从第 2 页第 2 段到第 4 段结尾：

我在 1934 年 8 月到 1936 年 3 月之间担任关东军参谋军官，从 1935 年 8 月开始担任第二处处长（负责情报工作）。隶属于第二处的田中隆吉中校当时担任参谋军官，是我的下属。
1935 年 12 月

——这里有一个错误，应该是"34"而不是"35"。

1934 年 12 月，南次郎将军以关东军司令官兼驻"满洲国"全权大使的身份来到，之后他时常向下属官兵发布训令，多数训令由我起草。尽管这些训令目的不同，发布训令的情况各异，但是有两条思想贯穿始终，(1) 尊重并帮助独立自主的"满洲国"，(2) 自我反省，不允许滋生日本高人一等的感觉。我记得训令草稿中只要遵循这两项原则，我就可以毫无阻碍地获得司令官签字认可。南次郎将军以及我们这些所有下属都坚信"满洲国"应该作为一个独立自主的国家强化自己的国际地位。

3. 在日本-"满洲国"协议框架下,关东军当时最主要的任务就是保证"满洲国"内的和平与秩序,军队分布非常分散,从军事角度看很不利于对抗"满洲国"外部的威胁。因此,当时军队的部署更加不适于发动任何针对苏联或者中国的进攻。

1935年5月,陆军大臣林铣十郎来满洲视察军队情况,凑巧的是,当时所谓的《何梅协定》在中国北部签署。把这两件事情联系起来,国外报纸上出现了各种谣言,我要遗憾地指出这些报道充斥着错误的信息。比如,我在第2206A号证据中指出的几条新闻:

(a)(《纽约时报》1935年6月6日的)报道称陆军大臣林铣十郎多次来到奉天,关东军要接手处理中国问题,这篇报道完全是谎言。根据关东军分别指挥、各负其责的体系看,陆军大臣林铣十郎绝对没有可能做出这样的声明。

(b)(《论坛报》1935年6月9日,《神圣论坛报》1935年6月8日,《奥克兰论坛报》1935年6月9日都有)报道称南次郎将军向关东军发出密令,要求关东军做好大规模进攻中国的准备,这些都是虚假新闻。如果没有陆军中央统帅部的指示,不可能发出这样的命令。即使有这样的事情发生,由于职责所在,我必然也会知情。

(c)(《纽约时报》1935年6月13日)报道称关东军从奉天调集5 000人的队伍前往山海关也是假消息。以当时关东军的情况,在同一地点调集如此多的军队是不可想象的。

(d)(《纽约先驱论坛报》1935年6月2日)报道称军队请内蒙古德王把首府迁到距离百灵庙北部180英里的地方,也是虚假新闻。

(e)除了上边提到的新闻,以及和关东军没有直接联系的新闻,我还发现了很多流言,完全超出我对关东军的了解与认识。

除了对上述外国媒体报道的评论之外,我还要说,在当时我是关东军的参谋军官,关东军绝对没有向中国发出最后通牒或者向中国施加压力,类似事件从没有发生过。

4. 田中隆吉先生于去年 7 月 8 日在这个法庭上作证,称在南次郎将军担任关东军司令官期间,曾派遣两个联队前往非军事区即长城以北,我严正声明绝无此事。至于派遣两个骑兵中队前往察哈尔的指证,我完全不记得有这么一回事。我可以保证,我的记忆力完好,我确信在当时关东军的部署情况下,不可能派出这样的骑兵作战单位进入察哈尔省境内。

我记得只有一次,1935 年夏初,一小部分关东军部队进入中国北部非军事区。那是第七师团属下的一小股部队(大约一两个中队),为了追击热河附近实力雄厚的悍匪进入了非军事区,但是后来他们立即撤出。

你可以进行交叉询问。

代理庭长:伍尔沃斯检察官。

伍尔沃斯检察官:如果法庭允许

交叉询问(由伍尔沃斯检察官询问河边虎四郎证人)

问:1935 年关东军有多少部队?

答:1935 年,关东军主力部队有 2 个师团,1 个混成旅团和 1 个机械化旅团。

问:军队究竟有多少兵力?

答:现在想想,我认为总数应该在 3 万人左右,但是我无法给出确切数字。

问:谁是混成旅团的指挥官?

答:我记得是川岸中将。

问:他的名字是文三郎吗?

答:是的,文三郎。

问：你记得在1935年5月他命令自己联队的一部分：包括1个联队的步兵和1个山炮中队开进长城以南的事情吗？

答：我可以再问一下日期吗？1935年5月？

问：1935年5月。

答：我不记得了。我并不认为发生过这样的事。

问：以你当时的职责，你不是应该了解这个混成旅团发生的一切吗？

答：是的，所以我的答案是：我认为他们没有进行过这样的行动。

问：你也知道，在1935年6月初，这个混成旅团在长城进行动员活动。

语言监督官：伍尔沃斯检察官，您所说的"动员活动"指的是开始的一些行动，还是集结？

伍尔沃斯检察官：我指的是集结。

翻译监督官：谢谢，不需要改正。

答：我不记得了。

问：你知道一个叫作古北口的地方吗？

答：知道。

问：你表示那支联队没有与1935年6月在古北口集结？

答：我记不清了，不敢肯定。

问：如果他们没有在6月份集结，那么是在什么时候集结的？

答：我要说的不是我记不清他们在5月还是在6月集结，而是我根本记不得这支联队曾经集结过。

语言监督官：在关东军的命令下集结。

问：他们曾经在那个地方集结过吗？

答：我不记得了。

问：你了解川岸文三郎中将吗？

答：我认识。

问：你认为他为人诚实吗？

答：是的。

问：如果他表示他的旅团，他的混成旅团在接到关东军的命令后，于 1935 年 6 月在古北口集结，你相信他的话吗？

布鲁克斯辩护律师：我反对，这个问题既不实际又不相干，对于法庭来说是个问题。

代理庭长：反对无效。

答：如果你给我让人信服的证据，证明的确有人下达过这条命令，那么我就相信你的话；可是现在我根本记不得是否下达过这条命令。

问：你宣称在 6 月 6 日《纽约时报》关于林铣十郎大臣声明中国北部由关东军接收的问题完全是虚假消息。那么我问你，如果把"关东军"替换成"中国驻屯军"，那么你认为这条消息还是虚假的吗？

答：对不起，我听不懂你的问题。我想翻译中一定有错误。

语言监督官：英语法庭记录员，请再读一遍好吗？

（官方法庭记录员再次朗读最后一个问题）

语言监督官：日语法庭记录员。

（日语法庭记录员再次宣读最后一个问题）

证人：我觉得检察官向我提出的问题与我宣誓证词的声明相抵触。

伍尔沃斯检察官：我请证人接受引导回答问题。

布鲁克斯辩护律师：如果法庭允许，我请语言仲裁官检查一下这个问题，我认为这个问题的翻译版本与检察官提出问题的意思完全相反。

代理庭长：我建议你提问另一个问题。

伍尔沃斯检察官：好的。

问：我请证人把文件翻到 6 月 6 日《纽约时报》报道的那一页，报道称，陆军大臣林铣十郎声明，中国北部问题将由关东军接手。如果声明是真的、如果用"中国驻屯军"替换"关东军"一词，报纸上的报道是否仍然真实呢？

答：我认为即使用"中国驻屯军"替换"关东军"一词，报道仍然不真实，这是我的个人观点。

问：你听说是日本军队指挥官下达的命令，可是却没有陆军中央统帅部的指令？

答：我从来没有听说过。

问：你知道日本朝鲜军在没有接到中央统帅部命令的情况下进入满洲吗？

答：我知道。

问：你宣称，报道南次郎将军向关东军下达命令的新闻是虚假新闻，因为这样的命令不可能在没有中央统帅部许可的情况下发出。但实际上，你当时那种说法是错误的，是不是？

布鲁克斯辩护律师：我反对，这个问题曲解了第 3434 号证据第 3 页底部证人声明的本意和意图。

代理庭长：反对无效。

答：我觉得我说的——我觉得我的话中没有错误。

问：尽管如此，军队在没有中央统帅部命令的情况下擅自行动的例子仍然是存在的。

答：日本朝鲜军司令官当时是在九一八事变突然爆发的状况下做出的决定，后来日本朝鲜军司令官和中央进行了磋商，我认为那种情况是特例中的特例。

问：也就是说尽管有规定，可是特例仍然存在。那么南次郎将军熟知关东军数量，是不是？

答：我觉得他对此很了解，至少对队伍整体数字和全面部署很了解。

问：如果他表示在 1934 年到 1936 年之间，关东军有 6 万人，你相信他的话吗？

答：我相信。

问：如果他在声明中表示，你在他麾下期间，在满洲的军队士兵有6万名，你是否承认你所说的士兵有3万人的说法是错误的？

答：这一点需要进一步澄清，你向我提出的问题关于关东军数量，我的答案是关东军辖师以及其他作战单位的数量，以及这些部队的大概人数，这些都是根据我目前的记忆提供的数量。

语言监督官：师团以及其他作战单位。

答（继续）：我提到的部队单位种类包括技术单位、通讯单位、铁路卫兵、医疗单位——尽管医院的数目有限，还有其他的一些特殊单位。如果把各种相关单位都算在内的话，总人数的确会超过6万名。

代理庭长：现在休庭，星期三上午9:30重新开庭。

（16:00开始休庭）

1947年11月12日，星期三
日本东京都旧陆军省大楼内远东国际军事法庭

（9:30重新开庭）

出席：法庭上所有人员就座，除了澳大利亚联邦成员——尊敬的法官威廉·韦伯、印度成员——尊敬的法官帕尔在9:30到16:00之间没有出席。

检方成员如前。

辩方成员如前。

……

（语言部负责英语到日语，日语到英语的翻译工作）

交叉询问（由伍尔沃斯检察官询问河边虎四郎证人）

问：证人，在宣誓证词之中，你表示在满洲的军队人数仅仅是3万人，现在你愿意承认这个错误吗？

布鲁克斯辩护律师：如果庭长阁下允许，我反对这个重复性的问题，证人对该问题已经做出过回答，证人表示人数不止3万人，他已经做出过解释。

代理庭长：我认为这个问题的确重复了，不过这个问题对下面的提问至关重要。因此反对无效。

伍尔沃斯检察官询问：

问：如果像南次郎将军说的那样，在满洲的军队有6万人，那么关东军在一处集结数量如此之多得军队并非不可能，是不是？

答：对于这个问题，我要做如下解释：在我的宣誓证词中提集结军队很困难，但我所指的并非士兵数量。凭我现在的记忆，关东军司令官当时麾下的士兵有6万名，不过在当时的情况下，即使集结5 000名士兵的军队都很困难。

我已经对自己在宣誓证词中的相关声明做出了解释，但是依据关东军司令官南次郎将军的命令和既定政策，关东军部队分布在满洲北部和中部地区，加上当时的客观情况，让接近半个师团的5 000名士兵迅速在同一地点集结非常困难。这就是我对宣誓证词的解释。

问：但是并非不可能，不是吗？

答：除非司令官下定决心，采取不明智的措施让军队集结，这种情况才可能发生。而且，还需要关东军司令官在放弃自己以前制定的政策。

问：谁是华北驻屯军的指挥官？

答：我想是梅津美治郎中将，在年末的时候由多田骏将军代替梅津美治郎将军指挥。

问：在《何梅协定》之前，你不知道他与中国当局交涉的内容，是吗？

布鲁克斯辩护律师：我请检察官说明"他"指的是谁，因为前边谈到了两三个人，容易引起误会。

伍尔沃斯检察官：我说的是梅津美治郎将军。

答：你可以这样理解，因为我并不知道。

问：你说过南次郎将军给过部下与军官一些指示，尤其是关于尊重并帮助"满洲国"独立自主的指示。

答：是的。

问：你对事实很了解，我记得你说过，南次郎将军反对在中国扩张？

答：我不太理解问题的最后关于在中国扩张的部分。

译员：日语法庭记录员。

（日语法庭记录员宣读。）

我不太理解问题中关于不在中国扩张那部分的意思。

问：我的意思是说他反对跨过长城，在中国获取更多的领土。我记得你作证时表达过这样的意思。

答：是的。

问：南次郎将军后来不再担任关东军司令官，成为朝鲜总督，你熟悉他这一段职业生涯吗？

答：我只是大略知道，并不能十分肯定。因为南次郎将军不再担任关东军司令官以后，我也被调离，不再担任关东军参谋官。我与南次郎将军失去了联络，我们两个人后来担任的职务都没有任何联系，所以从那以后我对南次郎将军活动的了解都来自报刊等方面。因此我不能肯定。

伍尔沃斯检察官：南次郎将军关于扩张等方面的论述，我请法庭注意第2437号证据。

不再进行进一步的交叉询问。

布鲁克斯辩护律师：证人可以依据惯例退庭吗？

代理庭长：依据惯例，证人退庭。

（随后，证人退庭）

1947 年 11 月 17 日，星期一
日本东京都旧陆军省大楼内远东国际军事法庭

……
被告武藤章，首先庄严宣誓，经日语翻译作证如下：

直接询问（由科尔辩护律师询问武藤章被告）

问：你是被告武藤章吗？

答：是的。

科尔辩护律师：我能否就辩方文件第 2679 号询问武藤将军？

（文件被传递给证人）

问：这份文件，是你写下的宣誓证词并为此在上面签名的？

答：是的。

问：就你优异的学识和信仰而言，请问文件中谈到的所有事件是真的吗？

答：内容都是真的。

科尔辩护律师：我呈递辩方文件 2679 号作为证据。

代理庭长：按照惯常条款予以采纳。

……

6. 在 1937 年 3 月，我调任至参谋本部，负责作战、编制等工作，担任第一部部长下辖之第二课课长。然而在我 3 月中旬到任前，1937 年的军事行动方案就已经制定好了。所以我只研究了来年的军事计划。

检察方就当时对中国的军事行动计划的审问,我发现我的回答被不恰当地理解了,仿佛当时的全面侵华战争有一个统一的行动方案一般。涉及中国的军事行动方案,我当时的回答是说,这一计划只是派遣海陆空三军中的部分部队去中国,来保护居住在中国华北、华中的日本居民。因此,当1937年7月中国华北事件爆发时,所说的方案是不会被落实的。参谋本部的计划仅仅只是增援日本在中国的驻屯军,以防止事件在北平和天津及其附近爆发,来保护日本居民。但是,局势变得完全不一样,必须重新研究。我从上司那儿得到了重新研究局势的命令。

7. 在1937年10月末,我在参谋长的命令下,前往上海考察当地日本派遣军军情。大约在11月4日,我带领考察团到达当地根据参谋总长的方案,柳川平助中将率领之第十军,已驻扎在杭州湾。与之同时,华中方面军得以组建。上海派遣军司令官松井将军,被任命为华中方面军司令官,同时兼任上海派遣军和第十军的指挥官。我被任命为松井将军的参谋副长,没回东京。

松井将军的行动任务是击退上海附近的中国军队,来保护日本居民的人身和财产安全。行动区域位于东部的三角洲,包括常熟、苏州、嘉兴一线。11月23、24日左右,松井完成行动任务。

8. 当时,松井将军尚未接到占领南京的指令。直到12月初,才接到了来自帝国大本营攻占南京的命令。随后,松井将军命令上海派遣军和第十军进攻南京。松井将军的指挥部设立在上海市的郊外,并于12月5日左右前往苏州。在12月7日左右,新任命的司令官上任。而松井将军则卸去上海派遣军司令官一职,仅担任华中方面军司令官。

大约12月8日,报告显示先锋部队已经越过马鞍山一线,正在接近南京。收到此报告后,松井将军下达如下命令:

(1)前线需限制在南京城外3、4公里处。

(2) 为劝说南京守军投降，需用飞机散布传单。

(3) 如果中国守军投降，所有的部队（上海派遣军和第十军）应从每个师团选出2、3个大队进入南京城，并且他们需要负责保卫派驻地的公共安全，而主要兵力仍需驻守在南京城外。外国之权益，特别是具有象征性的外方事物，应予保护。

(4) 如果中国军队在12月10日中午时还不投降，就进攻南京城。即便在此情形下，入城的小分队需要遵守以上各项，严肃部队之军纪风纪，并且快速维持治安。

冢田参谋长在2、3名参谋的陪同下，亲自前往上海派遣军和第十军的司令部办公室，递送这些命令。由于中国军队不投降，日军于10日中午开始进攻南京；并在13日越过城墙，进入南京城。

在上海期间，松井将军生病了。当他前往苏州时，身体仍旧不大好。所以我计划待在苏州，以便照顾将军。然而，作为军队的最高司令官，他不得不在12月17日，与海军最高司令官一起参加入城仪式。当时，在苏州郊区的稻田里，紧急修造了一座机场。12月15日，松井将军在此搭乘一架小型飞机前往句容，随后再乘车前往溧水镇。

12月17日举行过南京入城式后，从冢田参谋长那里，松井将军第一次听说有大量的小分队违反指挥官的命令进入南京城；并且随着这些入城的小分队，出现了抢劫、强奸案件。在检察官质问我时，据说松井石根因为此事遭到了工作人员的谴责，这完全是误解了。我是说，松井将军自己对这些案件也感到非常的愤怒，用日语敬语说就是："松井将军听到这一消息愤怒了。"

松井将军命令所有的指挥官，除南京城必要的警戒兵力外，所有军队立即撤离出城，并且严肃部队之军纪风纪。就我了解的，所有的指挥官都执行了该命令。然而军队从南京城的撤离，却因为中国军队焚烧建筑物而被耽搁了些时间。中国军队称这类焚烧行为是"坚壁清野"。除此之外,那里的水不够喝。

　　正如上述提到的,我的官职是华中方面军参谋次长。参谋次长的职责根据《高级司令部服役条例》是辅助参谋长,主要是扮演中间人,协调各机构的工作,例如人事、物资或给养、武器弹药的替换等等,能顺利执行这类事务。参谋次长只给参谋长提供部分助理,根本没有任何做决定的权力。而且维持军纪、风纪,也不是他的职责。留在南京期间,我在参谋长的命令下,做了一个关于在南京城外最大扎营量的调查,并从事士兵从城市撤退的工作。

　　现在,关于松井将军,他在南京待了 4、5 天——检察官审讯时,我记错了,回答说他待了一周——参谋们跟随松井将军一起,于 12 月 21 日回到了位于上海的司令部。我也回到上海。因为他有了另一项工作:攻陷杭州。南京入城式后,第 10 军的总指挥柳川平助中将,调动部队前往杭州,驻扎在上海附近的 101 师团也向杭州进军。因此,松井将军匆忙赶回上海来指挥这些部队。驻杭州的中国军队在撤离时并未发生战斗,因此日军于 12 月 24 日兵不血刃地占领了杭州。

　　9. 在 1938 年 2 月上半月,帝国司令部把华中地区的日军兵力简化为大约 6 个师团,解除华中方面军、上海派遣军和第十军,仅留下华中派遣军。松井将军、朝香宫殿下、柳川平助中将和大量参谋一起回日本,畑俊六将军前来出任司令官一职。我留下来,成为畑俊六将军的参谋次长。

　　10. 早在 1938 年 7 月,我转任华北方面军参谋次长一职,离开华中派遣军,前往北平。在 1939 年 10 月前,我一直职担任这一职务。罪状 46 条将 1938 年 10 月 21 日进攻广州的责任归咎于我。然而,执行进攻的小分队与华北方面军毫无关系,与我也毫无关联。在罪状 47 条中提到的关于 1938 年 10 月 27 日左右的进攻汉口,也是同样的。与我毫无关系。发生在 1939 年夏的哈拉哈河事件和罪状26条是一件事,这事和我没有任何关系。因为该事件爆发时,我还隶属于驻地在北平的华北方面军;而执行此事之部队,和华北方面军也没有任何关系。

11. 在1939年10月,我就任陆军省军务局长。在出任军务局长之时,或是其后不久,我就被任命为最高战争委员会首席秘书和大约10个机构的秘书或顾问。这些兼职是自然而然地随陆军省军务局长一职而来的,其附属之职没有任何特别含义。

1939年10月到1942年4月,我出任陆军省军务局长一职⋯⋯

(被告武藤章重返法庭证人席,通过日语翻译,作证如下)

直接询问(由科尔辩护律师询问武藤章证人)

科尔辩护律师:我继续宣读第12段:

12. 即使在我出任陆军省军务局长后,我仍旧对政治或外交问题一窍不通。然而,由于我以前曾在华中、华北任职过两年,所以对中国事物有些看法。这是我推测性的观点,即在中国5亿人中,正兴起一股惊人的种族意识,现在中国问题正以种族战争的形式呈现出来;其核心是蒋介石;那些所谓的中国专家仍用老眼光来看待中国,据此是无法解决中国问题的;中国问题拖得越长,解决起来就会越困难;我们应当立即制定出解决蒋氏政权的方案,打破过去的僵局,并协调日本、美国和英国间的关系。

我与国家政策研究所没有任何特殊的关系。仅从我前任那里得知一些事,我将研究所视为一个走中庸之道的平民智力组织,有助于了解平民们的想法。虽然该研究所社团的首席秘书矢次先生给出证据,说我曾好几次向研究所发表演讲,但这是他的错误记忆。我一次也没去那儿发表过演讲。从中国回来后,他们的确屡次要求我作演讲，但被我拒绝了。我记得仅有一次——大约是1940年的2、3月份，受该团体领袖的邀请，我去那里参加了午宴。吃好午饭，他们强烈要求我，就中国谈谈我的个人看法。我说了10分左右的话。这是我唯一一次去研究所。我将说另外一件有关国家政策研究所的事情。我记不太清时间了，1940年秋，大仓男爵来看我，说到国家政策研究所财政困难，向外务省、陆军省和海军部申请补贴。然后，按程序我们收到了此类补助申请。我将此告诉了该社副社长，他也承认了。之后，发放了一笔总数为2万元的津贴。我不知道钱被用于何处。进一步说，对研究所编纂的大东亚共荣圈的研究文件，我一无所知；当然，我也从未看到过这些文件。然而，即使这些文件是他们编纂的，那也是在1942年4月我离开东京之后才编纂的。

联络会议，顾名思义，其目的是为了促进政府和最高司令部间的了解，以及为协调政府事务与最高司令部的。我以一个秘书的身份参与其中。为联席会准备和安排一些讨论话题是秘书的职责，然后再由我的上司从中选择。如有需要的话，准备说明性注释，或者请人来解说，也是秘书的职责。当联席会上所有与会人员的意见一致时，他们会签署决议书。但是，秘书却没有签署决议书的资格。我参加了帝国会议，但我也是以秘书的身份参与的。帝国会议的秘书几乎毫无权利……

在大本营，事实上，军务局的随从是没有座位的。而且大本营的秘密日志，军务局的随从也是看不到的。

31. 关于中国战俘的待遇，检察官将对我的询问变为其证据。那份文档的内容是真实的。在中日战争爆发两年又3个月后，即在1939年10月，我才出任军务局长一职。在这一时期，并没有把中国俘虏当做是战犯，因此是以一种特殊的方式对待他们的。根本就不存在战犯情报局这一机构。在俘虏问题上，中国所执行的基本原则或理论,和日本所执行的是一样的。即使到了那时,日本政府仍未宣战,也从不承认有战事的存在;因此,所执行的战俘待遇,和以往的政策是一样的。相应地,战俘从来就不归军务大臣管辖,所以军务局长和战俘毫不沾边。进一步说,我也从没收到过上司要求我对此做研究的命令。

科尔辩护律师: 我必须指出,在英文版本的第 3 页第 2 段第 2 行,存在着一个以前未曾被发现的错误,即单词"太平洋"应为"大西洋"。

进一步说,辩方文件 2860 号的第一项,推翻了这份证词中所涉及的文档。抱歉,我这儿没有该出示证据的编号。

省去正文部分:

武藤章担任军务局长一职时,我是军务科中的一名大佐军衔高级参谋员。当外交问题影响到陆军省时,我就主要负责外交事宜这一块。我非常清楚武藤对国际问题的看法,同时也明白他身为军务局长的难处。武藤觉得,尽早解决中国问题是第一要务;并且他经常提倡,要与其他国家共同维护和平。武藤反对激进政策,我至少听他讲过 3 次。

在 1939 年的秋天,武藤出任军务局长。为满足美国人的意愿,他甫一上任就命令我研究开放长江以南和开放珠江的可行计划方案。这就是当时探讨的问题。在我兼任中国事务局秘书一职后,我多次参加会议,研讨那些方案。经过各方同意后,开放珠江。但是在开放长江时,遭遇到大量的困难。直到最后,长江仍旧未开放。当时,武藤催促我在此事上要多加努力,他至少催了我两次。

武藤从不坚持亲自参与日、德、意的三国同盟。外务大臣松冈全权掌控三国同盟议定书。签订协约后,我才第一次阅读了条约文本。即便在外交部官员中也只有那些特殊人物,才能参加此谈判。大约在 1941 年的 4 月中旬，武藤看到野村大使关于日本谅解案的报告，非常高兴，并说："据此，日本就有救啦！"

在 1941 年 5 月的某一天，收到了一份武官发给日本驻柏林大使馆的电报。电报大意是，要是据此使日本脱离三国同盟，他就反对日美间的谈判。武藤命我发一份谴责电报。我写了份草案，声明道："任何外派官员必须遵从国家政策。与美国的谈判正在政府和最高指挥官的政策方针下顺利进行。不要发牢骚。"这份电报最终经军务局长和次官交至东条处。东条亲自修改，修改成一份措辞严厉的声明，严格告诫使馆随员。

在 1941 年的春天，美国认为大西洋西半部是安全水域，并继续帮助英国，同时对日美谈判似乎表现出强烈的兴趣。但是根据 5 月初收到的可靠消息，美国最终仍将加入欧洲战争。为此，陆军省询问军务局，假使美国真的加入战争，我们该怎么做。我们做出的回答大意是，在这种情况下，不要再管三国同盟条约第 3 点，只要遵照三国同盟条约的基本原则，努力不要让战争蔓延到太平洋。

武藤说："我也持此观点。"并将此汇报给陆军省东条和木村次官。武藤告诉我，东条和木村所持观点，和他的是一样的。

1941 年 6 月初，当预期的苏德战争爆发时，武藤当时还向我们提出过一个问题，即假使苏德战争真的爆发的话，我们应怎样来估量战争的进程。经过几天的仔细考虑后，我给出了自己的判断，即虽然德国军队在战争前期保持优势，但是最终会和中国问题面临一样的结局。别人提出很多反对我观点的意见，但是武藤对我说，"我的观点和你的是一样的。万一战争爆发，根据《日苏中立条约》，日本应会撤退，并置之不理。"在 1941 年 6 月中旬，武藤对外务大臣松冈洋右的真实意图感到困惑。松冈洋右一会提倡进攻苏联的政策，一会建议日本朝南进军。当时，武藤病了，所以未参加 6 月底的联络会议和 7 月 2 日的御前会议。

在1941年9月6日御前会议一结束后,武藤回到了陆军省,并且向作战课长、编制动员课长及这些部门的高级职员转述了此次会议,内容如下:

第一个词,条约Ⅰ上写着"为了自我生存和自卫",正如它字面上的意思,"为了生存";尽管美国和英国加大了经济压力,特别是废除《日美通商航海条约》,但是在我们的资产被冻结前,要在计划的基础上做好自给自足的准备。对今天而言,它有着急迫而又至关重要的意愿。第二个词,条约Ⅱ上写着"用尽一切外交手段"意味着我们要尽力尝试,用尽一切可能的外交手段。虽然按照文章结构而言,条约Ⅰ之后才是条约Ⅱ,但是从实际的必要性而言,条约Ⅱ应位于条约Ⅰ之上。

然后他添加了如下的话:

无论是什么代价,我们必须设法在外交谈判中取得成功。

从9月初到9月末,日本一次次地退让,以恳求美国同意,尽早实现近卫文麿-罗斯福谈判。因需遵守三国同盟条约的义务,我们希望通过会谈来达成理解,而非让我们做出书面保证。武藤与海军省军务局局长冈敬纯一起,与外务省合作,满腔热情地恳请美国开始谈判。

至于日本从中国撤军,这是日美谈判的一个难点。但在9月6日的御前会议上,该问题得以解决。会议上决定日本从中国撤军,这与日中新达成的协议是一致的。它究竟意味着制定一个新的协约呢,还是说要遵循1940年11月30日签订的《中日基本条约》呢?这个问题争论颇大。武藤读后,意欲再行洽谈,来缔结新的协约;并试图据此对美国施加影响,使其与外务省合作。参谋部对此番解释,提出强烈抗议。在此情境下,武藤对参谋部进行了激烈驳斥,他大声地说道:"我憎恶战争!"

我清楚地记得,在上述事件中,作为军务局长的他,为避免日美战争，付出了艰苦卓绝的努力。在近卫文麿-罗斯福谈判中，他被安排成为近卫文麿的随从员之一。他接到通知后，为此做好准备。到 9 月底，查看从华盛顿传来的电报，日美谈判貌似会流产。武藤对我说："这是至关重要的！战争危害国家，所以要不惜一切代价，避免战争。"大约在 1941 年 10 月 20 日左右，也就是东条内阁组阁后不久，任总理大臣、陆军大臣的东条，询问武藤的意见。武藤回答道："人们对中国问题已经厌倦了。因此，作为总理大臣的您，如果能在日美谈判中解决中国问题的话，那么国家会衷心地感谢您。作为新内阁的领袖，您应尽自己的最大力量来达成日本的外交谈判。"东条对他的观点表示完全信服。

1941 年 11 月 1 日的午夜，在联络会议上我们商讨着与美国谈判之 A 方案、B 方案的情景，在我脑中历历在目。外务大臣东乡在预先没有知会陆海军最高指挥官的情况下，向会议新引入介绍了所谓的 B 方案。所以参谋总长杉山和外务大臣东乡，辩论得火花四射。当时，认为时局已经变得非常严峻。因此仅仅只作为联络会议的秘书、并无投票权的武藤，于会议休息时，在走廊里见了参谋总长杉山，非正式地对他说："参谋总长对外务大臣提出的任何方案都断然反对、并阻止外务大臣采取合理的外交手段，也许是不理智的。"然后，当会议重新开始后，杉山总长同意了 B 方案。这样，方才决定了对美谈判方案。

以上内容是第二天在军务局长办公室里，武藤直接告诉我的。作为他的参谋，我们和参谋本部当局一样，对方案 B 能够确保日本的国防，都表示担忧。但武藤却说："我告诉参谋总长，我认为这是最佳方案。以免它给我们国家带来糟糕的结局，我知道我应该做什么。"在同那些社会各界的交谈中，我知道，了解过这一国家政策的人，大多希望美国能对方案 B 采取妥协的态度。例如，当武藤问我们——他的参谋，美国会如何对待方案 B。我回答道："对这样一份方案，美国必定会同意的。"在场的那些人，对此无一提出异议。

虽然有一些不负责任的人坚持自己的激进观点，但是包括军队在内的日本领导层，一般都是厌恶战争的。结果，作为武藤参谋中的一员，从未谈及他的我，被批判成一个软骨头。武藤告诉作为他参谋的我："陆军大臣东条渴望在日美谈判中取得成功。"当他专心研究日美谈判时，我经常要将有关陆军大臣东条的文件递送给他。

我在1941年11月27日起身前往西贡。在前一天晚上，也就是11月26日，我向武藤报告离职时，他说："战争还是和平的问题，尚未有定论。如果战争到来，我要求你努力奋斗；另外，我们也许过不了多久就会再见面了。"那天我还去向海军大臣和外务大臣报告离职。我见到的这些人，都希望日美谈判能取得成功，急切地想从美国那里得到一个满意的回复。

我早先提到的文件第2860号，是法庭证据第3466号。

请法庭注意，这是一份对被告武藤有利的证据。

代理庭长： 克莱福特上尉，您有什么事吗？

语言仲裁官（克莱福特上尉）：如果法庭允许，接受以下的语言更正：

参看4356页，第17行，删除"自主的"，替之以"自治的"。

代理庭长： 容我打断一下。

语言仲裁官（克莱福特上尉）：是的，阁下。

代理庭长： 几天前，没有更正这些吗？

语言仲裁官（克莱福特上尉）：有的，阁下，不过前几天的那些更正并不包括这些记录页。

布鲁克斯辩护律师： 如果法庭允许，为节约时间，难道不能把它们都复制到记录中去吗？前几天的更正，很多都没有这样做。它们被要求这么做，但都没做。我认为如果这些都被复制到记录中去的话，会节约时间。

代理庭长：它们可能会被复制到记录中去。考虑到法院书记官那里有一份复件，并且记录中已经包含这些更正了。

（以下是上述提到的语言更正，并随之更正出示证据）

记录 4356 页，第 17 行，删除"自主的"，替之以"自治的"。

记录 4356 页，第 19 行，删除"管理员"，替之以"管理领导"。

记录 4357 页，第 18 行，删除"建设"，替之以"建设性的"。

记录 4357 页，第 18、19 行，删除"稍后在那里就平息了"，替之以"随后当场就安静下来"。

记录 4357 页，第 23 行，删除"中国国籍"，替之以"汉族"。

记录 4358 页，第 1～5 行，删除"在那里，这一行动会被当成是反革命，并且反对民主的阴谋已经超出了我们的想象"，替之以"在这样的反革命、反民主的阴谋口号下。"

同时，删除"此外，这会使我们将来与中国达成理解，变得更不可能"，替之以"在这一事件中，它会营造出一种可能会使其变得不可能的局面。即便是在将来，在日中之间达成理解"。

记录 4358 页，第 7～8 行，删除"完全错误的时间"，替之以"除了用完全不合时宜外，再找不到形容它的方式了"。

记录 4358 页，第 11～12 行，删除"根据发给我的第 1016 号电报，目前刘焕业"，替之以"同时，在第 1016 号电报提到的刘焕业，从奉天出发，并写信给这位部长，目前……"。

记录 4358 页，第 14 行，删除"甚至"，替之以"事实上"。

记录 4358 页，第 17 行，删除"错误的时间"，替之以"过时的"。

记录 4358 页，第 23 行，在"真的"和"是"之间插入"谨慎的"。

来自：外务大臣币原
寄给天津桑岛总领事

1931年11月1日送达

关于恢复宣统皇帝皇位行动

第81号电报（电码，紧急。绝密）

关于：第453号电报。

1. 就目前之事件，我们与中方的谈判看起来不是很顺利。以下做法暂时是可取的，即我方应让各部门完备工作，负责维护社会秩序，并用同样的方式逐渐控制内部区域。至于被侵犯至今的我方利益的安全，是由南满洲铁道株式会社及其类似机构来处理的，例如与中方贸易的实际问题。除此机构之外，再无其他机构负责此事。此外，我觉得随着时间的推移，这些自治机构将会逐渐发展起来，并将自然而然地合并到一起，或是通过一个联合机构合并起来，或是通过选举一名有力的领袖合并起来，或是其他方式合并起来。

……

这份电报被转给了驻华公使、驻北平公使和驻奉天公使。

代理庭长：坎宁安先生。

坎宁安辩护律师：请法庭注意……

1947年11月19日，星期三
日本东京都旧陆军省大楼内远东国际军事法庭

……

（币原喜重郎，作为证人被传唤，首先庄严宣誓，随后以英语作证如下）

代理庭长：布鲁克斯先生，您手里有宣誓证词？

布鲁克斯辩护律师：我有第 1964 号辩方文件，币原喜重郎的宣誓证词，难道这里没有原件吗？

法庭书记官：有的，先生。

布鲁克斯辩护律师：您最好给他那个原件。

（一份文件被交给证人）

直接询问（由布鲁克斯辩护律师询问币原喜重郎证人）

问：币原男爵，现在您看到的是第 1964 号辩方文件。这是您的宣誓证词吗？

答：是 1964 号。

问：那是你的宣誓证词吗？

答：的确，是我的证词。

问：上边的内容准确无误吗？

答：准确无误。

布鲁克斯辩护律师：我们提交第 1964 号辩方文件，币原喜重郎宣誓证词作为证据。

代理庭长：法庭接受此文件，并在编号后一个"A"以示区别。

（第 1964 号文件被标上辩方证据 A，接受为证据）

您对这份文件还有什么要补充的吗？（公证人结束发言）

布鲁克斯辩护律师：庭长阁下，现在能给一个常规的证据编号吗？

代理庭长：编号第 3479A。

（证据 A 被标示为第 3479A 号，并被接受为法庭证据）

布鲁克斯辩护律师：若蒙庭长阁下允许，我没有什么要补充的。不知现在是否必须宣读这份文件？

代理庭长：如果大家没有异议，我建议不要费时间宣读，法庭书记官就当它被读过，把内容记录进庭审记录便可。

布鲁克斯辩护律师：那么就当我读过这份文件，请从第 2 段开始抄录。

代理庭长：能否从第 1 段开始？第 1 段交代了证人的经历。

布鲁克斯辩护律师：好的。那么我就从第 1 段开始。背后的宣誓日期有误，原文作"1931 年 7 月 28 日"，我把它改正为"1947 年 7 月 28 日"。

（继续宣读）：

1. 我的姓名是币原喜重郎，76 岁，1872 年出生。住址是东京都世田谷区冈本町一二一九番地。

2. 1931 年 9 月 18 日满洲事变发生时，我担任外务大臣一职，南次郎将军担任陆军大臣，我俩都是若槻礼次郎内阁的成员。

9 月 19 日早晨，即事变爆发的次日，召开了一次内阁特别会议。会上，我报告了自己所收到的一封日本驻奉天总领事致外务省的电报，18 日上午 10:00 刚过，中国军队炸毁了南满铁路位于奉天柳条沟附近的一段铁轨，并与我们的铁道守备队发生冲突。随后，南陆军大臣向内阁报告，他也收到来自关东军的一份相同内容的电报。鉴于从相关地区发来的这些电报都十分简短，政府掌握的情况十分模糊，所以没有办法当即作出判断。

如果法庭允许，我想在此指明，本段将澄清币原喜重郎作为检方证人在庭审记录第 1339 页上的陈述。下一段被误标上"2"，"2"需划去。勘误表里已作纠正。

（继续宣读）

此后，每天都召开内阁会议，我们所掌握的当地的情形越发清晰。于是，南陆军大臣宣布，尽管关东军采取行动起于护卫铁路的正当理由，但军部（包括参谋本部和陆军省）应该尽一切努力避免事变扩大。在座的全体内阁成员于是一直决定采取不扩大的政策，并于9月24日将这项指令在日本国内和海外公之于众。

3. 若槻内阁于1931年12月10日全体辞职。在那之前，我常常同南陆军大臣一起为避免事态的恶化尽己所能。因此，曾有谣言称，我和陆军大臣南在内阁会议上意见对立，于是彼此不相容，我俩之间的摩擦甚至影响到私交。这纯属是不明真相的人们相互流布的恶意谣言，系无稽之谈。事实上，自始至终我都和南将军保持良好的关系。

（结束宣读）

关于这一点，我想提交一份庭审记录第20065页、第20066页作为参考，上边有南次郎提及的田中声明，系币原和南之间对立的谣言所出，也就是现在法庭提到的事情。我也提请法庭注意币原宣誓证词的第1334页13行至第1335页7行、第1376页16行至21行、第1338页13行至18行。若法庭觉得合适，我就不宣读了。

代理庭长：没必要宣读。

布鲁克斯辩护律师：（继续宣读）

代理庭长：您有什么要补充的吗？

布鲁克斯辩护律师：我没有什么要补充的，现在检方可以开始交叉质证了。

代理庭长：柯明斯-卡尔先生，请开始吧。（结束宣读）

布鲁克斯辩护律师：我明白，下面将由柯明斯-卡尔先生发言。

沃伦辩护律师：不，阁下，请稍等。法庭还没有允许我提出反对意见，我还没有开始。我将对一些文件和特殊文件提出反对，我被剥夺了进行交叉质证的权利，如果法庭不允许我提出反对，我也遵从法庭的安排。

代理庭长：法庭认为你不该提出反对。

柯明斯-卡尔检察官：现在我将开始宣读交叉询问词，从第10页6行开始（宣读）。

交叉询问（由柯明斯-卡尔检察官询问币原证人）

问：币原喜重郎男爵，适才我听到你说，在若槻礼次郎内阁辞职前，你始终和陆军大臣南次郎一起努力避免事变的恶化。

答：的确如此。

问：在事变爆发之前，你有什么理由料定，确实将有类似的事情发生？

答：我有。您看，我确实不曾收到官方情报，然而曾有4、5名侨居满洲的日本平民——当时生在满洲的日本人很多——来外务省见我，他们告诉我那里将发生不平常的事情。他们说，曾有些青年军官到他们那里，要他们帮忙找一些物资。我已经记不清楚，他们说的物资究竟是什么，但记得这些物资被分开藏在各处。这些平民们不了解，为什么那些青年要求他们帮忙找这些物资，他们很自然就起了疑心，怀疑他们正在筹谋着什么事，更准确地说，是备战之类的工作。那些平民问我，我有否收到关于这件事的情报。我说我从未得到相关情报。但是，因为这些平民当时居住在满洲——在奉天、哈尔滨和其他一些地方——所以我相信那里一定有事情。于是我即刻赶往南将军那里，当时他身居陆军大臣之位，我说自己有事要和他商量。

南大臣碰到了我，随后我告诉他，刚才一些从满洲来的人拜见我，他们问我是否知道你们陆军青年军官正在筹谋的活动。而我本人也非常疑惑，所以我对南大臣说，当务之急是采取最严格的纪律约束这帮青年军官，不要让他们做出出格的举动，同时让他们管好自己的本职工作，切勿再去找那些藏在各处的军用物资。

代理庭长：这些内容是否偏离了主题？

（法庭书记官继续宣读）

问：男爵先生，您能否从这里继续讲下去，关于您与南次郎将军的谈话内容。

答：好的。我想告诉南大臣，若报告属实，则此类事情的情节十分严重，而我有充分的理由相信，报告所言非虚。南大臣也很同意我的看法，他告诉我，自己将动用职权范围的一切权力整顿这帮军官的军纪。之后，他也确实那么做了，不过我还是提醒南大臣，若真的发生什么异常，他一定要再次约束军纪。

问：他有没有告诉你，他将有何作为？

答：没有，他没有说。但我猜想，他会和驻满洲的军官们交涉的。

问：我明白。现在，事变爆发之后，有没有收到从你们外务省驻中国和满洲的外交官员或领事馆工作人员发来的报告？

布鲁克斯辩护律师：如果庭长阁下允许，我提出反对。检察官的问题已经超出了宣誓证词的范围，这么进行交叉质证不太妥当。

代理庭长：我允许在法庭上继续进行这个问题。您可以回答这个问题，币原男爵。

答：谢谢。是的，外务省当然收到很多从我们驻在奉天的领事馆馆员和总领事，以及其他一些地方发来的电报。

问：好。请允许我帮您回忆一下他们的名字。当时驻奉天总领事是林久治郎吗？

答：是的先生，正是他。

问：林久治郎手下是不是有个叫森岛守人的？

答：是的，有这个人。

问：那么当时的驻天津总领事是不是桑岛主计？

答：桑岛？哦，对，我肯定当时天津领事就是他。

问：当时驻营口、同时也驻牛庄的总领事是不是叫荒川充雄？

答：荒川？这个我记不得了。

问：你不记得他了？我请你看一份关于他的文件。驻辽阳的外务机构里，是不是有一个叫山崎的官员？你记得他吗？

答：我认识他，但不是在工作场合上认识的。不过究竟他是在辽阳还是别的什么地方任职，我已经记不真切了。

问：塚本清治是关东都督吗？

答：是的。

问：矢野是在北平的顾问吗？

答：是的。

问：那么，你记得曾收到过前面提到的所有人发来有关事件进展的报告吗？

答：我真的很难回忆起来了。

问：好。现在我必须给您看这些东西。我认为，若您能回忆起什么，或许便能节省很多时间。不管你从身处事变发生地的下属们得到了哪些报告，你有没有把它们的复本交给南次郎将军？

答：我交给过他。

问：那么除了南次郎外，你还有没有交给别的什么人吗？

答：还曾给过若槻礼次郎首相。

问：好，还有什么人吗？

答：除了首相和陆军大臣两位，我不记得还交给过其他人。当然，我也给了海军大臣一份复本。

问：海军大臣？

答：对的。

问：我特别要问你一个问题：你能告诉我，你有没有把报告的复本给参谋总长？

答：我想我给过。是的，我觉得我给过。

问：你觉得你给过？

答：是，我想我给过。

问：现在，我这么问你：你有没有在更重要的场合——在内阁上提出这些报告,并进行讨论?

答:在事变爆发后吗?

问:是,在爆发以后。

答:是的。

柯明斯-卡尔检察官:我最好在法庭上对它们逐一进行检证,并让证人一一辨识。首先请允许我出示第2193号法庭证据。

问:在你收到并将其复本交给南次郎将军的报告里,是不是有它?当然时间过去太久了。现在已很难——您是否认出这份电报是驻营口总领事荒川发给——您无需费力讲它,男爵先生——您有没有想起荒川这个人曾是驻营口的总领事呢?这份电报的时间是1931年11月13日。

答:对。但荒川这个人不是总领事,他仅仅是领事。

问:领事,我明白了。

答:是的。不过我记不清当时他是不是被派往牛庄。

问:牛庄和营口是一个地方吗?

答:是的。

问:证据里有一批电报,都是荒川发给你的。名字都写着"荒川",但有一份发自营口,另一份发自牛庄。你说它们其实是一个地方?

答:一个地方。

问:好。在这个问题上,我就没什么要多问的了。这里还有一些尚没有被接受为证据的电报,我想就此提问。

(对林奇说)请给证人一份第1767A(5)号检方文件,谢谢。

这是林久治郎总领事从奉天发给您的电报吗?日期是1931年9月21日。您可以看到,电报上附有外务省的证明,这说明这份电报就是那一天发送给您的。

答:哦,是的,的确如此。

问:既然如此,那么您能否认出这是您收到的其中一份电报吗?

答：可以。

问：根据之前您的回答，这份电报的复本被移送给了南次郎将军？

答：是的。

柯明斯-卡尔检察官：我请求法庭接受它为证据。

证人：我们的惯例是把所有文件的复本移送给陆军省以及——

布鲁克斯辩护律师：庭长阁下，我反对，这么做不合适。首先，这份电报的时期是昭和六年即1931年，超出了宣誓证词的范围。这么进行交叉质证甚至不妥当。它和土肥原贤二倒是有关系。检察方这不是在解决问题，而是提出新证据。

代理庭长：请不要把事情复杂化，我也不愿意做出最终裁决。这是法庭的职责。

布鲁克斯辩护律师：我明白。

代理庭长：根据你的反对，法庭将接受该文件，并标号"B"。

（第1767A(5)号文件被标为检方证据"B"以便识别）

柯明斯-卡尔检察官：请问这份文件能被标识为证据吗？

代理庭长：就这么标识。

法庭书记官：第1767A(5)号检方文件将以第3479B号证据被法庭接受。

（上述文件被标识为第3479B号检方文件，并被法庭接受为证据）

柯明斯-卡尔检察官：庭长阁下，通常情况下，我要宣读这份证据，同时被记入庭审记录。

代理庭长：非常正确。

柯明斯-卡尔检察官：那我们能否跳过宣读，直接录入庭审记录呢？

代理庭长：那么做相当方便。如果辩方不反对，那么就可以跳过宣读环节，书记员得以从容地把它们全部录入庭审记录了。

柯明斯-卡尔检察官：谢谢。

昭和六年（1931）12910 代码地址

21 日午前从奉天发出

接收：大臣收于 9 月 21 日午前

致：外务大臣币原

自：总领事林

第 677 号

根据当下奉天城内外的局势，日军司令官将于1931年9月20日把上述区域交给军队领导下的中日联合临时市政府，如此既能增益日本侨民的福祉，也能增益当地中国人的福祉。

奉天市政府所辖区域将被限制在奉天城内及外侨聚集区。那么南满铁路附属地一仍旧例。

市政府的办公地点将设在市政公署大楼，它坐落于奉天城内的小西门。

市政府施政范围将包括奉天城的大小庶务，以及其他特别指派的任务。

市政府公务人员如下：

关于其他细节的指令将单独列出。

市长：土肥原贤二大佐

秘书：富村顺一

总务课长：庵谷悦

警务课长：鹤岗永太郎

财务课长：三谷未次郎

卫生课长：守田福松

土木课长：吉川康

根据签发的各项规程，除了上述诸人外的其他日本、中国的国民也将在市政府里担任职务。

这份电报已被发送到之前提到的那些地方。

柯明斯-卡尔检察官（继续宣读）：

问：那么A(6)——第1767A(6)号检方文件——

（问代理庭长）：庭长阁下，它们被标识上号码了吗？

代理庭长：我给编号了，当其中一份文件包括这些证据时，委员会就会开展工作。

答：是的，这些肯定都没错。

问：您看见文件上所附的证明了？

答：看见了。

问：林久治郎总领事从奉天发来的一份电报，日期系1931年9月28日。

答：是的，是9月28日。

问：您是否交给南次郎将军复本？我不会再重复这个问题了，因为我相信您的答案。

答：我给过。

柯明斯-卡尔检察官：这份文件会被标识为"C"吗？

代理庭长：法庭将接受这份文件，并标识为"C"。

布鲁克斯辩护律师：我想在合适的时候提出反对。

代理庭长：允许辩方提出的反对。

（第1767A(6)号文件被标识为检方证据"C"以便辨识。）

（结束宣读）

柯明斯-卡尔检察官：现在能否把这份文件做个标识？

代理庭长：可以。

法庭书记官：第1767A(6)号检方文件将被标识为第3479C号证据。

（上述文件被标识为第3479号C号检方证据，并被接受为证据）

柯明斯-卡尔检察官（宣读）：

林总领事从奉天致外务大臣币原

发送：1931年9月28日下午自奉天

接收：1931年9月28日下午

第794号电报（加密）

根据土肥原对森冈所说的话，彼时正组织治安维持委员会维持奉天城的治安，该委员会应该成为市政府的中坚机构，稍后，还应该由该委员会选出一位有能力的中国人，任命他担任奉天市长。此外，土肥原还说，业已决定宪兵队领导下的自卫队将归治安维持委员会管辖，并全部更名为治安队。此外，市政府也决定建立一支庞大的警察队伍。土肥原还说，为了建立警察队伍，那是已经累计划拨了1 000支步枪。

向中国的北平、南京、天津，以及满洲的每一个领事馆派发了电报。

柯明斯-卡尔检察官（继续宣读）：

问：现在我们换到第1767A(7)号文件。它是不是林久治郎总领事在1931年10月3日发给您的电报？你将看到证明和文档。

答：是，正是这份。

柯明斯-卡尔检察官：这份文件将作为"D"文件。

代理庭长：根据辩方的保留意见和反对意见，第1767A(7)号检方文件将被法庭接受为证据，并标上"D"。

（第1767A(7)号文件被标识为检察方证据"D"以便于辨识）（结束宣读）

柯明斯-卡尔检察官：我请求予以这份文件标识。

代理庭长：准许。

法庭书记官：第1767A(7)号检方文档将被法庭接受为第3479D号证据。

（上述文件将被标识为第3479-D号检方证据，并被法庭接受为证据）

柯明斯-卡尔检察官（宣读）：

林总领事发自奉天，致外务大臣币原

发送：奉天，1931年10月3日下午

接收：1931年10月4日下午

第857号电报（加密）

本月3日，一群日本侨民之间流传着这个谣言：决定由袁金铠负责，组织辽宁自治政府。据说有关此事的电报已经派发给日本。此事纯系捏造，我听说袁金铠曾向一些有名望的日本人诉苦，这种无稽之谈令他深感苦恼。

至于前述那份内容不实的电报，我猜测我们的新闻记者听到的是这么一件事：土肥原贤二大佐召唤丁鑑修，一名治安维持委员会的成员，让他筹建财政机构。丁鑑修回答道，鉴于此事事关重大，他必须先同领导们详细商量，然后丁就走了。新闻记者根据他们自己的想象添油加醋，把这件事说成日本要建立一个新机构，此事经记者之口变得煞有其事，并广为流布。此外，关于前述土肥原贤二的要求，袁金铠、丁鑑修和其他人都无法预见到之后日军的政策。彼时曾有传言，在张学良的煽动下，锦州组建了辽宁省政府，袁、丁等人似乎对此有所耳闻，所以他们会认为，在这样的局势下，仅仅作为一个维护奉天城内公共秩序的机构的治安维持委员会，担不起财政机构的重任。

发往中国北平、南京、天津，和满洲的每一个领事馆。

问：现在请换到第1767A(8)号文件。它是不是驻奉天总领事林久治郎的发给您的电报？日期是1931年10月6日。

答：对的。

柯明斯-卡尔检察官：能否把这份文件标识为"E"？并接受为证据？

代理庭长：根据辩方的反对意见，第1767A(8)将被法庭接受为证据，并标上"E"。

（第1767A(8)号文件被标识为检方证据"E"以便于辨识）

（结束宣读）

八、"大亚洲协会"与侵略思想

1947年11月25日,星期二
日本东京都旧陆军省大楼内远东国际军事法庭

(9:30重新开庭)

现场情况:

法官席,除了来自澳大利亚联邦的尊敬的法官威廉·韦伯先生和来自印度的尊敬的法官拉·帕尔,从9:30到16:00一直没有在现场以外,其余成员均坐在席位上。

检方席,与以前一样。

辩方席,与以前一样。

(英日互译工作由远东国际军事法庭语言部门负责完成)

法庭执行官: 远东国际军事法庭现在开庭。

(被告松井石根恢复站立姿势,通过日语翻译作如下证言)

代理庭长: 准将先生,在你继续询问证人之前,我有一个作为法庭成员需要发问的问题。

如果你没有权力对有关维持纪律的问题下达命令,请解释一下你的书面陈述材料第九页中的最后一句话,我把这句话念给你听:

"12月17日,部队进入南京之后,我从宪兵队长那里第一次听到这件事,我马上命令每支部队开展彻底调查、惩罚有罪人员。"

你怎么解释这句话?

证人: 我集合起——通过这段话,我的意思是想说,我把我的下级司令官和各种部队的指挥军官集合起来,向他们表达了我的想法,目的是维持纪律并命令他们采取适当措施。

语言监督官: 替换掉"下级司令官"一词,此处应为"下级军司令官"。

代理庭长: 但是,我认为你昨天作证言说,你没有权力下达命令。

证人: 我当时作为战区指挥官,得到了上级授权,有权力统一和控制战术行动——对两个军协同战术行动。

语言监督官: "战区指挥官"应当被替换为"方面军指挥官"。

证人:(继续说)因此,我不能说保持军纪问题与军事战术行动没有一点儿关联。而且至于这两个军是相互联系的,我想我应该有权干预和军纪方面相关的事务,但从严格的法律意义上讲,我想象不到自己会拥有下达专门的命令——关于保持军纪的详细命令的权力,到目前为止,我仍旧相信这一点。

代理庭长: 诺兰准将。

诺兰检察官: 请法庭准许进行下一步程序。

交叉询问(由诺兰检察官询问松井石根被告)

到目前为止,关于中国以及亚洲问题,你从来没有表明你自己的观点。

让我给你读一下庭审记录第 31413 页中、被告城户关于内阁议员地位方面所说的一段话:

问:用最简洁的话说一下,内阁议员的职责是什么?

答:根据政府对于内阁议员的制度规定,我认为他们最主要的功能是:在涉及提前结束中国事件的问题上,给首相充当顾问。

问:内阁议员是否占据着一个能够促成这种明确目标的特殊地位?

答:是的。

现在，你怎样解释，才能把被告城户的陈述与你的陈述相一致起来？因为对于中国或亚洲的任何事务，你从来都没有亮明你自己的观点。

答：好吧，设立内阁议员体制的最初原因，可能与城户在日记中所写的一样。但是，实际上，我们只是名义上的顾问；尽管我们每周在首相的官方住所集会一到两次，讨论了许多问题，但讨论终归只是讨论而已。

问：或许它就是一种类似于柏林举办的社会性集会，是吗？

答：它不是社会性集会，而是政治性集会。我认为应把它称作政府在当时所采取的政治姿态会比较好。

问：现在，在第 16 页，你进一步讨论了大亚洲协会问题。根据这个名称所暗含的意思，协会的根本目标是想要建立一个更强大的东亚吗？

答：是的。

问：亚洲国家包括中国、印度支那、暹罗（泰国旧称）、荷属印度、菲律宾、马来西亚、蒙古以及西伯利亚，对吗？

答：这是我们的意愿，包括所有被称作亚洲人的人们。

问：我对你提到的那些国家是否都包括在其中？

答：是的。

问：你认为在苏联居住的亚洲人是什么国籍？

答：我认为居住在西伯利亚地区的大多数人，是亚洲人。

问：其中也包括蒙古吗？

答：不用说当然包括。

问：包括波吉斯吗？

答：是的。

问：包括雅库塔吗？

答：是的。

问：还有苏克彻斯吗？是否包括他们？

答：我不能——我不知道这个名字,苏克彻斯。

问：现在,为了进入你所鼓吹的大东亚组织,就需要这些国家脱离原来的统治。比如说,西伯利亚和蒙古就应该从苏联的统治中脱离出来。

答：我关于大亚洲的宗旨不是要求这些人民,从他们曾经归属的国家中分离或独立出来,我并没有必然地认为这是必要的——比如雅库塔共和国离开苏联。

更正：举个例子,如果雅库塔留在苏联,或印度留在英联邦,我们认为这是相当不错的选择。我们的目标在于亚洲的全体人民应该携起手来,为亚洲繁荣而工作。

问：我猜想满洲可能会是你所鼓吹的一个例子,是吗？

答：你可以这样认为。

问：是的,假如与苏联开战,满洲将是一个非常重要的作战基地,不是吗？

答：历史已经证明,如果日俄之间开战,满洲就是一个基地。

问：现在,我告诉你,你们协会的宗旨就是我刚才提到的这些亚洲国家及其人民将被变成大东亚的框架,如果他们不能通过和平谈判的方式进入框架,那么这个问题就将通过战争来解决。

答：在亚洲,亚洲运动的根本宗旨与欧洲发生的欧洲联盟运动,以及美洲的泛美运动所遵循的宗旨是相同的。

问：松井将军,你是否于1935年至1936年间在中国旅游？

答：是的。

问：在这期间,你一直都在鼓吹这个协会的信条？

答：是的。

问：后来,你又到法国、印度支那以及南方地区旅游,不是吗？

答：那是后来的经历,在大东亚战争爆发以后的事。

问：大东亚战争是在什么时间爆发的？

答：1941年。

问：你是否在菲律宾？

答：是的。

问：在所有这些旅行中，你都在努力劝说该地人民以适当的理由加入大亚洲协会的框架吗？

答：当时由于我已经建立了大亚洲联盟，便劝说全体属于大亚洲的国家人民配合大亚洲联盟的行动，但是同时我在亚洲南部地区国家——在法属印度支那、暹罗（泰国旧称）和菲律宾等地有许多朋友，菲律宾共和国前任总统劳雷尔和杜兰教授也在几年前就曾表示过他们支持亚洲主义，我经常与他们在东京会面，在一起讨论这个问题。

问：为了表明我的个人想法，需要问一下，联盟是何时创立的——其日期？

答：我记不起来具体日期了，当时日本政府将属于大亚洲的这些国家的代表召集起来，在东京举行了一次会议。

问：你在书面陈述材料中说，创立联盟的日期就在第一次近卫内阁期间，这种说法是否正确？或者是在第二次近卫内阁期间？

答：我认为你混淆了此时或彼时与我有联系的各种社团组织，它们的名称分别叫作亚洲协会、亚洲发展联盟以及大日本亚洲发展联盟。这些不同的社团组织都遵循相同的亚洲主义宗旨，但是，受到当时国际形势和日本国内政治格局的制约，它们创立的时间各不相同。

语言监督官：法庭日语书记官。

（法庭日语书记官开始宣读）

法庭书记官：提出更正，我认为你把我曾经提到的三个社团组织混为一谈，这三个社团组织分别是亚洲协会、亚洲发展联盟，以及大日本亚洲发展联盟。这些不同的社团组织都有自己的宗旨，它们都宣扬亚洲主义，但它们的构成和结构却随着国际形势和日本内部结构的变化而随时产生不同。

语言监督官：日本的国内政治形势。

问：我没有混淆任何事情。我问你一个简单的问题：大日本发展联盟是何时创立的？

答：我想是在第一次近卫内阁期间。

问：好。

现在，你在书面陈述材料第 19 页中提到了组成问题，我拿到了关于你们谈论大日本亚洲发展协会的文章、出版机构的组成。这个出版刊物的名称是叫作《大亚洲新闻》吗？

答：它不是报纸，而是一份杂志。

问：它的名称是什么？

答：大亚洲协会出版了大亚洲主义，或大亚洲宗旨。我想亚洲发展联盟创立后，杂志名称变成了《大亚洲》。

问：现在我给你展示一下 1941 年 1 月份的这一期杂志的复印件，杂志名称是《大亚洲主义》。你是否看到这份杂志在第二页上的这篇文章？你是否正在读它？

答：是的。

诺兰检察官：请法庭对 1941 年 1 月份的这一期《大亚洲主义》杂志给予鉴别认定。

法庭书记官：杂志名称为《大亚洲主义》，出版日期为 1941 年 1 月份，将被认定为第 3499 号法庭证据，仅供鉴别。

（以上被提到的杂志被标记为检方第 3499 号法庭证据，用于鉴别）

诺兰检察官：我将提供被告松井写过的一篇文章作为证据，这篇文章刊登在 1941 年 1 月份的这期杂志上的第 2 页。

代理庭长：可以被接纳为证据。

法庭书记官：辩方第 2396 号文件，作为 1941 年 1 月份出版《大亚洲主义》的摘录部分，将被认定为第 3499A 号法庭证据。

（以上被提到的文件被标注为检察方第3499A号法庭证据，并且被认定为证据）

诺兰检察官：经法庭允许，我将朗读第3499A号法庭证据。标题是为了亚洲的发展，实现各种组织的统一与迅速进步，作者为松井石根。

日本帝国第2600年给帝国历史带来了信心，唤醒了全国人民，携起手来决心共同面对当今的世界局势。还有德国和意大利与日本之间的缔结盟约、德国和意大利得到南京国民政府的承认，从而迫使他们打破大英帝国、美国和法国长期以来在亚洲维持的统治，不可阻挡地走上重建亚洲新秩序的道路。因此，为了应对这种严峻形势，以及建立所谓的政治、经济和各种其他领域的新框架，迫切需要重新组建内部组织。

现在，我们生活在这个神圣的年代，怀着强烈的自豪与幸福来迎接2601年的到来，用这样的方案和结构来建设大亚洲。然而，我们不能认为人民的决心与信念已经做好了准备。我为什么这样说？我们必须首先看一下政府制定的国家政策在最近的执政表现。根据近卫内阁组建时所做的宣言，三国同盟条约已经签署，而且伟大的天皇诏书也已经发布，鼓舞着人民下定决心建设大亚洲。但是，我们感觉到目前为止，政府在执行对外政策时，太过于小心翼翼，显得没有坚强的信心，从而不能坚决地执行国际政策。而且，对我来说感到很遗憾的是，许多掌权和不掌权的政客，以及有学问的人民在这方面的热情上，没有达到我们预期的标准。因此，尽管从总体上看，人民不是所谓的"服从天皇诏书"，并渴望政府采取划时代的具有决定性意义的举措。按照真实的说法，他们怀疑政府的态度，是如此缓慢地推行其政策。日本这种国内形势自然而然地反映到东方和西方外国对我国的态度上，不仅许多亚洲国家跟随中国,而且后来竟有几个欧洲国家开始轻视我们的决心和地位,这是件很令人遗憾的事情。

于是,我出于对当前形势的不满,呼吁政治思想、文化,以及其他关于亚洲发展的组织都要振作起来。我认为,那些明智而又博学的人们,和属于这些组织的充满活力的年轻人必定会愿意执行这些措施。而且,我相信多年来亚洲文化复兴的这些追随者的信念与热情,以及他们的探索,将会是引领国家政策付诸实现的唯一动力,而这些却被周围环境和当今复杂年代的利益所阻碍。我现在建议这些亚洲复兴组织,依照合作的观点完成统一。尽管这些组织各自的目标不同,而且从政治上和经济上分析,它们的本质也有所不同,但它们的根本目的当然都是实现亚洲种族的统一与复原。然而,时至今日,由于他们的思想和立场不同,他们至少在措施和期望方面也是不同的。相反,这些组织随心所欲地独立运行,远远没有满足所谓"提供社会新结构"的要求。而且,这些组织如此互不相同的组成结构,扰乱了人们关于亚洲复兴政策的信心和理想,无法适应当前迫切要求国家稳定的形势。在这种情况下,我们最近组建了亚洲发展联盟,为合并所有这些组织,付出了一年多的努力,却得到了目前令人遗憾的结果。因此,我们要采取断然措施来合并调整所有这些组织,使它们变成一个机构;用统一的思想和信念来控制并指导它,通过把所有这些组织迄今为止分散而又雷同的努力集中起来,发起一次新的集体行动。我们还希望修正并引导政府内外人们所持有的亚洲复兴观念,以便把他们的理想统一引领到正确轨道上去。所以,这个机构的目标当然必须与政府的政策相一致,有些时候,它将建议、鼓励他们以全部努力来援助他们的亚洲复兴政策。而且,它的理想是成为国内外亚洲复兴文化观念的核心,开展一次东西方国家的启蒙运动,目的在于加入亚洲复兴机构所发起的帝国统治援助行动。

尽管国内已经成立了许多亚洲复兴组织,但有几个新组织在目前的建立过程中,自然而然地表现出对原组织的不满。因此,迫切需要采取一些措施来对它们加以控制。虽然这些旧组织当然都有其各自的历史和特殊背景,但如果用法律手段来对待的话,它们的合并进程не难实现。而且在坚持一贯的控制之下,它们的工作以及作为旧组织的目标的继续发展,也不会如此困难。总而言之,在对这些组织的控制方面,我们必须依靠每个人和每个机构的有效工作。我们诚挚地希望各种组织的所有成员都与我们保持一致,并希望那些在已经作为联盟领导者的运动中自然而然当上核心人物的中国事务委员会(东亚新秩序)官员们,要仔细权衡这件事。

正如以上所表明的观点,我们在这里建议所有亚洲复兴组织都要实现统一,希望所有致力于亚洲复兴事业的有理智的信徒们站立起来、彼此相互配合来共同领导人民群众。毕竟,目前的局势从目的上来看是清楚的,不允许我们踌躇不前。如果我们现在束手束脚、在行动上过于谨慎,就会受到当前局势的困扰,从而把正处在生与死十字路口的国家,引领到错误的方向上。当然有必要去聆听这些国家发出的声音,因为他们也是凭着真诚和良知来引导国际政策走向的。但是,我们不能对以这种借口或沿着悠闲路线来逃避责任的行为,表示出太多的赞同,特别是现在正处于全部依靠将我们的国家政策朝着大亚洲思想付诸实现的方向,来决定我们的国家政策。在当前这种局势之下,我和亚洲复兴信徒一样,深切地感受到我们肩负的责任,这也正是我呼吁同志们马上行动起来的原因。

由诺兰检察官(继续)提问:
问:松井将军,关于这篇文章,我只想问你一两个问题。政府是怎样做到小心谨慎地执行其对外政策的？

答：当时日中之间的敌对行动正在持续，所以，从总体上讲，政府对于亚洲问题所采取的一些政策，被灌输了强烈的亚洲主义精神。但是，另一方面，鉴于日本国内局势，特别是考虑到我国的经济形势，许多人努力想采用尽可能消极的办法。处在两种极端观点的包围之中，政府政策一直左右摇摆。当时，我强烈地感受到政府的政策是非常软弱和延宕的。

问：现在，三国同盟条约已经签署了，已经进入了印度支那。你希望政府做什么？

答：举个例子，我要告诉你，我的想法与印度领导人甘地的想法完全不同，他所领导的独立运动是以印度宗教思想原则为基础的消极运动。鼓舞我的根本思想是奠定日本帝国根基的思想，是武士道精神或斗士的生存方式，也是佛教主义的思想，我是佛教的真诚信奉者。我认为即使日本要将他抛在一旁——如果整个日本将要作为一个祭品，他就会为了亚洲而牺牲自己。

更正：即使我、我自己，像祭品一样把自己放弃，我会为了亚洲人民的幸福和重新团结，而放弃自己的生命。而且，即使整个日本都将成为祭品，他会为了亚洲的利益而放弃他自己。

语言监督官：按照古老的说法，这种精神在某些方面类似于这种情况：就是为了完成一次善举，他可能会牺牲他自己的生命。

代理庭长：我们将休庭 15 分钟。

（10：45 休庭）

（11：00 重新开庭）

法庭执行官：远东国际军事法庭现在恢复开庭。

代理庭长：诺兰准将。

诺兰检察官：请法庭允许，我只有一两件事需要着手处理一下，这不会占用太多时间。

由诺兰准将(继续)提问：

问：松井将军，在你的英文版书面陈述材料中的第 20 页，你提到"瓢虫号"事件。昨天，你费了很大的劲儿，想告诉我们所有作战事宜都是由你负责的。那么，我要向你提示一下，炮击英国炮艇"瓢虫号"的行动，也属于这一类作战事宜之中。

答：我也是这样认为的。

问：那么，你对炮击炮艇这件事负责，对吗？

答：我责无旁贷地对此事负有全部责任。

问：现在，我注意到你命令第十军司令官向英国海军总司令致歉，而且我还发现你却没有对轰炸"帕奈号"这件事负责。关于这件事，你为什么要去拜见雅纳尔上将？由日本海军司令官去会见美国海军司令官难道不合适吗？

答：我要求与雅纳尔上将举行会面的主要目的是，讨论上海地区的美国权益问题。

语言监督官：上海—南京地区。

答(继续)：尽管炮击该船是海军的责任，但是，"帕奈"号是属于美国海军的一艘船，由于我在该地域指挥陆海联合作战，所以我觉得尽管这不是我的直接责任，但是按照武士道精神，至少应该向雅纳尔上将表示一句抱歉。

问：事实上，海军部队处于你的作战指挥之下，不是吗？

答：不是的，事实不是这样。他们是完全独立的，处于海军的控制之下。

问：由哪些海军部队来照办和执行的命令，是从谁那里下达的？

答：那就是从中国海域日本舰队司令官长谷川中将那里下达的。

问：为了实现作战目标，他是否接受你的指挥？

答：不，根本不接受。他是独立的。

问：那么既然没有海军处于你的作战控制之下，你又是怎么能够指挥联合作战行动呢？

答：为了与独立的海军执行联合作战任务，我们在行动上相互配合。

问：在第 21 页底部，你谈到给上海的杰克纳夫教士捐款 1 万日元。请问这些钱是从哪来的？

答：好吧，仅仅捐了 1 万日元，数目如此之小，我对此的确感到相当惭愧，但是由于我连这点钱都没有，我只好从我的司令部官方经费中使用了一部分钱。

问：在 1941 年——这是我想和你讨论的最后一个话题——对于随后与美国的谈判，你是什么态度？

答：当我在上海—南京地区与中国人作战期间，对美国官方的态度或多或少是中立的，相比较而言，他们没有找到更多可以用来批评我的内容。

更正：我从他们的态度中，找不到任何值得批评的地方。而且，当我会见雅纳尔上将时，我告诉他将来不论在上海以及其他任何地方，或者是在太平洋地区发生什么事件，我们日、美两国从事作战任务的军人们，都会为了维持太平洋地区的和平而相互配合。雅纳尔上将完全赞同我的观点。

问：是你在 1941 年持有的观点吗？

答：不是的，那是我在 1938 年持有的观点。

问：那么，在 1941 年是什么观点？

答：我将不得不稍微回过头来，去解释这一点。正如我已经告诉过你的，1938 年，我在中国期间对美国持有这样的观点——更正：在那时。但是，1938 年 1 月，美国总统在发表讲话时提到日本对亚洲的态度，以及日本在亚洲的行为。从他的语言上来看，我发现难以对此表示赞同。我当时在上海向《纽约时报》的一名记者表达了我对那些话的不满。

问：松井将军，我想让你告诉我的全部内容是，在1941年，你是否赞同与美国举行谈判？

答：通过和平谈判的方式解决日本与美国之间悬而未决的问题，当然是我所热切期盼的事情。但是，我要坦率地把我对当时局势的想法告诉你，我认为一场日美之间的战争已经爆发了，这几乎就像一场战争已经开战。

问：你在1941年《大亚洲主义》7月份这一期的杂志上，写了一篇文章。我将把这本杂志给你看一下。如果可以的话，请你给证人出示第2397号文件。

（一份文件被递交到证人那里）

问（继续）：松井将军，在第10页中有你写的这篇文章，不是吗？

答：是的。

诺兰检察官：我将把1941年7月份这一期的《大亚洲主义》杂志，提供给法庭识别。

法庭书记官：1941年7月份这一期的《大亚洲主义》杂志将被认定为第3500号法庭证据，仅供识别。

（以上被提到的文件，被标记为检方用于识别的第3500号法庭证据）

诺兰检察官：我还要将这本杂志第10页中出现的这篇文章提供给法庭，以便充当证据之用。

代理庭长：可以被接受。

法庭书记官：检方第2397号文件，作为《大亚洲主义》杂志在1941年7月这一期的摘录，将被认定为第3500A号法庭证据。

（以上被提到的文件，被标记为检方第3500A号法庭证据，并被认定为证据）

诺兰检察官：经法庭准许，我将宣读法庭证据。标题是《中国事件和美国问题的解决》。

1. 从一个地区发出的与美国实现妥协的冷漠论调被平息掉了。当我那天听到美国的敌对情绪如此尖锐，即使有可能只在一个地区出现这种现象，还要艰难地采取与该国的妥协政策，这种情况确实难以理解。如果从一个地区传来鼓吹与美国实现妥协的声音，其影响立即就会扩散到重庆、南京、泰国、法属印度支那以及荷属东印度群岛，并且给我们的国家政策带来沮丧的阴影。为什么荷属东印度群岛突然对我们采取强硬态度，而且日本与荷兰的会谈处于中止的边缘，唯一的原因就是荷属东印度群岛受到了日本将臣服于美国这件事的影响。重庆方面战争态度的增强、法属印度支那的立场左右摇摆、南京战事的艰难，这些都是由于为实现日美妥协的冷漠论调所带来的实际后果。

为完成圣战目标，强化人民的精神力量，并使亚洲各种族坚决相信日本，首先应该要做的是，清除掉与美国妥协的这样一种带有奴性的论调。

2. 与美国实现妥协的论调基础，看起来似乎主要建立在向美国妥协，有可能停止美国向重庆提供军事援助的观点之上。使他们在南京政权的发展过程中实现彼此配合，获得美国的贷款。并且同时通过美国的协同配合，夺取南部地区的自然资源。然而，这是一个荒诞的错误。按照相同的思维方式考虑战局，美国不仅把英国视为其第一道防线，而且把重庆和巴达维亚也当作其第一道防线。

因此，对于美国来说，从一开始就没有理由去考虑与日本妥协。如果给某人提供了这样的暗示，那就一定是美国官方当局的计划。美国想把其位于夏威夷的海军舰队转移到大西洋参战，但如果它这样做了，三国同盟条约就会觉察此事。美国既没有准备、也没有力量实施两线作战,她想利用日本国内鼓吹维持现状派、亲英美派和鼓吹依靠美英派等政治派别,带有某种技巧性地在一段时间内稳住日本。它想老练地欺骗日本,通过不采取实质性的步骤来拖延事态的发展,自己则在同时做好充分的战争准备。这是他们的真实意图。如果我们被这样一个诡计给蒙骗了,这就是一场灾难。不用说,我们将从一个必胜的位置,跌落到一个必败的境地。

如果事态与此时情况相符,我们绝对不应与美国实现妥协。如果我们这样做,中国事件就将失去意义。旨在实现亚洲各国一个大家庭、亚洲复兴和亚洲解放理想的建设新秩序之战的全部意义,都将化为乌有。不仅是这些,由于天皇诏书已经发布,这样做,还会损害三国同盟的精神。三国同盟的精神是重要的,而不在于其措辞。它的精神可以使每个国家都能在世界上找到其正确的位置。德国在欧洲、日本在亚洲,都在为了建立新秩序而战斗着。我们怎能为了暂时利益而损害这个神圣目标和国际信誉。

对于日本而言,它已经不顾美国的态度,做了必须去完成的工作。他们正在切断给蒋介石提供援助的路线,消灭敌对国家,援助合作国家,以及增强三国轴心的力量。

首先,按照日本、满洲和中国联合声明的要求,发展中国经济;国家之间联合防御;以及进行文化交流。

其次,按照与法属印度支那鉴定的经济协定发展经济,以及国家之间联合防御。

3. 加强与泰国之间的友好关系,与之配合完成泰国恢复其失去领土的愿望。

固执是一种疾病。如果有人固执地坚持想早点解决中国事件的话,他在那个时候就已经变得意志薄弱了。

一个好的战士会忘记他的敌人。只要有人宣称蒋介石可以被忽视,我们就会忘记他的存在。最好的情况是采取"在中国的某些地方是否还有类似于重庆政权和蒋介石"的态度。实际上很明显,如今现时的敌人就是英国和美国,以及民主国家集团。这已经是人们的共识。如果我们现在准备与英国、美国议和,并考虑试图通过盎格鲁-撒克逊合作框架来解决事件,那么我们怎么能够面对死去的十万英雄的灵魂?在这里,我以10万逝去英雄的名义,坚决反对与美国进行任何形式的妥协。如果在不久的将来,美国对德宣战,我们国家也必须毫不迟疑地按照三国同盟的义务站起来斗争。这是帝国皇道和武士道国家的态度。

这就是我在交叉询问环节,所要说的全部内容。

代理庭长:作为法庭的一名成员,我有一个问题想问你。

你谈到在11月24日,中山和日高报告中国军队在南京犯下了暴行,请问他们向你报告了多少起案件?

证人:阁下,您指的是中国士兵犯下的暴行吗?

代理庭长:是的。

证人:关于那件事,我没有听到过任何确切的事实。他们只是告诉我,并向我转达了关于那些案件大体上的传言。

代理庭长:好吧!有人刚刚把另一个问题传递给我。

你是否知道关于日本兵因为在南京犯下暴行,而受到了除了仅被其上级训斥以外惩罚的任何事例?换句话说,你是否知道有人经过军事法庭审讯并接受了宣判?

证人:关于这一点,上海派遣军的原军事审判员冢本和第十军的原军法署署长小川已经做过证言。根据他们的证词,经受军事法庭审讯并宣判的官兵数量达到100多人。

代理庭长:那么,你对他们审讯数量或审讯记录方面,就没有其他的了解吗?

证人： 我当时在上海确实听到过两到三起审讯案件。回到日本后，我试图调查这件事，但由于涉事文件已经烧毁并遗失，我无法进行任何进一步的调查，而且也不能查明真实数字。

代理庭长： 我的问题是指在南京犯下的暴行。

证人： 是的，我在我的回答中，也提到了在南京发生的事。

代理庭长： 马蒂斯先生。

证人： 我想要……

代理庭长： 没有问题。

证人： ……我想再加上一些犯罪事实，这些人经审讯犯下了强奸、盗窃、抢劫、暴力和谋杀罪行。

代理庭长： 洛根先生。

洛根辩护律师： 我想代表城户，问你几个问题。

代理庭长： 以交叉询问的方式吗？

洛根辩护律师： 再直接询问。

代理庭长： 非常好。

……

九、九一八事变后的中日外交接触

1947年12月3日,星期三
日本东京都旧陆军省大楼内远东国际军事法庭

……
法庭书记官:辩方文件1807号作为法庭证据被编为3536号。
(上述文件被标注为辩方证据第3536号)
弗内斯辩护律师:该文档的注明日期为1931年8月26日。(宣读)

  2. 在我们接下来的谈话中,宋子文假装没有任何其他的目的,说如果工作允许,他想去大连、奉天和其他地方旅行,与内田康哉之类的人物,就关于满洲的一些我们称之为简单的问题,例如风俗和其他事情,进行意见交流,从而试图澄清差异,而那些基本原则性的问题则以后再说。之前提到的我的电报第2段文字,记录了这次的谈话内容。他曾听说内田康哉想到上海地区走走看看,如果真是这样的话,能有机会在上海拜访康哉,于他而言就更便利了。在此情况下,他说将会与我,提前就这些问题交流意见。他会尽一切可能,努力去阻止两国关系的不必要恶化。并补充道,考虑到张学良有着相当良好的心态,对他所说的话能听一听,对此他感到满意。

  另外,由于他的观点同我们的希望所吻合,所以我提出,除了基本原则性问题外,我将对他所做研究,即需要调整的各种问题,以备忘录的形式提交上去。而对于内田康哉的上海行，我没听说过。如果宋子文如他计划般北行的话，我估计康哉就不会打算去上海了。北行对我们彼此都是有益的。借此机会，他可以和内田康哉及其他人，有一个直接的交流。如果环境允许，在合适的时机下，我也将北行，为促成这类面谈提供一臂之力。我进一步表达我的观点，把他的那部分努力、内田康哉及其他有影响力的非外交直涉人员的努力等，都考虑进去，来尽力协调有关满洲的系列问题，将会非常有效。宋子文声明，他也会尽一切办法，尽快实现他的计划。

提交作为有效证据的辩方文件第1808号，以进一步做证明。该证据也是一份公文，是重光葵寄给币原喜重郎的，收到日期为1931年8月25日。

代理庭长：将此接纳为证据。
法庭书记官：辩方文件第1808号作为法庭证据被编为3537号。
（上述文件被标注为辩方证据第3537号）
弗内斯辩护律师：我将宣读这份出示的证据。

　　对于协调两国之间悬而未决的满洲问题，不清楚宋子文准备走多远。但是，鉴于目前因满洲问题，双方感情或多或少变得有些尖锐。看起来，宋想在开始商议重要的基本原则性问题前，尽可能首先解决掉一些简单问题。同时，我方不断鼓励他朝此方向前进。由于宋子文想去满洲的意图很强烈，满洲之行很有可能成行。这也意味着张学良会被叫到南京拜访宋，正如张学良夫人出席了宋母的葬礼。因此，我的意见是，考虑到他与张学良的关系，让宋子文在到满洲的这一期间内，研究各种问题才是明智的，至少是有些用处的。这也是日方所希望看到的。当然，我们会为此做好准备。

只要内阁一做好准备，我们随时乐意变成随叫随到的暂时代理人，哪怕这些工作是琐碎的，用日语，或者用英语更佳。

请注意，对于内田康哉上海行的谣言，诚如以上所提及之电报中所述，我用这样的方式答复宋子文，以期宋能到满洲去，看一看满洲的实际情况。

提交作为有效证据的辩方文件第 1809 号，作为满洲行计划的进一步证据。该证据是另一份公文，标注日期为 1931 年 9 月 11 日。

代理庭长：将此接纳为证据。

法庭书记官：辩方文件 1809 号作为法庭证据被编为 3538 号。

（上述文件被标注为辩方证据第 3538 号）

弗内斯辩护律师：我将宣读那份出示的证据。

在我与宋子文的第 904 号电报会谈中，宋子文做出声明，大致意思为：

他特别关注南满问题，认为基于目前双方的气氛，以至于很难预见接下来会发生什么事。一旦湖南问题的发展明朗化，他希望到北京拜访张学良，然后去吉林拜访张作霖以示慰问。借此机会，他会前往大连，与内田康哉交流意见。虽然他认为，在目前的这一时间点上，来着手处理基本原则性问题，是不合时宜的。但是那里有大量的简单问题，这些问题可以促成双方的合作。他希望就此释放紧张氛围，尽可能地安抚情绪。然后宋提醒我，不要忘了前几天我答应他的，为满洲悬案而准备的备忘录。宋希望能够实现此行。为达成他此行的目的，他希望我能够提供帮助，为大连或在那附近的会面，做好安排。

我建议他迅速制定好行程，据此我也能定好我的行程，并尽可能地符合他的要求。我还补充说，只要一准备好，我就会把备忘录发送给他。宋子文进一步指出湖南形势的严重性。湖南问题，他以前就和我说过，我在早先的第913号电报中已汇报过。

木村总裁将奉天事宜向内田康哉汇报。

我将这最后的一系列公文提交作为证据，辩方文件1810，是重光葵给外国公使的公文，标注日期为1931年9月13日。

代理庭长：将此接纳为证据。

法庭书记官：辩方文件1810号作为法庭证据被编为3539号。

（上述文件被标注为辩方证据第3539号）

弗内斯辩护律师：我将宣读那份出示的证据。

关于我给外国公使的电文，第795号（总第1027号），请立即给我那份有必要告知宋子文的材料。

法庭在识别检察方证人森岛的身份后，召见他。我曾在第246号法庭证据，即庭审记录的第3052页，提到森岛。在奉天事件后不久，公使重光葵和公使币原喜重郎，曾交流电报公文。电报内容是关于立即任命中日联合委员会的代表，来解决该事件，并防止事件扩大化。当时我宣读的是电报的头两段，记录了宋子文对该委员会的建议，以及宋子文向日本公使重光葵提出的紧急建议被很快接纳了。我现在要读的是出示证据的剩余部分。

（宣读）：

1. 近来的军事行动，是基于军队对皇帝最高指挥特权的信服，他们彻底地忽视了政府。眼见那些通过不懈努力而取得的外交成绩，一夕间一无所有，我感触颇深。想到国家的未来，我极度的苦恼。

在此情况下，我最诚挚地希望，军队的武断行动能够被禁止，政府才是发出国家意愿的唯一渠道，要堵住军界的那些不负责任和有害的宣传言论,并让它们靠边站,重建政府的政治领导力。

2. 就军事行动而言,中国方面一发现事态的严重性,它就会像往常那样决定奉行不抵抗政策,并且它会采取一切有可能的非军事行动的对抗策略。不仅党和政府会统一领导抗日活动,而且那些已经受过良好训练的抗日组织,也会开始组织抗日活动。经济抵制也许还不是最糟的情况,在我看来,全国的学生才是。这些学生在朝鲜动乱期间,并未有所行动。但此次,全国学生有可能活跃起来,并造成恶劣影响。受被称之为"二十一条"的唆使,当时反日情绪激烈。此次的反日情绪,将比之更为激烈,并会随着时间的推移,变得越来越恶化。

下面的电文为同一日期。
(宣读)

就目前情况而言,我们尚不能预言,满洲以外不会发生不吉之事(就这点而言,我请求政府充分重视我们的海军,无论在何种情况下,都不要有所行动)。我们的军队万一推进到满洲北部后,我们与苏联发生冲突,这是可以立即被预见的,这会使事态变得更为严峻(我推测这也许就是军方计划的一部分)。

3. 中国政府将会遵循其传统政策,利用一国牵制、控制另一国,用联合部队来快速解决国际冲突(与广州方面的和解,正在认真严肃地推进中,热切希望最终能实现和解)。中国政府的策略是首先诉诸国际联盟(现在中国与国联的关系异常密切,这归功于宋子文),同时因《凯洛格-白里安公约》来依仗美国,辅之以国内外的宣传影响,试图迫使日军撤退,正如她用同样的方式,来谋求山东的归还问题一样。无论如何,此后没有一个中方权威人士现身,就满洲问题来和日本达成任何合理的协议,连来和日方谈判的意图都没有。因此，在很长一段时间里，这一事件可能导致中日断交；就中国政府的行为而言，该事件也会招来世界公共舆论的公开谴责。我们不得不为此做好准备。

接下来是一份9月21日发往上海的急件，收到日期为9月25日——我觉得那个日期一定是搞错了。

（宣读）

  24日，《大陆报》刊发了一份来自南京的报告。报告说：19日，宋子文以国民政府非正式提案的方式，向日本公使重光葵表示拒绝。日本政府公开了宋的拒绝。实际上，由于事态的最新发展，给出提案变得越来越不可能，（考虑到未来的谈判，发布此类非官方谈话，最好不要提及宋子文的名字）。在此份报道的同时，一份国民政府的官方报纸也报道了此事，内容如下：
  19日，行政院副院长宋先生在和日本公使重光葵的一次私人谈话中声明，快速组成委员会调查事实，以阻止两国友好关系的恶化。由于当时日本军界把控通讯机关，他仅收到消息说，该事件是一件纯粹的地方冲突。但是，日军军事行动中所表现出来的尚武性，一览无余。国民政府呼吁国联在22日5点（南京时间）讨论此事后，做出决定。同一天的中午，日本驻南京领事拜访宋子文，并传达了日本政府同意成立上述委员会。随即，宋子文先生代表政府传达：由于日军对中国领土的侵略，再无进行直接谈判之可能。

我接下来提交的证据是守屋和郎证人的证言，证据是关于我刚才所读公文中所提到的事情以及1932年的上海事件。检方通知我，他们并不想盘问这名证人。

代理庭长： 将此接纳为证据。

法庭书记官：辩方文件 2704 号作为法庭证据被编为 3540 号。

（上述文件被标注为辩方证据第 3540 号）

代理庭长：现在休庭，明早 9:30 继续开庭。

1947 年 12 月 4 日，星期四

日本东京都旧陆军省大楼内远东国际军事法庭

（9:30 重新开庭）

到场：

除尊敬的法官——来自澳大利亚的威廉·韦伯阁下没有出席，从 9:30 到 16:00 始终不在，其他成员均已出席。

检方，和以前一样。

辩方，和以前一样。

（英日翻译和日英翻译，由远东国际军事法庭翻译部完成）

……

法庭执行官：远东国际军事法庭现在开庭。

代理庭长：除了松井石根因其律师提出异议而未出席外，其他所有被告均已出席。巢鸭狱医出具证明，松井石根病了，不能参加今天的审讯。该证明将会被记录存档。

法庭允许被告岛田繁太郎和白鸟敏夫缺席审判，不参加今天上午的庭审。

克莱福特上尉。

语言仲裁官（克莱福特上尉）：请法庭注意，接受以下的语言更正：

引用出示的证据第 3516A 号的第 2 页从下往上数第 10 行，以及第 34156 页第 1 行：删除"借口但泽问题"，改为"抓住提交但泽问题的契机"。

引用出示证据 43 号第 1 段第 6 行,以及第 34190 页记录第 18 行:删除"它自己的种族",改为"有关民主。"

参看庭审记录的第 34148 页,7 到 10 行:删除"然而,可能我方大使馆负责经济事务的官员与维尔谈到一些事,这些事是我负责告诉该名官员的。"改为:"然而,可能我和维尔谈到了一些事,这些事有可能是我方使馆负责经济事务的官员告诉我的。"

代理庭长:弗内斯先生。

弗内斯辩护律师:请法庭注意,我将宣读第 3540 号法庭证据,昨天休庭时被接纳的证据。我遗漏了正文部分。

我,守屋和郎,以日本人的信仰正式发誓,以下发言是出于我自己的意愿:

我今年 55 岁,住在日本东京都北区西原町七四番地。

1. 1917 年 7 月,我毕业于东京帝国大学法科。在 1923 年底入职外务省。我在该处任职长达 17 年,直到 1940 年 12 月被派驻阿富汗,我才辞去了外务省事务官一职。从 1929 年 12 月到 1932 年期间,我担任公使馆第一书记官一职,服务于重光葵先生。重光葵先生一开始担任上海总领事一职,随后出任大使馆参赞,最后是担任日本驻华大使。

2. 在 1931 年 9 月初,我还是日本公使馆重光葵的一等书记官。当时,重光葵向中国财政部长宋子文先生发出倡议,一起调查满洲的实际情况。公使重光葵对中国部分地区盛行起来的抗日之风感到担忧,唯恐它会影响到《中日商务条约》。与之同时,他还希望能够与中方,就《中日商务条约》修订版,再行谈判。重光葵公使计划带上公使馆的翻译秘书林出先生,于 1931 年 9 月 8 日从上海坐船,经大连到满洲。宋先生对此表示赞成。当时,我正忙于负责《中日商务条约》的修订问题。对此次满洲之行的准备工作,我们严格保密。我们和南满洲铁道株式会社总裁内田康哉取得联系，并计划与之会谈。然而不幸的是，重光葵公使突然间病了，感冒，并由扁桃体发炎引发高烧，遂不能成行。我们不能按原先计划出行，不得不等大约10天之后的下一班船。我们将此事告知宋子文先生，宋先生原先计划走陆路，经北京到奉天。由于重光葵先生身体的快速复原，我们制订了一个新的计划，决定9月20日出发。但就在此时，我们收到了一份电报，9月19日中午收到的，说是在柳条沟发生了一个事变。原先去满洲的计划，就此夭折。所有的这些事情，我都亲身经历。在公使馆，这些事是我工作的一部分。

3. 1932年1月我在上海，我们公使馆的主要办公室，就位于第一次上海事件的爆发地。日本海军陆战队和中国士兵间的冲突爆发在那个月的中旬。当时，重光葵公使先回日本了，我暂代其职。在1月30日，或者31日，公使先生才坐船回来，重新工作。先生下船前，我去接了他。因此，我先于其他人，先和重光葵先生交流了一番。那天，他的情绪很糟糕。他再三和我说，他对两国军方间爆发的冲突很不满。同时，他对用和平方式来解决冲突，表达了坚定的决心。

4. 下船后，重光葵公使开始着手努力，尽快实现停火。甚至在国际联盟建议按程序召开正式会议之前，他就与英国公使迈尔斯·兰普森爵士、美国公使纳尔逊·特拉斯勒·约翰逊先生，进行了多次非正式会谈。在重光葵的请求下，他们与中国将军接触于交战最激烈之时，从而取得了一个短暂的休兵。这使得中国平民能从上海闸北这个交战中心疏散出来，据此在战火中拯救了平民的性命。在这一过程中，他劝说日军统帅减少攻打上海和邻近地区，以及不要再向中国内陆推进。就在《淞沪停战协定》的谈判快要结束时，重光葵公使非常不幸地被一颗炸弹严重炸伤。爆炸案发生在4月29日。当时，上海虹口公园正在庆祝皇帝陛下的诞辰日。我和公使馆的几个同事当时正在现场，于是就送公使大人去了医院。尽管伤势严重，但他仍不忘《淞沪停战协定》，立即口授对该事件的意见，然后指示我们将其内容发电报给外务大臣芳泽谦吉。他的伤势使他在一段时间内将不能参与日常工作。虽然爆炸案炸伤了他和其他人，但是从国家方针的角度看，因为停战协定的结论极为重要，所以他极力敦促绝不能让协定的成果因之受到阻碍或耽搁。

5. 我出席了 1932 年 5 月 5 日在英国总领事馆举行的《停战协定》签约仪式。在签约仪式的过程中，《停战协定》被带到了重光葵公使、植田谦吉将军和中国代表郭泰祺先生的病床边。三人住在不同的医院里。炸伤植田谦吉将军的那颗炸弹，就是炸伤重光葵的那颗。中方代表是遭到了学生的攻击。重光葵先生在签好字大约一小时后，他的一条腿就被截肢了。

弗内斯辩护律师：现在我呈上辩方文件第 2905 号作为证据，涉及《淞沪停战协定》有一份不可获得的电报，该文件即为不可获的凭证。

代理庭长：将此接纳为证据。

法庭书记官：辩方文件第 2705 号作为法庭证据被编为 3541 号。

（上述文件被标注为辩护方证据第 3541 号）

弗内斯辩护律师：没有宣读这份文件的必要。

检方证人约翰·本杰明·鲍威尔在直接询问（庭审记录的第 3252 页）和在质证（庭审记录的第 3261～3263 页）中都证实，被告重光葵在阻止第一次上海事件扩大化和终结该事件上的努力是有效的。

我呈上辩方文件第 2905 号作为证据，这是一份《字林西报》1932 年 5 月 1 日到 5 月 6 日报道的副本。这一同时代的报道证实了守屋和郎所说的，在被告受重伤那晚递送消息的证人证言。《字林西报》是事件爆发时，一份在上海发行的英国报刊。

第 2 页的最后一段是唯一被视为证据的文字，我将仅宣读这一段。

代理庭长：瓦西里耶夫将军。

瓦西里耶夫检察官：我反对采用该文件，理由有二：首先，这些报纸文章都是由某个记者所写。到目前为止的审讯，报纸文章并未被采用为有力证据过。其次，在这份 4 月 30 日的报纸文章中，作者在表述上使用了很多"诸如"、"他觉得"以及"有人告诉了他"之类的词。因此这一报纸文章没有任何能提供证据的价值。

代理庭长：能把你对第 2 页最后一段的第 4 行字的意见说一下吗？

瓦西里耶夫检察官：是的，阁下。法官阁下，现在所说的这篇 4 月 30 日的文章有主观立场存在，而且我们不知道它是谁写的。

弗内斯检察官：请法庭注意，我必须承认，这一反对让我感到很惊讶。我向检察方提交这份文件时被告知，如果仅仅只是最后一段文字被提交作为证据的话，是不会被反对的。

很多报纸文章都被检察方采用，在过去的两天内就有一些报纸文章被检察方采用。很明显，这份报道的作者知道他在讲什么，而且我方提供这份文件仅是作为证人守屋同时代的佐证。守屋和郎已经证明了他的证词。

代理庭长：根据多数意见驳回反对。将此文件接纳为证据。

法庭书记官：辩方文件第 2905 号作为法庭证据被编为 3542 号。

（上述文件被标注为辩方证据第 3542 号）

弗内斯辩护律师：我将仅宣读我所提到的那最后一段文字：

尽管重光葵身受重伤，但是他却口述了很多急件，让政府了解上海事件。同时他为自己的无能，以至于无法继续目前的谈判感到遗憾。此外，他还强调了尽快制定停战协定的重要性。——路透社

《淞沪停战协定》为法庭证据第 2419 号,在庭审记录的第 19571 页上。停战协定的其中一个签署人,是当时出任驻中国英国皇家海军舰队大臣的迈尔斯·兰普森爵士,即现在的东南亚新加坡特派员基勒恩勋爵。我提交其声明为辩方文件第 2873 号,以作为证据。

代理庭长:瓦西里耶夫将军。

瓦西里耶夫检察官:刨除第二段的最后一句,从"以日本的角度"开始,到结尾的那句话外,检察方并不反对采用这份文件。因为这句话是证人的个人观点。

弗内斯辩护律师:翻译部,能拿一下辩方文件第 2684 号和写有第二种意见的文件吗?

这一相关的事实足以证明被告的态度。采用这份文件,有充分的先例。在我对检察方证人币原的反诘中,庭长阁下用这一证据否决了检察方的反对,陈述道:"证人在陈述被告重光葵时的态度,是多么的有出入啊?这是一个相关事实。"(庭审记录第 1575 页)

我的论点是:这并非品格证据。这是被告在特定场合下的态度。而且很明显,这与驳斥检察方的起诉书中某一项指控有关。

代理庭长:根据多数意见,驳回反对。将此文件接纳为证据。

辩方文件第 2873 号作为法庭证据被编为 3543 号。

(上述文件被标注为辩方证据第 3543 号)

弗内斯辩护律师(宣读):

基勒恩男爵阁下特此证明,在重光葵先生担任日本驻华公使时,我就了解他的为人。

在 1932 年的春天,中日在上海近郊爆发战争时,我和其他的一些保持中立的同僚们一起,竭尽全力的来终止敌对状态,阻止事态的扩大,以及为终结此事件,安排中日代表出席会议。日本方面,重光葵先生从合作伊始,就全心全意地投入。最终能达成协定,有很大一部分功劳,要归功于他坚持不懈的努力和耐心的合作。

当协定最终签署时,他却不幸的在一场恐怖暴行中遭受重伤。虽然受了很严重的伤,但是他不想因为自己的伤势而耽搁签署停战协定,因此他是在病床上签订了条约。

(署名)基勒恩

现在我提交辩方文件第2684号作为证据,是停战协定的另一签署人,即当时出任美国驻华公使的纳尔逊·特拉斯勒·约翰逊。现在约翰逊是远东委员会的秘书。

我将仅宣读第2段的第1句话和第3段、第4段。

代理庭长:将此接纳为证据。

法庭书记官:辩方文件第2684号作为法庭证据被编为第3544号。

(上述文件被标注为辩方证据第3544号)

弗内斯辩护律师:省略正文部分,我直接宣读证据部分:

我,纳尔逊·特拉斯勒·约翰逊,到达法定年龄,首先正式公开宣誓,宣誓作证:

1931年8月6日到1932年6月10日,我担任美国驻华公使一职,而重光葵当时正是日本驻华公使,是我的同僚。

跳过下面一句话,第2段:

中国从1932年1月中日上海战事爆发,到1932年5月5日结束战争签署停战协议期间,重光葵先生奉献了他所有的时间和精力,来让他的同胞和中国人共同商讨,寻找结束冲突的方法。后来,重光葵和我,以及英国公使迈尔斯·兰普森爵士(现在是基勒恩勋爵），法国公使M·韦尔顿，和意大利公使齐亚诺伯爵一起，使这些商讨最终取得一个圆满的结局，于1932年5月5日签订停战协定。

4月29日，一颗暗杀炸弹被扔到了发言台上，重光葵和其他的日本发言者正站在那儿。因此重光葵被严重炸伤，停战协定也被带到了他躺着的医院病床边。在这段难熬的日子里，重光葵不遗余力地控制局势不扩大化，并且果断的采取行动，制造友好氛围，使休战成为可能，并使大量在上海附近登陆的日军撤退。

代理庭长：瓦西里耶夫将军。

瓦西里耶夫检察官：据我所知，根据辩方手上的停战协定，最后一段的后半部分，将重光葵描述成一个性格纯朴的人，所以不应被宣读。因此，就重光葵而言，包含其纯正品德证据的最后一段内容的后半部分，我要求删除。我真的完全不了解弗内斯先生。因此在我看来，弗内斯先生将会坚持要阅读我方所拥有的这份停战协定。

弗内斯辩护律师：请法庭注意，我不同意删除第4段的最后一句。我非常肯定地说，当我呈上这一文档时是答应过的。

瓦西里耶夫检察官：参看最后一段的第二部分，仅仅只是这一部分，我就能充分地确认，这份文档是一份涉及重光葵的品格证据，并且它是证人的个人观点。这一段里，重光葵被描绘成一个有同情心、直率、诚实、真诚等拥有优秀品质的人。除了品德证据外，我们还能称呼这份文档为什么呢？

弗内斯辩护律师：请法庭注意，我将不宣读将军所指的那段文字。因此，我认为我们必须谈一谈其他的句子。

瓦西里耶夫检察官：对不起，法官阁下。我收回反对。就此我已被忠告过。

弗内斯辩护律师：谢谢，将军。

我呈上标题为《中外条约系列丛书》，1936年由商务印书馆出版。这是一家位于中国上海的出版公司。

代理庭长：将此文件接纳为证据。

法庭书记官：用日语写的，标题为《边界拟定草案》的文件，在辨认后将被接纳为法庭证据第3545号。

弗内斯辩护律师：我必须纠正书记员。我认为这本书的标题不是"草案"。它的标题是《中外条约系列丛书》。

法庭书记官：也许是弄错了，但是我们拿到的就是这份草案。

弗内斯辩护律师：书记员所说的那个标题，就是我打算呈上作为证据的摘要。那是中文标题。而我，然后，能让书记官更改上呈证据的标题，用中文意思的《中外条约系列丛书》吗？

法庭书记官：与律师要求一致，进行更改。

（《中外条约系列丛书》被标注为辩方证据第3545号）

弗内斯辩护律师：在俄罗斯的一般防御阶段期间，1886年签订了《中俄珲春东界约》，我提供该文件的中文版本作为证据。它出现在了另外一个名为《清代外交文件》的条约汇总中，这本书是中国出版的。当时法院要求提供原件，或者说明原件的不可获得性，在文字记录的23914页。然后法庭发布了一项命令，在第1020号文件，要求最高指挥官发电报给中国政府，要求其提供原件或正式核准的影印件，以及这一协议的中文版本附加一张或多张地图，如果有附件或者附件说明、印有的公章或者其他一些有权威象征物件的话，也需提供。我知道虽然作了这一要求，但并未执行。然而，我还是去了中国，拜访了中国外交部，并且拿到了不可获得性的证明文书，在辩方文件第2706A号上，现在我提供此文件为证据。

代理庭长：将此文件接纳为证据。

法庭书记官：辩方文件2706A号作为法庭证据被编为3545A号。

（2706A号文件被标注为辩方证据第3545A号）

弗内斯辩护律师： 我将宣读该证据。

中华民国外交部

1947年9月12日，南京

敬启者：

兹证明，在中国政府外交部档案中搜寻1886年6月3日签订的《中俄珲春东界约》附件Ⅰ的中文原版及其地图，或任何与之相关的附件、附件说明、印有的公章及其他权威象征物件和附件说明的地图。目前不能提供上述内容，同时也不能向远东国际军事法庭提供与之相同内容的影印本。但是，中国政府在《中外条约系列丛书》的第348页，刊印了所涉及协议之中方文本的正确副本，由中国上海商务印书馆于1936年9月出版。

现在我提供辩方2706号作为证据，是从上述书中摘录而来，协议书的中方文本，珲春协议书的附件Ⅰ。辩方文件2706B是翻译官的证明书，以证明翻译这一文本时，他是像以往那样来翻译的。其英文版本的第3行应当予以纠正，页码是从346页到348页。

代理庭长： 瓦西里耶夫将军。

瓦西里耶夫检察官： 法官阁下，我反对采用这份文件。这份1886年珲春协议的文本包含关于划分哈桑湖附近边界线的内容。我们已经采用了俄罗斯关于此协议书的官方文本，文本的某些部分译成了英语和日语，在出示证据的753。必须强调的是，我们已经采用的官方文本，是从1886年保存至今的原件的影印版。没有任何人有理由质疑其真实性。我们采用的协议书，是附带上面所提及之地图的协议全文。辩护方想要反驳我们所采用的文本。仅从法律角度而言，将这份文本与其他制定于1886年的中文官方原件比较，这是可行的。然而，辩护方不能提供第二份原件。这份证明，是中国外交部次官对其有效性所作的证明。所以，辩护方想采纳的文本仅能够看成是政府行政人员所做的证明。出版这一文本的并不是官方刊物，而是由一家位于上海的私人书坊于 1936 年出版的。以这家私人书坊的权限而言，他不可能拥有原件，也没有标明此文本取自于哪一卷宗。

珲春协议的文本仅是该协约的一部分。第二部分是地图，是珲春协议最后一句话直接提到的那份地图。而辩护方却没有采用这份地图。案卷中显然没有它。如果法庭准许辩护方采用该协约文本，那么将会在国际法的历史上引发一场绝对匪夷所思的先例，即一份官方的国际协约被一份非官方的文本所驳斥，以及一份完整的协约被一份仅有一半内容的采纳文件所驳斥。如果辩护方没有获得完整的官方文本的话，也就是说，辩护方不拥有用汉语表述的真实的协议书原件、外加地图。那么结论是，对于其他尚能获得的并且已被递交本法庭的原件文本，他们没有驳斥的法律依据。辩护方需要顺应事实，并且不应违背已被普遍接受的国际法原则。我主张这份文件是不可接纳的，并且应被驳回。

弗内斯辩护律师： 请法庭注意，这份是该协议书中文版本的译稿。俄罗斯和中国的版本都是原件，它们并不是彼此的译稿。它们应享有平等的尊严。从"满洲国"在签订协议书明确中国版图时起，中文文本就是"满洲国"要求领土范围的依据，即绕过哈桑湖西部、不越过山顶，包括哈桑湖西部的张鼓峰。而苏联却声称哈桑湖西面的张鼓峰是苏联的领土。

引用第 753 号法庭证据的仅仅那么一小段摘录，就成为俄罗斯主张版图范围的唯一证据。2175 号附件的影印本是不能作为证据的。唯一能作为证据的部分是地图。就涉及的文本而言，完整的俄罗斯文本的译稿以及 2175 号附件，尚未被提供。就我的理解而言，没有被翻译成英语和日语的文件，是不能被作为证据的。

根据制度，法庭要求中华民国提供原件文本及地图，如果有附件的话,也要提供附件。中国外交部次官的证明却说他什么也无法提供。中国外交部是我们唯一可去寻找文本的地方,他们却说不能提供文本,也无法为法庭提供该文本。对于地图和那些不知是否存在的附件,他们的说辞是一样的,不能也无法提供。如果我能做到的话,我就自己去写份原件文本。如果我能做到的话,我就自己去画几份原件地图。但是在我尽了所有的努力后,甚至有了法庭的增补命令后,还是依旧无效。

法庭宪章第 13 条(第 5 点)规定,下列证据予以采纳,我引用:"如果文件的原件不能立即得到,可采纳其副本或其他足以证明该文件内容的二手证据。"我认为该条款明确肯定可以采用 2633 号出示证据。这也是唯一能证明日方论点的证据,即被告重光葵得到关于 1938 年 7 月 20 日与李维诺夫先生面谈的指示。这并不是要驳斥苏联文本。而是为了论证中文版本拥有同等的尊严和要求应得权利的原则。1938 年 7 月 20 日被告之所以同李维诺夫面谈,是他得到了相关指示后才有此行动的。就此事实,我认为应予认可。

代理庭长:根据多数意见,驳回反对。将此文件接纳为证据。

法庭书记官:辩方文件 2706B 号作为法庭证据被编为 3545B 号,同时辩方文件 2706 号作为法庭证据被编为 3545C 号。

(2706B 和 2706 号文件被标注为辩方证据第 3545B 号和 3545C 号)

代理庭长:我忠告法庭成员,在你离开桌子及桌上的文件副本进行休息的这段时间内,文本内容可能已经被更改了。此外,我还想建议律师,当你提出反对时,请抓住反对的要点,涉及点不要太宽泛。如果我们用如此之长的时间来争辩每一个反对的话,这案子永远也结束不了。

你可以继续。

弗内斯辩护律师:我开始宣读第 2 页,从第 4 个完整句开始。

代理庭长:你现在要读的是哪一份文档?

弗内斯辩护律师：修订过的 2706 号证据。

代理庭长：请明确文档号。

对不起，是第 3545C 号证据，请法官阁下注意。

（宣读）

从土字碑向西北方行进，经过小山，再经哈桑湖西部，到达沙岗北部后树立 1 号界碑，总距离为 8 里 100 丈。从 1 里 65 丈那一点起向西北转弯，顺着沙岗向前 4 里 135 丈，到达图们江后树立 2 号界碑。

现在我递交辩方文件 2079 号作为证据，为约瑟夫·戴维斯的证人证言。被告重光葵担任日本驻苏联大使期间，美国的驻苏联大使就是戴维斯。

我打算宣读这一证据的一部分，并只将此部分视为证据。

代理庭长：将此文件接纳为证据。

法庭书记官：辩方文件 2079 号作为法庭证据被编为 3546 号。

……

1947 年 12 月 8 日，星期一
日本东京都旧陆军省大楼内远东国际军事法庭

……

除尊敬的法官——来自澳大利亚的威廉·韦伯阁下和来自英国的派特里克勋爵没有出席，没能从 9:30 坐到 16:00，和来自中华民国的尊敬的法官梅汝璈没有出席，从 15:00 到 16:00 没有出席外；其他成员均已出席。

检方，和以前一样。

辩方，和以前一样。

（英日翻译和日英翻译，由远东国际军事法庭翻译部完成）

交叉询问（由罗宾森检察官询问被告岛田繁太郎）

布兰农辩护律师：请法庭注意，我认为只有当证人完成了他的圆满回答，才能通过此点。如果辩论法律条文，我认为海军大将应该拥有充分的权利来述说其原因，和他在此事上的考量。这是一个相当宽泛的主题。我认为，这是被告唯一一次站在证人席上作证，因此应给予每一个机会让他解释自己的观点。

罗宾森检察官：我向辩护律师保证，在恰当的时候会给你那种机会的。而这次，我要询问《海牙第三公约》内容，并且我将一直询问这一问题，直到全部问完为止。

代理庭长：就他所完成的回答而言，提问的思路看起来是有争论的，且需要被中止，因此我认为这不必要。

罗宾森检察官：非常好，请法庭注意，在海军大将的个人态度这个问题上，我想更进一步地问一两个有关他自己作为日本海军一员对国际法的态度问题，来进一步了解日本海军人员对国际法的态度。

布兰农辩护律师：如果原告继续沿着这个思路，我们觉得应该允许证人继续回答最后那个问题。这一问题与《赫尔备忘录》以及与日本对其的解释有关。

罗宾森检察官：好吧，请法庭注意，诚如已经指出的这一点上，原告当然会遵守法庭的指示。

代理庭长：只有出现问题后，我们才会裁定反对。

罗宾森检察官（继续）：

问：你是1914年袭击青岛的日本海军一员吗？

布兰农辩护律师：反对问题超出起诉书或案件其他疑点的范围之

外。这纯粹是无关紧要的问题。

罗宾森检察官：请法庭注意，证人已经声明，自俄日战争时起，日本海军、日本海军成员就一直有志于维护国际法了。这一问题的目的很简单，是为了揭露真相，即在1914年德日青岛战役的一开始，日本遵循《海牙公约Ⅲ》请求宣战；而作为当时日本海军一员的被告参加了那次战役，他一定知道国际法对此的规定，以及知道日本海军之后为遵守国际法，在宣战之前发出了一个合法的"最后通牒"；因此，他现在说在此类事情上他就像个门外汉，对此并不熟悉，请法庭注意，这种说法是完全不可接受的。

代理庭长：你可以问他，他是否在那儿、以及发生了什么。

罗宾森检察官：我认为这就是问题所在。可以请书记官读一下它吗？

（法庭书记官宣读了最后的问题）

问：可以请你回答问题吗？

答：当时我在东京，是海军大学校的一名学生。

问：因此，一家东京报社说你当时在青岛，这是错误叙述的，对吗？

答：是的，我从没看过这类的新闻报道。

问：我能拿给你看这份报道。

你当时在海军里，是否知道日本对青岛的德军发动攻击的日期？

请法庭注意，我们将撤销那一问题。

回到1941年12月8日的早上，那天早上你做了什么？

答：大约什么时候？

问：大约是上午7:30。

答：我可能是在皇宫，我记不太清楚了。

问：你是否记得当时你参加了一个御前会议？

答：也许是那个时候吧。

问：在那次御前会议上，你说了些什么？

答：我已经记不太清我具体是怎么说的了，不过我是根据电报内容来汇报夏威夷区域军事局势的。

问：此后，你马上就参加了枢密院会议吗？

答：是的。

问：你在这次会议上做了什么？

答：赞成宣战诏书。

罗宾森检察官：在这一点上，检方请法庭查询出示证据1241号，在记录的10690页。

问：在你的证人证言第7页，你说那件重要的事情和你毫无关系；而且你还继续说，在美日谈判间最大的困难是和从中国、印度支那撤军有关的。

日本海军中没有人比你更能左右和激化这一重要事件——日本侵华，这不是事实吗？

答：我不这样认为。

问：在第一次上海事件中，你是第三舰队参谋长，不是吗？

答：是，是第三舰队。

问：从1935年到1937年，你是海军军令部次长，没有错吧？

答：没错。

问：在海军军令部里，拥有如此地位的你，难道没派荒鹫部队（海军航空部队）协助执行越洋轰炸中国吗？

布兰农辩护律师：如果起诉方的问题直接攻击被告要承担对中国发起战争的责任，那么我想请法庭注意，在起诉书中有关这一内容的罪状第18条和第19条中并不包含此条。据此，我对这一问题，提出反对。

代理庭长：起诉书的罪状28讲到，所有的被告"在1937年7月7日到1945年9月2日间，发动了一场侵略战争，这场侵略中华民国的战争是一场违反国际法、违反国际公约、违反国际协议和保证的战争。"那里面包括被告。

反对无效。

布兰农辩护律师：我不想为刚才我对法院的不实陈述感到愧疚。因为我是刚从一位同仁那儿得知，罪状19是一个特定的计数。

代理庭长：我认为你最好用英语和日语重复一遍你的问题。

（用英语和日语读了一遍最后的那个问题；用英语宣读如下："在海军军令部里，拥有如此地位的你，难道没派荒鹫部队（海军航空部队）协助执行越洋轰炸中国吗？"）

答：有。

问：这一部队在哪儿起飞，以及它轰炸的目标是什么？

答：就我目前的记忆，部队是在台湾和济州岛起飞的。轰炸目的是尽快终止该事件。根据这一目的，选取了几个适当的目标。

问：海军大将，我问的是轰炸目标。

答：军队和军事设施。

问：哪儿的？

答：我前面说过了，是为了尽早终止事件而选择了适当的目标。任何一个具体目标——地点，现在我都忘了。

译员：纠正：不是"目标"而是"地点"。

问：你记得这次是轰炸中国的哪一部分呢？

答：在我的记忆中，合适的地点是在上海和南京地区。

问：1940年5月4日的《朝日新闻》将其描述为这是史上第一次执行越洋轰炸，对吗？

答：好吧，当时所用的飞机质量非常差，在我的记忆中——即便是越过狭窄的水域，这都是非常困难的任务。

是否是第一次轰炸，我记不清了。

问：在1937年7月，作为当时的海军军令部次长，你没有把用海军飞机轰炸南京的执行命令传达给海军大将长谷川吗？

答：关于轰炸军事目标和轰炸南京及周边地区空军的命令，应该有下达过。

问：为什么你说"应该有下达过"？你指派的海军大将长谷川在东京，在这里。在海军军令部你没有下达过此命令吗？

答：我说"应该有下达过"是因为，目前我的记忆非常模糊不清。

问：这次轰炸并非史上第一次从空中轰炸某一国家的首都吧？

答：也许吧，我不知道。

问：1937年12月17日，击沉美国"帕奈号"军舰的不是长谷川部队吗？

答：好吧，我记不清了，因为当时我已经不是海军军令部次长了。

问：但是长谷川仍旧执行你的指令，不是吗？

答：对此，我不清楚。

代理庭长：休息15分钟。

（10：45休庭）

（11：00重新开庭）

交叉询问（由罗宾森检察官询问被告岛田繁太郎）

法庭执行官：远东国际军事法庭现在继续。

代理庭长：罗宾森检察官。

问：1940年5月1日，为封锁中国海岸，你被任命为中国方面舰队司令官吗？

答：是的。

问：你是什么时候宣布封锁中国海岸的？

答：好吧，我记不清确切的日期了。但是早前的公告继续有效，我认为这是必要的，所以我重申了一下，我是这样认为的。

问：海军大将，大约是在1940年5月7日宣布的，不是吗？

答：我想是吧。

问：然后在1940年8月，你将另一些地方加入封锁线以加强封锁，是吗？

答：是的。

问：你此次封锁的目的是为了阻止所有中立方给重庆装运物资吗？

答：最主要的目的是为了阻止军用物资运往重庆。

问：你没有将这次封锁通知外交使团和其他的第三方势力，是吗？

答：是的。

问：此次强行对中国海岸进行封锁，你的目的是为了用饥饿来迫使中国人服从日本吗？

答：我从没这样想过。

问：好吧，这次封锁不仅切断了生铁、钢材和石油的进口，而且也切断了食品供应，难道没有吗？

答：这是自然而然的，因为部队也要吃粮食的。

问：对，事实上对当时的中国人而言，这就是一个经济制裁的实际案例，难道不是吗？

答：情况是这样的，即它不会受此等强度封锁的影响。纠正：情况是这样的，即它不会因封锁而到那种程度。

问：你担任中国方面舰队司令长官时，你曾下达过轰炸中国城市的命令吗？

答：不是轰炸城市；而是轰炸军事设施和武装部队。

问：1940年10月10日，海军航空部队对重庆市进行了第42次轰炸，这不是事实吗？

答：你是说1941年吗？

问：不，我是说1940年。

答：重庆本身并不是城镇，而是军事设施——军事中心。

语言监督官：重要的军事活动区。

问：你能告诉法庭，重庆市里没有人遭受到轰炸袭击，以及没有因轰炸造成的火灾或其他而受到影响吗？

布兰农辩护律师：反对此有争论性的和无实质性的问题。

代理庭长：反对有效。

罗宾森检察官继续：

问：在1940年10月10日的双十节，你参观了海军航空基地并且鼓励那些轰炸重庆的飞行员，这难道不是事实吗？

答：那是舰队司令长官应尽的职责。

问：你的意思是，这事你做了？

答：是的。

问：在此之前日本已经对华宣战了吗？

答：没有，这是支那事变，所以没有宣战。

更正：它是支那事变，因此那里不可能去宣战。

代理庭长：法庭有充足的证据证明日本从未对华宣战过。

罗宾森检察官：是的，法官阁下。

问：在中国方面舰队司令长官任期满后，你在1941年9月15日返回东京，是吗？

答：是的。

问：就在同一天，你、海军大将及川和海军大将永野受到天皇的接见，正如呈上的证据中所示？

布兰农辩护律师：反对重复问答。

罗宾森检察官：这仅是为下一个问题做准备，提该问题是为了在这次接见后有一个面谈，就是这些了。

代理庭长：我们正等着下一个问题。反对无效。

罗宾森检察官继续：

问：在与天皇面谈后，同一天你发表了一个声明，说作为中国方面舰队司令长官，你加强了封锁，并且加强了对重庆政权的空中打击，这难道不是真的吗？

答：你说声明？发表声明？

问：新闻采访。

答：不，对此我记不清了。

问：为恢复你的记忆：你当时难道没说过，虽然支那事件已经取得了稳定的进展——下面我引用——"拥蒋派和我们国家间的对峙已经达到严重的地步，暗示着加剧紧张的国际形势"？

你还记得这句话吗？

答：我不记得了。

罗宾森检察官：可以将国际检察局第3300号文档拿给证人看吗？这是从1941年9月16日大阪的《每日新闻》中摘录的。

（一份文档被拿给证人）

问：你可以检查一下文档，位于你名字后面的引号里，是你发表的声明吗？

（证人查看文档）

对吗？

答：我完全不记得了。

罗宾森检察官：如果法庭允许，检方请求将这份文档识别为法庭证据。

代理庭长：它将被标注。

法庭书记官：检文件第3300号将被接纳为仅作证明之用的第3569号法庭证据。

（上述文档被标注为第3569号法庭证据）

问：你能回想起使用"拥蒋派"这一术语来暗示，如果他们不放弃拥护蒋介石会造成紧张局势吗？

答：我不记得了。

问：你曾使用过这一术语吗？

答：我不记得了。

问：你还记得在一次采访中，你使用了"圣战"这一术语吗？

答：我不记得了。

问：1941年11月16日，在第77次帝国议会一开始，你作为海军大臣发表关于战争局势的讲话，对吗？

答：我记不清确切的日期了，不过是在那个时间左右，我认为自己是做了一个关于战争局势的报告。

问：在发言中，你说日本海军封锁了2 800英里的中国海岸，对吗？

答：对于我报告的内容，我现在完全记不起来了。

罗宾森检察官：可以将国际检察局第3291A号文档拿给证人看吗？

（一份文档被拿给证人）

问：这是从1941年11月17日的《朝日新闻》中摘录来的。这份文档是当时你所做的报告演讲，其陈述的是事实吗？

答：这是份新闻报道，我说不上来它是真的，还是假的。

问：你查看其中是否有不正确的内容吗？

答：这些事是发生在很多年前的，对其内容我想不起来了，所以对这份内容，我说不上是真的还是假的。

问：好吧，有错误的吗？这是一份对你当时发言的不真实报道吗？

布兰农辩护律师：反对此有争论性的问题，并且该问题已经回答过了。

代理庭长：我认为起诉人即将要提的是一个特定问题。

罗宾森检察官：鉴于证人的回答，请法庭注意，那时他发表了一个演讲，并且他看起来想不起当时自己所说的话了，我认为在这一案件中，他有这样做的可能。

代理庭长：你可以询问他，当时他是否做过并发表过一个声明。

问：在召开议会前，你在当时的一个讲话中说，在重庆地区的那段时期里，特别是对重庆地区进行了40个昼夜的袭击、轰炸？

答：好吧，我不记得我说过这样的话了，但是对我而言，我没有必要去说夜以继日或日以继夜的话。

问：好吧,你告诉过议会,3月初对广东省海岸的几个战略点进行突袭,是与陆军配合作战的?

答：我不记得了。

问：事实上,那些事并未发生过吗?

答：好吧,我非常模糊地记得,武装力量——袭击那儿。我非常模糊地记得,穿越广东省海岸,引来武装力量的企图,被镇压了。

语言监督官：日籍法庭书记官。

(日籍法庭书记官宣读)

译员：纠正证人的最后一句回答：

我非常模糊的记得,对广东省海岸进行突袭,是为了抓住被吸引来的武装力量。

问：事实上,你没有告诉议会,对广东省海岸的突袭登陆,至少在26个大大小小的地方进行,而那些行动是为了帮助完成封锁海岸的?

答：我不记得了。

问：你难道没告诉议会"在7月的下半月,我们帝国海军已经前进到了法属印度支那南部了"吗?

答：我不记得了。

问：在那些行动中,你们使用了多少航空母舰,特别是在你所说的那次突袭中用了多少航空母舰?

答：在我的记忆中,不存在航空母舰。

问：你的舰队是海军大将长谷川的下辖舰队,在那些行动中,你舰队里的日本航空母舰被广泛用于对中国的轰炸行动,难道它们没有吗?

布兰农辩护律师：请法庭注意,我反对检方试图证明一些不存在的问题,或者无可争论的东西,如日本海军进行侵华军事演习,基于此我可能不再遵从检察方询问的思路。如果我没记错的话,迄今为止,在常规阶段检方采用了这些军事行动的证据。按照被告自己的证词,他已经陈述了在舰队中担任的职务；并且我们现在不认为,他对当时指挥海军在华的行动没有责任。现在代表被告一方，辩方的论点是，被告并无决策责任；并且他作为一名海上航行的海军军人，我们从未、也不打算提供任何辩护其指挥官责任的证据。

代理庭长：仅由辩护律师所做的声明，就能判定进一步追查这一问题的必要性吗？

罗宾森检察官：……

……

洛根辩护律师：请法庭注意，我没错。我所引用的记录和报告是一致的。如果真的存在一些错误，那也不是我的错。

罗宾森检察官：请法庭注意，这是一处书写错误，我将努力纠正。

代理庭长：我认为在这一点上我们已经耗时太多。

布赖农辩护先生。

布兰农辩护律师：请法庭注意，对再次本方询问我没问题。

再次直接询问（由布兰农辩护律师询问岛田繁太郎被告）

问：现在，海军大将，当舰队的海军大将从海外回到日本，当他回来时，他通常会得到天皇的接待吗？

答：是的，完全正确。

问：因此，当你从中国海回来时，你被给予了同其他海军大将在过去被给予的一样的特权吗？

答：是的，完全是按惯例。

问：现在，你说你是中国方面舰队司令长官，并且在那一职位上，你从事于针对中国的海军行动。现在我能请你回答，你制定的针对中国的是什么行动策略，以及由别的什么人执行这一行动策略的？

答：是根据军令部总长的命令进行的。

问：然后该命令被转发给了作为中国方面舰队司令长官的你吗，并且由你根据那些命令采取行动吗？

答：是的，诚如你所言。

问：在你担任中国方面舰队司令长官一职期间，在任何时候你有过给你的下属发布攻击非军事目标的命令吗？

答：没有，从没有过。

问：就检方所提到的一段时间内对中国海封锁的问题，我想问你，是否所有的商品和物资都因封锁而进不了中国——试图用封锁让那些东西进不了中国。

答：虽然是这样，但是进行海岸封锁主要是为了防止任何与战争有关的物资流入，例如武器和相类似的会加强敌人优势的物资。我想补充——我想进一步补充罗宾森上校询问的关于食品供应的封锁。就有关的商品而言是有附带条件的，任何提供给军方的食品供应会遭到阻拦。

问：因此并不是所有的物资都不允许进入中国，而仅是那些你认为的军需物资的东西不允许进入中国？

答：是的，诚如你所言。

问：海军大将，在你担任日本海军大臣期间，你从美国那里得到过石油吗？

答：没有，绝对没有，从来没有过。

问：好的，当检方问你，是否你从美国那里获得的石油，比你从法属印度支那那里获得的石油多时，我相信，你是基于当海军大臣前的认识回答的呢，还是基于在当海军大臣时的认识回答的呢？

答：我记得检方问这一问题是针对日本的储油比例，是美国和荷属东印度群岛间的比例。

问：我相信检方也问了你，大部分石油是你从哪里弄来的。我想问的是，你当时给出肯定的答复，这是否是基于你当时是海军大臣。

答：在我担任海军大臣期间，日本没有得到过一滴石油。

代理庭长： 明早9:30继续开庭。

（16:00休庭）

1947年12月9日，周三

日本东京都旧陆军省大楼内远东国际军事法庭

再次直接询问（由布兰农辩护律师询问岛田繁太郎）

……

译员： 纠正："当时的联合舰队司令长官对那些实际处理战俘的人，负有提名和监督的责任。"

答（继续）：就海军大臣而言，他要对全盘进行负责——要广泛控制或者监督所有的海军人员，在我的证人证言中我写了与我有关的责任部分，我觉得，可以引用父子间的关系。但是至于有关的指挥系统，海军大臣并不能承担其责任，或者，也就是说，不承担指挥连带责任。

代理庭长： 进一步而言，关于这一点我有一个问题，是一位法庭成员提出的。

代理庭长：

问： 在将战俘从战区运输到日本和满洲这件事上，海军大臣做了什么？

答： 将战俘运输到满洲，我认为是将战俘移交给军队的意思。至于将战俘派遣至满洲，海军大臣在东京咨询过陆军，并且就战俘的目的地和数量，他进一步地给当时的总司令下达过命令。实际将战俘从战区运输到满洲，应是在监督之下进行的——是负责运输的部队指挥官的职责。

问： 将他们运往日本时，也和运往满洲时一样吗？

答：是的。

问：在这些各类航行中，你接到大量死亡的报告过吗？

答：完全没有。

代理庭长：我问完了。

由布兰农辩护律师（继续）：

问：你曾听到过，在太平洋战争期间，美国潜艇摧毁已经下沉的幸存船只吗？

答：完全没有。

问：你曾听到过或者知道任何日本政府人员，或者参谋本部的人员，或者任何政界元老，或者其他日本的官员，在太平洋战争爆发之前的日子里，声明过其观点，即日本参战毫无理由？

代理庭长：当再次直接询问的时候，提问该问题不恰当。

……

1947 年 12 月 12 日，星期五
日本东京都旧陆军省大楼内远东国际军事法庭

法庭执行官：远东国际军事法庭现在开庭。

代理庭长：列文先生。

……

（被告铃木贞一首次正式发誓，其誓言经日本翻译证实，审讯内容如下）

直接询问（由列文辩护律师询问被告铃木贞一）

问：请说出你的姓名？

答：铃木贞一。

问：你在本案中有罪吗？

答：是的。

列文辩护律师：仁慈的范·梅特上尉，可以把第 2092 号证人的辩方文件递交上来吗？

（一份文件被递交到证人席）

问：这份文件上有你的署名吗？

答：有。

问：其中所列内容是否真实、准确？

答：是的。

列文辩护律师：作为证据，我向法庭提供第 2902 号辩方文件——铃木贞一本人的证词。

代理庭长：它可以成为法庭证据。

法庭书记官：第 2902 号辩方文件将作为第 3605 号证据接受，并当庭出示。

（以上涉及的文件被标注为第 3605 号辩方出示材料，并被认定为证据）

列文辩护律师：现在，我将宣读第 3605 号出示材料——铃木贞一的证言。

本人，铃木贞一，遵照我国法律程序首次正式宣誓，誓言如下：

第一部分

（1）1888 年 12 月 16 日，我出生于千叶县。1909 年 5 月 28 日，从军事学院毕业后，被分配到驻守丰桥的第十八步兵联队。1913 年 12 月，我依照命令到陆军参谋学院进修，并于 1917 年 11 月 27 日毕业。1918 年，我被分配到参谋本部。1919 年，上级派我到大藏省，在那里学习了一年金融与经济工作。1920 年 10 月，我奉命驻扎上海，研究中国事务，一直待到 1922 年 3 月底。从 1922 年 4 月至 1923 年 8 月，我担任参谋本部成员。从 1923 年 9 月至

1926年3月,我奉命担任日本驻中国北平大使馆副武官,于1926年4月被指派到驻久留米的第四十八步兵联队任职,并于当年8月份担任该联队大队长。我在1927年间一直担任参谋本部成员,1929年2月,我以留学生身份被派往英国学习,并于同年10月回国。1929年12月10日,我再次担任日本驻中国北平大使馆副武官,于1931年1月被指派到陆军省军务局工作,于1933年8月被任命为陆军省情报部队长官,于1934年3月5日被任命为陆军参谋学院研究部主任书记兼军事科学指导教师。1935年5月,我担任内阁调查局调查员之职。于1936年8月1日,被任命为驻扎于满洲东宁的第十四步兵联队联队长,于1937年11月,被派往司令部位于京都的本土第十六师团任职,于1938年4月,被任命为驻扎于满洲牡丹江的第三师团参谋长,于1938年12月16日,担任中国事务委员会政治部长。1941年4月4日,我从置身于后备役名单中的军队序列中退役,成为不担任部长职务的政务委员兼第二届近卫文麿内阁中的计划委员会主席,在第三届近卫文麿内阁,以及东条英机内阁中持续担任此职务,直到1943年10月8日辞职。

（2）回首自己经历过的人生岁月,我感到有5件事对我的事业、人生观以及政治理想,构成了深刻的影响。

第一,我所接受的职业军人训练,自然而然地使我以主要精力投身于国防问题,也使我高度关注日本军队严格纪律约束的传统,并且在1931年以后的那些动乱年间、军队内部纪律松弛问题有所显现之际,尽自己最大所能去维护它。职业军人的训练,逐渐给我灌输了一种自我牺牲精神,教育我在祖国面临危险的情况下,为了祖国牺牲自己的一切。

第二,我在1919年间对金融和经济事务的研究,使我对国民经济中的现实问题,产生了浓厚兴趣。1935年至1936年,在我担任内阁调查员期间,通过与不同部门的官员和很多经济专家的私人交流,这个兴趣得到了进一步的强化。以上作为非军事人员的工作经历,拓展了我的思想视野。举个例子,它使我在看待国防问题时,不是以国防问题本身这个孤立的视角去看待,而是从整个国民生活这个相互联系的视角去看待它。针对国防问题的较为宽广的视野,尤其有助于我担任计划委员会主席之职。1941年12月1日之前,为了维护国民生活,计划委员会的惯用职能没有更多地体现在缓和军事准备方式,以及适度调整三军需求,从而导致中国问题蔓延4年来,国民经济生活越来越受到该问题的制约。

第三,我在1929年以学生身份旅居英国,这段经历虽然时间不长,却深刻地影响到我的思维方式。它教我客观地、按照国际化的观点看待我的祖国,使我深刻意识到国民的缺点、精神和物质,以及我们在自然科学方面的差距,从而把我从军事教育热衷于培育盲目、狭隘的爱国主义中解救出来。

第四,我与中国及中国人民的频繁接触,是深刻影响本人生命及思想的重要因素。我父亲曾研习中国古典文学,于是家庭教育使我对中国的事物产生了兴趣。后来,我随军队于1920年10月至1922年3月在上海驻扎,并于1923年9月至1926年3月以及1930年1月至1931年1月先后两次担任日本大使馆副武官,这些经历使我充分具备了与中国人民进行亲善接触、与许多中国领导人建立友谊的能力,使我能够近距离地研究中国的政治问题,从而对中国的民族主义运动产生了同情之心。1927年1月,我奉陆军大臣宇垣之命担任联络官,会见蒋介石将军,后来参加了其北伐战争。在九江与蒋介石进行的一次谈话中,我领会了其推行中国革命运动的理想与热情。于是,我对于中国民族主义运动的同情,得到了全面强化。我的绝大多数中国朋友都属于中国国民党,而不是旧时学校里的军人。而且在1931至1933年间,我的部分职责是帮助监督与指导赴中国留学的军事学员,在我担任陆军参谋学院指导教师期间,我向学员们讲授了中国民族主义运动的历史。

所有这些经历,很自然地加深了我对中国人民的理解,并对他们产生了友好态度。他们给我灌输了一个信念,那就是中国人民恢复国家主权的强烈愿望,应当随着时间的推移得以实现;而且,日本应该援助并配合以国民党为代表的新中国。虽然围绕中日之间关系爆发的事件,与我所希望的方向背道而驰,但我对中国命运的看法却未曾因此产生任何改变。我已经阅读了胡林先生在第197号辩护文件中的书面陈述,这份书面陈述是由我的美国律师在其最近访问中国时获取的。尽管在中日两国之间军事冲突经历了数年凄惨岁月之后、尽管在检讨远东政局灾难时,我得不到任何帮助,并惭愧地将其认为并看成是一场悲剧,但我还是很高兴地看到,我的一位中国朋友能够完全理解我。

此刻,请法庭准许我提供第197号辩方证词文件——胡林先生的书面陈述,这涉及被告对于中国的态度。

代理庭长:诺兰准将。

诺兰检察官:请法庭注意,检举材料与这份第197号文件中的大部分内容相矛盾。

第1页第2段从"我已经知道……"这句话开始、关于对1927年发生事件的陈述,与本案列举的任何问题均毫无关联。可以认定,这段陈述没有任何证明价值,应当予以删除。

关于从第1页底部开始的第3段,检方对本段中第一句话及最后一句话提出反对意见。即以"在那时……"和"在那些年……"为开头的两句话。反对的理由是,这些话仅仅代表宣誓证人本人的观点。

检方反对最后一段中除前六行以外的内容,即从"根据我的情报……"到该段末尾为止的这段话,其中列举了宣誓证人形成本段观点的确实原因。可以认定,这些事例是自相矛盾的,应当从记录中删除。

代理庭长： 列文先生。

列文辩护律师： 庭长先生，我对于删除第 3 段第一句话和最后一句话的看法不持有特别强烈的反对意见。

关于对第 2 段提出的反对意见，第一个意见涉及 1927 年的事。当然这件事证据不足，因为这仅仅是证人遇见铃木之后的初步陈述。上海《大公报》和其他城市的报道，都是中国的"纽约时间"（内容滞后于证人的见解）。胡林先生具备结识铃木的上好机会，并且知道其正在做什么和已经做了什么，因而有能力去陈述上述内容。事实上，这些内容是铃木在他第 3 页书面陈述内容的补充。在这一部分的书面陈述中，铃木谈及由于自己在日本的交往，使他有机会与中国民众进行亲密接触，与中国的许多领导人建立友谊。

根据第二段最后一句话所表明的内容，同时也鉴于法庭成员占有在此之前书面陈述内容的这一事实，我想直接唤起大家对这部分内容的注意，这就是他同情国民党并呼吁日本增进与三军司令兼大元帅张学良之间的合作，认为中日关系具有重大意义。

这里，我们有证据表明，确有一些人归属于不同的军事派系。中国的一位著名时事评论员指出这个问题，从而证实了铃木关于中日关系的态度和观点。除了我已承认的部分语句以外，在我看来，这份证据是合理充分的。

我还应当补充一句话：当我拿着这份书面陈述时，我们并未在法庭上对意见证据进行过特别裁定。而且，虽然我承认它不是意见证据，然而我非常确信，如果当时我掌握了对此进行裁定的相关情况，无论如何也会毫无异议地把这份书面陈述称之为意见证据。

代理庭长： 对于从第 1 页底部开始的这段陈述内容之中的开头和结尾这两句话，以及下一段陈述内容之中除前 6 行以外的内容，法庭多数认为反对有效。

以上内容除外，该份书面陈述可作为法庭证据。

法庭书记官：第 197 号辩方文件将被认定为第 3606 号法庭证据。

（上述文件被标注为第 3606 号辩护展示文件，并被认定为法庭证据）

列文辩护律师：我宣读过第 3606 号法庭证据中关于胡林先生的证词，该证词已被法庭认定为法庭证据。

本人胡林，我以自己的良知起誓，以下内容绝无谎言：

我叫胡林，中国上海市人，已经在那里生活了 50 年。我用英语阅读、写作，而且能够理解这门语言。目前，我是出版社位于中国上海南京路第 212 号《大公报》社的法人之一，兼任报社总经理、出版商和编辑。《大公报》分别在上海、重庆和天津出版发行，为上海市所有公开出版的报纸中发行量最大的一种。1945 年，我作为一名与会成员，代表中国到旧金山参加了联合国成立大会。1943 年，为了形成抗战统一力量，我作为中国特派团成员出访英国。

我认识日本的铃木贞一中将，并与其保持了约 20 年的个人交往。作为一名出版商，多年来我保持着对中日关系的良好认知。1927 年，在前往汉口的途中，我在轮船上第一次遇见了铃木将军，我们在同一间船舱里谈了很多话。当时，我的报纸在华北出版发行，那里正处于军阀的统治之下；总司令蒋介石刚刚开始北伐，中国尚未统一，我前往汉口的目的是想了解国民党的体系制度。当我遇到铃木时，发现他虽然是一名职业军人，但更是一名学者，他熟知政治、经济问题，支持国民党，并且呼吁日本应加强与中国三军司令兼元帅张学良之间的合作。

于是，我后来在北平又遇见他一两次。1935 年，我来到日本，在其家中拜访了他。当时中日关系正在恶化，他却仍然倡导中日合作。1937 年中日战争爆发后，我的报纸不再对外发行，而是转向国内，我与日本朋友们的私人联系也被迫中断了。在那些年……

（此处删除）。

我知道他父亲对中国怀有同情心，并曾经给日本学生执教过汉语，也知道铃木将军曾经训练过那些赴日接受军事教育的中国学生，并曾与他们相互共事。我还知道他在战争期间担任计划委员会主席，是一名不担任部长职务的内阁成员。根据我掌握的信息和对他职业的了解，而且从事实上讲……

代理庭长： 此处删除。
列文辩护律师：（继续宣读）

这份书面陈述材料，是按照我提供的信息、并与我质询之后形成的。而且此后，我仔细检查并研读了相同之处，以及其中涉及的事实，使之与我所知道的关于铃木贞一将军的事实相符。

胡林，1946年12月12日。

我继续宣读铃木证言，在第4页底部最后一段的相关内容：

到最后，我与近卫公爵、木户侯爵、原田男爵频繁接触，这不仅使我对于日本政局、国内以及国际形势的看法，受到了深刻影响，而且因此也决定了在我官员生涯的最后阶段，我成了一名内政管理者和政治家。由于我的名字时常出现在木户日记中，这可能也成为我在这里说明自己与他们之间关系的合适理由。

在军队里，井上三郎侯爵是我的上级。虽然井上侯爵在军队中从未担任过我的直接长官，但自从早在1919年井上侯爵和我、一名中尉被指派到大藏省，在一起共同学习财政与金融事务以后，我们彼此之间就非常友好。因此，井上侯爵经常邀请我去参加高尔夫比赛，或者去参加他在其住所举办的茶道。

井上侯爵是一位有着高贵血统的人，对事物有着非常温和的观点，曾经在英国接受教育。他的性情相当喜好安静，不愿意享有宽广的朋友圈。然而，他却与近卫文麿公爵和木户幸一侯爵有着非常亲密的关系，他从童年时代就认识他们，并通过他们还结识了原田熊夫男爵。就这样，当井上侯爵邀请我的时候，我很自然地有机会见到近卫、木户和原田，通过井上的引见，我在他们面前也变得相当亲近。在参加高尔夫比赛或晚餐宴会的过程中，木户和原田经常向我咨询有关军队内部情况方面的问题。特别是自从 1931 年 7 月左右，他们似乎迫切地想获取到关于军队圈子内状况方面的情报。关于公众广为熟知的诸如三月事件、西园寺公爵等方面的各种谣言甚嚣尘上，年老的政治家和执掌御玺的牧野伯爵，极其关注谣传中所指的军官颠覆活动，并指示他们的秘书搜集情报以便研究对策去管控这些军官。作为他们各自的秘书，原田和木户便着手从事搜集这方面的情报，由于我把原田和木户视为自己亲密无间的朋友，经常把自己所知情况坦率地告诉他们。

从那以后，我时不时地向他们告知军队内部事件的发展态势。通过我们之间围绕政治问题展开的非正式、坦率而又友好的交谈，我也能掌握到关于政治世界内部走势方面的大量信息。近卫公爵、木户侯爵和原田男爵都是西园寺公爵政治自由主义思想的热情追随者，他们的政治见解极大地左右了我的思想。

从 1936 年至 1938 年，当我在满洲和京都任职时，我们之间的密切联系被迫中断了一段时间。但自从 1938 年 12 月我回到东京，从事中国事务委员会工作后，我们彼此之间又恢复了交往。我之所以于 1941 年 4 月放弃了自己漫长的军旅生涯，其主要原因是我与近卫公爵之间建立起的友谊，加之由于我们之间长期交往，他因此对我产生的信任。

（3）至于我对影响日本的国际政治事件的个人看法，一条陈述

有助于阐明我在各种时机条件下的行为本质,该条陈述内容如下:

首先,我对中国民族主义运动深表同情,我的一些中国朋友也大都身陷其中。而且,通过对中国政治事件的观察与研究,我愈发感到,随着中国民众的逐渐觉醒,其国家主权的恢复是中国发展的自然进程。因此我认为日本应按照平等的原则,通过援助和配合以国民党为代表的新中国,从而致力于维护东亚秩序与稳定,这就是我对日中关系的基本看法。

(5)我在满洲的任职,一个经历是1936年至1937年,在东宁担任联队长;另一个经历是1938年,在牡丹江担任第三军参谋长。这期间,满洲与西伯利亚之间边境上发生的小规模冲突事件,可以说成为了每天的常态。我害怕这些小事件有可能引发两国之间的大规模冲突,于是当我在东宁任职期间,我亲自制订了一份计划以避免发生冲突。我在条约边境线以内2至4公里设定了一条作战边境线,命令我的士兵绝不诉诸武力,除非作战边境线被敌方侵入。从而在我负责的防区边境线上,那里从未发生过一例冲突事件。由于我制订的计划在当时获得成功,当我担任第三军参谋长时,劝说军长山田乙三也采纳这份计划。在我任职期间,第三军所负责防区的边境线上从未发生过任何一起边界冲突事件。

(6)在我驻守东宁期间,中国事件在华北发生了,我对局势如此发展,深切地感到遗憾。但是,作为身处满洲偏僻一隅的联队长,我对此无能为力,只能怀着对未来的极大忧虑,观察局势变化。

当我从1938年年底被召回东京,担任中国事务委员会政治部部长之职后,我们针对中国事件的对外政策方针已经由统帅部和政府决定了。上述政策中的许多方面,都与我关于中国问题的基本观点截然相反,而且依据我所掌握的中国事务相关知识,如果上述政策由我决定的话,我自然是不会批准它们的。作为中国事务委员会的一名部长,我不得不在这样一个政策框架内履行我的职责。然而,我还是竭尽所能地按照遵循自我信念的原则,去处理权限范围内的工作事务,从而使牵涉面更广的国家政策能够在适当的时机内,在实际操作过程中自身加以调整,使之符合我的基本理念。于是,我在着手开展工作时,坚持了以下原则,以此作为个人指导方针:① 按照平等原则,实现中日两国之间的相互合作;② 保护交战区域的中国居民安全;③ 尊重中国政权的权力和利益。

就这样,我的努力取得了直接成效,处于敌方财产监护国控制之下的中国财产权益归还给其各自的所有者,减轻了日本在处理政治事务时对中国政权构成的干扰。而且,我还尽我所能地使重组的中国政权,享有长江上的船舶航行自由权。尽管这些政策是由中央政府按照我努力的方向进行决定的,但是,由于当地情况,特别是作战需要等因素,这些政策没有得到迅速实现。中国新政权的建立,当然与我对于中国事务的基本观念相互矛盾,但它却成为处理在我控制范围之外事务的一条稳固方针。我对此付出了努力,然而,如果假设在军事作战行动过程中出现敌对双方中止行动的一种暂时现象,我的努力就会奏效,先前敌对行动的中止,以及两国之间恢复和平,就为成为恢复中的中国政权自然而然、急需着手的一项工作。

(16) 10月12日,首相邀请陆军省、海军省以及外务省,到他位于荻洼的私人住所,进行公开交换意见。我也出席了此次会议,上级指示由我来负责记录会议进程。在关于从中国撤出武装部队的问题上,首相与陆军省之间的双方意见出现了尖锐分歧,以至于会议被迫延期、无果而终,所有问题都需要留待进一步研究。

相当清楚,由于存在着这样一个棘手问题,会议被迫搁浅。海军的确认为同美国开战是不可能的,但是却不想公开这样说。

陆军必定不会渴望开战,但是却强烈反对从中国撤出军队。外务省则坚持认为反对从中国撤出武装部队,同美国谈判断无成功可能。因此，首相要想避免战争，只有一个办法，或者是让海军正式声明其真实意图，或者是让陆军理解海军尚未言明的意图，并同意撤走武装部队。我看出首相此时陷入窘境，因为从个人角度考虑，他认为自己无法胜任劝说海军或陆军任何一方的工作。

（35）1939年，与哥特的谈话（档案材料中第3780页）。

我记得大约是在1939年9月中的某一天，两名美国报社记者来到我位于中国事务委员会（不在计划委员会）的办公室同我见面。其中一名记者询问我对于汪精卫的个人看法。就我个人而言，我并不拥护政府对待中国事件所采取的政策，就坦率地告诉他，我国政府在处理汪精卫问题上的政策是错误的，因为总司令蒋介石是中国唯一的实际统治者。于是，我直截了当地对他说，必须在与蒋总司令协商之前结束战争行动。以上话语是我当时的个人想法，我忘记了报社记者是否名为哥特的先生。

（14:45 休庭）

十、扶植汪伪政权

法庭执行官：远东国际军事法庭现在重新开庭。

代理庭长：洛根先生。

洛根辩护律师询问（继续）：

问：是否在任何情况下，都不会将会议讨论内容交由外务省付诸进一步研究？

答：是的。

洛根辩护律师：谢谢！

列文辩护律师：庭长先生，我认为其他辩护律师都不想询问了，检举方现在可以开始交叉询问。

代理庭长：诺兰准将。

交叉询问环节（由诺兰检察官询问被告铃木贞一）

问：铃木将军，在你的书面陈述材料第 3605 号展示文件的第 2 页中，你说实际上由于你长期旅居中国，并且曾于 1927 年会见过蒋介石将军，因此你同情中国的民族主义运动；在你书面陈述材料中的第 4 页，你说日本应当帮助、配合由国民党为代表的新中国，这是你的信念。

你认为陆军、陆军省以及参谋本部都同情民族主义运动吗？

答：没有人会肯定地说他们全都具备这种倾向。

问：但是，有人可能会肯定地说有的部门不具备这种倾向。

答：有人会。

问：现在的问题是，铃木将军，1932 年至 1933 年，你在军务局任职期间,你的特殊任务是什么?

答:我的任务是,首先,处理有关中国的军事方面问题的相关联络事宜;第二,处理派往中国的日本军事顾问及军事教师的相关事宜;第三,有关中国政府派遣军事学员到日本军队学习的相关事宜。以上这些就是我的主要任务。

问:还有,你的任务是否迫使你去研究满洲问题和所涉及的中国事件?

答:是的。

问:还有,1932年,你是否去过上海?

答:是的,我去过。

问:你为什么去那里?

答:满洲事件刚刚爆发,与此同时,中国本土的反日情绪以及反日运动得到增强。我被派往上海,是去调查满洲事件和中国本土的情况。

问:还有,1933年5月《塘沽停战协定》签署后,你是否再次去了华北?

答:是的。

问:还有,你是否遇见了皇甫,以及在华北的中国其他领导人?

答:是的。

问:还有,归国后,你是否给陆军省写过一份报告?

答:写过。

问:现在请告诉我,陆军当时是否因为《塘沽停战协定》的签署,而考虑修订对华政策?

答:我没有确切记忆。

问:你是否记得参加过有关修订对华政策方面的讨论?

答:不记得了。

问:凭着你对中国事务的个人见解,却没有人向你请教过关于修订对华政策方面的问题,你怎么解释这个事实?

答：如果这样的事情确实发生过，可能会有人向我请教。但是我对于是否发生过你所说的这件事，已经不记得了。

问：1933年7月，你从华北返回后，是否记得出现过一个对华政策方面的问题？

答：关于这一点，我没有确切回忆。但由于满洲事件的发生，陆军的核心当权者对此忧心忡忡，唯恐随之发生军事运动，并有可能蔓延到华北。我记得自己的上级领导正在绞尽脑汁地思考怎样去避免此类情况发生。

诺兰检察官：可否给证人出示第3147号文件？

（一份文件被递交到证人手中）

问：还有，请你留意这份文件中的第"C"项内容，铃木先生，我想这部分内容已经在书中做了标记。

（证人检查文件）

语言监督官：诺兰准将，我们的拷贝文本注有"A‐B‐C"，而这份文件是注有"1‐2‐3"，这是否会使证人在阅读过程中出现困惑？

诺兰检察官：应该是"3"，而不是"C"。

这是第3项。

语言监督官：第3项在下一页？

诺兰检察官：是的，你找到它了吗？

语言监督官：是的，我找到了。

（语言监督官用日语对证人说话）

代理庭长：准将先生，你的助手是否已经将该项内容向他指出过？

诺兰检察官询问（继续）：

问：铃木先生，你发现它了吗？是否找到这份文件？

答：是的，我找到了。

问：你以前是否看到过这份文件？

答：我记不起来了。

问：那好，现在请你看这份文件，看一下文件前面的手写内容。

答：（正在阅读）

第3项文件于1933年7月12日从铃木中佐那里收到，由于注意到陆军省和参谋本部一致同意下列政策要点，值得期待的是：政府将沿着这份文件规定的路线去决定其政策走向。

问：你是否将此份文件呈送给森岛守人？

答：我不记得了。

问：你是否记得以前曾看过这份文件？

答：我可以用几分钟时间去浏览一下这份文件吗？

问：当然。

（证人检查文件）

答：通过浏览这份文件，我对此没有任何回忆。

问：谁是森岛守人？

答：外务省亚洲事务局所属的一个处长，名叫森岛守人。

问：我想让你告诉我，1933年7月12日那天，你把文件给了谁？或者是由谁导致这份文件从你们的手中，被递交到森岛守人那里？

答：我记不清了。

问：你可以看一下文件上的手写内容，那上面说"1933年7月12日文件从铃木中佐那里收到……"，看看这是否能够使你重新找到回忆？

答：那个时候，文件在我们省与外务省之间经常频繁往来，这份文件可能就是其中之一，但我对这份文件本身没有任何印象。我不能对此说出任何确切内容。

问：如果你没有交给他这份文件，或者导致这份文件被交给他，那么，为什么森岛守人说他从你那里收到了这份文件？

答：好，那是森岛守人回忆的缘故。如果情况是这样，就一定是我邮寄给他的。

问：那好，你是否承认那份文件是你邮寄给他的？

答： 我无法确有把握地证实自己曾给他邮寄了这样一份文件。

问： 那好吧！尽你最大的努力去证实一下，你是否给他邮过这份文件。

答： 我有可能邮过，但在我的记忆中不确定。

诺兰检察官： 我将提供这份文件作为法庭证据，庭长先生，根据证人的回答，他可能邮寄过这份文件，不过在他记忆中不确定。由于在这份文件面前，他并不否认其中所包含的内容，那也就是说，这份文件是从他那里收到的。

列文辩护律师： 如果法庭允许，我们反对这种认定。由于证人没有辨认出这份文件是他自己的，他对此没有清晰记忆，他只是确信无疑地说出了唯一一件事，那就是他可以说这份文件有可能是呈送给他的，而他不能充分肯定地承认它可以作为证据。

诺兰检察官： 庭长先生，按照法庭通常程序，我可以提供的用于辨认的文件，只有经外务省装订过的名称为"《中国政策咨询材料（第一卷）》1932 年 8 月至 1933 年 9 月"的文件，仅有该文件可用于辨认。

法庭书记官： 名为《中国政策咨询材料》的小册子，编纂于 1933 年 9 月，将被收入第 3607 号法庭证据，仅用于辨认。

（以上提到的文件被标注为检举方第 3607 号法庭证据，用于辨认）

诺兰检察官： 我从这部材料中提供第 3 号文件内容，作为证据。

列文辩护律师： 我们反对提供第 3147 号展示文件中的第 C 项摘录内容——第 3 号文件。而且，如果法庭允许的话，我还可以再加上一句，我认为有证据表明，大约在当时的参谋本部，还有另一个"铃木"，此时此刻，我无法认出他。

代理庭长： 法庭多数认为反对无效。这份文件可以被采纳。

法庭书记官： 检方第 3147 号文件 C 项内容，将被收录为第 3607A 号法庭证据。

（以上涉及的文件被标注为检方第3607A号展示文件，并被接受成为法庭证据）

诺兰检察官：我将要宣读的内容，仅仅是第3607A号展示文件中经过标注过的部分。

封面部分：

3号文件于1933年7月12日接收自铃木中佐。注意，由于陆军省和参谋本部均已对后续政策的要点表示一致同意，值得期待的是，政府将沿着这份文件规定的路线去决定其政策走向。

森岛守人（签字）于1933年7月6日。

这一页的下面：

措施要点部分：

第2项，我们必须要让华北政权去镇压国民党在华北地区开展的反日活动，使国民党的力量日渐削弱，直至走向最终消亡。

还有第11段和第12段：

我们应当采取一切可能的努力防止外国势力，尤其是美国、英国和苏联将其势力影响扩大到中国；防止他们给官方政府提供支援。使中国的官方政府认识到，这些外国势力的经济状况已经枯竭，不仅对中国怀有野心，而且是靠不住的。

第12段：

到目前为止，南京政府所采取的政策，是建立在国民党本质上永远有悖于帝国政策的基础之上。因此，我们应向全世界宣称，只要南京政府不改变其以往的对日态度，帝国政府及其臣民就会对南京政府采取敌视行动。但我们还是愿意在公正、平等的条件下，尽快与中国及其人民重归于好。

问：现在请注意，铃木将军——

列文辩护律师：我们无法提议认为这份证据是支离破碎的，基于这个事实，如果法庭允许的话，此时我请求对此份证据予以忽略。由于它本身是作为参谋本部决定的形式从文件中出现，也就是说，"参谋本部一致同意后续的……"这句话；而且这句话并未表明这是铃木他自己亲口说的。因为我没有机会在这份文件被宣读之前实际检查一下这份文件，这只是我提出反对的形式。我所能做的仅仅是看了一眼。

代理庭长：文件中说"陆军省和参谋本部已经同意……"，法庭多数认为，提议无效。

问：铃木将军，现在回过来继续看第3607A号法庭证据，你认为这份文件是否表达了你对中国和国民政府的态度？

答：不是，它不能表达。

问：当你与胡林先生谈话时，这部分内容在第3603号证据文件中有所陈述，你向他传递了自己的个人看法，而你的上级却认为日本和蒋介石将军之间的合作将不复存在，是这样吗？

答：这是我在一次私人谈话过程中表达出的个人看法。

问：你为什么不把陆军省和参谋本部的真实政策告诉他？

答：根据我的回忆，军方对于中国本土的政策，不论是满洲事件之前，还是在它发生以后，都是愿意建立令人满意的关系。

问：他们（指陆军省和参谋本部）那样做，是否想让国民党自身力量逐渐削弱，直至最终灭亡？

答：我从未按这个思路想过这个问题。

问：但是对照你的上级的真实意图，你的谈话误导了胡林先生，难道不是这样吗？

答：我没有说过任何错话。

问：但你却忽略了应把正确的话告诉他。

答：没有。

问：请正面回答。

答：没有。

问：现在，请把你的注意力放在你的书面陈述材料英文复印件中的第9页第6段，我观察到你说你对中国事件深表遗憾，以及1938年12月你担任了中国事务委员会政治部主任之职。

答：是的。

问：中国事务委员会本身，是否于1938年12月你赴任的同一个月内组建？

答：是的。

问：你是政治部的第一任长官吗？

答：是的。

问：该委员会的组建，你是负主要责任的，不是吗？

答：我不是组建该委员会的主要责任人之一。

问：那好，你是该委员会的组织者之一，对吗？

答：是的。

问：首相是主席，次官一定就是副主席吗？

答：副主席是内阁大臣。

问：好，在中国的主要官员都位于北京、上海，是这样吗？

答：是的。

问：其他官员位于张家口、内蒙古和厦门吗？

答：是的。

问：我向你提示一下，中国事务委员会是不是实际处理与中国有关的、除了陆军和海军以外的所有事宜？

答：中国事务委员会负责处理发生在中国的有关中日之间的事宜，但是不包括对外关系。

问：那么现在，它处理工业、运输、经济问题，是这样吗？

答：它负责有关上述项目的商业事务管理。

问：它的控制作用，是否通过华北发展公司和华中发展公司来发挥影响力？

答：是的。

问：中国事务委员会通过上述公司实现了日本政府在中国将要推行的哪些愿望或希望？

答：有关经济事宜，有关两家公司经营的实际运行领域的经济事宜。

问：那好，中国事务委员会也给中国临时政府下达指示，对吗？

答：他们没有给中国临时政府下达过指示。

问：那好，他们给了什么？是建议吗？

答：我认为他们有时会提建议。

问：关于中国教科书方面，他们都做了什么？

答：我记不太清了。

问：如果我告诉你中国事务委员会篡改了那些教科书，这能唤醒你的记忆吗？

答：由于教科书和其他文化事宜都由文化部负责办理，我对那些事宜没有全面了解。

问：好，那就请把你所了解的内容告诉我吧，铃木将军。

答：我不知道中国事务委员会是否真的修改了中国教科书。

问：那好，他们修改了什么教科书？

答：至于他们是否真的修改了教科书，我记不清了。

问：好。你的记忆里是否还留存有关于控制鸦片和麻醉毒品方面的事情？

答：没有。

问：有关控制鸦片和麻醉毒品的事情，是贯穿你们中国事务委员会政治部的例行工作，难道不是吗？

答：不是这样的，我想有关鸦片方面的事项应由经济部负责办理。

问：那好，谁负责处置鸦片贸易中的利润？是你吗？

答：不是，我对此一无所知。

问：利润资金是否由你们经手？或者说，是否有一些利润资金被你存入了一个秘密基金账户？

答：没有，绝对没有。

问：谁是上海商行的头头？

答：我不知道。

问：几分钟之前，你说你们的委员会不处理外交事宜，我这样说对吗？

答：委员会不处理与日本有关的任何外交事宜，只处理涉及中国境内第三国的外交事宜。

问：正当中国事务委员会组建之际，却从外务省传来反对设立该委员会的声音，这种情况是否属实？

答：我后来听到了这种情况。但是，由于委员会成立之时，我正在"满洲国"，直到中国事务委员会组建之后，我对这种情况毫不知晓。

问：可以回忆一下宇垣外相辞职这件事吗？

答：可以。

问：中国事务委员会的创立，以及随之而来施加于对中国外交关系的限制条件，是不是导致其辞职的原因之一？

答：从近卫公爵对我谈话内容来看，宇垣将军的辞职原因令人难以理解。

问：我给你提示一下，组织设立中国事务委员会的起因，是军队领导层不想让外务省插手中国事务。

答：我从未听过这种情况。

问：现在，回到你的书面陈述材料第 10 页，该页顶部，用英语印刷，我看到你说关于中国的政策的许多特征，都是由最高统帅部和政府决定的，完全有悖于你对中国的根本看法。请问，最高统帅部和政府决定的政策是什么？

答：当我于 1938 年 1 月以及 1938 年 10 月返回日本时，这"两个决定"已经形成。

问：好，它们是什么决定？

答：我记不清所有细节，但是只要回忆起来，我就会告诉你。那"两个决定"的总体方针是——

改正：日本希望在中国组建一个新政府，为了与新中国政府合作，应当为了东亚稳定和中日合作来加强沟通。

问："两个决定"完全与你的根本理想相反吗？

答：是的。

问：你的看法是什么？

答：我感到，尽管陆军谈到在中国设立新政权。如此政权将自然而然地在日本陆军权威与影响的基础上建立。就中国民众而言，很难寄希望于自发地反映凡人意愿。

语言监督官：去建立一个他们自己的政府。

答：（继续）更进一步说，日本沿着这种政策路线制定了法律，并且在中国实行了以这种法律为基础的经济体制，我认为日本这么做是错误的。

诺兰检察官：庭长先生，我想知道是否可以将讲台让给洛根先生，他将向法庭进行一个简要陈述，尔后利用上午时间，继续完成我的交叉询问，可以吗？

代理庭长：可以。

洛根辩护律师：如果法庭允许，在我对岛田上将进行交叉质证环节中，由于错误引用了木户的书面陈述和日记，我在对罗宾森上尉的交叉质证中提了几个问题，这部分内容体现在文件副本中。结果，我接到了法庭记者的通知，其内容是在报道罗宾森请教问题时出现了一处错误，罗宾森上尉没有错误引用。

我对中国事件感到遗憾，所以请求检查其档案记录文件。

代理庭长：可以据此实施检查。

洛根辩护律师： 谢谢您。

代理庭长： 我们将休庭至星期一早上 9:30。

（16:00 休庭）

1947 年 12 月 15 日，星期一

日本东京都旧陆军省大楼内远东国际军事法庭

（9:30 重新开庭）

法庭执行官： 远东国际军事法庭现在开庭。

韦伯庭长： 全体被告除了由律师代表的松井以外全部出庭，我们收到一份由巢鸭监狱医生出具的病历书，证明他生病了，不能参加今天的审讯。这份病历书将被记录存档。诺兰准将。

诺兰检察官： 庭审是否可以开始？

（被告铃木贞一被命令重新保持站立姿势，通过日语翻译对其进行质证讯问，内容如下）

交叉询问（由诺兰检察官询问铃木贞一证人）

问：铃木将军，星期五休庭那天，我们探讨了中国事务委员会问题，我注意到你在书面陈述材料第 10 页中提到，中国新政权的建立与你对于中国事务的基本观念相矛盾；而且你做出了自己的努力，以便于可能减少对中国政治事务的插手。请问在减少对中国插手方面，你做了那些事情？

答：当时，建立新政府的决定已经做出，我们希望在当时那种情况下，不要去做任何将日本意愿强加于日本与新政府之间关系的事情。

问：这是否意味着你支持这种做法？抑或是你不支持？

答：我本人是尽一切努力按照上述路线推进工作。

问：按照什么路线？

答：按照尽可能减少日本插手中国事务的路线。

问：那好，现在就让我们共同审视一下你都做了什么。1938年12月，你就任中国事务委员会政治部长之职；而且，1939年3月，该委员会在中国派驻了联络官。

答：是的。

问：在发生以上事情期间，你是政治部长，对吗？

答：对。

问：这些联络官担负什么职能？

答：我所知道的内容更多的是关于联络官的设立。在设立联络官以前，军队在中国的各个地方都成立了特殊服务代理处，因此有人提出意见，认为军队按其自身观点处理在中国的所有问题，这是不对的；而且在处理这些问题时，还应该将所有政府行政部门的观点也考虑进去。设立联络官正是基于这种想法。

问：我提示一下，他们的真正职能是对中国的新中央政府施加指导。

答：不是的，事实不是这样。

问：那是在1939年3月设立了联络官，而在4月间，有一些特定指令发送给这些联络部门的负责人。

可否给证人出示第2178D号文件？

（一份文件被递交到证人手中）

问（继续）：请转到1939年4月7日中国事务委员会在会议上所做出的一项决定，可以吗？

答：我找到这部分内容了。

问：那天你是否参加了会议？

答：我不能确切地回忆起那次会议是否在那天举行。

问：是什么原因使你认为会议不是在那天举行？

答：没有，没有什么原因。

问：你能回忆起这些由首相和中国事务委员会总务部长，在给联络部门负责人召开的一次会议上提出的特定指令吗？

答：如果这样一次会议实际举行过，那么就有可能提出这样的指令。

问：而且你也有可能在场吗？

答：我想是这样。

问：好！那么你能向我承认在提出这些指令的当时，你就在会场吗？

答：我现在不记得了。我不能准确无误地辨认出这里写的指令就是在那个日期举行的那次会议上提出的。

问：铃木将军，刚才递给你的那份文件，你以前看到过吗？

答：没有，我以前从未见过这份文件。

问：铃木将军，你在中国事务委员会供职，是吗？

答：是的，我在那里供职。

问：你能记得这件事，对吗？

答：如果提出了那些指令，我就会看到。

问：那么，你今天的证据是否就是说没有给联络官提出过这样的指令？

答：我认为提出了指令，但我在这里所能证实的是，我记不清指令是否与目前这份文件中写道的指令相同。

问：那好！关于那件事，就谈到这里。1939年6月，是否有一笔巨大款项拨给了所谓的"吴项目"？

答：我对此没有记忆。当时中国事务委员会不关心这种事。

问：这笔钱是用来支付剩余的战时关税，这是否有助于你想起这件事？

答： 你说的事，我一点儿都不知情。

问： 为了保密，资金被转入一个日本人的账户名下。你能记得吗？

答： 不能，我对此事一无所知。

诺兰检察官： 可否给证人出示第 1519D 号文件？

（法庭向证人出示了一份文件）

证人： 我把这份文件完整地看了一遍。

问： 现在你完全想起这件事了，对吗？

答： 在我记忆中仍不能相当确定这件事，但我知道军队正在从事此项目。

问： 请你看一下递给你的这份文件中的第一页，这份文件是由谁签署的？

答： 第一份文件签的是我的名字。

问： 对，而且其余文件都是第一份文件的附件，不是吗？

答： 根据这份文件，指令是由陆军省发给中国事务委员会，再由中国事务委员会流转到外务省。

语言监督官： 删除"指令"，通信联络已经发出。

问： 你以前看过这些文件吗？

答： 我想我看过。

诺兰检察官： 我请求将第 1519D 号文件标注为仅可用于辨识的文件。

法庭书记官： 检方第 1519D 号文件将被接收为第 3608 号法庭证据，仅可用于辨识。

（以上涉及的文件被标注为检方第 3608 号展示文件，供辨认之用）

诺兰检察官： 我将把第 1519D 号文件中的有关摘录内容，提供为法庭证据。

韦伯庭长： 按照惯例，予以接受。

法庭书记官： 校对检方题目为"外务省关于汪精卫问题"的第一份

文件，将接收第 3608 号法庭证据，仅供辨认；其中摘录内容作为检方第 1519D 号文件，将接收为第 3608A 号法庭证据。

（早先标注为供辨认的检方第 3608 号文件，以及检方第 1519D 号文件，被接收成为法庭证据）

诺兰检察官：我将宣读第 3608 号法庭证据中的第 1 页内容。

发自国务大臣铃木贞一，交给外务省东亚事务局局长栗原正史先生。

在这里，日本人从名义上讲，对开展运动责任心很强。

关于上面提到的事，我请求告知你，我接收到了用不同纸张书写的给华北及华中联络办公室副主任的一份通知。

附纸是：

发自国务大臣，交给华北、华中联络办公室副主任。

在这里，日本人从名义上讲，对开展运动有责任心。

我请求告知你关于这一点，日本人根据 4 月 1 日在会议上的通知，现场负责名义上承担国家拯救反共产国际联盟的花费需求。由于"吴佩孚行动"，根据会议于 6 月 23 日做出的决定，陆军省军务局局长通过相对独立的附纸，给我们下达了通知。

另一张附纸上的内容是：

发自陆军省军务局局长町尻量基，交给铃木贞一。

国务大臣。

我请求告知你，根据 4 月 1 日会议所做决定，我已通知大藏省现场负责人承担国家拯救反共产联盟的资金需求。内容如下：

行动现场负责人：

炮兵中佐影佐祯明。

然而，"影佐祯明"这一署名应当在接收钱款时使用。

另一张纸上的内容与此相同，除了花费用于"吴行动"，并且署名是大迫通贞。

问：好吧，现在请回答，根据中国事务委员会所做决定，一定有资金提供给这个"吴行动"，难道没有吗？

答：我认为有。

问：你把款项转入给这些人名下，他们都是日本人，谁秘密地存入了这些钱？

答：我不知道这些资金将用于何目的，或许它们将被秘密取出。我仅仅是按照陆军省给我下达的通知，交给外务省以及我们在中国境内设立的分支机构。

问：中国事务委员会在开会决定资金及相关保密问题时，你是否在场？

答：我不在场。

问：那好！你可以猜测一下，通过你发送过去的这些名字，是出于何种目的？当然，你对于这些事项也占用一些经费。

答：当这样的通讯内容从我们办公室发出之后，它们此时将以中国事务委员会总指挥的落款署名到处传播，或者是用我的署名，这是惯例。

问：那好！用什么来证明这一点？你了解此事吗？或者是你并不了解？

答：我了解这种从中国事务委员会发出的联络方式。

问：你知道这笔钱来自战时的关税吗？

答：关于这一点，目前我记不清了。

问：那好！就把你目前关于这一点记得最清楚的内容告诉我。

答：目前我记忆中仅存的全部内容是：当时驻中国军队的不同分支代理机构都在执行"吴行动"，他们可能已经将战时关税用于经费支出。

问：什么是战时关税？

答：它是对进口中国的商品征收的关税。

问：日本当局收集了这些关税，并将其用于他们自己的目的？

答：不是的，我想不是这样。

问：1939年9月出台了另一项决定，拨出更大一笔款项用于组建新中央政府，你是否还记得此事？

答：那时可能出台了这样一项决定。

问：好！是吗？

答：好，我现在对此没有回忆了。那时当提出组建新政府这个问题的同时，也提出了如何为新政府提供资金的问题。这就是我能回忆起的极限了。

问：那好！你决定怎样为它提供资金呢？

答：中华民国所需资金基本上是从战时关税中获取，因此，组建一个新政府自然也需要依靠这些关税。

问：但是却并没有允许新政府征集关税啊？

答：我回忆不起如此琐碎的细节了。

问：铃木将军，当你在中国事务委员会任职期间，这是委员会值得关注的最重要问题，不是这样吗？

答：你指的是什么问题？

问：我指的是，在中国建立一个新政府呢，还是更多新政府的问题。

答：是的。

问：这样你就有各种原因去回忆起这些事情了，不是吗？

答：与其他事情比起来，是的。

问：你的意思是说，这件事更重要吗？

答：是的。

问：现在，你能否记得影佐先生是什么时候过来会见汪精卫先生吗？

答：能记得。

问：你是否还记得他从你那里带走了一封作为指令的书信？

答：我记得。

问：我猜想这表明你不愿意插手在中国建立新政权这件事，对吗？

答：那时成立新政府的这件事还没有成为我们面前的一个问题。

问：不对！因为你仍旧在努力劝说汪精卫接受成立新政府的指令，难道不是吗？

答：不是，事实不是这样。当时我所知道的情况，以及导致我写那封信的原因是以下内容：

关于中国尽快实现和平的问题都是非常重要的。作为对近卫声明的回应，以及为了尽一切努力实现和平，汪精卫先生从重庆来到我们这里。于是，影佐将军前去会见汪先生，他收到了首相、陆军省、海军省以及外务省的信。当时，中国事务委员会也被要求发出一封信，以便表明没有人反对汪先生的和平运动；但中国事务委员会的主管领导柳川将军，他个人并不认识汪先生，但以前我就认识他，于是上级要求我写封信来劝说汪先生为了和平而付出全部努力。

问：吴佩孚将军死时，为了补充他的军费而拨出的款项发生了什么情况？

答：我想不起来了。

问：铃木将军，请看一下第 1814 号文件，看看是否有助于你想起这件事？这是一份日期为 1940 年 1 月 15 日的文件。

答：好的。

问：它涉及中国事务委员会于1939年12月28日开会时所达成的一项决定。你对这项决定还熟悉吗？

答：我对此没有清晰记忆。

问：那好！你是否还记得由中国事务委员会决定的、在吴将军死后，由"吴项目"所需经费构成的处置内容？

答：刚刚浏览了这份文件，尽管我已经通读了这份文件，还是不能在脑海里找到清晰的回忆。

问：那好！如果你愿意的话，请看第1685号文件。在本案中该文件已经被标注为第3605号存档文本、第270号法庭证据。你是否看到一份日期为1939年11月1日的文件？

答：是的。

问：你是否记得那项决定？

答：我记得这样的事情在当时讨论过。

问：你是否记得以前看过那份文件？

答：我不能肯定地说自己以前曾经看过这份文件。我不知道自己是否已经看过。

问：是否可以合理地猜想，如果这是一项在中国事务委员会的会议上所做出的决定，你就会记得曾经看过？

答：我想我能够回忆起在会上实际讨论过的事情。但在这里，我想说的是，我记不清这份文件是否包括会议上讨论并决定的事情。换句话说，所有包括在中国事务委员会的会议上达成决定相关内容的文件，都会经过委员会主席或副主席的签名，我也要把这样的文件拿到委员会总指挥的办公室。

问：你是否拿着这份文件到委员会总指挥办公室？

答：至于我拿没拿这份文件，我想不起来了。

问：好，在我们换个这个话题之前，如果你愿意的话，我希望你告诉我，当军队执行"吴项目"时，被告土肥原是否发挥了突出作用？

答：我不知道他是否发挥了突出作用，但是我知道他与此项目之间有联系。

问：现在让时间更加快速地向前推进到1940年2月，你是否记得中国事务委员会在那个月给中国新中央政府推荐了顾问？

答：我记得。

问：是否记得就在同一个月期间，另有4 000万元钱被授权借贷给了新中央政府？

答：我想这样的事情发生过。

1947年12月26日，星期五
日本东京都旧陆军省大楼内远东国际军事法庭

……

韦伯庭长：布鲁伊特先生，请开始。

布鲁伊特辩护律师：法庭长先生，现在我们准备对前日本首相东条英机诉讼案件进行个人辩护。

如果法庭允许，请日籍辩方律师清濑一郎博士宣读简短的庭审陈述文件，即2807号辩护文件。

韦伯庭长：清濑一郎辩护律师，请讲。

清濑一郎辩护律师：现在我宣读被告东条英机的庭审辩护陈述文件。

庭长先生、法庭各位成员：在庭审陈述文件中，我们将简要介绍被告东条英机，被告在本人的证词中会对此做出证明。

涉及的证据根据性质不同分为两部分：第一部分包括整体情况的描述，作为事件的最直接相关人员，证人本人会依据自己的观察做出具体、详尽地描述；宣誓证词的第二部分包括日本国内外的情况，尽管在前面关于本案的总述阶段中已经阐述了这些决定与行动本身的内容。证人本人对这些所发生情况的理解，这些情况导致的一些关键性决定与行动，以及这些决定与行动的动机、目的与实质。

东条英机的证词内容开始于1940年7月，当时东条英机被推荐担任近卫文麿第二任内阁的陆军大臣。在此之前，东条英机曾经先后在久留米市担任第24步兵旅团的旅团长、关东地区宪兵司令、关东军参谋长、陆军次官、空军检察长。但是他仅仅以军官的身份担任这些职务，忠实地服务于军政权，他不应该为这些年来日本国家政策的规划与决定负责。而且，没有证据表明东条英机在应该履行的职责之外，作为"少壮派军官"参与政治活动。因此，关于在他担任陆军大臣之前发生的事件，东条英机没有很多需要特别声明或者驳斥的内容。1940年7月东条英机担任陆军大臣一职，而后于1941年9月担任首相的职务。由于该诉讼涉及东条英机任职期间的一切行为、事件导致的结果，他绝对不会逃避自己的政治责任与行政责任。至于他是否应该为战争罪行负责，我们必须请尊敬的法庭决断。

为了方便起见，东条英机的证词将按照事件发生的顺序叙述，因此，针对各个事件列举的相应证据可能显得有些彼此疏离。还会有这样的情况：证词的几个方面共同组成一个证据，为了了解事情的来龙去脉，有时不得不如此。尽管各种证据千头万绪、纷繁芜杂，证人将通过下七点进行对主要事件加以总结：

（1）日本从来没有针对美国、英国、荷兰事先谋划、筹备、发动战争。

……

（4）"大东亚政策"的实际主旨与意义

"大东亚政策"有不同的名称,比如"东亚新秩序"、"东亚共荣圈"等等。在战争期间,这项政策常常遭到其他国家的歪曲甚至污蔑。然而整个日本民族清楚地了解这一政策的确切目的与真实含义。该政策的本质在于保证大东亚所有人民根据自己的意愿维护政治上的自由,换句话说,就是首先解放东亚,然后促进彼此合作,建立一个新的东亚。通过呼吁世界各个不同国家彼此理解,进行国际合作,以和平的方式实施这项政策。前面所提及的太平洋战争,其目的是为了日本本国的生存、自我防御,而不是通过战争手段推行大东亚政策。然而,战争爆发之后,大东亚政策的状况发生改变,这种情况不可避免。我们不过是利用这个机会与各国人民合作实现他们的心愿。在东条英机的陈述中,将会展示前面所提到的大东亚政策以及实施这项政策的方式。最重要的是将对以下几点作出解释:

(a) 废除中国与日本两国之间仍然存在的不平等条约;

(b) 承认东亚各国人民自治独立;

(c) 大东亚会议召开的目的是促进各国之间彼此理解。

以上相关的各项内容都证明日本没有任何侵略意图。

对东条英机的诉讼案件进行到了今天的程度,除了东条英机本人,不会再传唤其他证人,东条英机本人会站在法庭上作证。依照本法庭规定,我们将提交几份文件,这些文件部分是东条英机在宣誓证词中谈及的文件,部分是东条英机在陈述中所提、经过证明原件无法使用的文件。

被告东条英机,首先正式宣誓,并通过日本翻译做出如下证词:

直接询问(由布鲁伊特辩护律师询问东条英机)

布鲁伊特辩护律师:请法庭执行官向证人出示第 3000 号辩方

文件。

（然后，一份文件交到了证人手上）

布鲁伊特辩护律师提问：

问：这是你的宣誓证词吗？

答：是的。

问：其中的内容是否真实正确？

答：是的。

布鲁伊特辩护律师： 如果法庭允许，我提交证人东条英机的宣誓证词，即第3000号辩方文件作为证据。

韦伯庭长： 根据常规允许采纳该证据。

法庭书记官： 作为证据接收为辩方第3000号文件，编号3655。

（上边提到的文件被编上辩方证据3655号，并作为证据被接受）

布鲁伊特辩护律师： 我将宣读3655号证据，即证人东条英机的证词。

1. 我于1884年出生于东京，从1905年到1944年在日本军队担任军官，依照升职通常遵循的资历为基础，并根据晋升规定以及所有日本军队相关条例，我从军校学员一步一步成为将军，1940年7月以前我从来没有参与过任何政治活动。1940年7月22日近卫文麿组织第二任内阁的时候，我被任命为陆军大臣（我当时的军衔是中将），而且在从1941年7月18日开始的近卫文麿第三任内阁中担任大臣之职。1941年10月18日，我接到天皇谕命和内阁委任，由于忠实的服务，我被任命为首相，兼任陆军大臣、内务大臣（同一天我被晋升为大将）。1942年2月17日，上级解除了我内务大臣的职务，但是后来我又被任命为外务大臣、文部大臣、商工大臣、军需大臣。在1944年2月，我被任命担任陆军参谋本部参谋总长。由于1944年7月22日，我的内阁成员全体辞职，我所有的公共职务都遭到解除,并被列入预备役名单。从那天起,我没有担任其他公共职务。我从1940年7月22日开始担任肩负政治重任的职务,具有讽刺意味的是,四年之后,同样在7月22日,我的所有职务都遭到免除。

2. 我将对在自己担任政治职务期间所发生的事件作证,我认为这样做契合本法庭的宗旨,而且能提供有价值的信息。需要强调的是,在我后边的句子和问话中会使用"负责任"、"我处于肩负责任的位置"一类语句,我要表达的是所提及事件或者行为处于我的行政管辖权之内,因此我所处的地位让我从政治上要对这些问题做出回应,但这些词句绝没有供认应该承担法律或者犯罪责任的意思。

3. 在1940年7月之前发生的事件中只有唯有一件需要做出解释,那就是1937年6月9日的电报(672号证据)。我并不否认,作为关东军参谋长、陆军副大臣、参谋本部副参谋长,我迅速发出了这份电报。然而,在0003号起诉文件第104页引用的该电报电文晦涩不清,曲解了原意。检方表示,我的话是"以战争行动对抗苏联",但是电文实际是"从军事准备的观点看对抗苏俄"。

那份概要的作者还假设我说了以下的话——"通过进攻南京撼动中国"——然而实际上那份电报的原话是"首先撼动南京政府"(检方把这份电报的翻译版本作为证据提交,以上改动即依据该版本而来,其中的虚假、错误指控让我吃惊)。

这份电报由关东军参谋长发出,关东军有责任保护"满洲国",对抗苏联的进攻,并保证满洲的和平与秩序。关东军司令官没有把这份电报发给陆军大臣或者参谋本部参谋长,这一事实表明该电报在政治上无关紧要,究其根本不过是下级官员彼此之间通信联系而已。

当时反对日本的浪潮席卷中国；在北平—天津地区，中国共产党公开宣称抗击日本。中国共产党和其他反日组织图谋不轨，当地的日本居民生活在巨大的危险之中，他们的生命和财产都遭受到威胁。依据对当时形势的判断，如果不采取措施缓解当时的局势，在济南（1928）、南京（1928）、上海（1932）所出现的事件必然会旧事重演，导致满洲地区骚动、混乱。关东军担负保卫"满洲国"免遭苏联入侵的任务，在这种情况下不会袖手旁观，不能让这种不稳定的局势动摇后方，因此必须要改变这种异常情况，稳定局面。

我们的最终希望是以和平方式解决与中国的问题，但是和平解决问题的先决条件是中国要终止反对日本的政策。为了达到这一目标，面对挑衅事件，我们当时认为让南京政府受到震动，或者通过增加外部军事力量施加压力是非常必要的。采取姑息纵容政策会让中国的情况恶化，于是依照正式程序，关东军方面以我的名义发表了上述观点。

但是能否采纳这项建议取决于中央当局、陆军参谋本部和陆军省，他们在对当时形势进行彻底调查后会做出决定。实际上后来中央当局并没有批准这一建议。卢沟桥事变（1937年7月7日）和这条建议毫无关系；起初日本中央当局对该事件的完全消极态度证明这一指控完全属于毫无道理的怀疑。

近卫文麿组织第二任内阁，以及当时的内外形势

5."那天晚上，被任命为首相但还没有上任的近卫文麿表示要与我会面，第二天（7月19日）下午3点，我去了他在东京杉并区荻洼的私人府邸拜访，参加会见近卫文麿阁下的还有：海军大臣吉田善吾、外务大臣候选人松冈洋右。那次会议中没有记录，因为那次会议的目的是对一些国防、外交、内政等问题达成一致意见，该会面后来被称为"荻洼会议"。近卫文麿表示，根据先前所发生的事件看来，从此以后的国家政策重心应该转移到中国事件上来。为了达到这一目的，中央统帅部和政府之间应该更好地合作，而且陆军与海军之间的关系也应该更加紧密和谐。所有与会者都表示赞同上述建议，并且承诺会竭尽全力向这一方向努力。同时也提到了一些实际的政治问题，在此前提下，还讨论了下列政策：基于当时国内外形势对内部政策组织的革新，加速寻找解决中国事件的方法，外交革新、完善国防以及其他相关事务。尽管我记不清楚会议的全部细节，但是会议讨论的核心内容成为后来的"基本国策纲要"，而且内阁通过了这份纲要。陆军或者海军加入内阁的时候对此没有提出保留条件，我认为国防政策完美无缺，并且表示了加速解决中国事件的个人愿望。会议结束时与会者达成一致意见，但并没有就国家政策做出特别的决定。会议至终并没有讨论选择内阁成员事宜，内阁成员的选择完全由近卫文麿阁下决定，我们其他人仅仅从他那里收到报告作为结果通告。检察方所陈述的在该会议上决定了"当局对外政策方案"（国际检察局第 0003 号文件）的说法毫无根据。近卫文麿阁下选择内阁成员完全是按照应有的程序进行，给新内阁成员的皇家授职仪式在 7 月 22 日上午 8 点举行。

　　作为陆军大臣，我对未来的行动有三条原则：① 为了解决中国事件要全力以赴；② 要通过严格的纪律彻底控制陆军；③ 让中央统帅部和政府之间、陆军于海军之间实现更加紧密的合作。

　　c. 对中国的政策。至于中国，我们决定阻止外界给蒋介石的援助，并清除敌对因素。之所以采纳此项战略是因为中国事件迟迟不能解决，究其根源如下：第一，重庆方面低估了日本的国力；第二，有第三方势力积极支援蒋介石。因此切断美国、英国与蒋介石政府之间的补给通道绝对必要。

　　……

1947年12月29日，星期一
日本东京都旧陆军省大楼内远东国际军事法庭

（9：30重新开庭）

……

17.下面我将解释关于在1940年11月30日近卫文麿第二任内阁期间签订《中日基础条约》的情况，以及日本、"满洲国"、中国发布联合公告的事宜。这些事情可以作为证据驳斥检察方提出侵略中国的指控。侵略中国的指控是基于1940年11月13日御前会议通过的文件——《处理中国事件概述》。

如果法庭允许，我提供辩方证据第2813号文件，我将不会宣读这份文件。

韦伯庭长： 根据常规，允许采纳该证据。

法庭书记官： 辩方第2813号文件作为第3656号证据被接受。

（上边提到的文件被编上辩方证据第3656号，并作为证据被接受）

布鲁伊特辩护律师：（宣读）

当时制定这项政策的必要性如下：上届政府和中央统帅部长久以来竭尽全力解决中国事件。1940年3月，中国新政府迁都南京[1]，为了承认该政府并与之签订合约，在前一任内阁期间，阿部信行将军已经以大使的身份前往中国南京。在与南京政府签订基础条约之前，应该进行最后的努力与重庆当局达成全面和平，这种

---

[1] 东条英机宣誓证词中所谓的"新政府"，是指汪精卫伪政府——译者注。

做法颇为得体。人们广泛意识到中国事件已经持续三年,给予日本防御力量重大压力,而且美国和英国向我们国家施加的经济压力增强,所以让日本恢复国力的措施已经势在必行。《处理中国事件概述》的关键点是:

(1) 与中国政府展开和平协商,截止日期定在1940年11月末。

(2) 如果这一目的无法达到,那么把工作重点从中国政策迁移到国家安全与恢复国防力量上来。

18. 依据前面所提《概述》第1条,不同个人与团体进行过多次努力与重庆方面和平谈判,决定在各方面团结合作,并且通过外务大臣松冈洋右的协调与中国携手共进。尽管如此,令人遗憾的是谈判协调都以失败告终,我们不得不与南京政府签署基础条约(第464号法庭证据,庭审记录第5318页)。在外务大臣松冈洋右的指导下,阿部信行大使与汪精卫经过坦诚的对话,签署了该条约。1938年11月22日日本倡议推动近卫文麿宣言的要点(第972-H号法庭证据,庭审记录第9527页),同一天,日本、"满洲国"、中国发布了联合公告(第464号法庭证据,庭审记录第5322页),明确了三国之间的关系。除了基础条约以外,阿部信行大使与汪精卫主席还交换了秘密合约、秘密协约与正式交换官方记录(第465号法庭证据,庭审记录第5327页及下文)。

19. 对于中日基础条约、日本、"满洲国"、中国的联合公告、秘密和约、秘密协约、正式交换官方记录,身为陆军大臣,我有三点忧虑:① 中日基础条约以及其他法律文件的执行情况以及承认中国事实上处于战争状态,② 日本军队撤出,③ 驻扎军队的问题。

关于第一点,也就是彻底执行条约各项内容的问题,政府、中央统帅部以及作战部队完全达成一致,大家都希望条约可以毫不延误地立刻执行。尽管我方在不懈努力,然而,蒋介石一方在美国和英国的帮助下继续与我们敌对,战争仍然进行。为了和平和占领地区的秩序,为了军队自身的安全、本国居民的生命财产安全以及新政府的发展,有必要采取以下措施:承认实际上的战争状态,在交火情况下实施相关规定,同时执行条约中的各项内容。这就是把条约草案中的第一条插入基础条约的原因,这一条款承认在当前战争进行期间存在与军事行动相关的特殊情况,并且有必要在这些特殊情况下采取适当措施(第464法庭证据,第7页)。

如果法庭允许,我觉得应该对诉讼的部分过程表示歉意,但是这些情况超出律师和我们办事人员的能力范围。有时您可能会看到很难读的词语,那是因为给我们提供的材料不确切,我做了些许改动。这类地方很少,所以应该不会带来很严重的影响。

至于第二点,撤军问题,从中央统帅部到普罗大众提出的建议,没有任何反对的声音,所有人都认为要解决中国事件,应该仅留下一小部分部队,其余部队需要全面撤军。把军队撤出后恢复国防力量,此事不但紧急而且必要。但是,必须要满足两个先决条件:第一,中国事件和平解决后,中日两国敌对状态必须结束;第二,撤军必须在和平、有序的条件下进行,前提条件是要保证后方的安定。从技术角度考虑,军队撤退需要两年时间。如果内陆地区不能保持和平有序,那么撤军行动根本无法实施。这也是为什么在附属条约草案的第3条里规定中国政府应该在撤军时期保证和平,并维持社会秩序(第464号法庭证据,第4页)。

第三点,驻扎军队主要被称为"反共驻军",表示该军队驻扎的目的是保卫日本和中国,免遭共产党破坏活动的损害。考虑到中国事件期间中国共产党活动频繁而又极具破坏性,驻扎日本军队是维护当地法律、保证社会秩序的关键。相关内容在基础条约中第3条有体现,而且在正式交换官方记录里也存在相应条款(第

464~465号法庭证据）。驻军是有时间限制的，超过时限后驻军将会撤离。

以上就是和我作为陆军大臣职务相关的条约内容，需要指出的是，这份条约和其他战争结束后所签的国际条约不同，没有那种条约中的常见条款，比如领土附录、战争赔偿。在附加条约第4段中规定了中国日本两个签约国各自的义务，这种义务建立在两国之间互相约束的基础之上。中国要赔偿日本居民，以弥补他们在战时因中国军事行动所遭受的损失，日本则援助中国难民（第464号法庭证据，第4页）。日本承诺尊重中国主权与领土完整，并保证交出直至当时拥有的治外法权，返回自己的居住地（基础条约第1条、第7条，第464号法庭证据）。做出归还治外法权和退回居住地承诺的目的是完善中国的主权，而且这些承诺在1943年春季前分步骤兑现。另外，在中国和日本1943年的联盟条约生效后（第466号法庭证据），基础条约中的军事占领权利和其他日方权利都归还给了中国。

《日苏中立条约》与外务大臣松冈洋右欧洲之行。

（2）第二点涉及中国事件。美国总统在4月18日提出建议：承诺依据他本人可以接受的条款为基础，敦促蒋介石和日本谈判，如果蒋介石政府表示拒绝，那么美国将停止对中国的援助。在我们5月12日的建议中，约定美国承认近卫文麿声明、中日基础条约、日本、"满洲国"、中国联合公告的主要条款（第972H号法庭证据，第464号法庭证据）。据此，美国与重庆方面进行和平谈话，如果遭到拒绝，请美国停止对蒋介石政府的援助。而且注明该条款应该由双方分别签署合约，或者以美国官员提供担保的方式确定下来。美国需要敦促蒋介石政权与日本举行会议协商。

对日本来说，当务之急是中国事件的处理问题，这涉及两点：

第一是中国事件本身的解决方法；第二是新秩序的承认。5月12日我提出的建议以近卫文麿声明、中日基础条约、日本、"满洲国"、中国联合公告为基础，因此包括了承认东亚新秩序的议题。

至于撤军问题已经包括在4月18日的建议中了。换句话说，这项规定的实行在日本和中国达成协议的基础上。自从中日基础条约以后，5月12日建议提出直到今天，中日之间的意向没有太大变化，两项建议对出路问题的目标并无不同。4月18日建议中包括一项条款，即禁止大规模向中国移民，而5月12日建议中并没有提及这一问题。

……

法庭执行官：远东国际军事法庭现在继续开庭。

韦伯庭长：布鲁伊特先生。

布鲁伊特辩护律师：庭长阁下，您请看，第55页上的第41段：

41. 由于上面所提到关于日本—法属印度—支那相互防御事宜，此事与当前所谈问题联系紧密，所以我会简短地做出解释，以支持所提出的五个原因。我所描述的事件都是由陆军情报部门、帝国司令部的海军部以及外务省所提供。

我提交第2923号辩方文件作为证据，我将不会宣读该文件。

韦伯庭长：根据常规允许采纳该证据。

法庭书记官：辩方第2923号文件作为3660号证据被接受。

（上边提到的文件被编上辩方证据3660号，并作为证据被接受）

布鲁伊特辩护律师：（继续宣读）

首先，关于美国与英国协助重庆政府的问题，我将举出几个当时我知道的例子,① 英国禁止通过缅甸公路帮助蒋介石,1940 年 7 月,美国国务卿赫尔对此表示反对。② 1940 年 10 月,罗斯福总统在代顿演讲中宣布,为了保卫国家,美国会支持英国和蒋介石政府。③ 1940 年 11 月,美国宣布为蒋介石政府贷款 1 亿美元。④ 1940 年 12 月 29 日,罗斯福总统在"炉边谈话"广播节目中表示,为了支持民主国家对抗轴心国,美国将变成这些国家的弹药库。⑤ 1940 年 12 月 30 日,财政部长摩根索在讲话中声明,美国准备给重庆政府和希腊增加贷款。在 1941 年,这类声明越来越多、越来越明显。⑥ 1941 年 5 月,克莱格特准将及其同伴来到重庆帮助蒋介石的军队。⑦ 1941 年 2 月,海军部长诺克斯宣布重庆政府购买了 200 架美国飞机。⑧ 1941 年 5 月,海军部长表示反对中立法。⑨ 战争部长史汀生做了同样的声明。

在这样的严峻形势之下,对日本来说当务之急是全力以赴,迅速寻求中国事件的解决方法,目的不仅仅为了给蒋介石政府施加压力,而且还会拦截所有通过法国、印度支那、泰国提供的支援,切断这些国家和重庆政府的联系。

……

1947 年 12 月 30 日,星期二
日本东京都旧陆军省大楼内远东国际军事法庭

……

(9:30 重新开庭)

……

日本推行的大东亚政策在不同历史时期有各种不同的称呼，比如"东亚新秩序"、"大东亚新秩序"、"建立新东亚"、"建立大东亚共荣圈"。自从中国事件爆发以来，所有内阁都以实现大东亚政策为己任。该项政策的最终目标是实现东亚的稳定。1940年7月近卫文麿第二任内阁的全部大臣都涉及了该项政策的制定，作为参与制定此项政策的一员，我完全有资格阐释我们的真实意图。

日本的大东亚政策实际上明确表示了各邻国之间实施经济合作的必要性，这也是第一次世界大战导致的一个主要结果。而后中国事件爆发，共产主义和中国的反日政策在亚洲蔓延。日本的基本政策是通过对抗共产主义和建立经济合作与中国建立友好关系，保证东亚的和平与稳定。日本东亚政策的基本出发点是解决中国事件。然而，尽管日本做出巨大努力，中日关系还是每况愈下，再加上美国、英国、苏联给予蒋介石政府直接或间接的援助，推波助澜，最终导致单靠中日两国之力已经无法处理中国事件，当时情况已经发展到需要国际关系整体改善的地步。为达到这个目标，日本已竭尽全力尝试，可是美国和英国采取扼杀日本的政策，一方面迫使日本竭力和法属印度支那、泰国、荷兰属东印度群岛经济合作，一方面日本只能独自工作重新建立东亚的和平与稳定。

一切措施都是通过和平手段实现的，而且日方呼吁各个强国给予理解并且积极施以援手。可是作为回应，美国、英国、荷兰针对日本直接加强压力，直到日本与美国无法通过外交协商解决问题的程度。在此形势下，日本被迫自我保护、维护主权，拿起武器打破包围在四周的壁垒。毋庸置疑，拿起武器这项决定的目的是自我保护、自我防御。战争爆发后，日本的战争目标包括实现远东政策，并逐步建立远东各国共同繁荣的区域。实现远东政策的可行方法就是把亚洲各国人民从束缚中解救出来，像大家庭一样在远东建立独立自由的国家。

"解放东亚"是实现大东亚政策的先决条件之一，目的是把东亚从各个强国的殖民、半殖民统治下解放出来，这样各个国家才能够和其他国家一同享受身份自由，这样才能回应东亚人民长久以来的热切期望，去除世界这一地区（即东亚）妨碍稳定的因素。这次运动的性质和一个世纪以前拉丁美洲寻求自由反对欧洲统治并无二致。东亚各国人民在西方列强的压迫之下痛苦不堪，他们渴望自由，在1943年11月6日于东京召开的大东亚会议上，泰国代表的讲话把这种渴望表达得淋漓尽致："尤其是一个多世纪以来，英国和美国要么部分占领东亚土地，要么通过殖民地的形式在东亚扩张势力，剥削掠夺获得工业生产的原材料，并把这一地区作为市场，销售他们的产品。他们无视国际法律，通过境外统治、不平等条约等手段，致使大东亚诸国或丧失独立自主的权利，或主权受损。亚洲并没有政治上的团结一致，只沦为一个地理上的名称而已。这种令人绝望的境况让各国不约而同地产生一个意愿：建立大东亚。"（第2351号法庭证据）而且，代表南京政府的汪精卫先生引用了中国革命之父孙逸仙于1924年11月28日在神户的讲话："日本与中国是兄弟之邦，日本受不平等条约奴役，首先觉醒，摆脱了束缚，成了东方的先进国家，并屹立于强国之列。现在，中国也要废除那些被强加于身的不平等条约。我希望能够获得日本的支持，获得中国的解放，更重要的是整个亚洲的解放。"

我提交辩方第2760B号文件作为证据，我将不会宣读这份文件。

韦伯庭长：我理解，这份文件以前曾经递交过，但是遭到拒绝。既然现在没有反对意见，那么，根据常规允许采纳该证据。

法庭书记官：接受题为《大东亚各国会议前的演讲》的小册子作为3671号证据；辩方第2076B号文件摘录将作为第3671A号证据被接受。

（随之，上边提到的小册子被编上辩方证据3671号，第2760B号文件被编上辩方证据3671A号，并作为证据被接受）

布鲁伊特辩护律师：（继续宣读宣誓证词）：

这种很少被人提及的不满情绪在那段时间里传遍东亚。

接下来我将简要阐明东条内阁在战争开始后把大东亚政策作为战争目标的原因。迄今为止，陆续执政的所有日本政府非常担心这一点，根据从前的经验，他们得出结论，认为东方的这种不满情绪是邪恶的永恒根源，除非通过和平手段让相关国家达成共识，否则东亚地区将一直动荡不安。所以在第一次世界大战后，1917年1月的和平会议上日本提出了建议，各个国家平等地参加国际联盟盟约。"

我提交辩方第2886号文件作为证据，我将不会宣读这份文件。

韦伯庭长： 根据常规，允许采纳该证据。

法庭书记官： 辩方第2886号文件作为第3672号证据被接受。

（上边提到的文件被编上辩方证据3672号，并作为证据被接受）

布鲁伊特辩护律师：（继续宣读宣誓证词）：

让所有亚洲国家失望的是，各个强国把这一提议束之高阁，我们无法达到目标。1922年的华盛顿会议不仅没能处理这个悬而未决的问题，反而增强了《九国公约》中东亚的殖民地、半殖民地的地位。当时的情况违背了亚洲人民追求东亚解放的意愿。1924年5月，一项反对日本移民的法令在美国国会通过，而且美国总统也在法令上签了字，在之后的7月1日，澳大利亚政府采取了禁止有色人种进入其领土的政策。因此，亚洲人民的意愿遭到践踏，而且违背亚洲人民意愿的政策反而大行其道，有愈演愈烈之势。逐渐觉醒的亚洲人民对这种情况满腔愤怒,把东亚稳定视为重大任务的日本政府对事态的发展尤为关心。因此,历届日本政府都对大东亚政策倾尽心力,东条英机内阁继续这一政策,在战争开始后把这项政策的实施作为目标之一。

144. 大东亚政策的关键是建立大东亚。鉴于对该政策的构想,当时的日本政府持有如下基本观点。应该优先考虑持续保持世界和平的潜在前提,与其他国家合作、彼此依靠会带来快乐与繁荣。建立一个和平世界最有效、最实用的方法是:东亚地区紧密联系的国家通过加强本国基础,互相帮助,共同努力形成该地区和谐愉悦的关系,建立彼此依存、共同繁荣的区域。以上是大东亚政策的思想出发点。

我进行这次谈话,阐述上边提到的1942年11月5日大东亚会议(第1374A号法庭证据)。

在此构思基础上,我们制订了以下五点作为建立大东亚政策的目的:

(1)大东亚政策涉及的国家应该通过彼此协作,保证本地区的稳定,在公平公正的基础上为了共存共荣共创新秩序。不可否认,从历史上看,大东亚各国彼此在各个方面都有着紧密的联系,不可分割。保证该地区稳定、建立共存共荣秩序是地处大东亚地区各国的共同任务。而大东亚共存共荣是建立在道德与精神上基础上的,这是东亚的传统特征,在这方面与旧秩序有根本性的区别,旧秩序中各国为了本国利益与繁荣而不惜牺牲他国。

(2)大东亚各国将尊重他国主权与独立,共享友情、彼此帮助,以此确保该地区各国之间的兄弟之情。我们认为大东亚应该作为一个整体建立友谊,彼此尊重对方的主权与独立,因为如果国与国之间是压迫与剥削的关系,那么是不会存在友谊的。我相信,只有在尊重他国的主权和独立的前提下才可以存在友好关系,所有民族都能够倾尽全力倾注自己的能力来促进成功,同时也会享受作为回报的繁荣昌盛。

(3)大东亚各国彼此尊重他国的传统、发展各个民族富于创造的能力,这样会使大东亚地区的文化、文明更进一步。从远古时候,大东亚地区就拥有高度发达的文化,其精神方面的财富在细致与深度方面都出类拔萃。我们认为如果能够把这种文明传向世界,经过一段漫长的培育、提炼过程,将弥补文化方面的缺陷,造福于全人类。我们相信拥有这样文化的大东亚各国会尊重彼此灿烂的传统,促进本民族的创造力,从而让大东亚文化更加辉煌。

(4)大东亚各国将彼此紧密合作努力加速经济发展,促进本地区的繁荣昌盛。为了提升人民生活水平、增强本国国力,大东亚各国将在彼此互助的前提下协同行动,共同为大东亚的繁荣奋斗。因为我们坚信尽管一些强国长久以来剥削大东亚地区,但是未来的大东亚将在经济上独立自主,通过精诚团结、协作互助建立创建属于自己的昌盛繁荣。

(5)大东亚各国应该和世界强国建立坦诚的伙伴关系,为了消除歧视、促进文化交流、增进世界开放而努力,为了整个世界的人类进步做出贡献。在此信条上建立的大东亚新秩序绝不会排外,而是会积极地和他人合作,为世界政治、文化进步添砖加瓦。我们坚信应该消除对其他国家与人民的歧视,禁止独占大片土地、资源的行为,那些假借自由公正之名继续威胁他人存在的做法会毁灭世界的整体发展,这也是延续至今的所谓"旧秩序"的一个特点。

以上就是当时连续数届政府建立大东亚政策的基本出发点,我们从来没有把这项政策构想成征服、侵略计划或者统治世界构想。

145. 日本各届政府始终珍视上述关于建立东亚新秩序的构

想。很明显,通过前面的叙述,我们和满洲国通过外交途径达成了中日基础条约,发布了日本、"满洲国"、中国联合公告,寻求解决中国事件的途径,与法属印度支那、泰国友好相处,我们竭力促成这一切都是为了和平手段达成以上目标。在 1943 年 11 月 5 日召开的大东亚会议后,各国与会代表都对该政策表示赞同,11 月 6 日的大东亚联合宣言所带来的希望晓谕整个世界(第 1346 号法庭证据,庭审记录第 12098 页)。

146. 在太平洋战争爆发以后,随着战争的进行,我竭尽全力实现大东亚政策,为了达到这个目的采取了各种措施。考虑到国内形势,实行了以下两条政策:在与大东亚政策联系紧密的占领区行政机构执行此项政策时,防止落入盲目崇拜的老调;更重要的是,各种政策应该满足各族人民的愿望和当地的实际需要:

(1) 在 1942 年 3 月成立大东亚协商委员会,该委员会是(日本)首相关于大东亚政策的顾问机关。

我提交第 2735 号辩方文件作为证据。

韦伯庭长: 根据常规,允许采纳该证据。

法庭书记官: 辩方第 2735 号文件作为 3673 号证据被接受。

(上面提到的文件被编上辩方证据 3673 号,并作为证据被接受)

布鲁伊特辩护律师:(宣读)

(2) 1942 年 11 月大东亚省的成立的目的是监督管理大东亚政策各项事务(第 90 号法庭证据)。

至于此项政策的外部事务,采取了以下三点措施:

(1) 对中国制定新政策。由于本国与中国之间还留有不平等条约,所以应该本着平等的原则制定新条约取代旧条约。

(2) 依据大东亚政策采取具体措施、根据占领区内各民族人民的意愿满足他们的要求。

(3) 大东亚会议的建议旨在增进各国人民彼此之间的理解,认可强化相互合作。

147. 大东亚协商委员会的成立是在国内执行大东亚政策的首项措施,我将简要描述一下该委员会。

该委员会成立于1942年2月,是首相的顾问机构。该机构的组织形式和运作方式在第2735号辩方文件里已进行了介绍。建立该机构的目的是反馈不同的想法与建议,向日本各界通报具体采取的措施,政府可以由此防止行政机关自我要求松懈的问题,并且能够调整政策满足每个地区的实际要求,并在占领区一步步贯彻实施不同阶段的政策,以求大东亚的建立。在同一时期,有人提出类似内阁会议的建议,成立调查机构。

我提交第2736号辩方文件作为证据,我将不会宣读这份文件。

韦伯庭长:根据常规,允许采纳该证据。

法庭书记官:辩方第2736号文件作为3674号证据被接受。

(上边提到的文件被编上辩方证据3674号,并作为证据被接受)

布鲁伊特辩护律师:通过这项提议,一个以顾问委员会形式出现的新机构诞生了。该机构的成员主要由政治、外交、金融、经济、工业、文化各个领域的专家组成。为了回应政府的要求,该委员会的各个部门进行研究,并且根据各自的经验提出自己的看法,依据本部门的意愿提交计划,讨论在政治、行政方面的提案方法,由此为大东亚政策的实施贡献力量。

检方提供了一些证据,旨在研究所谓的"国策研究会"。然而,唯一能够贯彻执行东亚政策、与政府相关的机构是前面提到的"大东亚协商委员会",政府对涉及大东亚建设的私人研究机构或者调查机构也很关心。政府与国策研究会毫无瓜葛。尽管总力战研究所属于公办性质,但是正如前文所示，政府政策的制定与学生的训练、战争的调查、战争的目标都毫无关系。

148. 根据大东亚政策的思想，旨在实现我们国内政策第二项的大东亚省于 1942 年 11 月 2 日成立。和大东亚政策有关的外部事务都归该省管辖，外务省的职责是纯粹的外交事务，比如签署条约等事务。同时外务省复杂的行政责任减轻，可以全力以赴推进对大东亚区域以外国家的政策，这些国家可能是同盟、中立国，抑或处于战争状态的敌对国，由此外务省可以对战争的转化做出贡献，并采取必要步骤结束战争。换句话说，我们推出这项政策的想法如下：在大东亚区域内各个独立国家的关系应该如同家庭成员一般，彼此理解、相互积极坦诚地合作。很明显，和那些把本国利益作为对外交往基础的国家相比，我们的政策的确有很大的区别。实际上外务办公室仅仅处理和签订条约有关的事务。鉴于上面所提到地区的国家都是独立国家，所以和这些国家的交往都应通过正当的外交途径。

大东亚省的职责主要在以下三个方面：

（1）和大东亚地区内的独立国家协商经济、文化、商贸等领域的问题。

（2）参与涉及关东军办公室和南海办公室的行政事务。

（3）协助占领区军事机构处理各种事务。

对大东亚省组织情况的敕令在第 90 号法庭证据中。在关于该省组织情况的法令提交时，当时枢密院的活动基本在第 687 号法庭证据中列出。

149. 作为当时的外部措施之一，和大东亚政策一致，新中国政策于 1941 年 12 月 21 日出台。如前文所提，内阁逐步采取措施撤销中国与日本之间的不平等条约。1943 年 10 月 30 日这项政策得以执行。

（1）中日协议规定收回所有在中国领土上的特权，废除我们在中国享有治外法权这项特殊利益。该协议于1943年1月9日签署，当日生效（第2610号法庭证据）。

（2）1943年2月8日，日本把掌控敌人财产的权利移交给中国南京政府。

（3）1943年10月30日，日本和中国缔结中日联盟（第466号法庭证据），根据第五条和附属条约，日本放弃所有1940年11月30日所签订中日基础条约中的占领权利，并承诺撤出全部日本军队。在解决中国事件后，还会撤出所有剩余军队。由此，中国与日本之间残留的不平等条约完全废除。

（4）上文所提新近结成的联盟建立在平等的基础上，两国互相尊重对方主权与领土完整，彼此帮助、经济协作，以求建立大东亚，保证远东地区持久和平。

关于上述内容，1943年11月6日，中国代表汪精卫在大东亚会议上的演讲中做了如下叙述。

我提交辩方第2760B号文件作为证据——哦，这份证据已经被提交了。

自从今年1月，日本迅速撤出了在中国居住的移民，并废除了治外法权。而且，日本签署了《中日联盟条约》，同时取消了以前签订的中日基础条约和其他的附属条约。我们看到，中国国父孙逸仙博士为之奋斗的"大东亚原则"曙光初现。日本衷心帮助中国，孙逸仙博士所希望日本废除不平等条约的目标已经实现。

……

法庭执行官：现在国际远东军事法庭继续开庭。

韦伯庭长：首席检察官先生。

由季南检察官提问（继续）：

问：我没有问你前后是否一致的问题。我问的是在中国与日本的和平协议达成前，你是否主张日本军队继续留在中国。你可以回答这个问题吗？

答：在和平协议达成前，我们不能从中国撤军。

问：我没有问那个问题。我将重新提问并强调问题点。

你拒绝与美国达成协议，这的确不是事实。你们是否在1941年时故意这么做，直到对方理解并同意日本军队可以留在中国，日军在华驻扎的时间可以延迟到两年——截至中日达成和平协议？

答：不是那种情况。在日美协商期间，日本明确建议，如果中日能够实现和平，那么军队将基本撤出中国，仅仅在华留下小部分军队。唯一没有解决的问题是在中国留下小股部队的问题。

问：你用了"实现和平"一词，你指的是结束敌对状态还是在中日两国间签订了和平协议，并按照和平协议执行以后？指的是哪种情况？

答：我指的是和平协议签订以后。

问：东条英机，你认为有自尊的国家在被侵略以后，会与占领自己主要城市的敌人军队讨论协议条款吗？

答：那要看什么样的和平协议了。如果有必要的话，我准备好对此做出详细解释。

问：现在没有这个必要，请回答我这个问题：

如果你是日本首相，现在有外国军队占领了日本的部分领土，但是日本没有屈服。在外国军队没有被赶走，或者外国当局没有撤军之前，你是否会赞同和平条约，甚至仅仅是去讨论和平条约？

答：在那种情况下，如果我是首相，如果这样的行为有助于东亚和平，我会去做。

问：换句话说，如果同样比例的中国军队占领日本，要求在一定条件下实现和平，在你认为有利于远东稳定的情况下，你会与中国当局签订和约而不要求中国军队撤出日本，是不是？

答：正如历史展示的那样，中国存在一定程度的敌意，这种情况在从战争向和平的转变过程中总是存在。

现在我们回到事实上来吧。你知道在七七卢沟桥事变让中国本地人的反日情绪高涨吗？

答：部分中国人在七七卢沟桥事变后产生那种情绪可以理解，但是卢沟桥事变的原因则另当别论。如果有必要，我准备好给出我的看法。

问：现在还没有那个必要。

东条先生，大批日本军队在1941年以前很长时间就不断进入中国各地，难道不是这个事实引起了中国人反日情绪的吗？你承认这一点吗？

答：原因和过程放到一边，是事件经过本身，以及日本军队在中国大陆上进行的行动，让中国人或者部分中国人有这样的反日情绪。

问：东条先生，直到1941年，你能够给我们一个粗略的估计，在过去10年间派往中国的中国军队，不，日本军队的数量？

答：我记不起详细的数字了，应该在60万到70万之间，但是这个数字不一定准确。

问：我是不是正确理解你的回答。你在这个法庭上宣布直到1941年的10年间，估计派往中国的日本军队总人数不超过60万到70万？你现在给出的数字和在本案中你原来证词中给出的数字出入很大。

译员：证人回答首席检察官先生第一部分的问题，"不是那样"。

答：我说的是……我说的是……我给出60万到70万这个数字指的是1941年某一段时间，不是从10年前到1941年的总数。我没有办法告诉你总数，想不起来了。

问：很明显我误解你了。那么请尽力根据你最接近现实的估计，给出1931到1941年日军在中国，包括在满洲的总数吗？

答：我没法给出你士兵总数，但是我估计那个数字应该非常庞大。

问：你的回答没有任何意义。在那段时间估计大约有400万到500万？

答：我没法说出具体数字。我没有办法告诉你。

问：你知道在那段时间里有多少中国人被军队夺取了生命吗？给出一个大约的数字。年鉴上的数字或许能够帮你回忆起来。

答：我应该知道吗？

问：我问你能否估计被杀害的中国人人数，不是军方决定要处死的人，而是日本军队在军事行动中无辜死亡的人。我认为在日本年鉴里有一份关于该问题的摘要。

答：我不记得了，你能告诉我吗？

韦伯庭长：法庭休庭。诉讼将在星期五早晨9:30继续。

（12:00休庭）

1948年1月2日，星期五
日本东京都旧陆军省大楼内远东国际军事法庭

……

（9:30重新开庭）

法庭执行官：远东国际军事法庭现在开庭。

（被告东条英机再次出庭，通过日语译员作证）

交叉询问（由季南检察长询问东条英机）

由季南检察长提问(继续)：

问：上次庭审结束时，根据记录显示，我询问你估计日本军队造成

中国人死亡数量的时候，你反问我是否能够告诉你，你还记得吗？

答：记得。

问：东条先生，我有日本年鉴出版大本营的报告作为参考。该信息出自大本营，你认为该信息来源是否可信？

答：那实际上是大本营的公报，我认为来源可信。

问：你自己对日本年鉴是否熟悉？

答：我不太了解日本年鉴，不过我知道目前谈到的大本营声明。

问：如果信息不确切，你认为日本政府是否会在年鉴中出版大本营的报告？

答：我想不会，至少我认为如此。

季南检察长：我没有听见，请重复一下。

（法庭官方记录员读出了被告的回答）

问：大本营的这份声明估计在1937年7月到1941年6月被杀的中国人数目是201.5万。日本军队在那段时间里的行动中有没有部门统计被杀的中国人数量？

答：我不敢确定你问我的问题，不过我认为那个数目应该是通过估计得出的，在前线估计而得。

问：我就是在问你，当时是否有部门或者专人负责统计被杀中国人数目？

答：我从来没听说过任何特殊部门专门调查中方或者日方的伤亡人数。

问：可是这对你的军事行动很重要，不是吗？

答：当然很重要，不过我要说的是没有创建特殊部门专门负责调查伤亡人数。而且，有命令要求各个部队在报告战斗过程里中方与日方的伤亡人数。我估计大本营通告的是这些报告伤亡人数的总和。

问：由于下一份汇编篇幅很短，我给你宣读一下："包括死亡、受伤、被俘等情况，中国军队的损失是380万。"

这难道不应该算作前面所提数字 201.5 万之外吗？

答：因为我和那些数字没有丝毫关系，那些数字是经过汇编后，由大本营宣布，但我不能完全肯定。但是根据常识，我认为后一个数字应该包括前一个数字。

问：那么当你担任关东军军官的时候，你是否向你的上级报提交过类似的关于中国人在满洲的死亡数字，或者关东军的死亡数字报告呢？你有没有提交过报告给你的上级？

答：问题中所涉及的时间段是否指在我担任参谋长的时候？

问：不，我再问你，当你在中国的时候，其中包括你担任参谋长的时候。

答：是的，在于关东军任职期，我始终定期提交报告。

问：下一条记录是"战利品"；该记录包括这样的内容"军队，482 257"。这难道指示的不是一个具体数字吗？

答：可以重复一下那个数字吗？

问：482 257。

答：我估计是吧。我希望做额外的声明，可以吗？我想和你谈一下战场时的心理情况。

问：等一下，东条先生，我对心理问题不太感兴趣。我正在请你注意被杀死、致残的人数以及缴获战利品的数目。

如果你关于心理问题的解释与此有关，请讲。但是请注意，你所讲的一定要与刚才谈的事件有关。

答：我要讲的内容很短，我不是要向你解释心理学。

前线指挥官很喜欢报告自己的功绩，所以他们有夸大造成敌人伤亡数目和缴获战利品数目的倾向。因为你问到我这些数字的准确性，这就是我的解释，我没有别的要说的了。

问：说完了？

现在，看一看下一条记录，坦克、汽车、卡车，数字是 1 475。根据你在军队里的经验判断,这个数字看起来统计得难道不精确吗?

答:我并不能说,我并不认为这些数字很精确,因为我刚才向你解释了其中的心理因素,这是汇编的总数。

问:我不想把询问弄得乏味冗长,作为例证我再列举一个数字:被毁坏、夺走的火车、发动机、车厢的数目是 2 449。军方机构上报的这个数字是否精确?

答:根据常识判断,清点火车头和车厢比较容易,所以我推测这是个精确数字。

问:那么我最后再强调一下,不算不重要的第三项:包括诺门罕事件在内,日本皇军的损失为 109 250 人死亡。

(证人用日语说)

季南检察长:稍等,我会讲日语的同事马克森提醒我,翻译是"不重要",而我说的是"不算不重要",我希望将我的话翻译过去了。

答:我理解更正的部分,不过能否重复一遍整个问题呢?你问我的是什么?

问:我的问题是,根据你在军队中担任将军的经验,这个数字是否准确。

答:那能否重复一下数字呢?

问:可以。

答:问题中问的是仅仅在诺门罕损失的人数还是在诺门罕以后损失的人数?

问:我再读一遍,内容很短:"皇军损失"——我认为这里指的是日本军队,"包括"指的是包括"诺门坎事件的死亡人数为 109 250 人"。

答:包括诺门坎事件,那么这个时间段从什么时候开始到什么时候结束?

问:你问我什么时候,依据我的理解是从 1937 年 7 月到 1941 年 6 月。

答：我觉得你在数字上有错误。我认为，根据你所说，在这段时间里中国军队损失超过 200 万，日本方面损失大约 120 万，后一数字还包括日本居民在中国遭受屠杀死亡的人数。

问：东条先生，我不知道翻译得如何，不过我很清楚地说出数字 109 250，请你自己思考一下。根据你在军队的经验，据你看，这个估计是否准确？

答：我认为不准确。我觉得这个数字不应该这么小，你说的是日本方面的伤亡数字，是吧。

问：是的。那么你认为在 4 年时间里日本军队的损失数字应该是多少？当然，日本的将军一定很关心自己的士兵和士兵家属的情况，所以会保证记录的死亡数字准确无误吧。

答：作为首相兼任陆军大臣，每天我都仔细记录日本方面死亡伤残的数字，但是现在凭记忆我无法给你准确的数字。

问：你能否给出粗略的估计数字？

答：我已经告诉你了，我记不得确切数字，今天没有办法在法庭上核对你这些数字。不过根据你所说，在那段时间，中国军队损失了大约 200 万人，从常识来看，日方损失的人数在 120 万左右，其中包括在中国的日本侨民。

问：东条先生，你一直说"根据你所说"，我对于这些事情一无所知，这些数字是由日本年鉴而来。鉴于我们在法庭诉讼中，我这么说吧，我正在读的内容来自第 276B 号证据。

答：请原谅，如你所说。

问：东条先生，在日本人们往往会把"战争"称为"事件"，这是真的吗？

答：是的，如你所说，不过……

问：在你的宣誓证词中，就称之为"战争"，是不是？

译员：在检察官先生提出问题之前，证人正要对下一个问题发表声明。

季南检察长：无论谁发表声明，语言部，我正在询问该问题。但是如果证人做其他声明，我不想打断，请证人继续。

问：东条先生，如果刚才我打断了你的话，请继续。

答：在日本，战争行为在日本可以被称作"事件"。那当然是战争，1941年12月8日，重庆政府向日本宣战。

问：我不想在这上面花太多时间，但是我还是想问一下，你能否告诉我们为什么在日本不称之为"战争"呢？

答：开始用"事件"一词代替"战争"期间，我并不是负责人，所以我不能在法庭上为此承担责任回答你的问题。

问：当然，东条先生。你应该能够理解，超过两百万人口被屠杀的国家对操刀杀戮的国家怀有痛恨之情。

答：你说什么？

问：我问你是否理解、意识到超过200万同胞在大约4年的时间里被杀害，中国人民会产生反日情绪？

答：我当然理解，我明白这种情况正在出现，但是我觉得这个国家的领导人应该持不同观点。

我可以继续吗？

我当然觉得整个战争是非常不幸的事件，不仅对中国人来说，对日本人来说也是如此，对我们两个国家都非常不幸。我理解这件事，而且对这些人表示歉意，这也是为什么早些时候中国事件的解决方法就是各自内阁制定政策，其中包括自从中国事件爆发后新上台的日本内阁。

问：现在我们可以进入这个话题的核心问题了。中国人民与这场战争的爆发与进展无关，不是吗？我说"中国人民"指的是那些普通人，而这些人就是201.5万死亡名单中的人。他们与战争毫无关系，不是吗，东条先生？

答：这是个很难的问题，不过我还是会回答。首先，以你的观点看，这些人和战争毫无关系：两国人民本身，可以称他们都为无辜的人，与战争没有直接关系。

问：等一下，可是他们……

答：可是，然而……请稍等。

可是至于领导这个国家的人，我觉得这种反日运动、蔑视日本人的运动、抵制日本商品、残杀无辜平民，这些行为不像一个国家的行为，这也是战争爆发的重要原因。

语言监督官：应该删去"运动"一词。

问：东条先生，难道你不认为战争是最高等级的犯罪吗？我简化一下这个问题，你难道不同意我的观点：战争是反人类的罪行吗？

答：我不同意你所谓战争是犯罪的说法，不过我同意战争给人们带来灾难与不幸，不论对于战胜方还是战败方，这种灾难与不幸没有分别。

问：东条先生，你是否同意我的这个观点：侵略战争是犯罪？

韦伯庭长：布鲁伊特先生。

布鲁伊特辩护律师：如果法庭允许，当然由法庭决定这个问题是否与本案有关。

韦伯庭长：自然由我们来决定。辩论关乎交叉询问中这个问题可以提到何种程度，但是对于律师，我确定这种交叉询问没有多大意义。

季南检察长：庭长阁下，这名被告遭到起诉，诉讼关乎他的生命与自由。他被控犯下了罪行，他的心理状况应该在法庭前……

韦伯庭长：不，你必须……

季南检察长：我可以说完我的话吗？

韦伯庭长：我想指出这一点……

季南检察长：我希望您能够让我把话讲完。如果不行的话，我不能完成法庭询问的环节。

韦伯庭长：请说完你的话。

季南检察长：这位证人并不是无名小卒，他是一名被告，被指控有罪。我觉得他的心理状况至关重要。我希望从证词中知道他是否承认自己当时意识到所犯下的罪行，所以我直接向他提出了这个问题。当然，庭长先生，在座的每一位都不蠢，当然不会认为最终决定取决于被告。但是如果他在证人席上认罪，本法庭是否不希望让我获得令被告认罪的机会？

韦伯庭长：现在请他站在这里的目的不是让他认罪。目前的情况是：他对事实存在诚实理性的信念就是辩护，即使这种信念是错误的。他对于法律的观点或者信念不属于辩护，如果他有罪的话，除了关于减轻刑罚的问题，其他的都毫不相关。

在纽伦堡唯一一个因为侵略战争而被判有罪的人也没有被判死刑；所以纽伦堡法庭应该认为对于法律的信念——即使是错误的信念，也可以是根据情况减轻刑罚，但是纽伦堡方面并没有明确地提出来。我仅仅复述事实。

布鲁伊特辩护律师：庭长先生，我确定，对我来说没有必要指出，在各位法官的想法中，严格依据章程条款，这名被告在诉讼中做无罪辩护。这次他在此的身份无论是证人或者被告，我觉得这次询问他是否改变辩护立场，并不在交叉询问的职责范围内。

韦伯庭长：向他提出的问题并不涉及有罪或者无罪，这些问题甚至都不大涉及他对于法律的观点。如果别人问我是否认为侵略战争是犯罪，而我回答不是犯罪，那么我就有罪了吗？

布鲁伊特辩护律师：针对我表示反对的意见，检察官在辩论的时候似乎暗示了他提出这个问题的原因，庭长阁下。由于这不是正常的交叉质证，我仍然反对。

韦伯庭长：反对有效，驳回该问题。

问：东条先生，我注意到在下一段里你提到自己的声明中的内容：

"……让日本、'满洲国'、中国成为一个整体。"这句话是什么意思？

答：意思是推动日本、"满洲国"、中国之间经济上的紧密合作，同时对抗世界其他区域的整体经济集团。

问：还包括以下的话语，"……拥抱整个大东亚。"你可以向我们描述一下"整个大东亚"一词的意思吗？

答：开始，如果日本—"满洲国"—中国经济体建立，那么就会出现一个独立的经济系统。在这个系统发展完备之前，自然会存在各种各样的缺陷与不足。除此之外，以日本—"满洲国"—中国经济体为核心，和东亚其他地区建立紧密平等的经济合作关系。

问：你使用了"拥抱整个大东亚"这样的词汇，这里边包括了哪些国家与人民？

答：首先我要澄清的是，"拥抱"一词在这里绝对没有奴役或者奴隶身份的意思，而是对生存权利的承认。

译员：纠正一下：删除"生存权利"一词。

用"创建生存与存活的空间"一词来代替。

问：东条先生，我不知道是什么让你想到奴隶制度的。我向你提出问题：这句话包括了那些国家——此处使用"大东亚"一词包括哪些国家与人民？请你回答我的问题。

答：我预先做出解释目的是不要让别人误解，然后我会给出具体解释。

当然，包括日本、"满洲国"、中国这几个国家及其人民，还有法属印度支那、泰国、荷兰（荷属东印度[1]），这些国家都包括在内。起初的想法、动机是推动这些国家人民之间的贸易，携手建立企业并稳定经济。

问：哪些国家？请列举出"拥抱整个大东亚"所包括所有国家的名字？

---

[1] 指的是 1800 年到 1949 年荷兰统治的印度尼西亚——译者注。

答：我刚刚把那些国名告诉你了，而且也列举了那些国家的人民。

问：可以再把所有的国名及其人民再列举一遍吗？

答：好的，我会的。日本及其人民、中国及其人民、"满洲国"及其人民，泰国及其人民，法属印度支那及其人民。当然，法属印度支那是法国领土。荷兰，这里指的是荷兰属东印度群岛及其人民。

问：就这些吗？

答：当时的想法仍然很抽象，随着时间的推移，"大东亚"一词的含义也产生变化，尤其是在战后，大东亚战争——也就是你所说的太平洋战争结束后，这个概念发生了变化。

问：在你所说的"拥抱整个大东亚"中，是否包括菲律宾群岛，还是把这些岛屿排除在外？

答：当时，也就是1940年7月，对于菲律宾群岛，我们在设想中并没有一个清楚的最终界定。

问：你说在设想中没有清楚的最终界定，这些岛屿究竟在不在你们的设想规划之中？

答：嗯，用你们的话来说，可以称为"有一点"，大概是这样吧。不过我还是坚持我的说法，当时并没有最终确切的"大东亚"概念。这一想法还不成熟，在大东亚战争爆发后这个想法仍然不成熟，而且这一想法被融入战争之中。

译员：更正：大东亚概念成熟了。

……

法庭执行官：远东国际法庭现在继续开庭。

韦伯庭长：首席律师先生。

季南检察官：请向证人出示第762号证据。

（随之，一份文件被递到证人手上）

由季南检察长提问（继续）：

问：东条先生，你还记得这份证据吧？

答：我想不起来了。

问：你是不是否认参加编写了这份文件？

答：如果这是从《大日记》中摘录的，我不会否认。

问：文件中是不是包含"总体行政大纲，建立现中国指南"？

答：作为关东军的观点，的确包含在内。

问：我将引述英文版第3页的内容："尽管新中国的建立取决于最终能否在中国北方组建中央政府，但是我们要完全尊重当地居民的惯例和意愿，让他们为即将与苏联爆发战争的准备工作出力。"你还记得这些内容吗？

答：我不记得这部分了，不过这些话的确写在这里。

问：1937年6月9日的电报中——即第672号证据，你发表了同样的观点，这段话难道不是从你的观点顺理成章地发展得来的吗？

答：你在问我两者之间是否有联系？

问：是的。

答：就事论事，的确有联系。也就是说，关东军的任务就是对抗苏俄，保证"满洲国"的和平与秩序。从我们的职责出发，产生这种思想认识的确与之有联系。

译员：把"满洲国"一词更正为"满洲"。

问：为了与苏联备战让中国人民出力，这一原则是不是建立在关东军利用满洲民众达到同一目的的基础之上的？

答：你的前提与结论都错误。

问：植田谦吉将军和你通过"满洲国"政府的总务厅动用了"满洲国"的资源，目的是建立各种关东军必须的军事设施，备战对抗苏俄？

答：使用满洲资源的唯一目的是造福满洲人民。

问：你在满洲的时候是否在苏俄边境建造了有战略意义的铁路？

答：你说的"有战略意义的铁路"是什么意思？

问：我的意思是通过这些铁路的主要作用是运送军队和军需物资。

答：建造这些铁路的主要目的是发展工业。当然，从"满洲国"国家防御力量的角度出发，自然也会使用这些铁路。

问：你在满洲期间是否建设了军用飞机场？

答：是的，修建这些机场的原因是保证通信和文化交流。

问：1937年到1938年间，你是否和陆军次官梅津美治郎将军保持公务通信，讨论在满洲建设军事设施的问题，他对此表示支持？

答：我不知道梅津美治郎将军是否支持，不过我们的确采取了许多军事措施。当然，这些都是出于保证满洲国防的责任。

季南检察长：我请法庭注意我们的第 719A、670、3371、835、838、706、718 号证据。

问：植田谦吉将军和你有没有通过"满洲国"协和会中心总部的井上中将，领导该组织的活动？

答："满洲国"协和会的活动管理是归"满洲国"政府负责的。

问：那么日本当局没有参与其中了？

答：日本当局在该协会中有自己的利益。

问：你记不记得，在1938年，"满洲国"协和会有3 000个当地分支机构，100万名正式会员？你想起来了吗？

答：我记不住这些细节。

问：你要说的是该内容完全错误吗？

答：我不能确定这些内容的正确与否。

问：你能估计一下"满洲国"协和会在当地的分支机构数量吗？

答：我不能给出一个确定的估计，我想分支机构的数量大约就像你提到的那么多吧。

问：那成员有大约100万吗？

答：我没办法说出确切的数目，100万还是70万。我实在不清楚。

问："满洲国"协和会中心总部在1936年把其职责范围扩大到俄国移民办公室，你知道吗？

答：什么时候，1936年的哪个月？

问：1936年的任何时候。

答：现在我记不起来了。

问：你不记得，这件事发生的时候被告南次郎正在担任关东军司令官？

答：你在问我现在记不记得，还是当时记不记得？

问：不论现在还是当时，你记不记得？

答：我记得在这次庭审前这件事被提起过，而且讨论过。

问：你不记得在你担任关东军参谋长期间，哈尔滨特务机关建立了白俄移民中队，一旦和苏联爆发战争这支队伍将投入使用。

答：我记得这件事，因为白俄是"满洲国"的一个民族，所以他们是"满洲国"的一份子，我记得哈尔滨特别行动部对这一族人很有兴趣。

问：那你记不记得训练白卫兵破坏队后，派遣这支队伍去苏联军队后方进行颠覆活动，并破坏跨西伯利亚铁路？

答：你说，他们受过训练？

问：是的。

答：他们的确进行过破坏活动吗？

问：训练他们就是为了那个目的。

答：我确实记得有一部分满洲军队接受训练，一旦与苏俄开战才能做到有备无患。当然，那只是我们计划中的一部分。

问：那部分计划——那部分计划是不是主要涉及白卫兵，也就是白俄呢？

答：他们是白俄，而且他们是满洲人。

问：训练他们就是为了上述目的？

答：作为满洲国家军队，作为我们应对突发状况计划的一部分，训练他们就是为了上述目的。

问：哈尔滨秘密机构是否通过关东军司令部从参谋本部或者陆军

大臣处获得资金、供应以对付苏联为目的的满洲白俄移民机构的活动？

答：我没明白问题是什么，可以重复一下吗？

（于是，日本法庭记录员重复了问题）

答：（继续）你的问题很复杂，我将一部分一部分地回答。

特务机关通过关东军司令部从参谋本部获得资金是事实。

不过我不理解你所说的对付——对付苏维埃共和国的意思是什么。如果日本与苏俄之间爆发战争，我们通过一些手段获得先机，遏制敌人是很正常的事情。大概这是你的问话所指吧。

至于哈尔滨特务机关是否在某些时候帮助那些白俄组织，我的答案是否定的。因为这些组织是满洲国家军队的一部分，所以开支应该由"满洲国"政府支付。这就是我的全部回答。

由季南检察长提问（继续）：

问：换句话说，东条先生，你有意向……

答：可以为我用日语重复吗？

（日语法庭记录员重复问题）

问：我的问题是，日本帝国的目的是否如下：如果大英帝国和法国等盟国战败，日本帝国是否会承担其引领东亚各国政府的责任？就像日本帝国引领"满洲国"政府一样？

答：我明白你的问题，会对此做出回答。

首先，当松冈洋右的草案通过时，我们还没有一个确定的想法。我们当时希望依据公民意愿建立政府，就像按照大东亚政策建立的"满洲国"政府一样。我们还希望看到和"满洲国"政府一样独立自主的政府，它们都是大东亚的成员，我们希望与之在生活繁荣的基础上合作。

更正一下：在共存繁荣的基础上。

这就是我要说的。

问：在这个法庭上你听到了"满洲国"皇帝的证词，不是吗？

答：听到了，不过我不相信。

问：在你要求美国承认"满洲国"政府的时候，谁是"满洲国"皇帝？

答："满洲国"的皇帝始终是那个来这里作证的皇帝。

问：1941年在你要求美国承认"满洲国"时，他做"满洲国"皇帝多久了？

答：嗯，有几点需要说明。首先，你说当时是我要求美国承认"满洲国"，可是我不记得做过这件事。其次，我想那段时间是9年或者10年。

问：1941年日本方面要求，或者强烈申请美国承认"满洲帝国"作为独立国家，就此事日本与美国有过若干次对话，你否认知道这一事实吗？

答：我觉得日本很可能这么做了，可是你在问我是否记得这件事，我的回答是现在我不记得这件事情了。

问：那么你是否记得1941年在关于承认"满洲国"为独立国家的对话时日本持什么立场？

答：我现在开始明白你要说的是什么了。我们的确在日美谈判的时候要求美国承认"满洲国"为独立的国家。这是不是你问话中所指的事件？

问：是的。

答：我们这一方面确实非常希望"满洲国"能够获得美国的承认。

问："满洲帝国"的皇帝就是在本法庭上作证的那个皇帝，是不是？

答：是的。"满洲国"当时的政府形式就是帝制政府。不过独立国家并不一定意味着帝制政府，一切要取决于公民的意愿。

问：是的，可是你是不是强烈要求承认"满洲帝国"作为国家独立于中国的土地？

答：我？你问是不是我有这样的强烈要求？

问：是的，我在问你是否有这样的要求。

答："满洲国"从中国独立出去是该国民众的要求，日本承认其独立国家的地位。

问：日本承认溥仪是"满洲国"的合法皇帝,不是吗？

答：我没有理解你的意思,可以重复一下吗？

季南检察长：请重复。

（日语法庭记录员重复了问题）

答：（继续）日本承认这位皇帝,因为他登上宝座是满洲人民的意愿。

问：在这位皇帝访问日本期间,你们真心实意地接待了他,是吗？

答：我们从内心深处诚挚地接待他,可是在这个法庭上,他背叛了我们的信任。

问：在他站在这个法庭上之前,你是否意识到这位皇帝不可信赖？

答：没有,我信任他,我比任何人都信任他,我一定缺乏知人之明。

问："满洲国"每个机构的二号人物都是日本人,这部分的证词你怎么看？你们对此争执过吗？

答：那要看什么时候了。

布鲁伊特辩护律师：如果法庭允许,我希望听到语言部就关于"缺乏知人之明"一处的回答做出解释。我的助理律师表示那部分内容不太清楚。

季南检察长：我向庭长建议,不值得花费开庭的时间处理这件事,不过我想我们还是应该遵守规定。

韦伯庭长：克莱福特上尉,请照办。

语言仲裁官（克莱福特上尉）：问题中用的词是"不明",翻译过来就是"缺乏见识"。

问：换句话说,在你耗费了10年的大部分时间支持溥仪担任"满洲国"皇帝,结果你发现自己犯了错误,是吗？

答：嗯,可是那10年时间里,我并没有始终担任日本首相。

……

1948年1月7日,星期三
日本东京都旧陆军省大楼内远东国际军事法庭

布鲁克斯辩护律师：接下来,我将提交第2345号辩方文件,即西尾寿造宣誓证词。

韦伯庭长：根据惯例,予以接受。

法庭书记官：《西尾寿造宣誓证词》第174章被标记为3691号证据。

（上边提到的文件标记为辩方第3691号证据,并被接受）

布雷克尼辩护律师：我宣读证据：

……

1. 在那之后,寺内寿一将军和杉山元将军接手处理此事。他们没有询问下属的意见,所以我起初并不知道真相。可是我听说两位将军拜访了宇垣,解释了军队的严峻处境,请他重新考虑组建内阁事宜。据说两位将军还与部分陆军大臣候选人进行协商。这些候选人表示由于无法从内部掌控军队,因此都没有接受陆军大臣的职位。在那样的形势之下,宇垣将军放弃了组阁的念头。另外,军队内部的变故也波及了退伍军人。据我所知,退伍军人协会对此事极其担忧,于是以副大臣的名义向他们对该事件的特殊性做出了解释。

2. 当我担任关东军参谋长一职时,梅津美治郎中将是中国驻屯军司令。1935年5月,陆军大臣林铣十郎来到新京[1]对满洲进行视察时,关东军向他报告了当时的情况。陆军大臣还召见了梅津美治郎中将听取他的汇报,那时我也见到了梅津美治郎中将。

---

[1] 即长春市——译者注。

不过那次会见无非是普通的寒暄罢了，并没有就关东军政策等各方面问题展开正式会谈。梅津美治郎中将与陆军大臣见面结束后即离开新京返回工作岗位。

您可以交叉询问。

韦伯庭长： 伊万诺夫上校

交叉询问（由伊万诺夫上校询问）

由伊万诺夫上校提问：

问：证人，你在宣誓证词中称自己是前关东军参谋长。你是否在 1934 年 3 月 5 日到 1936 年 3 月 23 日期间担任该职务？

答：是的，如您所说。

问：在这段时间里，你宣誓证词中隐去名字提到的南次郎将军是否始终是关东军司令官？

答：在第一年里的关东军司令官是菱刈隆将军，从第二年起由南次郎将军担任关东军司令官。

问：在你的宣誓证词中同样没有提到梅津美治郎将军与南次郎将军于 1935 年 5 月在"新京"会面，你不知道这次会见吗？

答：没人告诉我有任何特别会面。

问：我说的是 1935 年 5 月梅津美治郎前往"新京"的那次会面，也就是陆军大臣林铣十郎召见梅津美治郎汇报中国北部情况的会见。

答：我知道 1935 年 5 月梅津美治郎将军会见林铣十郎将军汇报的事，我已经在宣誓证词中谈到了。

语言监督官： 陆军大臣林铣十郎，不是林铣十郎将军。

问：梅津美治郎将军和南次郎将军那时有没有会面？他们是否讨论了中国北方的形势？

答：我不知道。

问：你的意思是，你想让我们相信这样的事实：你甚至不知道进行过这次会面？

答：当时我不知道这件事——不知道你提到的这次会面。

问：你现在知道这件事了吧？

答：不，我不知道。

问：难道根据惯例和礼节，在这种情况下不应该拜访梅津美治郎将军吗？

答：嗯，很可能梅津美治郎司令官见到了南次郎司令官，不过他们很可能仅仅是出于礼貌互相问候，这点我还是相信的。但是我不知道关于他们两人专门讨论中国北方形势的任何情况。

问：你能告诉我们陆军大臣林铣十郎在1935年5月前往满洲视察的特殊目的吗？

语言监督官：证人曾经说过："我听不见问题。"

伊万诺夫检察官：请日本法庭书记官重复问题。

（日本法庭书记官重复问题）

答：当时我没有听说那次视察有什么特殊目的，不过根据我们收到的信息，他来"满洲国"是为了视察关东军以及"满洲国"，给他的汇报当然是关于这些情况的。

问：林铣十郎有没有视察驻扎在满洲北部、东部或者南部的军队？

答：没有。

问：请告诉我们，有一些问题，梅津美治郎司令官和南次郎是否可能对身为关东军参谋长的你有所隐瞒？

苏俄语言监督官：关于梅津美治郎将军和南次郎将军之间谈话的问题。

答：现在所提出问题的意思是南次郎将军对我有所隐瞒——南次郎将军因为某些原因向我隐瞒了一些信息吗？您所提的问题是这个意思吗？

问：是的，就是此意。

答：无论任何事情，南次郎司令官绝不可能对我有所隐瞒。

问：既然如此，请你告诉我们南次郎将军是否和陆军大臣就中国北方的形势展开讨论，并评估日本军队的实力以求夺取该地区。

答：我相信绝没有发生过那类事情。

问：陆军大臣有没有视察南次郎将军所保持维护军事建筑的状况？

布雷克尼辩护律师：如果法庭允许，我认为这与宣誓证词没有关系，因此提出反对。

伊万诺夫检察官：庭长阁下，我认为弄清楚陆军大臣林铣十郎前往满洲视察的原因非常必要，同时还需要阐明陆军大臣林铣十郎与两名陆军司令官——即在亚洲大陆的日本军队司令官会面的情况，这个问题目前还是一个谜。否则，陆军大臣的视察似乎没有道理。

韦伯庭长：除非你能够阐明这件事情与梅津美治郎的联系，否则你的问题也同样没有事实依据而且毫无关联。

伊万诺夫检察官：庭长阁下，我会略过这个问题，提出下一个问题。

问：你在宣誓证词中提到，关东军向陆军大臣提交了一份关于形势的报告。这份报告是由南次郎司令官提交的，还是由身为参谋长的你提交的？

答：是关东军司令官提交的报告。

问：在这份报告中，有没有提出关东军准备在中国境内进行战斗打击苏联的纲要？

答：没有。

问：既然你说报告的核心问题不涉及关东军的活动，那么报告的内容是什么呢？

布雷克尼辩护律师：如果法庭允许，我反对这种提问方法，而且在没有直接证词的限定范围的情况下，这种交叉质证很不合适。

伊万诺夫检察官：庭长阁下，我必须要在法庭上弄清楚一件事：两名司令官与陆军大臣林铣十郎的会面和两支部队协同行动事宜之间的联系。我认为我们完全有资格这样处理，让两支军队协调行动的事件真相大白。

韦伯庭长：在第2段里证人表示："没有相关政策的关东军行动会议等"。你的交叉质证是直接指向此证词的吗？如果答案是肯定的，就不必停止。

伊万诺夫检察官：是的，完全如您所说，庭长阁下。

布雷克尼辩护律师：如果法庭允许，我需要指出最后一个涉及关东军向陆军大臣所提交报告内容的问题：庭长阁下宣读的片段与被告人梅津美治郎有关联，可是梅津美治郎与关东军和陆军大臣没有瓜葛。

伊万诺夫检察官：庭长阁下，我要用另一种方式提问。

问：在交给陆军大臣的报告中是否存在概括中国北方形势的资料，而这些资料为关东军所有？

答：没有。

问：关东军是否有可以获得关于中国北方消息的来源？

答：我们很少获得中国驻屯军[1]发来的消息。

问：换句话说，从梅津美治郎将军那里传来的消息？

答：我们从中国驻屯军司令部相关机构接收讯息，彼此通信。

问：你为什么不提梅津美治郎将军的名字？众所周知梅津美治郎将军是驻守"新京"的关东军司令官。

答：我没有对梅津美治郎将军的名字避而不提，因为在日本军队司令部里人们不知道梅津美治郎这个名字，中国驻屯军司令部才这样称呼他。所以我用正式的名字称呼他。

---

〔1〕 中国驻屯军（日语：支那驻屯军，英语：Japanese China Garrison Army）：是日本根据《辛丑条约》获得的在中国境内驻屯军队特权的产物，属于日本军队一支。原称清国驻屯军，清朝灭亡后，1912年4月改称"中国驻屯军"，而后成为侵华日军的一部分——译者注。

问：不过梅津美治郎将军是天津驻屯军的[1]指挥官,是吗？

答：是。

问：你仅仅从梅津美治郎将军的司令部收到关于中国北方地区的信息,还是关东军自己有中国北方地区的消息来源？

答：消息从北方的中国驻屯军司令部发来。在那里,也就是中国北方,关东军没有在梅津美治郎将军管辖下的特殊情报机构。

问：南满洲铁道株式会社在中国不同地区设有分部,是不是从这些地方获得政治、军事、经济信息的？

布雷克尼辩护律师：如果法庭允许,尽管我不喜欢介入律师交叉质证环节,但我把这一程序完全置于宣誓证词的范围之外。

伊万诺夫检察官：庭长阁下,我认为这个问题非常切题,因为这个问题与宣誓证词相关而且在宣誓证词的范围之内,此外,该问题与中国北方形势联系紧密,梅津美治郎将军就在该地区担任司令官。另外我要说明提出这个问题的目的是测试证人是否可信。

韦伯庭长：反对有效。

问：难道特殊机构不是在1935年2月在中国北方成立的吗？关东军和梅津美治郎司令官难道没有参与该机构的建立吗？

布雷克尼辩护律师：如果法庭允许,我不得不再次表示反对。这个问题已经超出了宣誓证词的范围。

伊万诺夫检察官：可是,庭长阁下,这是证人拥有的唯一消息来源,证人在当时,也就是1935年,担任关东军参谋长。

韦伯庭长：反对有效。

问：证人先生,可否告诉我们梅津美治郎将军和南次郎将军有没有通过这个特殊机构在中国北方进行颠覆破坏活动？

布雷克尼辩护律师：如果法庭允许,我要对提出该问题表示反对。

---

[1] 天津驻屯军：因为中国驻屯军司令部设于天津,所以这支部队又被称为"天津驻屯军"。

韦伯庭长：反对有效。

伊万诺夫检察官：请向证人出示1054(39)号检方材料。

（一份材料交到了证人手上）

问：证人先生，请仔细阅读该材料，然后告诉我们这份材料上是否有签字表示材料由关东军司令部签发。

要回答这个问题，只需要阅读材料第1页即可。

答：这不是关东军签发的材料。

问：请看材料第1页，回答我的问题，第1页上的标记是否表明这份材料是关东军司令部签发的？表明材料是属于关东军司令部的？

难道不是陆军省收到了这份材料？材料上难道没有陆军省秘书处及其他部门的印章？

答：这里的确有一枚好像是陆军部军务处的印记，但是我不能断定其他的印记，因为我不认识那些印记。

伊万诺夫检察官：庭长阁下，我出示了证物——1054(39)号检方文件，文件题为：《蒋介石政权情报部门指南概述》，这份文件证明了日本军队在中国的颠覆破坏活动，1935年在中国的日本军队由梅津美治郎将军指挥，针对中国的颠覆破坏活动由南次郎将军领导。

韦伯庭长：布雷克尼少校，请讲。

布雷克尼辩护律师：如果我理解得不错，该文件的日期是1931年。尽管我没有机会进一步研究这份材料，但是根据我的观察，这份文件和证人的证词毫无关系。请证人确认作为证物的材料必须遵循一个前提条件：就是材料必须和证人的证词相关。既然这份证物与证词无关，因此我提出反对。

布鲁克斯辩护律师：如果法庭允许，我想就对南次郎将军的指控同样提出反对。这份文件已经出示给了证人，我还没有机会复查这份已经经过标号的文件，如果证人对该材料有任何评论，应该晚些时候把这份文件提交。

韦伯庭长：你能够证实这份材料和证人的宣誓证词之间有关联吗？

伊万诺夫检察官：庭长阁下，请本法庭注意，这份文件概括了1935年以及1935年以前日本情报部门在中国活动的事实。请看这份文件的第5，7，9页——我指的是该文件的英文版。文件内容表明梅津美治郎司令官在中国北方指挥了在中国的颠覆破坏行动。南次郎将军在1935年担任关东军指挥官时也领导了同样的活动。这份材料显示了梅津美治郎将军在中国的所有情报来源，他通过这些情报来源指导颠覆活动，同时也指明了关东军的情报来源，而关东军的参谋长现正以证人的身份在此就座。

在宣誓证词的第二部分，证人概括了中国北方当时的形势，可是如果仔细研究，不难发现证人所做的是试图掩盖当时中国北方的真实情况。

韦伯庭长：证人陈述了两个事实，分别在宣誓证词的第1，2段。你必须阐明这份文件与这些段落的联系。在我看来，你的文件与这两件事实中的任何一个都没有关联。这位证人曾经担任过参谋长，可能掌握大量的信息，这份材料里也许包含大量的信息，但是我们必须遵守美国法律，把交叉质证限定在宣誓证词本身范围之内，或者限定在宣誓证词中体现的事实范围内。上校，如果你不能证明这份材料和宣誓证词第二段的联系，无论你告诉我们这份材料有多重要都是没有用的。

伊万诺夫检察官：庭长阁下，1935年5月在天津，日本陆军大臣和梅津美治郎将军、南次郎将军进行过会谈。庭长阁下，毫无疑问，那次会议讨论的议题和中国北方形势密切相关。这份材料能够证明这一点，而且这份文件归陆军省和关东军司令部所有。

韦伯庭长：由于大多数反对有效，驳回这份文件。

伊万诺夫检察官：我请求标记这份材料以便鉴别。我相信提出的上一个问题为几天后的抗辩打下了足够的基础。

法庭书记官：第1054(39)号检方文件将作为证据接收，以便鉴别。

（前文提到的材料被标记为起诉证据 3629 号以便鉴别。）

问：证人先生，您能够告诉我们梅津美治郎将军是否与南次郎将军同时开始策动中国北方独立活动？

韦伯庭长：布雷克尼少校。

布雷克尼辩护律师：反对，该问题不在宣誓证词范围之内。

韦伯庭长：反对有效。

问：你是否认识日本前陆军将军川岸文三郎？

答：是，我认识他。

问：他是否曾经担任关东军混成旅团的旅团长一职？

答：是的。

问：1935 年 6 月，该混成旅团是否被派遣前往中国长城附近的古北口市？

答：在古北口边界，川岸文三郎混成旅团的部分军队从战时开始就在那里肩负守备任务。

译员：更正：川岸文三郎所辖旅部分军队在古北口村庄担任警卫守备任务。

伊万诺夫检察官：庭长阁下，我对该证人询问结束。

布雷克尼辩护律师：依据常规，证人可否退席？

韦伯庭长：证人可以退席。

（证人退席）

布雷克尼辩护律师：辩方文件 2958 号《西园寺原田回忆录》摘录作为证据。所采纳的摘录章节由于疏忽没有标注日期，该日期是 1935 年 6 月 24 日。

韦伯庭长：根据常规，允许采纳该证据。

法庭书记官：接受《西园寺原田回忆录》第 174 章被标记为 3693 号证据。从现在起辩方 2958 号文件被标记为 3693A 号证据。

（上边提到的文件标记为辩方第 3693 号证据；辩方 2958 号文件——

即所提到的摘录被标记为辩方3693-A号证据,并被接受)

布雷克尼辩护律师: 我宣读证据:

而且我见到了首相,他说道,中国北方问题将和所有允诺的要求一同解决。和很多情况一样,当我(首相)提出要求的时候,我发现梅津美治郎将军乘火车前往新京,参谋长酒井隆对他(梅津美治郎)说:"我非常想发出越界信号,在你离开的时候友情警示,你觉得怎么样?"对此,梅津美治郎司令回答:"如果情况如此,那没有问题。"起初很棘手的问题解决了。

在前面文件里提到的中国驻屯军参谋长酒井隆在1946年9月3日被传讯,而后即发表了不久酒井隆将军被处决的消息,因此不能像作为证据提供的辩护方2897号文件一样,辩护方没有办法得到他的证词。

韦伯庭长: 根据常规,允许采纳该证据。

法庭书记官: 接受辩方2897号文件作为3694号证据。

(上边提到的文件被编上了辩方证据第3694号,并被作为证据接受)

布雷克尼辩护律师: 这是在日本的中国代表团写给盟军最高统帅司令部的一封信,日期为1946年9月19日,我将宣读第1段、第2段。

1. 1946年9月4日司令部备忘录AG000.5(1946年9月4日)LS-R要求对前日本将军酒井隆的处决宣判推迟进行,需要把酒井隆送至东京在国际军事法庭上提供证词。备忘录在9月5日下午到达代表团处,而且该要求通过电报发往南京。

2. 中国政府通知代表团,酒井隆将军的死刑按照事先计划已经在1946年9月13日早晨执行。由于时间来不及而没有通过必要渠道推迟死刑执行,此事非常令人遗憾。

……

法庭执行官：远东国际军事法庭现在重新开庭。

韦伯庭长：布雷克尼少校。

布雷克尼辩护律师：我将宣读第3695号证据。

1938年3月,我前往东京处理有关中国北方天津市开滦矿物总局的事务,当时我担任该局联席总经理的职务。到了东京以后,我拜访了当时的陆军次官梅津美治郎将军。以前当梅津美治郎将军还是驻天津的日本帝国陆军总指挥官的时候,我和梅津将军在私人、工作方面就有过若干年的交往。而后梅津将军设午宴招待我,我也很高兴能够和他再次相见再叙旧日的交情。在那之后不久,我收到了天津同事发来的电报,告诉我在矿上爆发了严重的罢工活动,而且部分日本军官极有可能参与其中。我立刻求见梅津美治郎将军,我记得在一个星期天的早晨,他在自己的府邸接见了我。我向他解释了当时的情况,并请求他的帮助,不要让日本的势力参与罢工。他向我做出承诺,如果经过调查发现罢工不是由于经济原因,而是由日本方面参与的政治活动造成,那么他会采取措施让日本的势力从中撤出。我回到天津时,罢工还在进行,我试图向日本特别代表团团长、同时也是我们矿区所在地事务的负责官员说明,导致这次罢工纯粹是政治原因,没有任何经济因素在内,可是对方没有听取我的意见。于是我把和该事件有关几个官员的名字告诉了梅津美治郎将军,请求他的帮助,并要求他实现他先前的许诺。梅津美治郎将军的确兑现了他的诺言,在罢工结束后,那几个官员中的一个被调离了该地区,并接受了降职处理。

最后一段我就不宣读了。

通过提供证物-辩方第1090号文件,佩戈少将的誓词证言,我认为应该限制提出的前两项判决。

韦伯庭长: 根据惯例,予以接受。

法庭书记官: 接受辩方第1070号文件作为第3696号证据。

法庭书记官: 接受辩方第1069号文件作为第3697号证据。

(上面提到的文件被编上了辩方证据第3697号,并被作为证据接受)

布雷克尼辩护律师: 我不读这份文件了,这份材料不重要。

我提供以下证据武部六藏的宣誓证词——辩方第2910号文件。

韦伯庭长: 根据惯例,予以接受。

法庭书记官: 接受辩方第2910号文件作为第3698号证据。

(随之,上边提到的文件被编上了辩方证据第3698号,并被作为证据接受。)

布雷克尼辩护律师: 宣誓证词的程式化部分省略不读,其宣誓证词内容如下:

问:担任关东军司令官的梅津美治郎将军是给你——"满洲国"总务厅次长指示,在他任职期间保持"满洲国"和苏联的关系?

答:担任关东军司令官的梅津美治郎将军指示,让作为"满洲国"总务次长的我注意,"满洲国"政府应该极度谨慎,在发布消息、进行宣传时不要惹恼苏联。

问:依据这一指示,你是如何向你的手下做出传达的?

答:我把这一指示发给了所有部的次长。

请调出证人武井清太郎宣誓证词中的证言,即辩方第2959号文件。

……

索 引

A

阿部信行　456,457

阿富汗　392

阿南　71

安倍　82

安达曼岛　170

安东　190

安东新义州　329

安藤　311

庵谷忱(庵谷)　105,107

庵谷悦　363

盎格鲁—撒克逊合作框架　383

《奥克兰论坛报》　334

奥托　82,182

澳大利亚联邦　2,339,368

B

巴达维亚　381

白俄　485,486

白俄移民中队　485

白鸟敏夫(白鸟)　175－179,182,187,391

白卫兵　485

百灵庙北部　334

柏林　92,93,178,180,194,268,370

阪垾　10－12,14,15,18－23,32,33,36,40－42,44,45,47－49,156

坂西利八郎(坂西)　26,76,142－144,145

板垣征四郎(板垣)　1,3－5,11－19,22－25,27,31－36,45,46,49,69,76,84－89,91,92,94,96,98,99,103,107,109,116,118,119,124,126－128,131,135,139,143,144,151,160,171,173,179,188,189,314,316

宝山镇　238

保定　4,13,70

暴力事件　195,201,229,266

北大营　53,55,303

北多摩郡调布町多摩川　15

北伐战争　420

北平　15,16,27,70,83,86,120,169,269,270,343,345,346,360,365,366,419,423,454

北平临时政府　169,170

北平市长　270

北平政府　168,169

北印度支那　83

贝茨　285

本间　284,294

本庄繁（本庄）　50,51,53-57,60,62-65,88,94,104,105,113,115,116,125,308,320,324

币原喜重郎（币原）　51,96,97,107,116,353-359,363,365,366,386,388,396

《边界拟定草案》　399

便衣警察部队　88

兵役部　40

兵役署　40,82

波吉斯　370

不抵抗政策　56,389

不扩大政策　304

不平等条约　451,463,467,470

布尔什维克化　81

布尔什维克主义　68

布兰农　404,406,407,409,410,412,413,414,416,417

布雷克尼　489,492-495,497-500

布鲁克斯　37,38,122,123,125-131,136-138,147,152,172,296,298,300-303,306,307,309,310,312,314,316-320,323-329,332,333,337,338,340,341,352,354-357,359,362,364,489,495

布鲁伊特　449,451,452,456,460,464,467,468,479,480,488

C

参谋本部第二课　194,262,268,332

察哈尔（察哈尔省）　120,335

长城　115,121,335,336,341,497

长春　68,109,120,190,191,489

长春市政府　319

长芳贺　203

长谷川　378,407,408,413

长江　160,204,231,250,257,263,264,267,271,272,278,348,427

长沙　46,83

长野东区八代市山梨县　213

长野县上伊那郡伊奈町　300,301

常熟　24,133,169,238,239,302,343

常州　265

巢鸭监狱　48,440

朝日新闻社　6,18

朝鲜　51,70,84,90,165,307,326-328,389

朝鲜—满洲边境　326

朝鲜银行　6

朝鲜驻屯军　84,165,307

朝鲜驻屯军司令官　83

朝鲜总督　341

朝香宫　230-233,284,345

朝香宫鸠彦王　218

朝香亲王　280,282

撤军问题　458,460

陈仪　268

成山屯　321,322

城户　369,370,384

崇明岛　263

楚阳公路　247

《处理中国事件概述》　456,457

川岸文三郎（川岸,文三郎）　335,336,497

川岛中队　55,56

川上操六（川上）　192,193,245

船舶航行自由权　427

刺杀大山少尉事件　262

村上　30,43,247

村上义一　6

D

大阪　254,411

大阪树美初级学校　254

大本营第一部　54

大仓　347

大藏省　418,424,444

大场镇　253

大川　85

大村熊井　268

大岛浩（大岛）　92,93,173,175-182,187

大东亚概念　482

大东亚共荣圈　160,347,462

大东亚联合宣言　467

大东亚省　467,469

大东亚协商委员会　467,468

大东亚战争　371,482

大东亚政策　450,451,462-469,486

大谷猛　114

大规模战争　70,71

大和饭店　111

大和旅馆　6

大连　6,58,68,115,385,387,392

大内太田（大内）　200

大内义秀　204

大迫通贞　445

大日本亚洲发展联盟　270,372

大日本亚洲发展协会　270,373

大森　244

大杉浩（大杉）　196

大亚洲协会　269,270,368,370,372,373

大亚洲主义　192,193,269,270,373,380

大英帝国　278,374,486

代顿演讲　461

戴维斯　403

单坊填　205

但泽问题　391

岛本　55,103

岛内　92,94

岛田　139,439

岛田繁太郎　391,404,408,414,416

德国　5,32,34,72,77,79,81,82,92,93,142,173-187,278,349,374,382

德国驻华大使　20,72,134

德王　334

荻洼　427

荻洼会议　454

荻外庄　16

抵御苏联侵略　68

地方性事件　19,90,169

帝国敕令　327-329

帝国大本营　72,343

帝国海军　413

帝国皇道　383

帝国会议　133,347

帝国司令部　345,460

帝国统帅部　265

帝国议会　34,77,133,139,158-163,412

帝国议会备忘录　162

帝国主义　66

第十四步兵联队　419

第十六师团　213-215,217-219,222,225,228,230,419

第十八步兵联队　418

第二十四步兵旅团　450

第三师团　230,419

第四十八步兵联队　419

第五军　43,89

第七十五届帝国议会　79

第七旅　55

第八师团　231

第二次近卫内阁　372

第二军　13

第九师团　204,219,222,230

第九师团第三十六联队　204

第九野战重炮联队　122

第六师团　218,231

第七方面军　84

第三方势力　78,409,455

第三国际　183

第三舰队　406

第三师团　24,273

第三十三联队　214

第三坦克大队　122

第十军　242,271,274,383

第十军法务部　235

第十六师团第三十三步兵联队　228

第十三师团　219,230,233

第十一师团　273

第五师团　4,11-13,69,70

第一次近卫内阁　270,372,373

第一次世界大战　462,464

第一独立步兵联队　122

第一独立工兵中队　122

第一复员局档案课　301

第一复员省　238,297,301

第一复员省档案馆　47

第一混成旅团　122

第一军　46

第一一四师团　231

丁鑑修　6,8,366

东北　8-10,51,53,55,57-62,64,66,86,95,98,100,110,112,116,117,126

东北兵工厂　52

东北交涉委员会　6,8

东北铁路　126

东北行政管理委员会　64

东北易帜　51

东北政权　110

东北政务委员会　111

东方道德观念　192

东方和平秩序　259

东方门罗主义　193

东京报社　405

东京参谋本部　283,294,305

东京大本营　5

东京当局　168,284

东京帝国大学法科　392

东京国际军事法庭　1

东京国际审判　49,118,136

《东京日日新闻》　260

东京杉并区荻洼　454

东条内阁（东条英机内阁）　351,419,464,465

东条英机（东条）　19,35,69,132,164,349,351,352,449-452,456,471-475,477-482,486

东乡茂德（东乡）　317,351

东亚地区　258,464-466,469

东亚共荣圈　451

东亚局第一课　135

东亚同文书院　244

东亚新秩序　160,376,451,460,462,466

独立步兵守备队　55

独立运动　60,68,112,377

杜兰　372

杜月笙　246

对德关系　81

对华工业　157

对华事务委员会　146-148,154-157,190

对华特别委员会　26,145

对华宣战　410

对华战略　140

对华政策　71,75,158,263,430,431

多田骏（多田）　21,71,82,340

E

俄国移民办公室　484

俄日战争　405

儿玉友雄（儿玉）　298,325

二阶堂雅亮　254

F

法国　2,81,173,175,176,272,278,371,374,398,461,482,486

法国传教士　254

法国大法官　1

法国海军　272

法国军舰　278

法外治权　66,76,161

法属印度支那　268,372,381,382,413,415,462,467,481,482

法租界　169,252,272

翻译语言委员会　93

反共产国际条约　173,187

反共产国际协定　5,79,91,151,187

反共产协定　81,93
反共救国联盟　146-148
反和平罪　193
反击苏联威胁　72
反人类罪　195,196
反日扶蒋　78
反日活动　434
反日政策　4,20,462
反日组织　454
反英骚乱　25
饭沼守（饭沼）　226,282
泛美运动　371
范·米特　227,418
芳泽谦吉　394
防空学校　202
防卫计划　32,34
菲律宾　2,3,330,370,372,482
丰桥　418
封锁天津英租界事件　79,169
奉天　6-10,53-55,60,61,96,100,
　104-107,109,110,190,191,297,
　302,303,327,328,334,353,356,
　358,359,361,363-366,385,388,
　393
奉天车站　100
奉天独立守备队　303
奉天警务课　106
奉天警务署　106
奉天日报社　6
奉天日本居留民协会　6
奉天商会　6

奉天省财政顾问　6
奉天省维持会　6,8
奉天省政府　6
奉天省政府财政厅　6
奉天省政府顾问　6
奉天市政当局　104-108
奉天事变　3,53,95,103,108,110,
　190
奉天守备队第二大队　190
奉天守军　53
奉天图书馆　6
奉天政权　105
奉天总领事　6,356,359,366
佛教主义　377
弗内斯　172,385-388,392,394-
　403
福建人民革命政府　253
福建省　253,254
福井县　207
福州　253,254,268
抚顺　99,190,191
抚顺事件　310,311
复辟帝制　58,59,63
复辟派　60,61,63
复辟运动　61,63,318
傅家田　322
富村顺一　106,363
富贵山　217

G

甘地　377

冈敬纯（冈） 22,23,98,211,350,356,365
冈田芳政（冈田） 44,45,254,286
冈田菊三郎 79
冈田尚 243,244
《高级司令部服役条例》 345
高桥 84
高斯 180,181
高斯草案 180-182
高尾野夫 6
哥伦比亚特区华盛顿 331
哥特 428
革命党军队 253
工藤铁三郎 115
公共道德犯罪案件 236
公平 3,31,84,237,247,258,310,465
共产国际 5,66,79,81,174,444
共产主义分子 66
共产主义威胁 81
共荣社会 67
古北口 336,337,497
古北口市 497
古野伊之助 14,15,17,71,131
鼓楼 217,224
顾问委员会 468
关东地区 450
关东都督 360
关东军 3,6,12,51-57,59,60,62,65-69,80,81,88,94-97,104,105,107-110,112-128,146,164,165,168,171,190,296,302,303,307-314,316-324,326-328,332-341,356,450,453,454,475,483,485,489-496,500
关东军办公室 469
关东军报道课 6
关东军第二九联队 55
关东军混成旅团 497
关东军司令部 6,8,50,51,57,60,64-66,86,88,102,107-109,112,116,122,124,165,171,191,302,304,312,324,485,486,495,496
关东军司令部军事情报部门 65
关东军铁路守备队 124
关东州政府 6
《关于国家联盟的材料汇编》 317
光华门 202,203,205,206,209
广岛 69,70
广东省 195,413
广东作战 74
广田 65
广州 17,83,141,153,158,254,345,389
广州惨案 2
桂 44,49
郭泰祺 394
国粹会 95-97,99
国防问题 419,420
国分新七郎 10,12
国际法 2,3,58,78,138,193,198,401,404,405,463,482

国际防共体系　76
国际公平正义　259
国际检察局　32,36,37,121,123,
　　302,303,364,411,412,455
国际联盟　73,331,389,393
国际联盟盟约　464
国际新闻社北平分社　15
国家防卫力量　24,67,72
国家防卫政策　74
国家和平运动　146
国家救亡和平运动　146
国家整体防卫计划　34
国家政策　72,73,75,76,78,135,
　　178,349,351,374-376,381,427,
　　450,455
国家政策研究所　346,347
国家政体　63,111
国联　73,77,382,389,390,459,460,
　　467
国民党军队　52,66,73,253,254
国民党中央军主力　73
国民革命运动　66
国民政府　19,25,109,253,390,435

H

哈尔滨　9,60,311,322,323,358
哈尔滨机场　322
哈尔滨秘密机构　485
哈尔滨特别行动部　485
哈尔滨特务机关　485,486
哈拉哈河事件　345

哈利特·阿本德（阿本德）　289,290,
　　292
哈桑湖事件　168
哈桑湖西部　401,403
海军大臣　75,352,360,412,415,
　　416,454
海军航空部队　406,407,409
海军航空基地　410
海军军令部　406-408
海伦　60
海南岛　77,160
海山元藏　301
《海牙第三公约》　404
《海牙公约Ⅲ》　405
汉口　17,73,74,77,85,141,153,
　　158,195,345,423
汉口惨案　2
汉口前线　73
汉口陷落　151
汉口作战　72
杭州湾　235,236,265,343
《何梅协定》　334,340
何遂昌　6
和平对话　74,76
和平工作　28,74,88
和平共荣　66
和平会议　464
和平救国运动　83
和平维持会　109,110
和平运动　26,27,80,89,147,150,
　　259,268,277,447

河北 4,13,120

河边虎四郎(河边) 304,310,312,322,323,331,332,335,340

河相达夫 6

荷兰 2,3,381,450,462,481,482

荷属东印度群岛 381,415

荷属印度 370

赫尔 461

《赫尔备忘录》 404

鹤岗英太郎 106

鹤岗永太郎 363

黑龙会 95

黑龙江(黑龙江省) 9,60,61,111

亨利·伯纳德 1

胡佛内阁 330

胡林 421-424,435

湖南问题 387,388

虎石台联队 303

互不侵犯条约 82,186-188

华北及华中联络办公室 444

华北前线 16

华北问题 68

华北自治运动 145

华南 17,171

华南方面军 47,48

华南派遣军 83

华盛顿 299,351

华盛顿会议 464

华中方面军 194-196,215,228,235,236,265,267,268,279,281,292,293,295,343,345

华中(华中地区) 17,24,30,45,70,71,211,212,264,265,278,343,345,346,436,444

荒川 359,361

荒川充雄 359

荒鹫部队 406,407

荒木 62

皇帝 59,63,64,120,275,320,388,393,487,488

皇甫 430

皇军参谋本部 308

黄郛 119

珲春协议 400,401

J

基勒恩 396,397

激进政策 348

及川 410

吉川康 106,363

吉林 9,60,61,322,327,387

吉田善吾 454

吉泽 6,7

集体屠杀事件 217

计划委员会 78,420,428

计划委员会主席 419,420,424

季南 471,473,474,476,478-480,482,484,486,488

济南 13,16,454

济州岛 407

加拿大 2

加藤 42,44,87-89

加藤敬三郎　6

嘉村　326,327

嘉定　207

贾奎诺　260

间岛　312,328

检察官　11,14,17,18,22,23,25,
　　28-40,42-44,50,94,97-100,
　　102,103,105,108-110,113,115,
　　118,121-129,131,132,135-139,
　　144,147,148,151,156-162,168,
　　170-174,179,188,200,213,217,
　　220,221,225,230,231,235,241-
　　243,256,257,261,273,275-277,
　　286,297,309,315,332,335-337,
　　340,341,344,345,347,358,359,
　　361,362,364-367,369,373,374,
　　376,377,380,395,396,398,400,
　　404-406,408,410-412,414,421,
　　429,431,433,434,439,440,443,
　　444,471-474,476,478-480,482,
　　484,486,488,491-497

建川　54,100,101

江南地区　257,258

江苏省　262,265

蒋介石政府　4,20,141,252,268,
　　455,459,461,462

蒋氏政权　346

胶济铁路　13

"焦土"战术　215,216

教育总监会　296

杰克纳夫　272,379

金谷范三　307,308

金井章次　6

津法租界事件　169

津田　26,76,142,144,145

紧急防卫会议　99

紧缩政策　297,298

锦州　124,366

近卫回忆录　20,21

近卫内阁　4,71,74,78,88-90,132,
　　133,374

近卫亲王　143

近卫三原则　24,31,35

近卫声明　19,20,73,150,155,447

近卫文麿第二任内阁　450,456,462

近卫文麿（近卫）　4,15,16,18-21,
　　24,31,32,34,35,71,73,76,91,131,
　　150,154,155,160,165,176,184,
　　189,350,351,424,425,438,452,
　　454,455,459,460

近卫文麿-罗斯福谈判　350,351

近卫文麿内阁　419

近卫文麿宣言　457

近卫宣言　252

井上三郎（井上）　424,425,484

井原润次郎　49

静冈县热海市伊豆鸣泽　244

《九国公约》　331,464

九江　420

九龙　252

九一八事变　305,306,338

九一八"事变历史联合编译委员会

301
久保田 6
酒井 113,114
酒井隆 498
旧金山 423
臼井 46
臼田 252
驹井德三 6
句容 214,344
军队纪律法 207
军国主义 24,33,35,36,296
军事基地 66
军事警察 39,203,216,222,229,233,236,291
军事设施——军事中心 409
军事同盟 173,175,178,180-182,184-186
军事行动计划 343
军事预科学校 192
君主制原则 86

K

卡内 261
《凯洛格-白里安公约》 389
坎宁安 30,31,354
阚潮洗 109
抗日组织 389
柯明斯－卡尔 315,357,358,361,362,364-367
科尔 342,346,348
克莱福特 98,220,352,391,488

克莱格特 461
克雷吉 25
空军中队 124
空中部队 121
宽城子 191
傀儡政府 27,156
昆山 210,211

L

浪人 96,97,99
劳雷尔 372
李顿调查团报告书 322
李守义 253
李维诺夫 402
李泽一(李) 246,252
里宾特洛甫 77,173,180,181
利特尔 271
栗原正史 444
联合委员会 143,388
联合宣言 80
联络官员会议 155
联络会议 156,347,349,351
联席会 347
辽宁 9
辽宁省政府 366
辽宁自治政府 366
辽阳 54,100,359,360
列文 190,417,418,422-424,429,433,435
林 56,96-98,104,105,107,310,363,365,366,392,394,489-493

林久治郎　116,359,361,364-366
林奇　355,361
林铣十郎　308,326,327,334,337
铃木贞一（铃木）　156,190,417,418,
　　422-424,429,431-435,437,440,
　　442,444,446,447
铃木卓尔　46
菱刈隆　490
柳川平助　190,343,345
柳条沟　167,297,330,356,393
柳条沟路段　54
柳条沟事变　1,10,296
卢沟桥事变　4,19,69-71,454,472
卢沟桥事件　167,330
陆军参谋学院　418-420
陆军大臣　4,12,15-17,19,24,25,
　　27,29,32-35,45,46,62,70-75,
　　78,88,89,91-93,121,128,131,
　　132,134,135,137,143,145,153,
　　162,163,173,175,186,263,296-
　　300,307,309,311-313,316,317,
　　319,322,323,328,334,337,351,
　　352,356-358,360,420,450,452,
　　453,455,457,459,477,485,489-
　　493,496
陆军省军务局　346,419,444
陆军省情报部　419
陆军省人事局　71,297
陆军中央统帅部　334,338
陆满密大日记　307
旅顺　58,60,62,64,86,87,190,191

旅顺港　86
旅顺要塞　53
《论坛报》　334
罗宾森　404-406,408,410-412,
　　414,415,439
罗斯福　177,350,351,461
罗振玉　60,64,111
洛根　384,414,429,439,440

M

马蒂斯　1,49-51,69,85,87,94,
　　144,160,171,172,174,188,189,
　　191,192,196,197,200,204,208,
　　211-213,225-227,235,237,
　　241-244,250,254-257,261,262,
　　384
马关　217
马吉　285
马来亚　170
马占山　60,61,321
迈尔斯·兰普森　396,397
满蒙　6-9
满蒙问题　299
满铁铁路　303
满洲　3-6,51,57-64,66,67,86,
　　89,109,111,115,117,120,125,126,
　　128,145,188,269,296,303,307,
　　312,314-316,321,323,329-331,
　　334,338-340,358,359,365,366,
　　371,382,385-387,389,392,393,
　　416,425,426,430,431,435,453,

454,466,473,475,481,483－486,488,489,491,492

满洲白俄移民机构 486

满洲帝国 487

满洲东宁 419

满洲独立 60,111,320,331

满洲独立国家 62

"满洲国" 3,4,46,58－60,63－68,79,109,110,124－129,270,333,334,341,401,438,453,454,456,457,459,460,467,481－488,491,500

满洲国防 484

"满洲国"防卫问题 59

"满洲国"关税税率 128

"满洲国"国土防卫 68

"满洲国"皇帝 486－488

"满洲国"境 67,68,125

"满洲国"军事管理部门 65

"满洲国"协和会 4,484

"满洲国"协和会中心 484

"满洲国"要塞化 68

"满洲国"元首 145

"满洲国"总务厅 500

满洲军政府 3

满洲历史 316

满洲秘密日志 121－123

满洲牡丹江 419

满洲市政当局 144

满洲事变 2,51,52,57,58,60,67,68,86,87,94,96,99,167,188,251,356

满洲新政权 317,320

满洲政体 111

《满洲重要秘密日志摘录》 319,320

梅 30,403

梅津美治郎（梅津） 19,21,340,341,484,489－500

美国 2,3,71,72,78,80,83,120,172,177,267,269－271,278,330,346,348－352,374,379－383,389,393,397,403,408,415,421,427,434,450,455,457－463,471,487,496

美国报社记者 428

美国贷款问题 80

美国国会 464

美国国务卿 461

美国海军 271,378

美国轮船"帕奈"号 271

美国牧师 211

美国潜艇 417

美国权益问题 378

美国战争部 329,330

美国总统 83,379,459,464

美利坚合众国战争部 330

美日谈判 406

美山要藏 47

美洲人 193

蒙古 5,6,66,68,296,370,371

蒙古军队 81

蒙古族聚居区 61

米内　168,186
米市　450
秘密日志　312,347
秘密组织　145
缅甸公路　461
民主国家集团　383
民族和谐思想　58
民族歧视思想　58
民族运动　59
民族主义运动　420,421,426,429
名古屋市北区鸭山市麻吉2丁目5番地　196
明孝陵　214
摩根索　461
磨盘山区　209
莫里斯·拉乌（Maurice Love）　331
莫斯科　66
墨索里尼　177,178,187
木村　349,388
木户日记　424
木户幸一（木户）　89,90,132,424,425,439
牧野　425
幕后谈判　277

N

纳粹党大会　184
纳尔逊·特拉斯勒·约翰逊　393,397
南次郎（南）　13,60,70,82,84,108,109,115,119,122-124,126-130,172,195,197-199,201-211,213-220,222,225,227-236,238-242,246-250,254-257,262,264-269,271,272,276,277,279-299,304,307-309,312,314-316,318-320,322,323,326,328,330,331,333-336,338,343-345,348,349,356-362,364,365,366,368,371,372,378,379,381,383,384,386,388,390,396,400,407,413,423,453,454,456,485,490-492,494-498
南方政府指导委员会　110
南方驻屯军　262
南海办公室　469
南京大都会酒店　286
南京大屠杀　2,4,11,13,70,252
南京防御要塞　216
南京国民政府　51,83,374
南京军事独裁政权　259
南京沦陷　4,20
南京市慈善机构　223
南京守军　344
南京战事　381
南京战役　227,256,267,271
南京政府　9,20,51,61,146,258,259,434,453,454,456,457,463,470
南京中山门　214
南岭　191
南满　70
南满铁路　51,52,54,55,125,191,

304,356,363

南满铁路柳条沟段　54

南满问题　387

南满洲铁道株式会社　6,298,308,354,393,494

南市　197,260,264,272

南市战役　197

南中国海岸线　160

内阁调查员　419

内阁会议　32,34,78,90,142,176,308,311,314-316,356,357,468

内阁特别会议　315,316,356

内阁议员体制　370

内蒙经济协定　145

内蒙（内蒙古）　9,68,160,161,334,436

内田康哉（康哉）　298,385-388,393

尼科巴岛事件　170

鸟仑山古战场　251

牛庄　359,361

纽伦堡　480

纽伦堡法庭　480

《纽约时报》　334,337,379

诺克斯　461

诺兰　200,213,217,220,221,225,230,231,234,235,241-243,256,257,260,261,273,275-277,286,369,373,374,376-378,380,421,429,431,433,434,439,440,443,444

诺门坎事件　1,2,80,81,167,168

O

欧洲　65,81,177,181,187,188,193,241,248,268-270,278,371,375,382,459,463

欧洲联盟运动　371

欧洲战争　349

P

帕德里克·赫尔利（赫尔利）　329,330,331

帕尔　339

"帕奈"号　378,408

派特里克　403

炮兵部队　205,271

佩戈　500

片仓衷（片仓）　6,304,115,116,310-312,319,320,322-323,328

"瓢虫"号事件　271,378

平津地区　113,115,117,124

平田　55,73,103

平早　163

平沼骐一郎内阁　78

平沼骐一郎（平沼）　4,31,33,34,78-82,90-92,155,161-163,168,178-183,185-189

婆罗洲岛事件　170

溥仪　4,58,61,63-65,88,112-116,120,125,145,320,488

Q

七七卢沟桥事变　472

齐齐哈尔 60,111,321

齐亚诺 398

千叶步兵学校 305

千叶县 418

强奸事件 223

桥本 271,312

桥本虎之助 312,313

桥本欣五郎 194,312

亲日政权 140

亲英美派 382

秦德纯 193,194,269,270

秦土协定 145

青城 199

青岛 13,16,86,404,405

轻型坦克中队 122

《清代外交文件》 399

清剿残敌行动 214

清剿战役 209

清濑一郎 449

全面侵华战争 343

全面战争 70

犬养 149

R

热海市伊豆山 253,272

热河 9,335

人道主义援助 260

人民革命政府 253

日本 1-5,7,10,14-18,20,21,23-27,29,32-36,39,41,44,46,47,49,51,53,56-59,61-63,65-84,86,89,92,93,95,96,98,100,102,105-107,110,111,114,118-120,125-128,130,133,134,139,141,143,144,147-149,151,153-161,163,164,169,170,172-187,191,192,195,198,199,203,205-208,212,215-217,222,228,234,236-238,242,246,248,249,252-254,256,258-260,262-266,268-272,275,276,278,280,282,284,285,287,288,296,297,307,308,314,320,322,330,331,333,334,339,342,343,345,346,348-352,354,356-358,363,366,368,372-374,377-385,388-393,396-398,403-406,409,410,412-417,419-427,429,430,435,438-441,443-446,449-451,454-464,466-468,470-473,477-479,481,482,484,486-489,491,493,496-499

日本参谋本部 4

日本朝鲜军 307,308,326-328,338

日本大本营 46,83

日本帝国陆军上海派遣军 258

日本帝国政府 20

日本对华外交 71

日本饭店 100

日本方面 4,26,27,46,52,58,72,75,78,79,82,83,88,106,111,139-141,153,161,168,169,180,

181,183,187,273,396,477,487,499

日本顾问　57,105,141

日本顾问团　6

日本官员　58,67

日本广告人　79

日本国防　74

日本海关　148

日本海军陆战队　393

日本航空母舰　413

日本皇军　14,476

日本居留民协会　105

日本军队　4,14,19,41,52,53,55,
　　56,60,70,72－75,78,90,112,125,
　　153,168,192,194,195,198,202,
　　205,206,209－211,215－217,
　　227－229,236,245,258,262,264,
　　266,267,271,272,277,278,281,
　　284,290,294,322,330,338,419,
　　430,452,457,458,470－474,476,
　　477,492,493,495

日本军队中枢　53

日本军事当局　83

日本军事警察　236

日本扩张　34

日本谅解案　349

日本陆海军　164

日本陆军　21,23,36,73,81,84,143,
　　153,154,157,169,175,182,184,
　　185,192,439

日本陆军中央　95,121

日本陆军驻柏林的武官　180

日本民众　17

日本墓园　322

日本内阁　21,478

日本年鉴　309,473,474,477

日本侨民　3,6,51,258,311,327,
　　363,366,477

日本侵华　406

日本侵略战争　1

日本驱逐舰　250

日本权益　245

日本圣战　85

日本首相　449,471,488

日本枢密院　79

日本体制　194

日本同盟社　15,18

日本外务大臣（日本外相）　96,107,
　　143

日本议员　139

日本战俘统计署　84

日本政府　3,15,19－21,53,59,62,
　　66,70,72,73,75,76,78,81,90,
　　132－135,140－142,144,145,149,
　　150,152,154,155,159,165,167,
　　173,175,178－182,196,257,262,
　　263,273,330,331,348,372,390,
　　417,437,464,465,474

《日本政府对调查委员会报告的观察》
　　317

日本中国驻屯军司令部　320

日本中央政府　59,62

日本驻柏林大使馆　349

日本驻奉天领事馆　96,107

日本驻华北驻军　25

日本驻华侨民　263

日本驻南京领事　281,390

日本驻南京领事馆　280

日本驻沈阳的使馆　56

日本驻苏联大使　403

日本总领事　233,252

日本最高统帅部　73,74

日德协约　77

日方代表　6

日高　282,285,287,383

日军陆军司令部　73

日军统帅部　73

日军团队　36

日满工业　157

日满经济提携促进会委员　65

日满经济提携的政策　66

日满协防　79

日满议定书　125,127-129

日美谈判　349-352,487

《日美通商航海条约》　350

日美妥协　381

《日苏中立条约》　349,459

日文报纸　120

日中和平　194

若槻内阁（若槻礼次郎内阁）　316,331,356-358

S

三等帝国黄金十字勋章　188

三谷未次郎　363

三国共同防共　66

三国轴心条约　171,186

三国轴心同盟　182,184,185

三国轴心同盟谈判　92

三年工业计划　157

三相会议　34

三元门　214

三宅光治（三宅）　51,54,96-99,110,324

三重县河芸郡伊佐市荣町　10

桑岛主计（桑岛）　353,359

森岛　56,104,105,388

森岛守人　6,313,359,432,434

森岛通夫　432

沙岗北部　403

山东　16,71,120,389

山海关　122,124,334

山崎　360

山田　5,6,10

山田乙三　426

山西（山西省）　13,45,46,70,120

山胁正隆（山胁）　21-23,25,35,40,42,92,143

杉山元　312,313,489

上硚　236

上海　30,43,44,145,149,150,195,197,201,204,205,227,228,236,238-241,244-246,250,252,254-256,260,262-268,271-278,282,283,286,287,289,290,

294,343 - 345,378,379,384 - 387,
390,392 - 394,397 - 401,407,418,
420,422,423,430,436,454

上海虹口公园 393

上海近郊 263,396

上海难民区 254

上海派遣军 194,196,201,204,208,
213,215,218,219,225,227,228,
230,231,238,239,242 - 244,263,
265,273 - 275,279,280,282,284,
343 - 345,383

上海商行 438

上海市南区 227

上海事件 263,390,393 - 395,406

上海特务机关 211

上海吴淞口 208

上海战役 198,199,227

上海周边地区 264,265

上角 113,114

《神圣论坛报》 334

榊原主计(榊原) 237,241,242

沈阳 55 - 57,60,62,64,102,106,
108,109,111,113,114,145

沈阳馆 100

沈阳临时市长 57

沈阳市政权 57

圣战目标 381

石原莞尔(石原) 6,8,19,21,54,
311,132

史汀生 461

矢次 346

矢野 33,360

市政管理机构 57

守田福松 106,363

守屋和郎 390,392,394,395

首藤正寿 6

枢密院会议 161,406

双十节 410

斯提沃德 44,45

斯图尔德 83

四个步兵联队 238

寺内寿一 489

泗县 240

松冈洋右(松冈) 317,318,348,349,
454,457,459,486

松井石根(松井) 6,192 - 196,199,
204,205,207,210,212,216 - 218,
221,222,227 - 234,236,238,239,
241 - 246,248 - 250,252 - 258,
260,261,273,275,277,284,286,
289,290,294,343 - 345,368,369,
371,373,374,376,378,380,391,440

淞沪会战 252

《淞沪停战协定》 393,394,396

淞沪战役 275

宋子安 46,83

苏德互不侵犯条约 5

苏德战争 349

苏克彻斯 370,371

苏联 2,5,24,66 - 68,71,72,74,75,
79,82,90,119,161,165,173 - 175,
183,186,187,334,349,370,371,

401，403，434，453，454，462，483，
485，486，492，500

苏联大使馆　224

苏联方面　66，164

苏联军队　67，75，164，485

苏联事务　194

苏门答腊事件　171

苏维埃共和国　486

苏州　195，201，202，208，211，241，
242，246，247，256，265 - 267，280，
343，344

苏州河　201

绥靖政策　53

绥远　120

穗积　89，90

孙文　192，193，269

孙逸仙　463，470

孙中山　245，247，259，275

索墅镇　205

T

塔文纳　171

台湾方面军　253

台湾驻军总司令　262

太仓　197

太平山　214

太平洋战争　1，84，270，417，451，
467，482

太原　13，14

泰国　2，3，268，370，372，381，382，
461 - 463，467，481，482

汤水镇　198，203，210，218，241，242

唐绍仪　24，26，27，76，88，89，144，
246

《塘沽停战协定》　430

塘沽停战协定　65

溏溧镇　209

陶德曼　20，72，134

特别委员会　25，26，142，145

天禅寺　243

天皇　82，91，165 - 167，169，170，
175 - 177，181 - 184，189，250，257，
410，414，452

天皇玉玺官　167

天皇诏书　210，374，382

天津领事　359

天津市开滦矿物总局　499

天津英租界　25，81，168，169

天津英租界事件　79，169

天津驻屯军　116，493

天津租界问题　184

天文台　249

田中隆吉　46，333，335

田中声明　357

畑俊六　345

畑英太郎　51

铁道守备队　356

町尻　82，182

町尻量基　444

停火协议　56

《停战协定》　394

通济门　206，209

同盟社　15,17,18,135

同盟通讯社　71

同蒲铁路线　13

图们江　312,403

涂山镇　198

土肥原机关　27-30,43,44,145,146,149

土肥原事务所　145

土肥原贤二　26-31,42-44,57,76,88,89,104,106-109,112-120,142-145,148,149,171,319,320,362,363,366

土桥　253

土字碑　403

退伍军人协会　489

W

瓦西里耶夫　395,396,398,400

外蒙古　68

外侨聚集区　363

外山丰造　299,300

外务省关于汪精卫问题　444

外务省亚洲事务局　432

万宝山事件　53

汪精卫　28,30,66,80,82,83,164,428,447,456,457,463,470

汪伪政权　429

汪兆铭　25,28,30,80,81,146,149,150,163

王道主义　269

威廉·韦伯（韦伯）　5,10-12,14,15,17-23,25,29-33,35-45,47-51,68,69,85,87-90,93,94,97-100,102,103,105,109,111,113,115,117-120,122,123,125-131,136-139,144,145,147,148,150-152,156,157,159,160,171-174,176,179,188-192,197,200,204,208,211-213,217,220,225-227,230,234,235,237,241-244,250,255-257,260,307,339,391,403,440,443,449,452,456,460,463,464,467,468,471,473,479,480,482,488-490,492-500

威胁国际和平　80

违反国际法　2,3,59,406

违反国际公约　406

违反国际协议　406

违反战争条约罪　195

维尔　392

维护东方和平　192,259

卫藤利夫　6

伪政府　151,456

文化合作协定　77

伍尔沃斯　309,314,315,318,323,325,328,329,332,335-337,340,341

沃伦　90,91,357

乌镇　208,209

无锡　239

芜湖附近地区　271

吴斗奂　6

吴恩培 6
吴佩孚 24,26,27,29,45,76,88,144,163,444,447
吴佩孚工作 28,29,148
吴淞口 201,238,263,278
吴淞炮台 278
五年计划 71
五相会议 23,25,26,77,81,134-137,139-143,149,151-153,158,163,164,167,173-176,178-183,185-188
伍尔沃斯 297
武部六藏 500
武汉会战 151
武汉三镇 76
武井清太郎 500
武士道国家 383
武士道精神 377,378
武藤章 342,346,348
武田寿 300,301,304,315

X

西伯利亚 370,371,426
西伯利亚铁路 66,485
西岛刚 211
西尾寿造（西尾） 67,82,489
《西尾寿造宣誓证词》 489
西野 71
西园寺 425
《西园寺原田回忆录》 497
希特勒 81,177,178,187

熙洽 60,61
下关 163,210,214,215,229,231
下中弥三郎 243
夏威夷 381,406
厦门 436
仙石贡 298
暹罗 268,370,372
闲院宫载仁亲王 21
宪兵部队 195
宪兵队 104,199,266,280,282,284,291,292,299,365,368
香港 45,46,83,246,252
香港酒店 252
小川 235,237,383
小矶国昭（小矶） 172,298,299,304,312,313,322,323
小矶内阁 270
篠崎美路 6
胁阪次郎 207
谢介石 60,61,111
新加坡 84,170,396
新京 124,489,490,493,498
新民 322
新西兰 2
新亚洲 272
新义州市 326
新政府 20,27,58,141,439,440,446,447,456,458
新中央政府 141,441,446,449
徐州会战 72
徐州战役 13

宣统皇帝　60,64,111,116,117,318,354

旋转木马手段　142

Y

鸦片　107,108,437

鸭绿江　307

雅基内　254

雅库塔　370,371

雅库塔共和国　371

雅纳尔　271,378,379

雅内尔　261

亚洲发展联盟　270,372,373,375

亚洲复兴机构　375

亚洲复兴政策　375

亚洲复兴组织　375,376

亚洲运动　269,371

阎锡山　45,46

燕京大学　83

养老金修订法案　297

耶鲁·马克森　303

野村　349

野口谷（野口）　6,8,10

野田　303

一党独裁政策　58

伊藤　243

伊万诺夫　490-497

依事定罪　129

疫病隔离医院　238

意大利　5,32,34,72,77,92,173,175,176,178-180,182,184,374,398

印度　2,118,234,268,339,368,371,377,460,462,481,482

印度大法官　1

印度支那　5,370,371,377,406,461

印度宗教思想原则　377

应县　16,71

英国　2,3,25,72,80,81,142,168-170,173,175,176,184,185,267,271,278,346,349,350,378,381,383,393,394,397,403,419,420,423,425,434,450,455,457,458,460-463

英国大使　25,142

英国海军　271,378

英国轮船　252

英国政府　142,169

英国驻东京大使　169

英美势力　71

英日关系　25

英日谈判　25

英日外交会议　25

英属马来亚　268

英租界当局　168

英租界银行　168

樱会　85

营口　113,359,361

影佐贞明（影佐）　44,149,150,445,447

影佐祯昭　43,44

拥蒋派　411

永田铁山 312,313

永野 410

有田 158,176-181

有限战争 19,70,75

右翼分子 25

于冲汉 6,8-10,60,109

于学忠 66

宇品港 70

宇垣 73,143,154,155,166,173,420,438,489

宇佐美 180

宇佐美宽尔 6-10

雨花台 209,210

预备役军官 194,262

御前会议 349,350,405,456

袁金铠 61,109,110,366

袁世凯 275

原田熊夫（原田） 424,425

原田熊吉 246

原田熊雄 170

远东地区 5,66,470

远东国际军事法庭 1,10,23,40,47,69,88,98,100,109,118,131,139,151,159,179,189,192,200,220,234,242,250,275,286,296,305,315,339,342,354,368,377,385,391,400,403,404,408,416,417,429,440,449,456,460,461,473,489,499

远征部队 66

远征行动 263,278

约瑟夫·戴维斯 403

Z

臧式毅 61,110

泽田茂（泽田） 48

战犯情报局 347

战争法 78,196

战争法则 14

战争条约 196

战争罪行 1-3,450

张鼓峰地区 164-166

张鼓峰事件 1,2,74,90,142,164-166

张海鹏 60,111

张家口 436

张景惠 60,61

张学良 51,52,58,60-62,86,109,115,366,385-387,422,423

张燕翔 83

张作霖 51,86,387

赵鹏 6

赵欣伯 6,56,57

浙江省嘉兴 265

镇江 243,251

整治工作 149

郑垂 63,64

郑孝胥 63

政府对外政策 269

政体形式日本人 111

政务委员会 77

支那事变 410

植田谦吉　394,483,484

治安军　109

治安维持委员会　365,366

治外法权　58,67,459,470

中村事件　54,96,101

中村孝太郎（中村）　53,296,297

中村震太郎事件　86

中岛今朝吾　225

中东铁路　321

《中俄珲春东界约》　399,400

中方代表　6,394

中共武装分子　66

中国　1,3-5,8,10,13,16,17,19-21,24-29,34,36,43,46,47,51-54,56-58,63,66,70-78,80,82,86-88,96,98,100,102,105,106,111,113,117,120,133-135,139-146,148-151,154-157,160,161,163,169,191,193,198,199,202,203,205-207,211,214-217,224,225,227,240,244-246,248,249,251-254,256,258,259,261-265,267-270,272,274,275,277,278,281,283-285,287,289,290,292,294,304,309,320,331,334,335,337,340,341,343,344,346-351,353,359,363,365,366,369-371,375,379,382,383,389,390,392-394,397,399-401,406-409,413-415,418-424,426-430,434-441,445-447,449,451,453-460,462,463,467,469-475,477,478,481-483,487,490-499

中国冲突　25

中国大亚洲协会　193,270

中国方面舰队司令长官　409,410,414,415

中国俘虏　347

中国妇女　206,223,236,288

中国共产党　66,454,458

中国共产党军队　66,68

中国古典文学　420

中国国父　192,245,470

中国海岸　408,409,412

中国海域日本舰队　378

中国华北事件　343

中国交通银行　169

中国军队　3,4,52,53,55-57,73,75,87,163,202,203,205,206,208,214-217,223,227,240,246,262-266,271-273,277,278,285,288,303,304,308,343-345,356,383,446,472,475,477

中国军队武器装备　203

中国军事谈判代表　247

中国沦陷区　141

中国密探　39

中国民众　13,45,58,209,210,212,258,259,422,426,439

中国难民　459

中国内陆　393

中国派遣军　5,45-48,82,83,146

中国派遣军司令部　82
中国炮台　278
中国前线　36
中国三军司令　423
中国士兵　14,198,199,204-206,
　　210,216,225,227,228,236,247,
　　267,271,272,288,383,393
中国事变　1,2,4,21,25,34,70,73,
　　82,83,90,91,133-135,139,142,
　　143,151,153,154,160,161,167
中国事变陆军纪要　37
中国事件　256,369,382,426,428,
　　430,436,439,455-459,461,462,
　　467,470,478
"中国事件和美国问题的解决"　380
中国事务委员会　26,376,425,426,
　　428,436-438,440-443,445-449
中国事务委员会政治部　419,426,
　　436,437,441
中国守法公民　236
中国特派团　423
中国外交部　399,400,402
中国行政当局　75
中国银行　169
中国占领区　141,143,155,156
中国战俘　39,347
中国正规军　55,56,330
中国政策咨询材料　433
中国政府　4,5,21,26,27,72,75,76,
　　78,80,133,139-141,155,250,
　　259,389,390,399,400,430,439,
　　457,458,498
中国政治事件　426
中国指南　483
中国中央政府　141,161,163
中国驻屯军　121,320,322,337,338,
　　489,493,494,498
中华民国　2,269,400,401,403,406,
　　446
中华民国首都　203
中华民国政府　66,133
中日冲突　21,71,83
中日和平　45,46,59,76-78,82,
　　144,145,161
《中日基本条约》　350
《中日基础条约》　456
中日基础条约　457,459,460,466,
　　470
中日联合临时市政府　363
中日联合任务团　215
《中日商务条约》　392
中日事变　75
中日友好的法律　66
中日战局　135
中日战争　4,5,11,15-21,73,142,
　　253,347,423
中日战争问题　74
中日争端　20
中山　195,247,281,282,285,286,
　　383
中山陵　214,247,249
中山路　210,214

中山门　215,217,247

中山宁人　266

《中外条约系列丛书》　399,400

中泽三夫（中泽）　212,213,217,220

种族战争　346

冢田　247,250,282,287,344

塚本清治　360

重工业重振计划　78,79

重光葵　386,388,390,392－398,402,403

重庆　46,82,381,383,409,410,412,423,447,455,457,459,461

重庆国民政府　83

重庆政府　20,45,46,83,134,146,150,163,460,461,478

轴心国集团　5

驻北京公使　354

驻德大使　174,175,178,182

驻德军事武官　178

驻奉天公使　354

驻华公使　354,396,397

驻上海军事代表　276

驻上海军事特使　275

驻沈阳总领馆　102

驻中国英国皇家海军舰队　396

爪哇岛事件　170

追击战　211

紫金山　214,228,249

自卫队　365

自治当局　104

自治政府指导委员会　110

总力战研究所　469

总体行政大纲　483

最高国防会议　184

最高战争委员会　269,346

佐佐川　49,93

其　他

10月事变　85

3月事变　85

R・B・帕尔　1,118,234,368